孝寧大君 尊影

(관악산 연주암 효령각 봉안)

清權祠 懸板(正祖 13년 賜額된 현판; 글씨 徐明均)

大君 尊影과 孝寧閣

孝寧大君 尊影의 제작자나 제작 시기, 그리고 보관 경위에 대해 정확히는 알 수가 없다. 『淸權輯遺』(原篇, 1844년)에는 대군의 影幀에 대한 언급이 전혀 없고, 冠岳山 戀主庵(果川市 文院洞) 孝寧閣에 奉安되어 있는 孝寧大君의 影幀(경기도 지방문화재 제81호)이 현재로서는 唯一한 것으로 알려져 있다. 다만 「泰安寺 大君影堂」(1896년, 丙申(高宗 33)李奭儀述; 『청권집유』(續2); 1929년 己巳 李光儀 輯)條에, "태안사(전남 곡성) 영당에 보존되어 오던 대군의 영정은 고종 기묘년(1879년, 고종 16) 겨울에 영당 화재로 인해 소실되었다"(李凍儀 證言)는 기록이, 오래 전부터 태안사에도 '대군의 영정이 보존되어 왔음'을 전해줄 뿐, 이 '태안사 영정'과 '연주암 영정'과의 관계 또한 알 수가 없다.

戀主庵의 '大君 尊影'이 세상에 알려지게 된 것은, 1957년(丁酉) '丁酉譜' 修譜 당시 그해 5월말에 李起忠·康賢·康永·康鎬 4인이 연주암을 심방하여 당시 車氏 住持스님의 안내로 연주암의 대웅전인 龍華殿에 봉안되어 있는 것을 참배 알현한 후 강호가 재차 방문, 촬영하여 이를 영정으로 제작, 淸權祠 別龕에 봉안하고, 또 한 벌을 복사하여 '정유보' 首卷에 수록하면서부터였다고 한다(『淸權輯遺』(影印本), 1971, '大君影幀奉安實記'). 그 후 1973년에 다시 한 벌을 모사하여 그동안 대군의 位牌가 봉안되어 있던 慶北 尙州市 恭儉面 五台里에 있는 祠堂에 봉안하여 1983년(癸亥)부터는 懸板도 '影幀閣'으로 개칭하였는데, 그간 연주암 영정의 관리상태가 매우 불량하여 1980년대 초부터는 캐비넷에 보관하고 있었던 바, 1986년 李康憲·康萬이 私費를 들여 다시금 法堂에 봉안토록 하였다. 그리고 이 당시에 한 벌을 더 模寫하여 청권사 慕蓮齋(1979년 건립, 1991년 중건)(3층)에 奉安케 된 것이었다.

그러나 연주암 영정의 보관 관리상태가 여전히 불안하므로 새로 殿閣을 짓고 奉安할 것을 모색, 1994년초부터 李秀洪이사장이 연주암측(李慈乘주지)과 접촉, 境內 羅漢殿 자리에 影幀閣을 건설키로 합의, 착공하여 1995년 4월 27일 준공 후 告由祭와 影幀 移運 奉安式을 거행하고, 曹溪宗 宗正 月下스님의 글씨를 받아 '孝寧閣' 현판을 걸게 된 것이다.

'淸權祠'는

1737년(英祖 13) 3월초 敷地를 조성, 4월 23일 上樑을 올리고,

1743년 4월 27일 咸昌祠堂으로부터 祝板을 移安하였다.

1789년(正祖 13) 12월 29일 '淸權'이라는 祠號로 賜額되고,

1873년(高宗 10) 懸板의 이그러진 부분을 補塡하였다.

대군 13세 때의 글씨

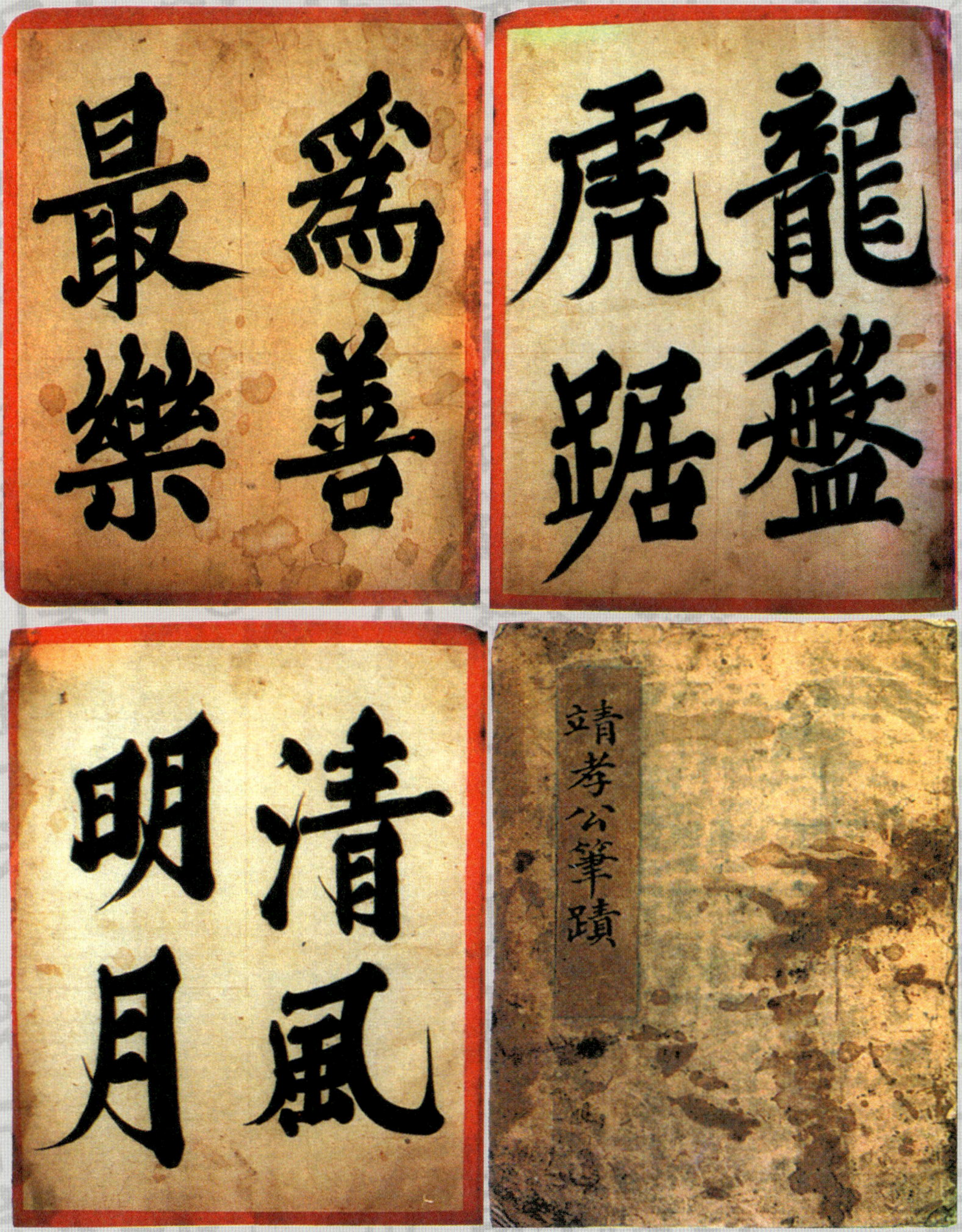

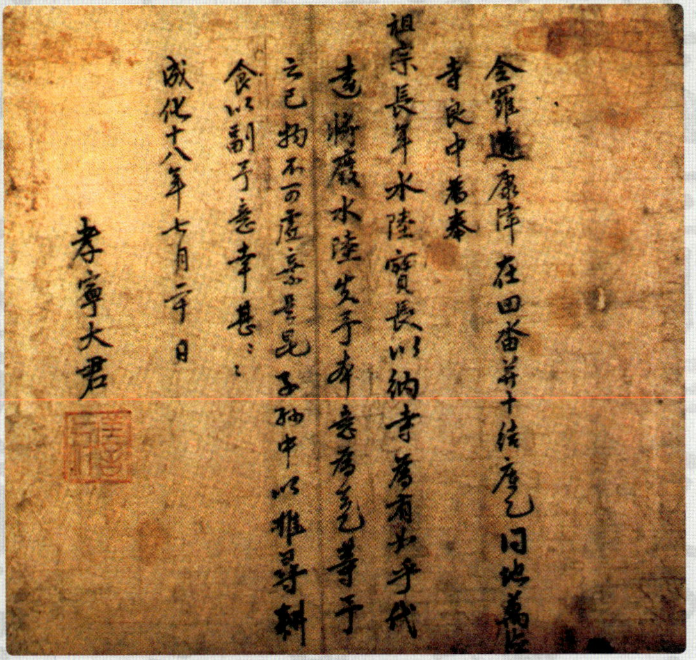

全羅道康津在田畓并十結庶乙因此萬德
寺良中移奉
祖宗長年水陸寶長以納寺爲有去乎代
遠將廢水陸失乎本意爲乎乙等乎
之已物不可虛棄是昆子孫中以推尋耕
食以副予意幸甚
成化十八年七月 日
孝寧大君

萬德寺(현 白蓮寺)의 水陸齋를 위해 施主한 문서
(成宗 13년, 1482)

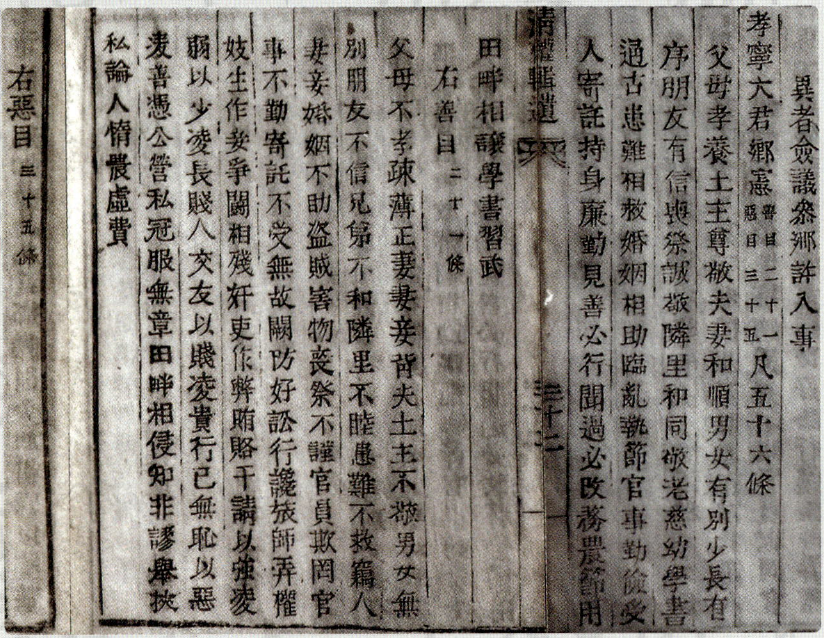

異者僉議參鄕許入事
孝寧大君鄕憲 善目二十一 惡目三十五 凡五十六條
父母孝養土主尊敬夫妻和順男女有別少長有
序朋友有信喪祭誠敬隣里和同敬老慈幼學書
過古患難相救婚姻相助臨亂執節官事勤儉受
人寄託持身廉勤見善必行聞過必改務農節用
田畔相讓學書習武
右善目二十一條
父母不孝疎薄正妻妻妾背夫土主不敬男女無
別朋友不信兄弟不和隣里不睦患難不救寄人
妻妾婚姻不助盜賊害物喪祭不謹官員欺罔官
事不勤寄託不受無故闕防好訟行讒侫師弄權
妓生作妾爭鬪相殘奸吏作弊賄賂干請以強凌
弱以少凌長賤人交友以賤凌貴行已無恥以惡
凌善憑公營私冠服無章田畔相侵知非謬舉挾
私論人情農虛費
右惡目三十五條

효령대군이 제정한 '鄕憲'
(善目21조 惡目35조, 합계 56조로 되어 있다. 睿宗 원년, 1469)

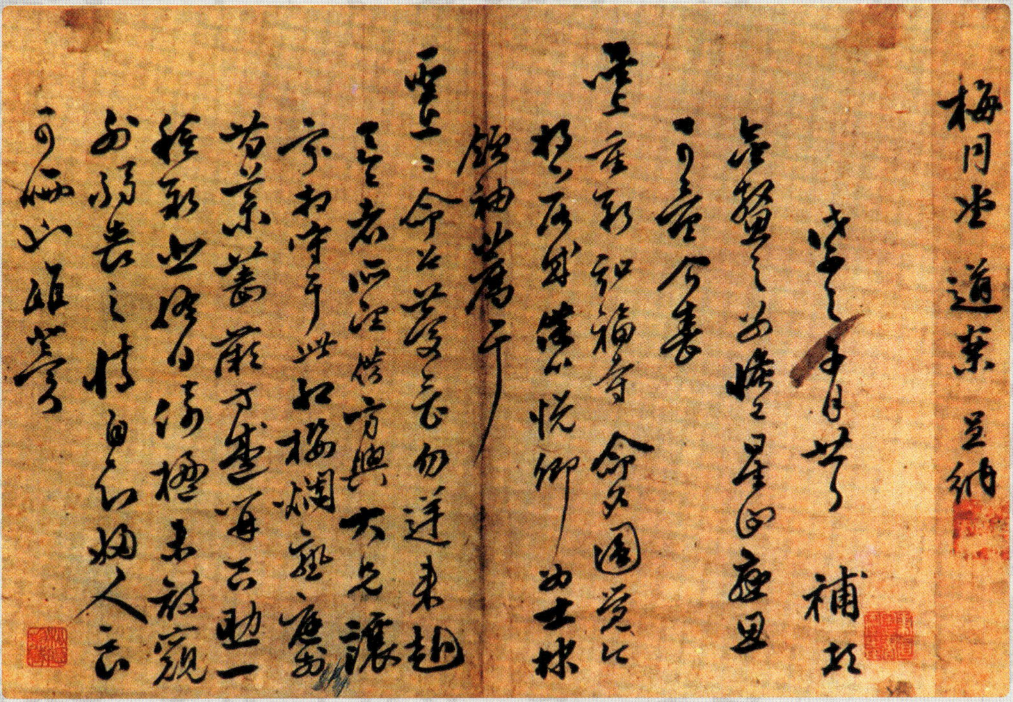

梅月堂 金時習에게 보낸 '편지'
(世祖 14년, 1468)

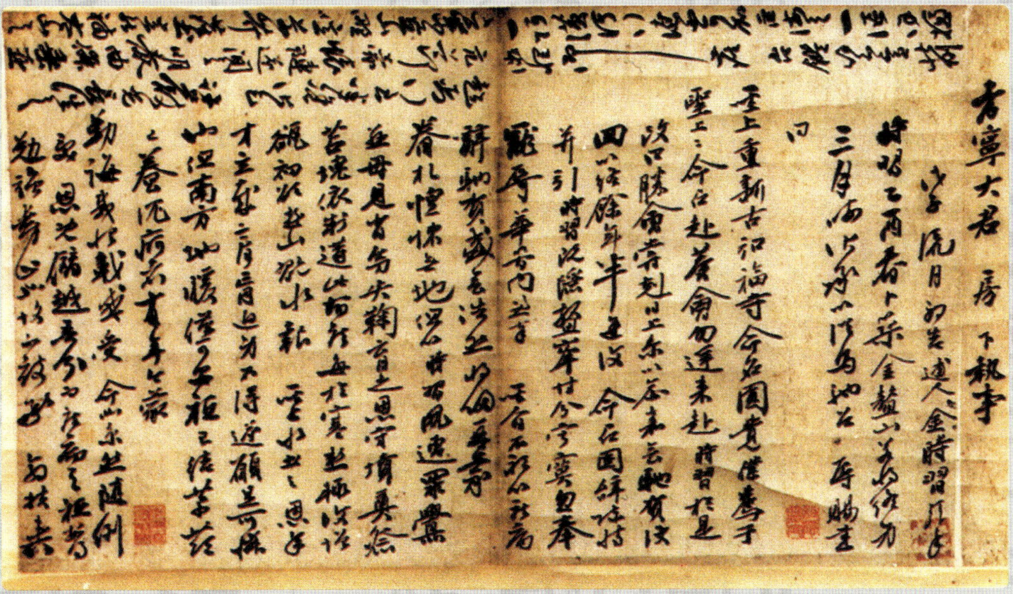

위 편지에 대한 梅月堂의 '答書'
(世祖 14년, 海印寺 소장)

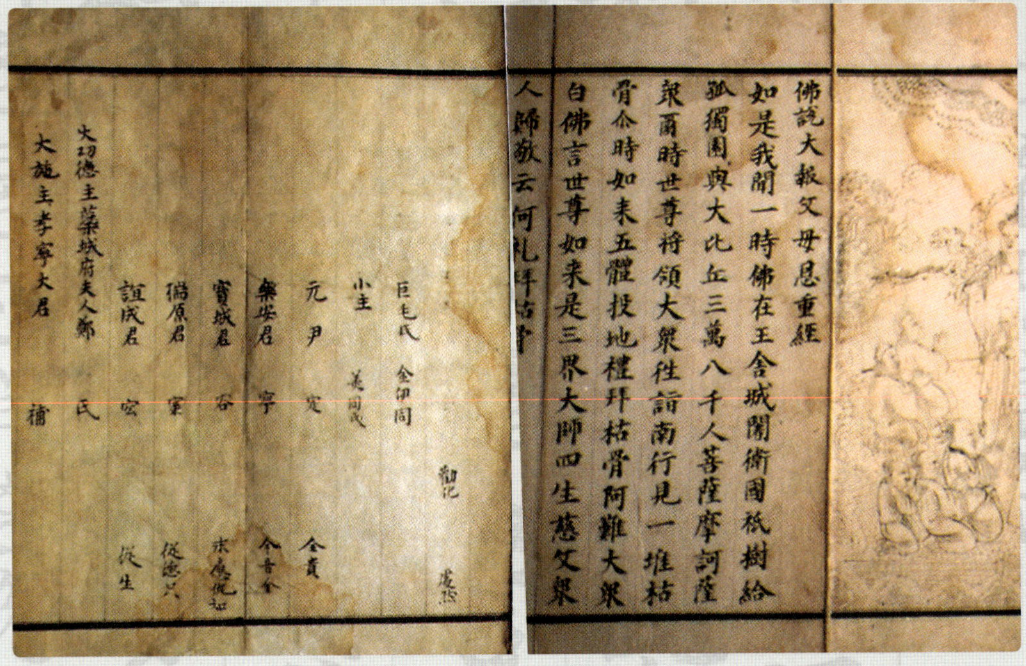

大君이 寫經한 父母恩重經/長壽胎骨經
(世宗 20년, 1438; 天安 廣德寺 소장)

檜巖寺址 출토 '孝寧大君' 銘文 기와
(世宗 16년, 1434; 2000. 4. 24. 발굴)

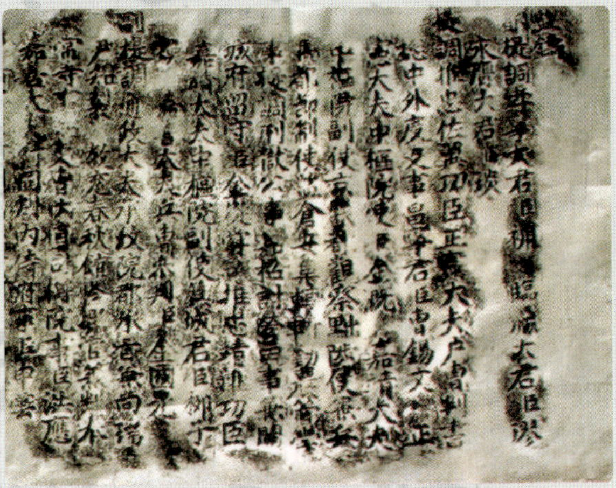

興天寺 梵鐘(탁본)
(德壽宮안 光明門 소재, 世祖 8년, 1462)
'監鑄 都提調 孝寧大君 臣 補'라고 새겨져 있다

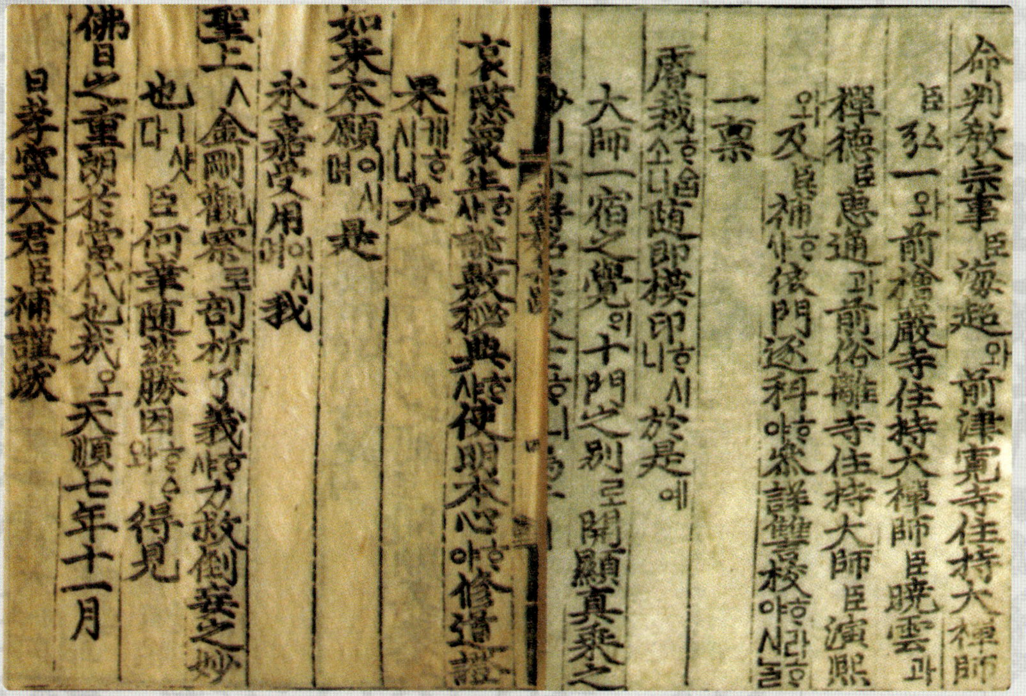

『禪宗永嘉集』, 大君의 跋文
(諺解本, 世祖 10년, 1464)

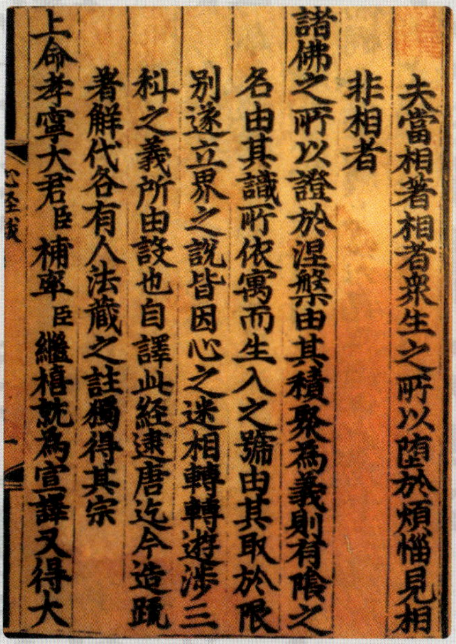

金剛般若波羅密經
(大君의 諺解 讎校本, 世祖 10년, 1464)

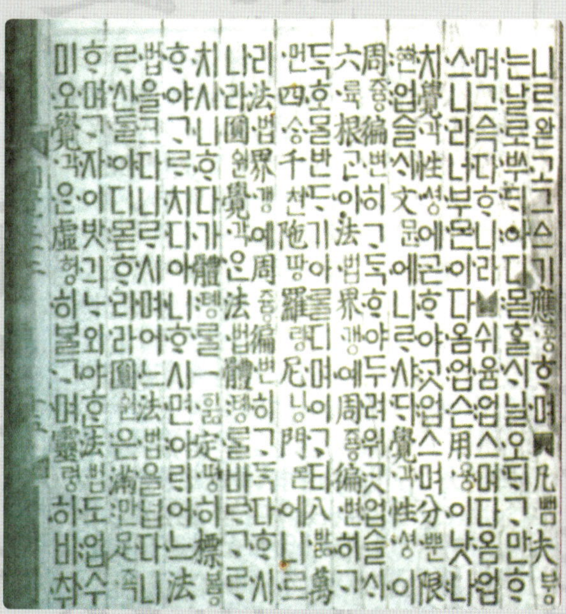

圓覺經
(大君의 諺解本, 世祖 11년, 1465)

孝寧大君의 '사인'

대군의 願刹이던 泰安寺(전남 곡성군 죽곡면 원달 桐裏山) 大君 影堂에 影幀과 함께 보존 되어 왔으나 1879년의 영당 화재로 영정은 소실되고, 施僧文과 完文(숙종 39, 1713, 癸巳년, 宗親府에서 住持에게 내린 文書) 및 바루(大鉢, 下左; 보물 제956호, 지름92cm)는 現傳하는데, 그 시승문에 찍혀 있는 대군의 친필 '사인'이다.

바루(木鉢)
(世宗 29년, 泰安寺 소장, 보물 제956호)

옥잔과 盞臺
(世宗에게 받은 玉杯)

'喜雨亭' 懸板
(世宗 親筆, 世宗 7년, 1425)

실록 효령대군일대기 · 2

정효공(靖孝公) 이보(李補)의 생애와 행적

이완재 지음

한양대학교 출판부

그동안 待望했던 孝寧大君의 一代記가 중진 국사학자 李完宰교수의 연구에 의해 『실록 효령대군일대기』(3책)로서 마침내 완결, 上梓되었다. 李교수는 韓國의 近世·近代史에서 많은 연구 업적을 쌓아 온 터이기 때문에 이번 저술에 대한 기대는 자못 큰 바가 있었다.

孝寧大君의 行蹟과 思想 등에 대해서는 그간 단편적으로 발굴되거나 소개되어 오기는 하였으나, 종합적 심층적으로 집대성되기는 이번 이교수의 著書가 처음이라 할 것이다. 저자 자신도 천명하고 있듯이 이 저서는 評傳的이라기보다는 實錄的인 성격이 더 짙은 저술로서, 높은 객관성을 지닌 勞作이라 하겠다. 그리고 실인즉 저자 자신이 효령대군의 제19대 손으로서 자칫하면 부지불식간에 아전인수격 서술이 되지나 않을까 하는 염려도 있었지만, 이교수의 학문적 양식과 높은 실증성·객관성이 이를 훌륭하게 극복해 주었다.

과거의 인물에 대한 정리 내지 평가에 있어서는 과연 역사적 인물일 수 있느냐의 여부에 대한 판단과, 인물 평가를 위한 접근에서 원용해야 할 자료의 객관성 및 신빙성, 그리고 이를 정리하는 데 있어서의 학문적 안목 등은 타당한 성과를 얻기 위해서 매우 중요한 요인이 될 것이었다. 나아가 역사상의 인물이 時·空間을 초월해서 진정 역사적 인물로서 평가받기 위해서는 역사를 통한 이념 및 가치관의 변화, 그리고 문화와 사회적 변동에 따른 평가 기준의 변화를 감내해 내어 꾸준이 생명력을 유지할 때 비로소 가능할 것이라 생각된다.

효령대군의 경우 여러 모로 이를 충족시켜 줄 수 있는 보기 드문 인물 중의 한 분으로 평가받고 있는 것 아닐까 생각되는데, 이 책은 한국사 전공인 저자가 역사학적 연구 방법을 통해 사료적 가치가 높은 '朝鮮王朝實錄' 자료를 중심으로, 이에 근거하여 객관적 실증적으로 서술한 하나의 학술연구서라고 하겠으며, 무엇보다도 그간 많은 연구 업적을 쌓아온 이교수의 높은 학문적 안목과 양식에 의해서 이 저서가 이뤄졌다는 점에서 크게 안도되기도 한다.

이러한 여러 가지 측면에서 볼 때 이 저서가 학계에 기여하는 바 크다고 하겠지만, 나아가 孝寧大君 傳記의 정통성을 지닐 수 있는 力著로서도 평가하고 싶다. 한편 浩瀚한 史料를 수집 인용하고, 풍부한 脚註와 참고 자료를 붙임으로써 사료적 가치가 풍부한 저술이 되게 하여, 이 분야의 연구자나 관심 있는 인사들에게도 좋은 길잡이가 될 것으로 생각한다.

2016년 9월 18일

이 현 재 근지(謹識)

(서울대 명예교수·전 총장)

孝寧大君 靖孝公께서 91세를 壽하셨음은 다 아는 사실이지만, 그 분의 생애는 남다른 세 가지 특이한 점을 지니셨다고 생각되니, 부친과 아우 모두가 帝王이셨다는 점이 그 첫째요, 근 1세기 간의 생평 동안 아홉 임금을 섬기셨음이 그 둘째요, 抑佛崇儒的 통치이념 속에서 儒學을 깊이 공부하셨으되 佛敎의 필요성을 강조하시고 儒·佛이 조화된 사회를 적극 꾀하셨다는 점이 그 셋째이다. 권세와 영화를 한껏 누릴 수 있는 최상의 지위에서, 文武를 겸전하시고 고희를 넘기신 연세에 전국의 사찰을 순회할 만큼 장수하시면서, 유학의 학식을 바탕으로 불교의 심오한 哲理를 이해하고 실천하셨다는 말이니, 요컨대 대군할아버지의 생애는 한 마디로 '높고 길고 넓다'는 말로 표현함이 가장 적절할 것이었다.

그럼에도 불구하고 大君할아버지의 生涯와 思想에 대해 살펴볼 만한 문헌이나 자료는 많이 남아 있지 못하다. 긴 세월 동안 업적은 많으셨건만, 문헌 자료가 부족하니 그 분의 偉德과 사상은 물론 생애조차도 소상히 알기가 어려운 실정이다. 그나마 지금까지 거의 유일하게 『淸權輯遺』가 남아 있어 대군의 생애와 행적에 대해 이해되고 있지만, 대군께서 서거하신지 250여 년 지난 肅·英연간에 瓶窩公(10세손)께서 대군의 遺事를 여러 문헌에서 뽑아 모은 것에 기초하여 또다시 1백여 년이 지난 1844년(憲宗 10)에 敦宇公

께서 증보 편집한 것이 『청권집유』이고, 그 후 1974년에 薰儀 종현은 이를 국역하였으며, 91년에는 康秀·定宰·錫宰 등 종현이 다시 새 자료를 보태는 등 청권사의 주도로 『청권집유』 續5까지 출간되긴 했지만 그러나 아직도 대군에 대한 자료가 소략한 상태에 머물고 있는 것이 사실이다.

그러던 차 마침 이번에 한양대학교 사학과의 교수로 재직하고 있는 完宰 종현의 노력으로 『실록 효령대군일대기』(3책)가 저술되어 세상에 나오게 되었다. 한국사를 전공하면서 평소에 실록 자료를 자주 접하는 李교수가 역사학적 연구방법으로 王朝實錄과 기타 문헌에 산재해 있는 사료를 수집하여 정리 저술한 것이므로 客觀性이 인정되는 勞作이라고 짐작된다. 특히 실록의 기사 등을 일일이 脚註로 제시하여 사실 근거를 밝혔으므로 여늬 역사소설이나 픽션물 등과는 달리 실증적인 데 치중한 바, 이는 본서가 지닌 강점이라 하겠다.

大君의 事績을 발굴하여 조사 정리하고, 그것을 보존 보급하는 일이 바로 우리 淸權祠의 설립 趣旨일 뿐 아니라, 대군의 行蹟과 偉德을 기리고 顯彰하며 대군에 가까이 다가가기 위해 노력하는 것이 崇祖의 길이라고 생각하는 바, 이번 이교수의 본 저서야말로 그 길잡이 역할 하기에 적합하다고 생각되어 종현 여러분 앞에 감히 추천하는 바이다.

2016년 10월 9일

李秀洪

(淸權祠 전 이사장)

이 책은 효령대군(孝寧大君)의 위덕(偉德)과 사상(思想)의 이해를 돕기 위한 선행적 연구서로서 그 생애(生涯)와 행적(行蹟)을 종합적이고도 심층적으로 밝혀 정리하는 것을 목적으로, 조선왕조실록(朝鮮王朝實錄) 중 '대군 행적(行績)에 관계되는 기사(記事)' 642여 건(件)을 찾아내 이에 근거하여 서술(敍述) 편찬(編纂)한 『실록 효령대군일대기』(3책)이다.

효령대군께서는 조선(朝鮮)왕조의 제3대 태종(太宗)대왕의 둘째 왕자로서 충녕대군(忠寧大君) 곧 세종(世宗)의 형님이시니, 부친과 아우가 제왕(帝王)이었다. 천자(天姿)가 총명(聰明)하고 영특하여 어려서부터 책읽기를 좋아하셨다고 전해 오는데, 91세를 수(壽)하시는 동안 조부이신 태조고황제로부터 성종(成宗)에 이르기까지 태조·정종·태종·세종·문종·단종·세조·예종·성종의 아홉 조정을 섬기셨으니, 건국 초기로부터 국가 체제가 정비(整備) 안정(安定)되는 시기까지 역사의 중심에서 천사만업(千事萬業)을 스스로 체험하셨을 뿐 아니라, 억불숭유적(抑佛崇儒的) 통치 이념에 입각한 왕권확립기(王權確立期)에 유(儒)·불(佛)의 조화(調和)를 꾀하시면서 독보적으로 불교(佛敎)를 옹호(擁護)함으로써 이후 한국 불교의 명맥 유지와 발전에도 지대한 공헌을 하시어 학문적(學問的)으로나 문화적(文化的)으로 괄목할 업적을 남기시었다. 따라서 대군의 위덕과 사상에 대한 이해는 단순히 특정한 조상 한 분의 사적(事蹟)을 찾아 본다는 차원이 아니라 대군에 대한 연구는 조선 전기 한국의 정치 사회 문화 학술 종교와도 폭넓게 연관되는 과제라고 하겠다.

대군의 위덕(偉德)과 사상 및 유훈(遺勳)의 실체는 학술적 연구 방법을 통해서 밝혀질 수 있을 것이지만, 이는 그 분이 어떠한 역사적 환경과 전개 과정 속에서, 어떻게 대응하며 역할하였는가에 대한 이해가 우선되어야 할 것이다. 14세기말의 역사적 격동기(激動期)부터 15세기말의 왕권안정기에 이르는 1세기간의 역사 흐름 속에서 그 삶의 궤적(軌跡)을 따라, 대군의 생평과 직·간접으로 관계되는 사실(史實)들과 그 주변 환경속에서의 행적을 추적할 수 있는 제반 자료들을 수집 분석하고 이를 종합적으로 평가해야 할 것이었다.

그간 대군의 생애와 행적에 대해 밝혀진 부분이 전무한 것은 아니었지만, 아직은 대체로 단편적(斷片的)이고 소략(疏略)한 실정이며, 대군 서거(逝去) 후 350여 년이 경과되어 비로소 정리된 『청권집유』(淸權輯遺)의 수준을 아직은 뛰어넘지 못하고 있는 것이 사실이다. 대군께서 끼치신 음덕(蔭德)과 유훈(遺勳)을 받들고 또 이에 보답하는 뜻에서 그 위덕을 기리고 현창(顯彰)하는 것이 대군 후손들의 도리이고, 한편, 대군의 사적(事蹟)을 발굴·조사·정리하고 이를 보존·보급하는 일이 곧 청권사(淸權祠)의 설립 취지(趣旨)라는데 상도(想到)하면, 너무 때늦은 작업이라 생각되지만 그간 종현 여러분으로부터의 격려속에 용기를 내어 감히 먼저 시작해 보는 작업이매, 총총한 대군의 예손(裔孫) 여러분의 아낌없는 질정(叱正)을 바랄 뿐이다.

끝으로, 이 책이 나오기까지 격려와 지원을 아끼지 않으신 청권사 여러 종현님들께 감사하고, 특히 공사다망하신 중에도 원고를 미리 정독하시면서 분에 넘치는 과찬의 서문(序文)을 써주신 전서울대총장 현재(賢宰)명예교수님과 추천사(推薦辭)를 써주신 이수홍(李秀洪) 청권사 전이사장님, 그리고 여러 가지 자료와 도움말을 주신 수택(秀澤)·강령(康靈) 종현님, 또한 오래전부터 많은 격려 말씀과 응원을 해주신 진규(臻揆 木浦)·용재(瑢宰 光州)·수길(秀吉 釜山)님 등 청권사 전문화위원(前文化委員) 여러분께 깊은 감사의 마음을 전하고 싶다.

2016년 12월 11일

華陽亭 옛터의 서실에서 저자 삼가

| 차례 |

[illegible]

明이 名명言언

[illegible] ᄉᆞ시니

覺路ᄂᆞᆫ 則解脫이 逐流라 修當家務며 이시니 因[illegible]

窮ᄒᆞ야 趣果ㅣ라 義說證發이니라 解脫則 學行[illegible]

巳之ᄒᆞ샤 不籍名言이니 시 止觀애 云ᄒᆞ샤ᄃᆡ 自[illegible]

은 不可說이시니라 ᄒᆞᆫ 路ᄂᆞᆫ 行이오 解ᄂᆞᆫ 說也ㅣ라 [illegible]

故四句ᄂᆞᆫ 說着多途ᄒᆞ니 學者ㅣ 審而詳之니라

각路ᄅᆞᆯ ᄂᆞᆫ 解脫ᄒᆞᆯ 當이 ᄒᆞ[illegible]

[illegible]

10

檜巖寺 重修와 佛法會

효령대군 38세, 1월 ~ 39세, 12월

다시 해가 바뀌어 새해가 되니 계축(癸丑, 1433)년, 세종 즉위 15년째이다. 대군(大君)께서는 춘추(春秋) 38세가 되셨다. 초하룻 날 임금이 왕세자 및 문무 군신을 거느리고 망궐례(望闕禮)를 거행 후, 근정전에 나아가 왕세자의 하례(賀禮)를 받고 인하여 여러 신하들의 하례를 받았는데, 왜인(倭人)과 야인(野人)도 참예하였다. 여러 도(道)에서 전문(箋文)과 방물(方物)을 올리고, 문무 군신들은 이어 조복(朝服) 차림으로 중궁(中宮)에게 하례하였다. 그리고 임금이 근정전(勤政殿)에서 회례연(會禮宴)을 베풀었는데, 이 날 연회에서 처음으로 아악(雅樂)을 사용하였다.

세종 15년 9월, 그동안 강녕전(康寧殿)의 보수 공사 때문에 임금은 동궁(東宮)에, 왕세자는 종학(宗學) 건물에 임시 기거하였는데, 이제 공사를 다 마쳤으므로 그 달 24일에는 임금이 강녕전으로 환어(還御)하였다. 9월 27일부터는 임금이 평강(平康) 등지에서 강무(講武)하였는데, 왕세자 이하 종친(宗親)·부마(駙馬) 및 의정부·사헌부·사간원의 각 한 사람씩이 호종하게 하였다. 문무 백관이 흥인지문 밖까지 나와 전송하고, 경기 감사 남지(南智)·도사 홍심(洪深)·양주 도호부사 진중성(陳仲誠)·정역찰방(程驛察訪) 안상진(安尙縝) 등이 길 옆에서 마중해 배알하였다. 회암산(檜巖山)에서 사냥하는 것을 구경하고 양주 풍천(楓川) 벌에서 유숙하였다.

그런데 이번의 강무에는 효령대군(孝寧大君)은 물론, 이천에 있는 양녕대군(讓寧大君)도 올라와 호종에 참가하였으므로 강무 둘째 날인 28일에는 사헌부 지평(持平) 이겸선(李兼善)과 사간원 우정언(右正言) 최정안(崔井安) 등이 아뢰기를, "신 등이 듣자오니 어제 양녕대군이 행재소(行在所)에 나아와서 그대로 시위하게 하셨다 하오니, 신 등이 생각하기에 양녕은 군부(君父)께 득죄하여 종묘 사직에 의리가 끊어졌사옴으로 접견하심이 부당하오니 속히 집으로 돌아가게 명하옵소서" 하니, 임금이 "다시 아뢰지 말라"명하고, 겸선 등이 또 아뢰었지만 임금도 다시 듣지 아니하였다.[1]

10월 보름날, 이미 3일 전부터 중국 사신 창성(昌盛) 일행이 채폐(彩幣)를 가지고 와서 머물고 있었는데, 이 날 세 사신이 두목 진부(陳富)와 서경(徐敬)을 보내어 예물을 올렸다. 태감(太監) 창성(昌盛)은 각종 단자(段子) 15필을 진상(進上)하고, 중궁에는 11필, 동궁에 12필, 빈궁(嬪宮)에 10필, 효령(孝寧)대군과 진양(晉陽;首陽大君) · 안평(安平) · 임영(臨瀛)의 네 대군에게 각각 4필씩을 올렸다. 명나라 측에서도 효령대군(孝寧大君)은 왕실의 제일 어른으로 알고 있는 것이다. 임금이 사정전에 나아가서 진부 등을 인견하고, 김을현에게 명하여 음식 대접을 해서 보내게 하였다.[2]

12일에는 승정원(承政院)에 전지(傳旨)하여, "앞으로는 모든 계달(啓達) 문서에, 양녕대군(讓寧大君;禔)과 효령대군(孝寧大君;補)의 이름 자[諱]는 쓰지 말게 하라"고 하였다.[3] 조선시대를 통하여 왕은 워낙 존엄하므로 이름 자를 함부로 쓰지 않았는데, 이와 같은 차원에서 세종 임금의 입장에서 양녕과 효령(孝寧) 두 형님은 왕실의 가장 윗 어른이므로 위와 같은 분부를 내린 것이다. 그리고 이틀날, 동교(東郊)에 거둥하여 매사냥을 구경하였는데, 양녕대군은 이천으로부터 와서 호종(扈從)하였다.

3월 18일에는 임금이 효령대군(孝寧大君)의 별서(別墅)인 희우정(喜雨亭)에 거둥하여 새로 제조한 전함(戰艦)을 관람하니, 왕세자가 거가를 호종(扈從)하였다. 처음에 유구국

---

1 『세종실록』 권61, 세종 15년 9월 丁未(28일).

2 『세종실록』 권62, 세종 15년 10월 甲子(15일).

3 『세종실록』 권63, 세종 16년 1월 庚寅(12일).

(琉球國) 사람이 우리 나라에 오매, 그에게 명하여 전함을 제조하게 하고는 이를 서강(西江)에 띄우고 우리 나라의 전함과 나란히 달려서 그 쾌둔(快鈍)의 정도를 비교한 바, 유구국 사람이 제작한 배가 약간 빨랐으나 심한 차이는 없었다. 혹은 물결을 따라 내려가 보기도 하고, 혹은 물결을 거슬러 올라가 보기도 하였는데, 이와 같이 하기를 재삼 거듭한 뒤에 그만두었다. 명하여 사수색(司水色)·사재감(司宰監)의 관원과 유구국의 전함 제작자에게 음식을 공궤하고, 인하여 조그마한 술자리를 벌이니, 종친(宗親)과 사수색 제조(提調)가 이에 모시었다. 돌아오는 길에 거가가 광화문(光化門)에 이르러서 말을 멈추고, 명하여 신·구 두 개의 종(鐘)을 치게 한 바, 새로 주조(鑄造)한 종의 소리가 약간 나았다.[4]

4월 6일에는 전지(傳旨)로 "종친부(宗親府)의 전첨(典籤)은 외임(外任)으로 출사한 자를 제외하고는 의정부(議政府)의 사인(舍人)과 중추원(中樞院)의 경력(經歷)·도사(都事)의 예(例)에 의하여 거관(去官)하게 하라" 하니, 이는 효령대군(孝寧大君) 이보(李補)의 아룀에 의한 것이었다.[5] 또 전지하기를, "이 뒤로는 조회(朝會)에 들어오는 대소(大小) 인원(人員)에게 상위(上位)는 전하(殿下)라 일컫고, 중궁은 왕비(王妃)라 일컬으며, 동궁은 세자(世子)라 일컫고, 대궐(大闕)은 왕부(王府), 대군은 왕자(王子), 공주는 왕녀(王女), 부마는 의빈(儀賓)이라 일컬으며, 영공(令公;2품 이상의 관리)은 재상(宰相)이라 일컫도록 하라"고 하였다.[6]

4월 10일에는 임금의 탄일(誕日)이매, 지난 달에 '탄일에 회례를 없애도록 하라'는 분부도 있었지만, 근정전에 나아가 조촐하게 탄일의 하례(賀禮)를 받았다. 그런데 이 날은 대군(大君)의 모후(母后)인 원경왕후(元敬王后)의 수불(繡佛;繡를 놓아 만든 부처의 형상)이 있던 양주(楊州) 회암사(檜巖寺)에서 이 절을 재건하기 위해 개최하는 불법회(佛法會)가 크게 열렸는데, 이 큰 행사는 효령대군(孝寧大君)의 지원(支援)이 뒷받침된 행사였다.[7]

본래 회암사는 창건(創建)된 지가 오래되어, 전각(殿閣)이 낡고 기울어 중수(重修)할 때

---

4 『세종실록』 권63, 세종 16년 3월 乙未(18일).

5 『세종실록』 권63, 세종 16년 4월 癸丑(6일).

6 『세종실록』 권63, 세종 16년 4월 乙卯(8일).

7 孝寧大君은 檜巖寺 重修공사를 총감독했을 뿐 아니라, 그날 慶讚會서 圓覺經을 說法하기도 하였다.

가 된데다 특히 태조(太祖)가 자주 심방하며 연경사(衍慶寺)·흥천사(興天寺)와 더불어 각별히 지원하던 절이었고, 원경왕후(元敬王后)의 원불(願佛)까지 걸려 있던 곳이라 효령대군은 그야말로 맘먹고 중수를 지원하려 했던 것이었다. 이에 회암사 승려들이 권선문(勸善文) 등을 앞세워 모금 활동에 나서 상당한 기금이 모였으므로 중수를 위한 착공 행사를 개최한 것이었는데, 중수 공사는 벽두(劈頭)부터 유신(儒臣)들의 반대에 부딪치게 되었던 바, 첫 법회가 있던 다음 날, 성균관 유생 방운(方運) 등이 장문의 상소를 올린 것을 시작으로 이튿날은 또 집현전 부제학 설순(偰循) 등이 상서한 것이다. 첫 번째 상소를 올린 방운 등은 특히 효령대군(孝寧大君)이 지난번 한강에서 행한 수륙재(水陸齋)를 상기하면서,

"임자(壬子, 세종 14)년 봄에 크게 무차지회(無遮之會)[8]를 열었사온데, 중[僧]들이 구름같이 모여 한강 가에서 하루가 지나고 열흘이 넘도록 극히 호화롭고 사치스럽게 차려서 기치[幡旗]와 일산[蓋]이 해를 가리우고, 종(鐘)과 북 소리는 땅을 흔들었습니다. 천당과 지옥의 고락을 그림으로 그리고, 사생(死生)과 화복(禍福)의 응보를 보여주니, 이에 귀천(貴賤)과 남녀를 논할 것 없이 모두가 관청(觀聽)하고자 모여드니, 이 때문에 도시는 텅 비고, 관진(關津)은 길이 막혀 통하지 못하였습니다. 그 당시 재물 허비한 것을 보면 재물을 산더미같이 쌓아놓고 흙과 모래같이 흘려 버렸습니다. 쌀을 배에 잔뜩 싣고나가 강물에 던져 버렸으니, 하늘이 낸 물건을 마구 천대함이라 저 푸른 하늘에 지은 죄로써 말씀을 하자면 말이 너무 길어 이루 다하지 못할 것이요, 그리고 정욕(情慾)의 감정은 남녀보다 더 심함이 없거늘, 또한 도량(道場)에서 여러 날을 유숙하여, 옷깃을 이어 장막[帷]이 되고, 흐르는 땀을 뿌려 비를 이루었습니다. 겉으로는 수륙재(水陸齋)의 모임이라 하겠으나 속으로는 더러운 행위를 이루어, 드디어는 이남(二南 ; 周南과 召南)의 강한(江漢)으로 이남의 풍화를 보지 못하였으니 탄식함을 이루 이길 수 있겠나이까. 그런데 이번에는 회암사 중[僧]이 그 사사로운 지혜를 부려서 꾀를 합하고 말을 같이 하여 이르기를, '연전(年前)에 수륙재(水陸齋)를 올릴 때도 금하지 않았을 뿐 아니라, 또한 이를 좇아서 향(香)까지 내려 주셨은즉, 불교의

8 聖凡·道俗·貴賤·上下의 구별없이 일체 평등으로 財施와 法施를 행하는 大法會.

일어남이 바로 이 행사에 달려 있다. 이제 여기 보광전(寶光殿)에는 대비(大妃)의 원불(願佛)이 걸려 있는데, 세월이 오래 되어 비가 새고 낡아서 불상(佛像)을 걸기 어렵다' 하고, 이에 종실(宗室)에 부탁하여 궁중에 까지 말씀을 드리게 되어, 이미 부고(府庫)의 곡식과 비단을 받고, 또 종실의 시주(施主)를 받아 경중(京中)과 외방(外方)을 종횡을 다니면서 공사(公私)를 속여 유인하니, 여염(閭閻)이 풍미(風靡)하고, 군·현(郡·縣)이 뇌동하여, 부자(富者)는 재산을 다 바쳐 동원(同願)한다 일컫고, 가난한 자도 또한 억지로 돈을 꾸어다가 바치면서 말하기를, '수희'(隨喜;마음이 내키어 시주함)라고 불렀으니, 벼[禾]는 타작도 하기 전에 머리 깎은 자의 상자[篋]속으로 들어가게 되어, 시골 사람보다 부자가 되고, 고을과 마을에 해를 끼치게 되매, 그 세도의 승강(昇降)과 풍속의 변천은 작은 사고가 아니었나이다. 가령 서까래 한 개를 바꾸고 기와 몇 장을 고쳐 잇는다 하더라도 그것을 제공하는 비용은 모두 백성의 재산이옵니다. 더욱이 지금의 회암사는 기둥과 지붕이 하늘을 찌르고, 주옥(珠玉)과 금(金)으로 꾸민 것이 눈을 부시게 하며, 빙 둘린 난간과 커다란 누각이 무려 수백 간(間)이나 되옵는데, 그 가운데에 어찌 한 간의 바람벽에라도 불상(佛像)을 걸 만한 곳이 없다 하겠나이까. 감히 이런 말을 만든 자는 진실로 이 일을 빙자(憑藉)하여 그들의 도를 다시 일으키려 함이옵니다. 근년 이래로 수재(水災)와 가뭄이 서로 잇따라 햇곡식이 익지 못하매, 우리 백성의 생계가 조석을 이어 나가지 못하옵는데, 저 중들의 먹을 것은 풍년이나 흉년이나 마찬가지여서, 백성은 굶어 죽는 자가 있으되, 중이 굶어 죽은 것은 없사오니 누에도 치지 않고 밭도 갈지 않은 자가 앉아서 따뜻하고 배부름을 누리게 되어, 억조(億兆)의 재산을 허비하되 털끝만큼도 재정에 이익됨이 없나이다. 거기에다 급기야는 교만하고 방자한 버릇이 생겨 어떤 자는 찻집[茶肆]이나 술집에 나와 놀면서 스스로 잘난 척하고 뽐내며, 어떤 자는 약한 백성과 서로 이익을 다투어 재물 모으기를 꾀하고, 처자를 끼고 먹이어 청정(淸淨)한 곳을 더럽히고, 추악한 행동을 드러내오니 어찌 그 집을 엿보는 자들이 자비(慈悲)의 베풂을 듣고 기뻐서 따르지 않겠으며, 그 문을 지나는 자들이 죄 주고 복 준다는 말을 듣고 또한 모두 공경하고 믿지 않을 수 있겠습니까."[9]

9 『세종실록』 권64, 세종 16년 4월 戊午(11일).

하였으나, 임금은 말하기를 "너희들의 말은 옳지만, 그러나 회암사는 오늘에 창건한 것이 아니고 다만 불전(佛殿)이 기울어져 수즙(修葺)[10]하려는 것뿐인데, 너희들이 말하는 종친(宗親)에 의탁하였다는 일은 내가 아는 바가 아니다" 하였다. 그리고 이튿날 집현전 부제학 설순(偰循)이 다시 회암사의 사찰 수리와 아울러 불교의 폐단에 대하여 상서했지만, 임금은 "이 절은 모름지기 수즙되어야 한다. 내 생각으로는 이것은 반드시 상서(上書)할 일도 아닌 것이다" 하였다.

그러나 고려왕조의 숭불(崇佛) 정책을 부정 배척하는 명분으로 유교적 정치이념을 통치의 기반으로 삼은 정치 현실에서, 대대적인 불사(佛事)를 저지하려는 유신(儒臣)들의 반대와 승려들의 뜻을 도와 왕권의 편에 서서 이를 지원하려는 효령대군(孝寧大君) 입장과의 중간에서 어느 한 쪽을 편들 수 없는 임금의 입장은 매우 난감한 상황이었다. 다음의 대화 내용에서 이러한 난국을 벗어나 보려고 세종이 넌지시 던져보는 지혜가 엿보인다. 4월 13일, 상참을 받고 윤대(輪對)[11]를 행한 뒤, 경연(經筵)에 나아가서 임금이 말하기를,

> "성균관 생도[館生]와 집현전(集賢殿)에서 함께 상서하기를 '회암사(檜巖寺)의 중수(重修)를 금하기를 청합니다' 하였는데, 이 말이 지극히 간절하고 지극하였으나, 그러나 암자를 짓고 부처를 공양하는 일은 그 유래가 오래였다. 따라서 우리 태조·태종께옵서는 연경사(衍慶寺)·흥천사(興天寺)·각림사(覺林寺) 등에서 혹은 법연(法筵)을 베풀어 그 교를 받드셨고, 나도 또한 강법(講法)하는 절에 가끔 향(香)을 내려 주었다. 더구나 회암사는 태조께서 믿고 존중히 여기시던 곳이며, 또 대비(大妃)의 원불(願佛)이 걸려 있는 곳이라, 세월이 오래되어 기울어지고 퇴락하여지매, 효령대군(孝寧大君)이 중수(重修)하고자 생각하고 그 까닭을 고(告)하기에, 내가 곡식과 깁[穀帛] 약간을 내려주어 이바지[供億]하는 비용으로 쓰게 하였더니, 중들[僧徒]이 이로 말미암아 어리석은 속인(俗人)들을 권유(勸誘)하여 널리 재화

10 지붕이나 바람벽 등의 허름한 곳을 고치고 잇는 것.

11 백관이 임금에게 차례로 정치에 관한 일을 아뢰던 일, 하루에 4~5명.

를 모은다 하니, 이는 비록 내가 시킨 바는 아니라 할지라도 사람들은 반드시 나를 가지고 허물할 것이요 동시에 공의(公議)를 면하지 못할 것이다. 그러니, 차라리 부고(府庫)의 전재(錢財)를 내어서 불사(佛事)에 이바지함이 어떨까"

하니, 도승지 안숭선 등이 아뢰기를,

"전하께서는 어찌 이런 분부를 내리시나이까. 중들은 권문(勸文) 가운데에 한 재상(宰相)의 이름만 받더라도 오히려 경중(京中)과 외방으로 다니며 속이고 꾀어 백성들의 고혈(膏血)을 짜서 취함이 이르지 않는 바가 없사온데, 혹 전하께옵서 친히 이 일에 이바지하시오면, 이것은 그들의 성세(聲勢)를 도와 드날리게 하여 그 도(道)를 부흥하게 하는 하나의 커다란 기회가 될 것이옵고, 그렇게 되면 백성들이 장차 말하기를, '한 나라의 임금이란 높은 지위로도 오히려 이와 같이 하시니 우리들도 역시 재산을 다하여 받들어 후세의 인연을 닦지 아니하랴' 할 것이오니, 그 말류(末流)의 폐단을 앞으로 다시 막지 못할 것이옵니다. 하물며 오늘날 전하께옵서는 이단(異端)을 물리치시고 공(孔)씨를 높이시어, 사도(斯道)의 밝음이 환하기가 일월(日月)과 같삽거늘, 이 때를 당하여 친히 부처의 공양(供養)에 이바지하시게 되오면, 신 등은 '아홉 길 되는 산을 쌓는데 최후의 한 삼태기의 흙을 얹지 못하여 완성시키지 못했다'는 격이 되지 않을까 염려되옵니다. 전하께옵서는 이런 뜻을 내지 마옵시고 길이 한 마음을 가지시기 바라옵니다"

하니, 임금이 말하기를 "부처를 공양하고 중이 재(齋)를 올리는 것이 무슨 허물이 있으리오" 하니, 안숭선이 아뢰기를, "성상(聖上)의 허물이 이보다 더한 것은 없사옵니다. 이단으로써 성명(聖明)한 조정에 섞으심은 어찌 오늘날의 실수만 되겠나이까. 엎드려 바라옵건대 유의(留意)하옵소서" 하니, 임금이 말하기를 "이미 알았노라" 하고, 드디어 일을 정지하도록 하고,[12] 이어서 "내 이미 다 알고 있으니, 그 모든 시설과 규모를 줄이도록 하겠고,

---

12 『세종실록』 권64, 세종 16년 4월 庚申(13일).

내가 장차 효령대군(孝寧大君)에게도 이 뜻을 알리겠노라" 하였다. 이렇게 하여 회암사의 대대적인 중수공사는 정지되고 말았지만, 대군께서 적극 지원하려 했던 것이 사실이었음은 확인된다.

한편, 유학자의 시각에서 본 사관(史官)의 편견이 엿보이긴 하지만, 당시 회암사 중수를 위한 대규모 법회 행사에 대해 실록(實錄)은 어떻게 적고 있는지 들춰보기로 하자.

"처음에 원경왕후(元敬王后)의 수불(繡佛)이 양주 회암사(檜巖寺)에 있었는데, 중들이 불전(佛殿)이 기울어져 위험하다고 칭탁하고는 수즙(修葺)하자는 권선문(勸善文)을 가지고 서울과 지방으로 다니며 권유(勸誘)하니, 무지한 부녀와 부상(富商)들이 앞을 다투어 재물을 내서 거의 만(萬)냥 단위로 계산하게 되었다. 임금도 쌀과 베를 내려 주어 도왔다. 그리하여 절 집[寺宇]을 수리(修理)하고 이 날에 이르러 '경찬'(慶讚)을 연다고 일컬으면서 크게 불회(佛會)를 베푸니 구경하러 가는 사대부의 아내·여승(女僧)·부녀자가 매우 많았다. 중 혜희(慧熙)가 화려한 채색 가사(袈裟)를 입고 법당(法堂)에 앉아 불경(佛經)을 강론하니, 부녀자와 중과 여승들이 한 당(堂)에 같이 모여 차례로 앉아서 보고 들었으며, 전 지군사(知郡事) 이대종(李大種)과 박동미(朴東美)도 같이 앉아서 보고 들었다. 중 각원(覺圓)·신주(信珠)·신현(信賢) 등이 무애희(無▩戱;불교 연극의 일종)를 시작하자 부녀자들이 시주(施主)라 하여 옷을 벗어 주기도 하였다. 삼한국대부인(三韓國大夫人) 안씨(安氏;中宮의 모친)도 가게 되니 지돈녕(知敦寧) 안수산(安壽山)이 따랐다. 장사치의 부녀자들이 남자의 옷을 입고 승방(僧房)에 들어가 잠을 자기까지 하였다.[13]

그런데, 대군이 적극 지원하려고 했던 회암사의 중수 공사가 유신들의 반대로 결국 정지되고 말았지만, 중수 공사 준비를 위한 법회 행사과정에서 큰 문제가 야기되고 말았다. 회암사 법회 행사에 참석한 부인(夫人)들이 절에서 여러 날을 머문 것이 문제가 되어 회암사 중들에 대한 추국(推鞫)이 벌어지게 된 것이다. 5월 1일에 임금이 사간원(司諫院)

13 『세종실록』 권64, 세종 16년 4월 丁巳(10일).

좌정언 남양덕(南陽德)에게 말하기를 "지금 회암사(檜巖寺)의 중들을 추국한다니 무슨 일이냐" 물으니, 남양덕이 아뢰기를 "듣자오니 부녀가 절에 올라가 유숙하였으므로 추국한다 하옵니다. 대부인(大夫人)과 돈녕(敦寧) 안수산(安壽山)의 처(妻) 등이 절에 가서 여러 날 머물렀다 하옵고, 그 나머지 15~6명이나 되는 부녀는 그 성씨는 모르오나 이문(移文)하여 추국한다고 하옵니다" 하니, 임금이 말하기를

"내 이 일을 듣고 마음으로 실로 놀랐었다. 부녀로 말하면 사리(事理)를 모르고 그랬다고 할 수도 있으나, 안수산은 이미 통절(痛切)하게 책하였도다. 또 이 일에 비록 죄명을 붙이기는 하나, 위령률(違令律)에 불과하고, 더군다나 대부인은 명의에 있어서 죄를 가하지 못할 것이니 어찌 반드시 그 죄명을 붙여야 하겠느냐. 아직은 그냥 내버려 두고 추국하지 아니함이 옳겠다."

하니, 남양덕이 아뢰기를

"대부인은 추국하지 마는 것이 마땅하옵거니와, 기타의 부녀는 역시 많이 절에 올라가서 여러 날 유숙한 것은 비록 법을 세운 것은 없사오나, 부녀자가 절에 올라가는 것은 행실에 있어 부당하옵고, 더군다나 부녀가 중과 같이 절에 올라가면 실절(失節)한 것으로 논죄한다는 것이 『육전』(六典)에 실려 있사오니, 그 부녀들은 본래 사리를 알지 못하고 그랬다 하더라도 이들을 절에 올라가게 한 가장(家長)의 죄는 용서할 수 없사오니 마땅히 추국하고 징계하여야 할 것이옵니다"

하매, 임금이 다시 말하기를 "내 생각으로는 그냥 따라간 여종도 많았던 것으로 여겨지는데, 만일 가정의 부녀라면 진실로 타당치 못하니, 아울러 추핵(推覈)하여 아뢰어라" 하였다. 대부인이란 중궁의 모친인 안씨(安氏)를 이른 것이다.[14] 5월 4일에도 회암사에 올라

14 『세종실록』 권64, 세종 16년 5월 丁丑(1일).

갔던 부인들의 처벌 문제가 논의되었다. 이 날 임금이 사간원(司諫院) 우헌납(右獻納) 이중윤(李中允)을 불러 말하기를,

"지난번 회암사에 올라갔던 부녀 중에 대부인을 제외하고 기타 사람을 추핵하라고 한 것은 일찍이 전교(傳敎)했지만 이제 (효령)대군의 말을 들어본 즉 대부인이 회암사에 갔다 올 때에 수종(隨從)한 부녀가 10여명에 불과하였다 하니, 절에 올라갔던 부녀는 생각건대 그리 많지 않았던 것 같다. 대부인은 이미 거론(擧論)하지 않기로 하였지만, 나머지 부녀들도 추고(推考)를 그만두는 것이 어떻겠는가. 또 이제 묻는 일은 어떠한 일이며 이미 보았다는 자는 누구이냐"

하니, 중윤이 아뢰기를

"박동미(朴東美)가 회암사에서 돌아오매 추문(推問)하였은 즉 말하기를, '4월 10일에 대부인이 절에 올라갈 때 승니(僧尼) 7, 8인과 양반집 부녀 10여인 등이 회암사에 나아갔사온데, 남자와 여자가 법당에 섞여 거처하였고, 세 승려가 무애희(無▩戲)를 놀리니 부녀들이 각각 의복과 포백(布帛)을 내주었으며, 강주(講主)인 승려 혜희(慧熙)도 또한 비단 1필을 주었습니다. 그들은 법령을 두려워하지 아니하고 방자하고 오만하여 거리낌 없음이 이에서 더 심할 수는 없었다' 하옵니다. 이제 이것을 징계하지 아니하오면 이 후로는 막고 금하기가 어렵겠사오니, 모름지기 국문(鞫問)하여 과죄(科罪)함으로써 뒷 사람이 경계하게 하옵소서"

하니, 임금이 말하기를,

"너의 말이 분명하지 못하구나. 대부인은 지난 4월 초10일에 중궁으로부터 나가서 본가에 돌아간 뒤에 절에 올라갔은즉, 부녀의 걸음걸이라 반드시 그 날에 신속히 회암사에 도착하지는 못하였을 것이매, 내 생각으로는 다른 부녀들이 대부인을 빙자하고 절에 간 것이 아닐까. 그러니 대부인을 수종하던 부녀와 다른 부녀의 성씨(姓氏)와 일시(日時)를 자세

히 상고하여 아뢰라"

하니, 중윤이 이내 물러갔다가 그 날로 돌아와 아뢰기를,

"초9일에 절에 올라간 자는 안수산·박동미·전 지군사(知郡事) 이대종(李大種)이었고, 초10일에 절에 올라간 자는 죽은 지현(知縣) 정충좌(鄭忠佐)의 처 우씨(禹氏) 등 7,8인과 따라간 여종 10여인, 그리고 전 지군사(知郡事) 송면(宋勉)의 처 신씨(申氏) 등 8,9인과 따라간 여종 10여인이었으며, 11일에 절에 올라간 이는 대부인과 기녀(妓女) 금강(金剛)·안수산의 첩 및 보상(寶常)이라 하옵니다"

하니, 이에 임금이 말하기를

"내 또한 듣고 이를 미워하지만, 그러나 대부인은 의리상 추핵할 수 없고, 수종한 부녀도 비록 논죄할 만하다 하겠으나 반드시 추핵(推覈)할 것은 없으니, 그 나머지의 각각 다른 날에 절에 올라간 부녀들만 추국하여 아뢰라. 또 대부인이 초10일에 중궁(中宮)으로부터 나와 본가에 돌아갔다가 이튿날에 절에 올라갔은즉, 창졸간에 여러 곳의 부녀들을 어느 겨를에 청해 가지고 절에 갔겠는가. 생각하건대 부녀들이 비록 같이 절에 나아갔다 하더라도 대부인의 행차에 혹은 앞서고 혹은 뒤서서 각각 따로따로 절에 올라갔을 것인데, 다른 날 절에 올라간 부녀들이 그 죄책을 면하고자 하여, '대부인에게 관련이 있다'고 가칭하고 빙자하여 납초(納招)한 자가 반드시 있을 것이니, 마땅히 이 뜻을 알아서 대부인을 수종하였던 부녀는 문제 삼아 추핵하지 말고, 그 나머지의 각각 날을 달리하여 절에 올라갔던 부녀들은 갖추갖추 자세히 추문(推問)하여 아뢰라"

고 하였다.[15] 중궁을 배려하는 임금의 마음 씀이 엿보이는 대목이기도 하지만, 실은 이

15 『세종실록』 권64, 세종 16년 5월 庚辰(4일).

미 세종 13년 8월에, "사헌부에서 아뢴대로 '무식한 무리들이 요사스러운 말에 현혹되어 질병이나 초상(初喪)이 있으면 즉시 야제(野祭)를 행하며, 또는 중[僧]의 무리를 끌어오고 불상(佛像)을 맞아들여 향화(香花)와 다식(茶食)을 앞에 벌려 놓고는 노래와 춤과 범패(梵唄)가 서로 섞이어 울려서 음란하고 요사스러우며 난잡하여 예절을 무너뜨리고 풍속을 상하는 일이 이보다 심함이 없사오니, 수령(守令)들로 하여금 엄하게 금하고 다스리되 만일 범하는 자가 있으면 관리와 동리(洞里)의 정장(正長)·색장(色掌) 등을 함께 그 죄를 다스리게 하옵소서' 하니, 그대로 따랐다"[16] 고 한 바도 있거니와, 또 올해 4월 27일에는 정부에서 『삼강행실』(三綱行實)을 인쇄 반포하여 가르치도록 하고, 그에 대한 교서까지 짓게 한 바도 있으므로, 이 번의 법회 행사 문제는 유야무야 그냥 넘어갈 문제가 아니었다.

따라서 회암사 법회에 참석한 부인들의 처벌에 대한 논의는 5월 8일에도 이어져 사헌부에 전지하기를,

> "부녀가 절에 나아가는 것을 금지하는 법은 이미 『육전』(六典)에 실려 있고, 또 교지(敎旨)도 있었으나, 중외의 부녀가 제 마음대로 행동하여 꺼림이 없이 공공연히 절에 나아가고 또 절의 중들도 공공연히 이를 맞아들이며, 그 지방의 관리들도 그저 문구(文具;헛문서)처럼 여기고 전혀 규찰하지 아니하니, 모두가 부당하였다. 이제부터는 중외(中外)에 효유(曉諭)하여 엄중히 고찰을 더하게 하되, 그 중에 고찰을 잘 이행하지 아니하는 관리와 부녀를 맞아 접대하는 중은 통렬히 법으로 다스리라"[17]

하였다. 다만, 그렇다고 조사 심문하는 과정에서 너무 강압적으로 추고하면 옥사(獄辭)가 오히려 얽히고 번져서 무고한 사람에게까지 피해를 미칠까 염려되므로, 5월 21일에는 사헌부 지평(持平) 권준(權蹲)을 불러, '회암사에 올라간 부녀들의 파악을 위한 조사 심

16 『세종실록』 권53, 세종 13년 8월 甲午(2일).

17 『세종실록』 권64, 세종 16년 5월 甲申(8일).

문을 신중히 할 것'을 하명(下命)하였다.[18]

마침내 7월 7일에는 사헌부에서 회암사 경찬(慶讚)에 모인 각인의 죄를 장계(狀啓)하니, 결심(結審) 판결은 아래와 같았다.

> "죽은 참의 송흥(宋興)의 아내 정씨(鄭氏), 참의 김상직(金尙直)의 아내 이씨(李氏), 고(故) 호군 송면(宋勉)의 아내 신씨(申氏) 등 부녀와 비구니[尼] 합하여 20여명에게는 각각 장(杖) 80에 처하여 모두 실절(失節)로 논하고, 강주(講主) 혜희(慧熙)는 장 70, 무애희를 지은 각원(覺圓)·신주(信珠)·신현(信賢) 등은 각각 태형(笞刑) 50, 이대종·박동미는 각각 형장 80, 천인(賤人)의 여자는 각각 태형 50에 처하되 수범(首犯)과 종범(從犯)으로 구분하여 혹 40과 30으로 하기를 청해서 그대로 윤허(允許)하고, 혜희에게는 속전(贖錢)을 거두고 환속(還俗)치 말게 하며, 사족(士族)의 부녀와 비구니는 모두 속전을 거두되 작첩(爵牒)은 거두지 말며, 공신의 아내·딸·며느리들은 모두 논하지 말게 하였다"[19]

한편, **4월 15일에는 왕자 영응대군(永膺大君) 이염(李琰)이 출생하니 대군 왕자로서는 여덟 번째가 된다.** 4월 23일에는 익평부원군(益平府院君) 이석근(李石根)의 맏아들 이인(李仁)이 숭록대부(崇祿大夫) 신의군(愼宜君)으로, 효령대군의 장자(長子) 이채(李寀)는 숭록대부(崇祿大夫) 의성군(誼城君)으로 각각 피봉되었다.[20] 그리고 5월 6일에는 종부시(宗簿寺)에서 아뢴대로, 종학(宗學)에 입학한 자가 모병(母病)이나 처의 병으로 학교에 나오지 않을 경우 의녀(醫女)로 하여금 이를 확인하도록 하였다.[21] 8월 17일에는 왕자 영풍군(永豊君) 이전(瑔)이 출생하니, 혜빈(惠嬪) 양씨(楊氏)의 소생인데 왕자 군(君)으로서는 여덟 번째이다. 8월 26일에는 임금 및 중궁(中宮)과 동궁(東宮)이 임영대군(臨瀛大君) 이구(李璆)의 집으로 임시 이어(移御)하였다가 9월 8일(壬午)에 환궁하였다. 9월 5일에는

---

18 『세종실록』 권64, 세종 16년 5월 丁酉(21일).

19 『세종실록』 권64, 세종 16년 7월 壬午(7일).

20 『세종실록』 권64, 세종 16년 4월 庚午(23일).

21 『세종실록』 권64, 세종 16년 5월 壬午(6일).

『대학연의』(大學衍義)를 종친 및 신하들에게 나눠 주었다.[22]

9월 21일에는 임금이 왕세자(王世子)를 거느리고 효령대군(孝寧大君)의 별서(別墅)인 희우정(喜雨亭)에 거둥하여 전함(戰艦)을 구경하고,[23] 이튿날에는 의정부와 육조(六曹)에게도 명하여 희우정에 가서 전함을 살펴보고 빠르고 둔(鈍)한 것을 분별하게 하니, 이튿날 의정부와 육조에서 전함의 빠르고 느린 것을 갖추어 아뢰었는데,

"신해(辛亥, 세종 13)년에 경강(京江;漢江)에서 동자갑선(冬字甲船)을 만들어 빠르기는 중[中等]인데, 하체(下體)는 쇠 못과 나무 못을 반씩 섞어 쓰고, 위를 꾸미는 데는 쇠 못을 써서 들어간 쇠가 모두 1천8백 근인데, 우의정 최윤덕(崔潤德)은 쓸 만하다고 하였고, 금년 가을에는 경강 사수색(司水色)이 상쾌선(上快船) 왕자갑선(往字甲船)을 만들었는데, 하체에는 쇠 못과 나무 못을 반씩 섞어 쓰고, 위를 꾸미는 데는 전혀 쇠 못만을 써서 모두 쇠가 1천9백 근 1냥이 들었는데, 의정부와 육조가 모두 쓸 만하다고 하였으며, 그리고 금년 봄에 유구국(琉球國) 선장(船匠)이 월자갑선(月字 甲船)을 만들었는데, 빠르기는 하(下)이요, 위의 꾸미기와 하체를 모두 쇠 못을 써서 모두 쇠가 3천3백52근1냥이나 들었습니다."

하니, 임금이 병조(兵曹)에 명하기를

"이 뒤로 각 도 각 포(浦)의 전함은 '동자'(冬字)와 '왕자'(往字)의 시험선(試驗船)을 견본으로 하여 만들도록 하고, 유구국의 선장이 만든 월자선(月字船)은 비록 위를 꾸민 것이 전함에는 불합하나, 그 하체가 견실하여 본받을 만하니, 또한 아울러 견본(見本)으로 삼으라고 각 도에 행문 이첩(行文 移牒)하라"

22 『세종실록』 권65, 세종 16년 9월 己卯(5일).

23 『세종실록』 권65, 세종 16년 9월 乙未(21일).

하였다.[24]

그런데 효령대군(孝寧大君)의 별서(別墅) 희우정(喜雨亭) 앞 한강(漢江)에서 '전함 실험'을 한 것은 이번이 처음이 아니었다. 세종 2년 11월 17일(辛巳)에도 상왕이 대호군 윤득민(尹得民)이 만든 쾌속정의 속도 실험을 같은 곳에서 하였는데, 이 때에는 효령대군이 유정현·이명덕·박은 등 대신들과 함께 입시(入侍)하였었다.[25]

28일에는 임금이 왕세자를 거느리고 강원도 평강(平康) 등처에서 강무(講武)를 시작하였는데, 의정부와 대간(臺諫) 각 1원(員)과 효령대군(孝寧大君) 등 종친(宗親)·부마·병조(兵曹)의 대소 무신(武臣)들이 호종하였다. 문무 백관이 흥인문 밖에서 전송하고, 경기감사 허성(許誠)·경력 이의흡(李宜洽)·양주부사 김종흥(金宗興) 등이 조복을 갖추고 경상(境上)에서 받들어 맞이하였다. 이 날은 임금이 양주군 녹양역(綠楊驛) 평원과 회암사(檜巖寺) 뒤 남산에서 사냥한 후 양주 풍천원(楓川院)에서 유숙하였는데, 경기 감사와 충청도 감사 남지(南智), 황해도 감사 김맹성(金孟誠) 등이 방물을 바쳤다.[26] 이 번의 강무행사는 18일 동안이나 이어져 10월 16일(己酉), 불암천(佛岩川)에서 낮참을 든 후 오시(午時)에 환궁함으로써 종료되었다.

어느덧 연말이 다가오자 12월 25일에는 이천(利川)의 양녕(讓寧) 형님을 서울로 오시게 하여, 임금이 모처럼 효령대군(孝寧大君) 등과 함께 나례(儺禮)를 구경하게 되었다. 얼마 전에 의금부에 명하기를 "내가 양녕(讓寧)과 더불어 나례를 보고자 한다"고 하여, 이날에 나례를 베풀게 하고 함께 구경하게 되었는데, 사헌부 장령(掌令) 김령(金寧)이 대궐에 나아가 또 아뢰고자 하다가 아뢰지 못하고 물러갔다.[27]

---

24 『세종실록』 권65, 세종 16년 9월 丁酉(23일).

25 앞 1권 5장 146쪽의 주13)을 참조.

26 『세종실록』 권65, 세종 16년 9월 壬寅(28일).

27 『세종실록』 권66, 세종 16년 12월 戊辰(25일).

바ᄉᆞ기 알ᄋᆞ시니
뗘적이 名명言언
覺路ᄂᆞᆫ 則解脫이 逐流라 位當遂諦ᄒᆞ며 因이
窮ᄒᆞ야 趣果라 義說諸套이니라시 賊解ᄂᆞᆫ 則實有
已立ᄒᆞ샤 不藉名言이시니 上觀에 云ᄒᆞ샤 自宗
은 不可說이시니라 ᄒᆞ라 跡은 行이오 隣ᄂᆞᆫ 演也라 就
教四句ᄂᆞᆫ 說有多途ᄒᆞ니 學者ㅣ 審而詳之니

⓫

檜巖寺·興天寺와 「萬德寺 施僧文」

효령대군 40세, 1월 ~ 42세, 11월

세종(世宗) 17년, 을묘(乙卯)년 새해가 밝았다. 효령대군(孝寧大君)의 춘추(春秋) 사십(40), 불혹(不惑)에 드신 해이다. 정월 초하룻날, 임금이 왕세자와 여러 신하를 거느리고 망궐례(望闕禮)를 행하고, 근정전에 나아가 하례를 받았는데, 모두 보통 때의 의식과 같이 하였다. 의정부에서 안팎으로 옷감과 안장 갖춘 말을 바치고, 왜인(倭人)과 야인(野人)들도 토산물을 바쳤다. 각도에서는 전문(箋文)과 방물(方物)을 바쳤으며, 중궁이 따로 베푼 잔치에는 성비(誠妃)[1]와 예성부부인(蘂城府夫人) 등 종친의 부인들이 모두 배시(陪侍)하였다.[2] 양녕대군은 4일날 이천으로 되돌아갔다.

2월 2일에는 신빈(信嬪) 신씨(辛氏)가 졸하니, 태종(太宗)의 후궁(後宮)이었는데 태종이 특히 총애하여 함녕군(諴寧君) 인(䄄) · 온녕군(溫寧君) 정(裎) · 근녕군(謹寧君) 농(襛)과 정신옹주(貞信翁主:駙馬 尹季童) · 정정옹주(貞靜翁主:駙馬 趙璿) 등 일곱 옹주(翁主), 도합 열 남매를 낳았다. 처음 옹주에 봉작되었다가 뒤에 신녕궁주(愼寧宮主)로 작위를 높이고

---

1 神德王后 昇遐후 太宗 6년에 책봉된 太祖의 繼妃이니, 大君 형제에게는 繼祖母뻘이됨, 元庠의 딸.

2 『세종실록』 권67, 세종 17년 1월 癸酉(1일).

나중에는 신빈(信嬪)이 되었는데, 졸(卒)함에 이르러 조상(弔喪)과 치제(致祭)를 내리고, 관(官)에서 장사(葬事)를 다스렸으며, 특히 염(斂)에 쓸 의복을 하사하였다.[3] 4월 8일에는 임금이 신녕궁주에게 전(奠)을 드렸다.

2월 27일에는 예조에서 서모(庶母)의 제사에 대한 예를 상고(詳考)하여 아뢰었다. "삼가 상고하건대, 『예기』(禮記) '상복소기'(喪服小記)에 이르기를, '자모(慈母)와 서모(庶母)는 대대로 제사하지는 않는다' 하였고, 또 『사림광기』(事林廣記) '서모별제조'(庶母別祭條)에 이르기를, '서모도 역시 신주(神主)를 만드는 것이 마땅하나 다만 사당에 들어갈 수 없고, 아들이 그 사실(私室)에서 제사함이 마땅하다' 하였는데, 신(臣) 등이 서모의 제사의 예를 상세히 참고하옵건대, 그 사당(祠堂)을 세우지는 않고 다만 신주만을 만들어 정결한 방에 모시고 제사하되, 제품(祭品)은 그 아들의 관작(官爵)을 좇아 하며, 그 제사는 아들 당대(當代)에 한하여 하게 하소서" 하니, 그대로 따랐는데, 이는 공녕군(恭寧君) 인(䄄)의 어머니 신빈(信嬪) 신씨(辛氏)의 초상(初喪)으로 인하여 이 법을 세운 것이다.[4]

3월 3일에는 사헌부에서, "회암(檜巖)·대자(大慈)의 두 사찰이 서울에서 가깝기 때문에, 무식한 무리들이 시주(施主)를 칭탁하고 끊임없이 왕래하면서 불공을 크게 벌이고 있으며, 사대부들도 이를 다투어 본떠서 세가(世家)의 부녀자까지도 공공연하게 절에 올라가는 등, 국법을 범하고 있사오니 비옵건대 경산(京山) 사사(寺社)의 예(例)에 의하여, 여기에 서리(書吏)를 파견하여 무시로 이를 감찰하여 적발하게 하소서" 하고 아뢰니, 그대로 따랐다.[5] 그런데 여기서 회암사(檜巖寺)는 태조대왕 때부터 왕실의 원찰(願刹)이었고, 대자암(大慈庵)은 태종의 넷째 성령대군(誠寧大君)의 넋을 달래기 위해 원경왕후(元敬王后)가 대군의 묘옆에 지은 사찰이었으니, 다른 절보다 아무래도 불자(佛者)들의 왕래가 많았던 것이다.

3월 4일에는 파원위(坡原尉) 윤평(尹泙)이 숙순옹주(淑順翁主)를 친히 맞아가니, 본

---

3 『세종실록』 권67, 세종 17년 2월 甲辰(2일).

4 『세종실록』 권67, 세종 17년 2월 己巳(27일).

5 『세종실록』 권67, 세종 17년 3월 乙亥(3일).

국에서의 친영(親迎)이 이로부터 비롯되었는데, 옹주는 태종의 후궁(後宮) 덕숙옹주(德淑翁主) 이씨(李氏)의 소생으로 숙순옹주는 태종의 13번째 서녀(庶女)가 된다.

3월 7일에는 임금이 사헌부에 전지(傳旨)하기를, "효령대군(孝寧大君)이 잠시 회암사(檜巖寺)에서 불사(佛事)를 베푼다는 것은 나도 알고 있지만, 또다시 부녀자들이 절에 올라갈 리도 없으니 이를 금하지는 말라" 하였는 바, 작년 4월에 회암사 중수공사가 대법회 문제로 말썽이 있었고 유신들의 반대로 정지되긴 했지만, 그 이후로도 효령대군은 꾸준히 회암사를 도우려 하매 유신들이 반대하니 임금이 전지를 내린 것인데 그럼에도 이튿날 또다시 사헌부 지평(持平) 최경명(崔敬明)이 "불사를 금한다는 것은 원전(元典)에 실려 있사온데, 이제 효령대군이 회암사에서 불사를 베푼다 하오니, 아마도 우리 국법이 이로부터 무너지게 될 것입니다"고 아뢰니, 임금이 말하기를 "효령(孝寧)이 일찍이 회암사를 수리하였고, 나도 내탕(內帑)의 미포(米布)를 내어 이를 도운 바 있거니와, 중수(重修)하게 되면 반드시 경찬(慶讚)의 행사가 있는 법이다. 그 관사(官司)에서 뭐 금할 것이 있느냐" 하였다.[6]

그러나 이튿날 다시 효령대군이 회암사에서 불사를 베푸는 것을 금할 것에 대해 사헌부에서 상소하였는 바,

> "(전략)이제 효령대군(孝寧大君) 이보(李補)가 종실 지친(至親)의 장(長)으로서 몸소 불전(佛殿)에 나아가 법연(法筵)에서 강연하여 이를 서민들에게 보이게 되면, 사람들이 앞을 다투어 이를 본받고 사모할 것이니, 근년 일을 상고하여 보더라도 임자(壬子, 세종 14)년 봄 한강에서 있었던 일은[7] 곧 그의 징험(徵驗)이 되는 것입니다. 신 등은 아름다운 법이 폐기되고 행하지 못할 것이 장차 이로부터 비롯될 것을 깊이 우려하는 바입니다. 바라옵건대 전하께서는 속히 그 명을 거두시와 신민들의 이단(異端)을 배척하는 마음을 위안케 하시고, 인민들의 복을 빌어 부처를 높이 섬기려는 조짐을 막으시면, 국가에 이보다 다행함이 없지 않

---

6 『세종실록』 권67, 세종 17년 3월 庚辰(8일).

7 세종 14년 2월에 효령대군이 漢江에서 水陸齋를 주관했던 일, 앞 1권 9장 265쪽의 주37)을 참조.

을까 하나이다”

하였으나, 윤허하지 않았다. 4월 10일은 임금의 탄일(誕日)이므로 근정전에 나아가 탄일의 하례(賀禮) 받기를 의식과 같이 하였다.

17일에는 임금이 해당 관사로 하여금 회암사(檜巖寺)에 쌀 50석을 내려주게 하였는데, 회암사(檜巖寺)를 지원하려는 효령대군(孝寧大君)을 돕고자 함이었다.[8] 그런데 사흘 후 20일에는 집현전 부제학(副提學) 김돈(金墩) 등이 불교의 폐단과 그 금지에 관하여 또 다시 상서한 바,

“(전략) 전년(前年, 세종 16년)에는 큰 도량(道場)을 회암사에 베풀고 크게 법회(法會)를 벌이어 온 도성안의 사민(士民)으로부터 종친·척리(戚里)에 이르기까지 우러러 받들고 시사(施捨)하기를 시간에 뒤질까 두려워하니, 법이라는 것은 반드시 귀하고 가까운 사람으로부터 시작한 연후에야 백성에게 행할 수 있는 것인데, 불사(佛事)를 금하여 끊는 것이 영전(令典)에 실려 있고, 전하께서 또 거듭 밝히어 중외에 포고하였으나, 지금 귀하고 가까운 사람들이 앞장을 서니, 이것은 법이 먼저 위에서 무너지는 것입니다. 그러하니 어리석은 백성의 미혹하는 것을 어떻게 바로잡겠습니까. 하물며 근년 이래로 수재와 한재가 서로 겹치어 나라의 근본이 되는 백성들이 기근(飢饉)을 면치 못하는데, 일없이 놀며 역사(役事)를 피하는 무리들이 천 백 명으로 떼를 지어 민생을 고혹(蠱惑)하고 앉아서 백 가지의 음식을 먹고 있으니 참으로 탄식할 일입니다. 중 같은 무뢰배들이 없는데 회암사가 가까이 교관(郊關) 안에 있어서 해마다 떼로 모이어 사민을 유혹하니, 오늘날 성명(聖明)의 때로서는 진실로 혐의될 것이 없지마는, 후일의 폐단을 점점 자라게 할 수는 없사오니, 엎드려 바라옵건대, 전하께서는 특별히 유사(攸司)에 명하여 일을 주관하는 중을 죄주고, 우러러 받드는 사람을 금하며, 그 콩과 조를 거두어 굶주리는 백성을 진휼하고 그 베와 비단을 몰수하여 관가의 용도에 보태어 영구히 변방 오랑캐의 교(敎)를 끊고 이 백성의 미혹을 끊게 하시면, 지

8 『세종실록』 권68, 세종 17년 4월 戊午(17일).

극한 소원을 이기지 못하겠나이다"

라고 하였으니, 임금이 계본(啓本)을 머물러 두었다.

5월 보름날에는 임금이 사정전(思政殿)에 나아가 등극사(登極使) 노한(盧閈)·부사(副使) 민의생(閔義生)·진향사(進香使) 문귀(文貴)·진위사(陳慰使) 이중지(李中至) 등을 위로하여 잔치를 베풀었는데, 효령대군(孝寧大君)과 여러 군(君)이 시연(侍宴)하였다.[9]

그리고 18일에는 흥천사(興天寺)의 사리각(舍利閣) 중수(重修)에 승도(僧徒)를 모아 역사(役事)케 하였는데, 임금이 선공감(繕工監) 제조(提調) 안순(安純)과 홍리(洪理)를 불러 의논하기를,

"흥천사 사리각을 중수하려 하는데, 어떻게 하면 폐단이 없을 수 있겠는가. 내가 중수하는 것은 부처를 숭상하려는 것이 아니라 다만 조종(祖宗)께서 중하게 여기시던 것을 차마 갑자기 헐어 버릴 수 없기 때문이다. 또 한(漢)나라와 당(唐)나라 이래로 선악을 가린다는 자도 다 없애지를 못하고 지금까지 면면히 끊이지 않으니 반드시 뜻이 있을 것이다. 경(卿)들은 내 뜻을 몸받아서 목공에게 의논하여 묵은 것은 헐되 사람을 상하지 않게 하고, 새것을 짓되 백성을 수고롭게 하지 않아서 그 공을 성취하라"

하니, 안순 등이 아뢰기를 "승도를 모아서 역사를 하게 하고, 관가(官家)에서 양식을 주면 거의 폐단이 없을 것입니다" 하매, 임금이 말하기를 "네 말이 온당하다"고 하고,[10] 이에서 용기를 얻어 이틀 뒤에는 흥천사의 탑전(塔殿) 수리의 역사를 효령대군(孝寧大君)에게 맡기기로 마음을 정하고, 승정원에 전지하기를,

"흥천사 탑전을 수리하고자 호조판서 안순(安純)에게 의논하니, 순이 말하기를 '대개 승도

---

9 『세종실록』 권68, 세종 17년 5월 丙戌(15일).

10 『세종실록』 권68, 세종 17년 5월 己丑(18일).

(僧徒)들은 공가(公家)에서 불러서 역사를 시키면 반드시 싫어하고 꺼리며, 스스로 서로 불러 모이면 즐겁게 일에 나간다'고 하니, 그 말이 옳은 것 같다. 옛날에 태종께서 각림사(覺林寺)가 예전에 노시던 곳이므로 친히 권선문(勸善文)에 수결(手決)하시어 간사(幹事)하는 중에게 주어 중창(重創)을 권유하였는데, 제도가 극히 장려하여 흥천사 탑전의 개조(改造)에 비하면 재력(財力)이 10배뿐이 아니겠는데, 그 때의 중들이 국가의 도움을 빌리지 않고 쉽게 영건(營建)하고 경찬회(慶讚會;부처의 功德을 찬탄하는 법회)까지 베풀었었다. 지금 태종의 고사에 의하여 교서(敎書)의 권문에 인(印)을 찍어 행신보(行信寶)로써 간사(幹事)하는 중에게 주어, 중들을 불러 모아 수리하게 하되, 효령대군(孝寧大君)으로 하여금 주장(主掌)하게 하려고 한다. 그러나 행신보를 공사[公幹]에 시행하고 탑전을 개조하는 데에 쓰는 것은 마땅치 않으므로 도서(圖書)로써 인행(印行)하려고 하는데, 교서를 지어서 인행할 것인가, 권문을 지어서 인행할 것인가, 너희들은 모두 유생(儒生)이니 오론(迂論)하여 아뢰지 말라"

하니, 도승지 신인손(辛引孫)·좌승지 정갑손(鄭甲孫)·좌부승지 이견기(李堅基)·동부승지권채(權採) 등이 아뢰기를,

"신 등이 비록 유자(儒者)의 이름을 얻기는 하였으나 학술이 거칠며 소루하고, 문견(聞見)이 얕으니 불교의 옳고 그름에 대하여 무슨 아는 것이 있기에, 감히 고론(高論)으로 천청(天聽)에 간여하겠습니까. 다만 중심(中心)으로써 우러러 예청(睿聽)을 더럽히겠습니다. 전조(前朝)의 말엽에 이단(異端)이 성하고 우리 도(道)가 어두워졌었는데, 우리 태조가 등극하신 이래로 열성(列聖)이 서로 이어 이단을 배척하고 공씨(孔氏)를 높이어, 예악(禮樂)·문물(文物)이 중화(中華)에 같게 되었으니, 후세에 반드시 전하를 본받을 것입니다. 지금 만일 교서의 권문으로 창도(倡導)하면, 저 승도들이 말하기를, '우리 도가 다시 일어난다'고 하며, 마음대로 속이고 유혹하여 백성의 재산을 점탈할 것이요, 신하와 백성들도 도서(圖書)를 보고서 향응(嚮應)하지 않을 자가 누구이겠습니까. 폐단이 장차 구제할 수 없을 뿐만 아니라 반드시 사필(史筆)에 누(累)가 될 것입니다. 한강과 회암사(檜巖寺)의 무차회(無遮會) 같은 것도 효령대군(孝寧大君) 한 사람이 능히 판비(辦備)하였으니, 지금 탑전(塔殿)의 개조

도 5간(間)에 지나지 못하니, 효령으로 하여금 주장하게 하더라도 오히려 영건(營建)할 수가 있을 것입니다. 어찌 반드시 친히 교지를 내리시어 창도하실 것이 있습니까. 또 탑전을 영건하는 것은 본래 승가(僧家)의 일이니, 관가에서 옷과 밥을 주고 불러서 역사시킨다면, 이것은 중으로서 중의 집을 짓는 것이니, 중들이 무엇을 꺼려하여 하지 않겠습니까"

하니, 임금이 말하기를,

"너의들의 의논이 참으로 정대(正大)하다. 그러나 교서를 내리는 것과 대군(大君)에게 명하는 것이 무엇이 다르며, 부고(府庫)의 재물을 내는 것과 백성의 재물을 권선(勸善)하여 차지하는 것이 무엇이 다른가. 후세에 비방을 받는 것은 마찬가지일 것이다. 권문이 불가하다면 내가 장차 교서를 내리겠노라"

하였다. 이에 인손(引孫) 등이 아뢰기를,

"교서는 국가의 대사(大事)에 쓰는 것이고, 중의 집에 대한 일에 있어서는 마땅치 않습니다"

하니, 임금이 다시 말하기를,

"내가 장차 대군(大君)으로 하여금 명을 받들어 영건(營建)하게 하겠다"

하고, 인하여 권채(權採)에게 권문(勸文)을 짓도록 명하니 권채가 곧 지어 올렸는데, 그 글에 말하기를,

"대개 들으니 군생(群生)을 널리 이롭게 하는 것은 불씨(佛氏)의 홍원(弘願)이요, 선친(先親)의 명복을 비는 것은 인간의 지정(至情)이다. 그러므로 효자와 순손(順孫)으로서 지극한 정성을 다하는 자가 모두 다 귀의(歸依)한다. 내가 다행히 종실의 근속(近屬)으로서 이 영

화와 복을 누리면서 다른 비익(裨益)이 없으니, 무릇 보본(報本) 추원(追援)하는 도리에 있어서 힘을 다하려고 생각한다. 선덕(宣德;明 宣宗의 年號) 을묘(乙卯, 세종 17)년 여름에 주상(主上) 전하(殿下)께서 말씀하시기를 '우리 태조께서 운수에 응하여 나라를 열어서 만(萬)가지 교화가 함께 새롭고, 나라를 넉넉하게 하고 백성에게 은혜롭게 하는 정치가 시행되지 않음이 없는데, 불씨의 교(教)도 유명을 이롭게 할 수 있다 하여, 또한 그 도를 인습하여 폐하지 않았다. 병자(丙子;태조 5, 1396)년에 흥천사(興天寺)를 정릉(貞陵) 곁에 창건하여 국도의 서쪽에 있는데, 제도가 크고 웅장하다. 위에는 부도(浮屠)를 세우고 인하여 팔면 사층의 전당(殿堂)을 지었는데, 까마득하게 높아서 동국(東國) 고래에 일찍이 없었던 것이다. 우리 태조께서 이 절에 유의(留意)하시어 말년에 이르러 태종에게 정녕하게 부탁하시고 태종께서 또한 이어 수리하였으니, 자손 된 자가 마땅히 삼가 지키어 무너뜨리지 말아야 할 것이다. 그러나 이 탑전이 체제와 형성이 높고 위태하여, 오랜 세월의 풍우에 기울어지기가 쉽다. 근일에 절의 중이 와서 말하기를 '썩고 기울어진 것이 전보다 더욱 심하니, 만일 층각(層閣)이 갑자기 무너진다면 석탑(石塔)도 따라서 무너질 것은 뻔합니다' 하였는데, 내가 그 말을 듣고 슬프게 여겼었다. 내가 석씨(釋氏)의 설에 대하여 감히 알고 있어 혹신(惑信)하지 못하지마는, 조종께서 염려하시던 것이 하루 아침에 무너지게 되었는데, 무심하게 걱정하지 않는 것은 진실로 차마 못할 일이다. 일으켜 수리하려고 생각하여 신하들에게 의논하고 목공에게 물어 보니, 모두 말하기를, '이 집이 처음에 지은 이래로 40년이 못 되었는데 두 번이나 수리를 하였으니, 무궁하게 전하지 못할 것은 분명한 일이고, 지금 비록 고쳐 수리한다 하더라도 또한 오래 가지 못할 것이라'고 하니, 그 말이 일리가 있다. 지금 탑 위의 각(閣)을 없애고 앞에 새로 전각을 지어 층각에 대신하면, 거의 성조(聖祖)의 남긴 뜻을 배반하지 않고 자주 수리하는 폐단도 없을 것이다. 그러나 공역(工役)의 번거로움을 백성에게 미치게 할 수는 없으니, 만일 석도(釋徒)들의 뜻이 있는 자에 의하여 도모하여진다면 하는 일 없이 이룰 수 있을 것이다. 시종 여일하게 힘을 다하는 자가 있다면 비록 도첩(度牒)이 없는 자라도 추가하여 발급하겠고, 양식의 절핍되는 것은 내가 보충하여 주겠으니, 내 뜻을 몸받아 노력하라'고 하셨다. 신이 명령을 받은 뒤로 느낌이 마음에 간절하다. 신이 군친(君親)의 덕에 대하여 갚기를 도모할 길이 없더니, 지금 옥음(玉音)을 들으니 진실로 마음을 다 하려고 하나, 다만 일이 거창하고 힘은 미약하여 사세가 혼자서 영판(營辦)하기 어려우니, 만일 성조의 뜻을 우러러 몸받아 선심(善心)을 일으키어 양연(良緣)을 맺는 사람이 있다면 진실로 원하는 바이다. 만일 이 선인(善因)을 맺는다면, 위로는 선왕께 명복(冥福)이 되고 사람과 하늘을 널리 이롭게 하여 도움이 되는 것이 한량이 없을 것이요, 여러 신민들도 그 하는 일에 따라서 과보(課報)의 응험(應驗)이 모두 부처의 설(說)과 같이 될 것은 덧붙여 말할 것도 없도다"[11]

하였다. 그리고 이튿날 다시 영의정 황희(黃喜)·우의정 노한(盧閈)·호조판서 안순(安純)을 불러, 도승지 신인손(辛引孫)을 시켜 의논하기를,

"흥천사(興天寺)의 탑전(塔殿)을 층각(層閣)을 헐어버리고 따로 앞에 전각(前閣)을 짓도록 내가 이미 계획을 정하였다. 옛날에 각림사(覺林寺)를 중창(重創)할 때에 국가의 재력이 어찌 넉넉하지 못할까마는, 태종께서 친히 권문(勸文)에 수결(手決)하여 간사(幹事)하는 중들에게 주었더니, 두어 달이 못되어 완성되었다. 이듬해에 내가 강무(講武)하는 일로 인하여 이 절을 지나게 되어서 보니, 제도가 장려(壯麗)하였다. 또 개경사(開慶寺)도 역시 승도(僧徒)들을 시켜 지었는데, 불우(佛宇)와 승당(僧堂)이 또한 굉장하였다. 대개 각림사는 태종께서 예전에 노시던 곳이라 하여 중수하였고, 개경사는 능실(陵室) 때문에 지은 것인데, 하물며 흥천사 탑전은 태조께서 지으시고 수리 보완(補完)하여 폐하지 말 것을 태종께 부탁하셨고, 태종은 또 나에게 부탁하셨으니, 지금 탑전이 썩어서 기울어졌다는 말을 듣고 어찌 무심히 이를 보고 수리하지 않을 수 있겠는가. 국가의 재력이 부족한 것은 아니나, 태종께서 각림사를 중수하신 예(例)에 의하여, 또 승도들을 불러 모아 영조(營造)하려고 하는데, 권문(勸文)이나 교서(敎書) 중에 어느 것이 좋겠는가. 내가 여러 승지(承旨)에게 의논하여 보았더니 모두 불가하다고 하므로, 내가 계책을 정하지 못하고 있는데, 경(卿)들은 어떻게 생각하는가"

11 『세종실록』 권68, 세종 17년 5월 辛卯(20일).

하니, 황희 등이 아뢰기를,

"교서와 권문은 결단코 할 수 없습니다. 저 승도들이 권문에 한 재상(宰相)의 이름만 얻어도 오히려 어리석은 백성을 속이고 꾀는데, 만일 전하께서 친히 수결(手決)하시어 이를 주신다면, 대소 신민들로서 누가 향응(饗應)하지 않겠습니까. 반드시 큰 폐단이 생기어 전하의 후회를 끼칠 것이오니 원컨대, 본사(本寺;흥천사)의 중으로 하여금 예조(禮曹)에 보고하게 하고, 예조는 위에 아뢰어 도첩(度牒)이 없는 승도들을 불러 역사시키고, 재목과 기와의 공급은 관에서 판비(辦備)하여 주면 일이 온당하게 될 것입니다."

하매, 임금이 말하기를,

"내가 처음에는 태종의 고사(古事)에 의하여 행하려고 하였더니, 지금 경들의 의논이 좋으니 내가 그대로 따르겠다"[12]

고 함으로써, 결국 임금의 교서나 권문은 내리지 아니하고, 예조로 하여금 다시 검토하게 해서 최종 결정하기로 하였다. 이에 선종(禪宗)에서 예조에 보고하기를,

"본사(本寺)의 사리탑전(舍利塔殿)은 태조(太祖)께서 창건하신 것인데, 체제가 높고 우뚝하여 무인년에 창건한 이후로 두 번이나 일으켜 바루었으나 날로 점점 기울고 위태하여지니 만일 무너진다면 석탑(石塔)이 염려되옵니다. 청하옵건대 탑전을 헐고 거기에 모셔둔 대장경(大藏經)은 새로 별전(別殿) 5,6간을 석탑 앞에 세워서 옮겨 두면 거의 석탑도 완고할 것이요, 성조(聖祖)의 발원(發願)하신 뜻도 무궁하게 전할 것입니다"

하니, 이것에 의거하여 예조에서 아뢰기를,

---

12 『세종실록』 권68, 세종 17년 5월 壬辰(21일).

"개국하던 처음에 전각(殿閣)을 창건하였는데, 연대가 오래지 않아서 두 번이나 수리를 행하였으나, 오히려 기울고 위태하니 장래가 염려됩니다. 마땅히 정장(呈狀)의 내용에 의하여 탑전은 헐고 따로 새 전각을 세우되, 또 그 공사가 다른 영선(營繕)의 비교가 아니오니, 청하옵건대 도첩(度牒)을 주어서 승도(僧徒)들을 불러 모아 관가(官家)에서 식량을 주고, 따로 제조(提調)를 정하여 영조(營造)를 감독하게 하고, 별전(別殿)의 체제와 공사하는 승도들의 수효는 주장(主掌)하는 선공감(繕工監)으로 하여금 마감(磨勘)하여 아뢰게 하소서"

하매, 그대로 따랐다.[13] 27일에는, 근래에 보기 드문 가뭄이었으므로 선·교(禪敎) 양종(兩宗)의 승도들을 모아 흥천사(興天寺)에서 비를 빌게 하였다.[14]

6월 초하룻날에는 조선 역대의 시(詩) 모음집인 『시대전』(詩大全)을 종실(宗室)과 정부(政府)·육조의 당상관(堂上官)과 문신(文臣) 2품 이상과 여섯 승지(承旨)에게 내려 주었다.[15] 그런데 이 날, 몇일 전에 시작된 흥천사의 역사(役事)를 임시 정지할 것을 명하였으니, 이 때에 상서(上書)하는 자들이 '가뭄을 당하여 비용을 덜어야 하니, 공역(工役)을 일으켜서는 안 된다'고 말하였기 때문이었다. 6월 9일에는 양녕대군(讓寧大君)의 장남 이개(李諧)를 숭록대부(崇祿大夫) 순성군(順城君)에, 그리고 효령대군(孝寧大君)의 둘째 이친(李寀)을 정헌대부(正憲大夫) 서원군(瑞原君)에 각각 작호(爵號)를 내렸다.[16]

금년의 가을 강무(講武) 행사는 10월 10일부터 시작되었다. 이번에는 경기도 광주·수원 등지에서 시행키로 되어, 임금이 왕세자와 양녕(讓寧)·효령(孝寧) 등 종친(宗親)과, 부마(駙馬) 및 의정부·대간 각 1명씩을 거느리고 경기도 광주(廣州)·수원(水原) 등처로 향해 출발하니, 군신(群臣)들이 흥인지문(興仁之門) 밖에서 지송(祇送)하였는데, 이번 강무에는 특별히 양녕대군에게 명하여 어가(御駕)를 따르게 하였다.[17]

---

13 『세종실록』 권68, 세종 17년 5월 壬辰(21일).

14 『세종실록』 권68, 세종 17년 5월 戊戌(27일).

15 『세종실록』 권68, 세종 17년 5월 辛丑(1일).

16 『세종실록』 권68, 세종 17년 6월 己酉(9일).

17 『세종실록』 권70, 세종 17년 10월 戊申(10일).

첫째 날은 흥인지문을 나와 맨먼저 살곶이[箭串] 들에서 매사냥을 관람하니, 경기 감사 성개(成槪)와 도사(都事) 송취(宋翠)·양주 부사 안소지(安昭之)·정역 찰방(程驛 察訪) 김형(金滎)이 경상(境上)에 마중 나와 배알하였다. 마전포(麻田浦)를 건너니 판광주목사 최부(崔府)와 판관(判官) 유양식(柳陽植)이 마중 나와 배알하였다. 이 날은 광주 들에서 사냥하고 낙생역(樂生驛) 앞 들에서 유숙하였다. 둘째 날은 용인(龍仁) 들에서 사냥하고, 수원부(水原府) 황교(黃橋) 앞 들에서 유숙하였다. 셋째 날에는 수원부 동쪽 들에서 사냥하다가 진위현(振威縣) 치암(鵄巖)들에 이르니, 현감 우전(禹傳)이 경상(境上)에 나와 마중하였다. 다음 날은 수원부 북쪽에 이어, 과천현(果川縣)에서 사냥하고 금천현(衿川縣) 들판에서 유숙하니, 현감 김호(金浩)가 마중 나와 배알하였는데, 이튿 날은 천둥과 번개를 치며 비가 요란하게 내리므로 일정은 아직 남았지만, 곧 환궁(還宮)하였다.[18]

강무 행사가 끝나고 몇일 지난 뒤, 임금은 주자소(鑄字所) 관리에 대하여 지시한 바, 주자소는 활자(活字) 인쇄를 맡고 있어 제반 문화 발전에 가장 중요한 기능을 가졌으므로, 세종은 특히 중시해서 즉위 후 이를 경복궁(景福宮) 안으로 옮겨 설치하기도 했지만, 세조(世祖)대를 통하여 효령대군(孝寧大君) 또한 불경(佛經) 언해(諺解) 사업에 주자소를 자주 이용했으므로, 임금의 지시 내용을 인용해 본다. 즉 19일 주자소 관리에 대해 임금이 말하기를,

> "주자소(鑄字所)는 처음 설립할 때부터 대궐 안의 아문(衙門)으로 삼았고, 관원을 임명하여 역사(役事)를 독려하게 하였으며, 모두 승정원으로 하여금 이를 주관하게 하였는데, 관사(官司)가 대궐 밖에 있으므로 왕래하면서 계품(啓稟)하매, 일이 지체되는 것이 많았다. 그래서 이미 대궐 안으로 옮기게 하고, 그대로 승지(承旨) 2인으로 하여금 이를 주관케 하였으니, 그 그전 주자소에는 목판(木板)만 남겨 두고 교서관(校書館)으로 하여금 이를 관장하게 할 것이며, 또 2품 이상의 문신 1인과 승지 1인으로 제조(提調)를 삼고, 교서(校書)·교리(校理)와 참외(參外) 2,3인은 다른 사무를 제폐하고 이를 나누어 관장하게 하되, 체대

18 『세종실록』 권70, 세종 17년 10월 壬子(14일).

(遞代)할 즈음에는 해유(解由)를 상세히 기록하여 서로 주고 받도록 하며, 이를 일정한 법식(法式)으로 삼게 하라"[19]

하였다.

연말(年末)을, 양녕(讓寧) 형님을 서울로 다시 오시게 하는 문제로 다 보내고, 병진(丙辰)년 새해를 맞이하니, 세종 즉위 18년에 효령대군(孝寧大君)의 춘추도 불혹(不惑)을 넘어 망오(望五)가 되셨다. 초하룻날, 임금이 왕세자와 문무 군신(群臣)을 거느리고 망궐례(望闕禮)를 행한 후, 근정전에 나아가 왕세자와 군신의 하례 받기를, 모두 보통 때의 의식과 같게 하였다. 의정부에서 옷의 안팎 감과 안장 갖춘 말을 바쳤다. 왜인(倭人)과 야인(野人)도 또한 참예하였는데, 왜인 종석견수(宗石見守)가 예악(禮樂) 문물(文物)의 성대한 것을 보고 통사(通事) 윤인보(尹仁甫)에게 말하기를, "내 나이 60여 세에 변경(邊境)에서 생장하여 군신 경회(慶會)의 성대한 예식을 알지 못했는데, 지금 다행히 성대한 행사를 보게 되었으니, 비록 극락정토(極樂淨土)라도 어찌 이보다 나을 수가 있겠습니까" 하였다.[20]

정월 13일에는 광평대군(廣平大君) 이여(李璵)가 신자수(申自守)의 딸을 친영(親迎)하였다. 또, 29일에는 주사소(鑄字所)에서 인쇄한 이태백(李太白)의 시집(詩集)을 종친(宗親)과 문신 5품 이상의 관원에게 나누어 주었다. 이 무렵, 선군(船軍) 4백 명을 동원 사역하여 군자감(軍資監)과 광평대군의 집을 짓게 하였는데, 임금이 추위에 동상(凍傷) 걸린 사람이 있을까 염려되어 진무(鎭撫) 김자렴(金自廉)에게 명하여 가서 보게 했더니, 홑옷을 입은 사람이 4명이나 있으므로 즉시 제용감(濟用監)으로 하여금 겨울 옷[襦衣]을 지어주게 하였다.[21]

매년 봄, 가을로 나누어 실시하는 강무(講武) 행사 중, 봄 행사를 작년에는 2월 13일에 시작하여 열흘에 걸쳐 실시하였는데, 금년에는 다소 늦은 3월 8일에 강원도 지역을

---

19 『세종실록』 권70, 세종 17년 10월 丁巳(19일).

20 『세종실록』 권71, 세종 18년 1월 丁卯(1일).

21 『세종실록』 권71, 세종 18년 2월 辛丑(5일).

대상지로 출발하였다. 대간(臺諫) 각 1명과 종친(宗親)·부마·병조(兵曹)의 대소 무신이 호종(扈從)하고, 문무 백관은 흥인지문(興仁之門) 밖에서 공경히 전송하니, 경기 감사 김맹성(金孟誠)·도사 송취(宋翠)·찰방 신한(申漢)·양주 목사 안소지(安紹之) 등은 경상(境上)에서 맞아 알현(謁見)하였다.[22]

4월 7일, 농사가 한창인 봄날에 임금이 서교(西郊)에 거둥하여 농부들이 농사짓는 것을 보고 술과 음식을 내려 주고, 내친 길에 대군의 별서(別墅)인 희우정(喜雨亭)에 들려서 군인들이 화포 (火砲) 쏘는 연습을 관람하였다. 다시 양장(羊場) 앞 들에 이르니, 강희(姜曦) 등 사부학당(四部學堂)의 학생 2백 82명이 길 왼편에 늘어서서, '한성시(漢城試)를 특설해 줄 것'을 상언(上言)하니, 도승지 신인손에게 말하기를

> "법으로 벌써 정해진 것이라 다시 과거(科擧)를 보이기는 어려울 것이지만, 선비들이 상언하여 과거 보기를 청하니, 그 뜻이 민망해서 다시 과거를 보여야겠다. 더구나 선비를 뽑는 길을 넓히는 것이 무엇이 사리에 해롭겠는가. 만약에 다시 과거를 보인다면 이번에 상언한 자들과 함께 과거를 보이지 않을 것인지, 시험보아서 뽑을 사람의 수효는 얼마로 할 것인지를 영의정 황희(黃喜)에게 가서 의논하라"

하매, 황희가 말하기를 "성상의 말씀이 옳기는 하오나, 다시 과거를 보이려면 다만 상서한 유생들만 뽑고, 그 수효는 30명이나 40명 내에서 전하께서 오직 적당히 정하소서" 하니, 임금이 말하기를 "40명을 뽑으라" 하였는데, 당초에 관시(館試)에서는 성균관에서 공부하고 있는 유생에 한해서 뽑고, 그 인원 이외의 생도와 사부(四部)학생은 참예하지 못하게 하였으므로, 강희 등이 상언한 것이었다.[23]

한편 이 해 봄 4월에는 석가탄일(釋迦誕日)을 기해서, 이미 6년 전 세종 12년(庚戌, 1430)에 착수한 전라도 만덕산(萬德山) 백련사(白蓮寺)의 중창(重創) 공사가 끝나 준공(竣

---

22 『세종실록』 권71, 세종 18년 3월 甲戌(8일).

23 『세종실록』 권72, 세종 18년 4월 癸卯(7일).

工)을 보게 되매, 효령대군(孝寧大君)께서 이 중창불사(重創佛事)에 대공덕주(大功德主)이셨으므로 크게 시주(施主)도 하셨지만, 중추원사(中樞院事) 윤회(尹淮)가 마침 호공선사(乎公禪師;行乎스님)와 친한 사이임을 아시고, 「萬德山 白蓮寺 重創記」(만덕산백련사중창기)를 대신 짓게 한 바,

「전라도 강진현(康津縣) 남쪽에 산이 있는데, 우람찬 것이 청수하고 우뚝하여 바다에 닿을 듯하니 이름은 만덕산(萬德山)이요, 산 남쪽에 사찰(寺刹)이 하나 있는데 발원(發願)하는 곳이 높고 광활하여 바다를 굽어보니, 이름하여 백련사(白蓮寺)이다. (中略)이에 천태(天台) 영수(領袖) 도대선사(都大禪師) 호공(乎公)이 백련사에 구경갔다가 그 황폐한 것을 보고서 길을 멈추고 깊이 탄식하여 황폐한 것을 일으키고 옛 모습을 회복하여, 임금을 수(壽)하게 하고 나라를 복(福)되게 할 서원(誓願)을 분발함과 동시에, 그 도제(徒弟) 신심(信諶) 등에게 부탁하여 여러 선남선녀에 시주(施主)를 권유, 모든 계획을 차리게 하고, 또 신심을 보내어 효령대군(孝寧大君)에게 편지를 올려 대공덕주(大功德主)가 되어 주시기를 청하니, 대군(大君)도 이에 흔쾌히 허락하여 피하지 아니하고 동의하여 재정(財政)을 시주하고 기력(氣力)을 보태주시니, 사람들이 앞다투어 좇아서 멀다 아니하고 모여 들었다. (중략)경술(庚戌;세종 12)년 가을에 시작하여 병진(丙辰;세종 18, 1436)년 봄에 준공하였는데, 불전(佛殿)과 승사(僧舍)는 거의 태평시대의 옛 모습을 회복하였고, 설법(說法)하고 기복(祈福)하는 것도 옛날에 비해서 오히려 더 나아졌다. 선사(禪師)의 속성(俗姓)은 최씨(崔氏)이니 문헌공(文憲公;崔沖)의 후손이요, 고죽(孤竹)의 조상(祖上)이다. 어릴 적에 출가(出家)하여 계행(戒行)이 남보다 뛰어나고 묘법(妙法)을 돈오(頓悟)하여 승려(僧侶)들의 존경을 받았다. 태종(太宗) 공정대왕(恭定大王)께서 일찍이 치악산(雉岳山) 각림사(覺林寺)를 지으시고 대회(大會)를 베풀어 낙성(落成)할 때에, 선사의 명망을 듣고 불러서 그 회석(會席)을 주장하게 하였고, 또 고양현(高陽縣)의 변한소경공(卞韓 昭頃公;誠寧大君) 묘소 곁에다 대자암(大慈庵)을 짓고 명하여 주지(住持)를 삼았었다. 금상(今上;世宗)이 즉위하시사 판천태종사(判天台宗事)로 부르시니, 선사는 세진(世塵) 속에 떨어졌다가 미구에 문득 버리고 떠나서 산야(山野)에 숨었는데, 그 고상한 품이 이와 같았다. 천성(天性)이 효도에 지극해서 그 어미를 섬기어 살아서는 봉양에 극진하였고, 죽어서는 장사(葬事)에 제 힘을 다하니 다른 중들에 비할 바가 아니었

다. 두류산(頭流山) 금대(金臺)의 안국사(安國寺), 천관산(天冠山)의 수정사(修淨寺)는 다 그가 새로 지은 것이요, 백련사는 그가 최후에 지은 것이다. 효령대군(孝寧大君)이 내가 선사(禪師)와 친의(親誼)가 있음을 알고 나로 하여금 시종(始終)을 기록하게 하므로, 감히 사양을 못하였다. 이를테면 대군(大君)은 호공(乎公;行乎스님)선사와 더불어 아래로 시주하는 데에 힘을 다해 미래의 세복(世福)을 미리 구하였으니, 함께 불토(佛土)에 올라앉아 모든 쾌락을 받는 것은 장차 이로부터 비롯할 것이렸다」[24]

하였다. 뒷날 성종(成宗) 13년(壬寅, 1482)의 「만덕사 시승문」(萬德寺 施僧文)은 아마도 이번 백련사 중창에 효령대군(孝寧大君)께서 대공덕주(大功德主)로 크게 시주(施主)하신데 기인(基因)하여 작성하시게 된 것 아닌가 사료된다.[25]

세종 18년 윤6월 24일에는 남휘(南暉)를 보국숭록대부 의산군(宜山君)에 제수하고, 박종우(朴從愚)를 숭정대부(崇政大夫) 운성군(雲城君)에 제수하니, 남휘는 대군(大君)의 모후(母后)이신 원경왕후(元敬王后)의 넷째[정선공주(貞善公主)] 부마(駙馬)이고, 박종우는 태종의 후궁(后宮) 의빈(懿嬪) 권씨(權氏)[정소옹주(貞昭翁主)]의 사위이니, 모두 대군의 손아래 매부(妹夫)들이다.

세종 19년 2월 16일에는 금성대군(錦城大君) 이유(李瑜)가 참찬 최사강(崔士康)의 딸을 친영(親迎)하였고, 28일에는 양원(良媛)[26] 권씨(權氏;뒷날 端宗의 生母가 됨)를 왕세자빈으로 책봉하니 세 번째의 세자빈 책봉이었다. 임금이 원류관에 강사포 차림으로 근정전에 나아가 양원 권씨를 책봉하여 왕세자빈을 삼기를 의식과 같이 하였는데, 그 죽책문(竹冊文)에 말하기를,

"저부(儲副)는 한 나라의 근본이 되니 이미 원량(元良;왕세자의 별칭)을 세웠고, 배필(配匹)은

24 『청권집유』 續5, 37쪽, 「萬德山 白蓮寺 重創記」와, 3권 176쪽의 「萬德寺 施僧文」 주49)·50) 참조.

25 1권(9장) 255쪽의 주1)과 3권 권말 부록 1 「孝寧大君과 康津 白蓮寺, 그리고 行乎 큰 스님」을 아울러 참조.

26 世子宮의 궁녀직으로 종3품 內命婦의 벼슬.

만복의 근원이니 마땅히 숙녀를 구하여야 하는도다. 역대에 상고하여 보건대, 모두 이루어진 법규[成規]가 있도다. 아아! 너 권씨는 명문가에서 생장하여 뽑히어 양원(良媛)으로 있었도다. 반드시 공경하고 반드시 경계하여 일찍이 엄한 가훈을 이어받아 어긋남이 없고 예가 아님이 없었으며, 더욱이 규범의 아름다움을 높였도다. 중려(重麗)의 위에 짝하는 것이 마땅하고, 거의 내조의 어짊에 힘입을 것이로다. 이에 이장(彝章)을 들어서 특별히 책명을 내려, 드디어 너를 승진시켜 왕세자빈을 삼는도다. 아아! 계명(鷄鳴)으로 경계를 드리니 풍화(風化)를 이남(二南)에 이었고, 인지(麟趾)가 상서를 어리니 종지(宗支)가 백세에 번연(繁衍)하리로다"

하였다.[27]

3월 27일(丁巳)에는 임금이 사정전(思政殿)에 나아가 상참(常參)을 받고 일부 정사(政事)를 왕세자에게 섭정(攝政)시키려고, 도승지 신인손(辛引孫) 등 신하들에게 하명하는 중에,

"요즈음 생각하니, **내가 이제 겨우 40을 넘었으니 옛 사람이 말하는 바, 도명(道明)·덕립(德立)의 나이이고**, 또한 근무에는 게을리 할 때가 아니다. 그러나 위(位)에 있은 지가 이미 오래고, 일을 경험한 것이 또한 많으며, 예지(銳志)는 이미 쇠하여 90세의 늙은이와 다름이 없고, 또 병이 있어서 이른 아침부터 밤늦게까지 정사를 듣기가 참 견디기 어렵다"[28]

고 스스로의 나이에 관해 언급하고 있다.

종친(宗親)들에게 종학(宗學)에 열심토록 그토록 독려했음에도 불구하고, 결석자가 많으므로 학기초인 4월 8일에는 종부시(宗簿寺)에 전지하여, "종학에 나아가는 종친으로서 종학에 출석하지 아니한 날 수는 계월(季月;섣달)에 통계하므로 기한이 늦은 까닭에

---

27 『세종실록』 권76, 세종 19년 2월 戊子(28일).

28 『세종실록』 권76, 세종 19년 3월 丁巳(27일), 앞 1권(9장) 262쪽의 주26)과 1권 285쪽의 「권말 부록 2」를 아울러 참조.

연고를 칭탁하는 자가 매우 많으니, 이 뒤로는 즉시 계달하고 또 계월을 바꾸어 매월 그믐날마다 아뢰도록 하여 병을 칭탁한 것이 많은 자에게는 즉시 구사(丘史)를 거두라"고 하였다.[29]

6월 3일에는 전교(傳敎)하기를, "공순공(恭順公) 이방번(李芳蕃)과 소도공(昭悼公) 이방석(李芳碩)은 모두 의친(懿親;情誼가 두터운 친척)으로서 불행히도 후사가 없으니, 광평대군(廣平大君) 이여(李璵)를 방번의 후사(後嗣)로, 금성대군(錦城大君) 이유(李瑜)는 방석의 뒤로 삼아서 사당을 세우고 제사를 받들게 하라"고 하였다.[30] 이 무렵 충훈사(忠勳司)에서 『개국정사좌명삼공신등록(開國定社佐命三功臣謄錄)』 두 벌을 편찬하여 올리니, 하나는 내전(內殿)에 들이고, 다른 하나는 춘추관(春秋館)에 하사하여 사고(史庫)에 간직해서 후세에 영구히 전하게 하였다.[31]

6월 12일에는 의정부에서 예조(禮曹)의 정문(呈文)에 의거하여 아뢰니, 이 때부터 왕자와 왕제(王弟) 등 의친(懿親)의 봉작(封爵)을 군읍호(郡邑號)로 일컫게 하였다.

"삼가 역대의 종실(宗室)에서 봉국(封國)하던 제도를 상고하건대, 반드시 모두 나라를 봉하던 것이 아니라, 거개가 많이 군읍으로써 봉하였는데, 본조에서는 성녕대군(誠寧大君)에게 시호를 내려주기를 특별히 '변한(弁韓) 소경공(昭頃公)'이라 일컫게 하여 문무 군신(群臣)에게 내려 준 시호의 예(例)와 구별하였습니다. 이로 인해 법을 세워서 진안군(鎭安君)에게는 '진한(辰韓) 정효공(定孝公)'으로 추증하였고, 익안군(益安君)에게는 '마한(馬韓) 안양공(安襄公)'으로 추증하였사온데, 이제 자세히 참작하오니 만약 반드시 삼한(三韓)으로 칭호를 하면, 나라의 이름에는 한도(限度)가 있고 그 봉작은 한도가 없으니 그 형세가 행하기 어렵고, 또한 모두 삼한으로 봉작하면 이름이 복잡하여져 분변하기에 어려우니 실로 적당치 못할 것입니다. 이 앞에 부인의 봉작에도 삼한으로 이름하여 아무 삼한 국부인(三韓 國

---

29 『세종실록』 권76, 세종 19년 4월 丁卯(8일).

30 『세종실록』 권77, 세종 19년 6월 辛酉(3일). 다음 54쪽의 주33)을 참조.

31 『세종실록』 권77, 세종 19년 6월 甲子(6일).

夫人)으로 일컫게 하였는데, 그 뒤에 아무 부부인(府夫人), 아무 군부인(郡夫人)으로 이름을 바꾸었으니, 원컨대 이 제도에 의하여 이제부터는 왕자·왕제(王弟) 등 의친(懿親)의 봉작도 군읍(郡邑)으로 일컫게 하옵소서"[32]

하니, 그대로 따랐던 것이다.

11월 27일에는 공순공(恭順公) 이방번(李芳蕃)에게 '추성'(楸城)이라는 읍호(邑號)를 추증(追贈)하고, 비로소 광평대군(廣平大君) 이여(李璵)의 집에다가 사당을 세우고 관원을 보내 치전(致奠)하였는데, 그 교서에 이르기를,

"은혜는 친족의 의를 이미 돈독하게 하였고, 예는 후사(後嗣)를 세우는 것보다 중한 것이 없다. 경은 가까운 의친(懿親)에 속했으면서도 불행하게도 후사가 없었다. 외로운 혼이 어디에 의탁할까 생각하매, 나의 마음이 슬퍼짐을 알겠도다. 비로소 옛 법을 상고하고 읍호를 추증하도록 하노라. 이에 광평대군 여(璵)를 후사로 삼고 이어 사당을 세워서 제사를 받들게 하고 변변찮은 의식을 드리게 하여, 떳떳이 특별한 예수(禮數)를 보이노라. 아! 슬프다, 영령(英靈)이 좌우에 있는 듯이 거의 영구토록 제사를 흠향하라."

하고, 이어 소도공(昭悼公) 이방석(李芳碩)에게는 '오원'(五原)이란 읍호를 추증하고 금성대군(錦城大君) 이유(李瑜)의 집에다 비로소 사당을 세우고 관원을 보내 치전(致奠)하였는데, 그 교서에 이르기를,

"후세를 위해 아들을 세우는 것은 고금(古今)을 통한 옳은 일이도다. 경은 성조(聖祖)께 태어난 몸이며 왕실의 의친이나, 불행하게 후사가 없어서 영령이 의탁할 곳이 없었음을 나는 매우 측은하게 여기노라. 비로소 옛법을 상고하고 읍호를 추증하고, 이에 금성대군 유(瑜)로서 후사로 삼고, 이에 사당도 세워서 공경히 때에 따른 제사를 받들게 하노라. 변변

32 『세종실록』 권77, 세종 19년 6월 庚午(12일).

찮은 전(奠)을 드리게 하여 영령을 위로하노니, 이 총장(寵章;官爵)을 받고 길이 무궁한 제사를 누리라"

고 하였다.[33] 12월 9일에는 계양군(桂陽君)[34] 이증(李璔)이 중추원사(中樞院事) 한확(韓確)의 딸을 친영(親迎)하고, 한씨는 정선군부인(旌善郡夫人)으로 삼았다.

---

33 『세종실록』 권79, 세종 19년 11월 癸丑(27일), 위 52쪽의 주30)을 참조.

34 세종의 왕자 君 중 제2남, 愼嬪 金氏 소생.

寂젹이 名명言언 밧긔 업스시니
覺路ᄂᆞᆫ 則解脫이 返流ㅣ라 位當還源이며 因이
窮ᄒᆞ야 趣果ㅣ라 義說證發이시니라 歸[illegible]ᄂᆞᆫ 則實行이
已立ᄒᆞ샤 不籍名言이시니 止觀애 云ᄒᆞ샤다 自證
은 不可說이라ᄒᆞ시니라 證은 行이오 解ᄂᆞᆫ 派也ㅣ라 然
餘四句ᄂᆞᆫ 說有多途ᄒᆞ니 學者 審而詳之니 ○ 覺
각路로ᄂᆞᆫ 解ᄒᆡᆼ脫탈이 흘루매 두르혀샨 [illegible] 位위ㅣ [illegible] 當당ᄒᆞ시며 因인이 [illegible]

⑫

孝寧大君과 行乎 큰스님

효령대군 43세, 1월 ~ 44세, 9월

세종(世宗) 20년, 무오(戊午;1438)년 새해가 밝았다. 효령대군(孝寧大君)의 춘추(春秋)는 43세(歲). 초하룻날 임금이 세자와 문무 여러 신하를 거느리고 망궐례(望闕禮)를 거행한 다음, 근정전에 나아가 군신(群臣)들로부터 하례를 받고, 의정부에서는 안팎 옷감과 안장 갖춘 말을 바쳤다. 알타리 마좌화(馬佐化) 등 야인(野人) 40여명과, 왜인(倭人) 중 노린(老麟)·삼랑병위(三郎兵衛) 등 90여인이 각각 토산물을 진상(進上)하였다.[1] 이어 임금이 다시 사정전에 나아가 잔치를 베푸니, 종친(宗親)으로서 여러 군(君) 이상이 시연(侍宴)하였다. 원윤(元尹) 이하인 종친들은 따로 빈청(賓廳)에서, 2품 이상은 의정부에서, 집현전(集賢殿) 부제학(副提學) 이상은 예조(禮曹)에서, 그리고 전임(前任) 재상(宰相)들은 조방(朝房)에서 각각 잔치하도록 하고, 또 야인과 왜인들은 근정전 남쪽 행랑(行廊)에서 공궤(供饋)하였다.

한편, 춘추 43세가 되신 그 해 연초(年初) 2월에 효령대군(孝寧大君)께서는 예성부부인(蘂城府夫人)과 함께 충청도 천안(天安) 광덕사(廣德寺)에 머무시며 「부모은중 장수태

---

1 『세종실록』 권80, 세종 20년 1월 丙戌(1일).

골경」(父母恩重 長壽胎骨經) 합부(合部)를 정성(精誠)을 다해 사경(寫經)하여, 금(金)과 은(銀)으로 쓴 「화엄경」(華嚴經) 「법화경」(法華經)과 함께 광덕사에 시주(施主)하셨는데,[2] 현재 보물 제1247호(1997년 6월 12일 지정)로 지정되어 있다.

한편, 그믐 날에는 춘추관(春秋館)에 보관 중인 『태조강헌대왕실록』(太祖康獻大王實錄)을 꺼내어서 다시 갈무리를 하였는데, 이 기회에 임금은 나라를 새로 세운 조부(祖父) 태조대왕에 이어 태조를 적극 도와 왕권 확립에 기반을 다진 태종(太宗), 곧 부왕(父王)에 대해서는 사관(史官)들이 기록으로 어떻게 남겼는지 매우 궁금할 수밖에 없었을 것, 그 『태종 실록』(太宗實錄)이 매우 보고 싶었을 것이었다. 그래서 도승지(都承旨) 신인손(辛引孫)에게 이르기를,

"옛날 우리 태종께서 『태조실록』(太祖實錄)을 보고자 하니, 변계량(卞季良) 등이 이르기를, '『태조실록』은 편수(編修)하기를 매우 잘하여 사실을 모두 바르게 썼는데, 이제 전하께서 나아가 보신 뒤에 내려 주신다면, 후세 사람들은 모두 믿지 못할 사기(史記)라 하여 도리어 의심할 것입니다' 하므로, 태종께서 보시지 못하였다. 내가 즉위한 후에 『태종실록』을 편수하고자 하니, 대신 중에 어떤 이가 말하기를 '사초(史草)만 갖추어서 전해 두면 후세에 자연히 사기를 편수하게 될 터이니 반드시 급급히 할 것이 아니고, 또 재상이 감수함은 옳지 못합니다' 하였으나, 나는 이 일을 중하게 여겼던 까닭에 마침내 재신(宰臣)에게 편수하도록 명하였다. 나는 또 '자손으로서 조종(祖宗)의 사업을 알지 못하면 장차 무엇으로 감계(鑑戒)할 것인가' 하고, 『태조실록』을 보고자 하여 여러 신하에게 상의하였더니, 유정현(柳廷顯) 등이 '조종이 정해 놓은 법에 의거하여 조종의 사업을 잘 계술(繼述)하는 것이 실상은 아름다운 뜻이 된다' 하므로, 이에 볼 수 있었다. 지금 또 생각하니, 만약 당시의 사기가 아니면 조종이 정한 법을 보는 데에 있어, 조(祖)와 종(宗)에 무슨 구별이 있겠는가. 이미 『태조실록』을 보았으니, 『태종실록』도 또한 보는 것이 마땅하다고 여겨지니 여러 겸춘추

2 「父母恩重 長壽胎骨經合部」는 「佛說大報父母恩重經」과 「佛說長壽滅罪護諸童子陀羅尼經」의 合명칭. 大君 親筆 寫經임. 광덕사 萬藏閣→玉音閣→奉香閣에 奉安돼오던 중 1996년 5월 발견됨. 뒤 2권(20장) 259쪽 주73)을 아울러 참조.

(兼春秋)에게 상의하라"

하였더니, 대신 황희(黃喜)·신개(申槪) 등이 모두 말하기를,

> "역대 임금으로서 비록 조종(祖宗)의 실록(實錄)을 본 사람이 있더라도 본받을 것은 아닌가 합니다. 당(唐) 태종(太宗)이 사기(史記)를 보고자 하니, 저수량(褚遂良)과 주자사(朱子奢) 등이 '폐하께서 혼자서 본다면 일에 손실이 없지마는, 만약 사기를 보는 이 법이 자손에게 전해지게 되면, 후세에 그른 일을 옳게 꾸미고, 단점(短點)을 장점으로 두호(斗護)하여, 사관(史官)이 죽음을 면치 못하게 되면 여러 신하들은 임금의 뜻에 순응하여 제몸을 완전하게 하려 하지 않을 자가 없을 것이니, 천년 후에는 무엇을 믿겠습니까' 하였으니, 신 등의 논의는 바로 이 말과 같습니다. 이 두 신하는 모두 명신(名臣)이라고 이름난 사람들이니 그들의 말은 반드시 본 바가 있을 것이고, 또 우리 태종(太宗)의 일은 전하께서 친히 보신 바이니, 만약 태종의 일을 본으로 삼아 경계하고자 한다면, 역대 사기가 갖추어져 있는데 어찌하여 반드시 지금의 실록을 보아야 하겠습니까. 하물며 조종의 사기는 비록 당대(當代)는 아니나 편수(編修)한 신하는 지금도 모두 있는데, 만약 전하께서 실록을 보신다는 것을 들으면 마음이 반드시 편하지 못할 것이며, 신 등도 또한 타당하지 못하다고 여겨집니다"

하니, 임금이 마침내 보지 아니하였다.[3] 그러나 세종의 '태종실록'에 대한 집념은 쉽게 가셔지지 않아, 이틀 후 다시 춘추관(春秋館)에 명하여, "부왕(父王)께서 전에 『태조실록』을 열람한 적이 있었는지 없었는지를 알아보도록 하라" 하였으나, '아무리 조사해 보아도 열람한 일이 없었다'고 보고되었다.[4]

3월 7일에는 임금이 양녕대군·효령대군(孝寧大君) 및 종친(宗親)들과 더불어 잔치를

---

3 『세종실록』 권80, 세종 20년 3월 丙戌(2일).

4 『세종실록』 권80, 세종 20년 3월 戊子(4일), "命春秋館, 考太宗開閱(『太祖實錄』)有無以啓, 考之, 無有是事"

베풀었다. 그리고 16일에는 공사를 시작한 지 여러 달만에 흥천사(興天寺) 사리각(舍利閣) 개조 공사가 완공되었다. 흥천사 사리각은 본래 5층이었는데, 이번에 규제를 개조하여 단청(丹靑)은 모두 예전대로 하였으나, 오직 맨 아래 층은 처마를 보태고 벽을 조금 물려 안을 넓게 하고, 층계와 축대(築臺), 난간(欄干)·원장[墻]은 모두 옛 제도보다 좋게 하였으며, 바깥 원장(垣墻)도 높게 쌓아서 밖에서 엿볼 수 없게 하였다. 항상 근장 군사(近仗 軍士) 두 사람을 시켜 각 문의 자물쇠를 지켜 외인의 출입을 금하도록 하였다.[5]

그런데, 27일에는 효령대군(孝寧大君) 이보(李補)가 병환이 위독하므로, 동부승지(同副承旨) 정충경(鄭忠敬;孝寧大君의 큰 妻男)에게 명하여 승려 33명을 흥덕사(興德寺)에 모아서 구명(救命)의 불공(佛供)을 베풀어 정성을 다하게 하고, 임금은 친히 소문(疏文)에 서압(署押)하였다.[6] 그러나 임금을 위시하여 모두가 온갖 정성을 다하였음에도 대군의 병환은 쉬이 낫지를 않고, 한 달을 더 끌어 7월 초에 이르도록 차도를 보이지 않고 병세가 더욱 심하매, 2일에는 임금이 명하여 상림원(上林園)에서 기도(祈禱)·정근(精勤;중들이 병을 구원하기 위해 致誠드리는 일)을 베풀게 하는 한편, 그 날로 환관(宦官) 배훤(裵萱)을 경상도 함양(咸陽)에 보내어 행호(行乎) 큰 스님을 불러오게 하였다.[7] 그리고 행호 큰 스님이 당도하자 7월 18일에는 명하여 행호 스님을 흥천사(興天寺)에 머무르게 하였다.

7월 6일에는 사간원에서 금중(禁中)에 보관 중인 불골(佛骨)과 사리(舍利)를 밖으로 내보내기를 상소하였으나 윤허하지 않았는데, 지난번 흥천사(興天寺) 사리각 보수 공사에 착수하면서 그 안에 봉안하였던 사리 등을 임시로 궐내에 보관 중이었는 바, 이를 밖으로 내보낼 것을 상소하였던 것이나 임금은 보수 공사가 끝나면 될 것이라고 듣지 않은 것이다.[8] 하지만 이튿날 사간원에서 '불골은 불전(佛殿)에 있게' 하기를 다시 아뢰니, 임금이 말하기를 "내가 이를 존숭해 믿는 것이 아니다. 또 사간원에서 일찍이 더럽다고 하였으니, 이미 더러운 물건이라면 흥천사의 사리각에 내다 둔다는 것 역시 불가할 것 아니겠

---

5 『세종실록』 권80, 세종 20년 3월 庚子(16일).

6 『세종실록』 권81, 세종 20년 5월 庚戌(27일).

7 『세종실록』 권82, 세종 20년 7월 甲申(2일).

8 『세종실록』 권82, 세종 20년 7월 戊子(6일).

는가" 하니, 대답하기를 "전하께서 숭상하고 믿으신다는 것이 아니며, 또한 불골이 더럽다는 것도 아닙니다. 다만 불골이란 불전에 있어야만 비로소 그 처소를 얻는다는 것입니다" 하니, 임금이 말하기를 "내 마땅히 이를 따르겠다" 하였다. 11일에는 마침내 궐내에 보관중이던 불골과 사리 및 불상(佛像)을 흥천사로 도로 보낼 것을 명하였다.[9]

7월 14일에는 임금이 광평대군(廣平大君) 이여(李璵)의 새로 지은 집이 칸 수[間架]가 너무 커서 법도(法度)를 넘었으니 이를 철훼(撤毁)할 것을 명하였다. 이에 승정원에서 아뢰기를 "이미 영조(營造)하였으니 청하옵건대 철훼하지는 말게 하옵소서" 하니, 드디어 그 철훼의 명을 정지하기는 하였지만[10] 세종(世宗)의 백성 사랑하는 마음과 준법 정신의 모범을 보여주는 한 대목이라 하겠다.

9월 들어, 임금이 효령대군(孝寧大君) 형님의 병환 치유를 위로하기 위해 맏아들 의성군(誼城君) 이채(李寀)의 집에서 잔치를 베풀게 하였다. 즉, 초닷새 날 임금이 의성군 이채의 집에 거둥하여 양녕대군(讓寧大君)·정순공주(貞順公主;太宗駙馬,李伯剛)·경정공주(慶貞公主;駙馬 趙大臨) 등 종친들이 모두 모인 자리에서 효령대군에게 잔치를 하사하니, 그 병환의 치유를 위로하기 위해서였다. 임금이 의성군 집에 이르러 처음 연(輦)에서 내리면서 눈물을 줄줄 흘리고 효령을 보고는 또 울었다. 인하여 잔치를 베푸니 시연(侍宴)한 모든 종친(宗親)이 차례로 일어나 춤추고, 끝으로 효령대군도 또한 일어나 춤추고 헌수(獻壽)하니, 임금도 역시 일어나 춤추고는 이내 눈물을 흘렸다. 잔치가 한창 어울려 흥겨우매, 임금이 말하기를,

> "내가 당초에는 오늘 밤샘을 할 계획이었는데, 이제 소낙비로 군사들이 노천(露天)에서 옷을 적시고 있으니, 마음에 미안하구나"

---

9 『세종실록』 권82, 세종 20년 7월 癸巳(11일).

10 『세종실록』 권82, 세종 20년 7월 丙申(14일).

하고, 드디어 연회를 파하고 궁궐로 돌아가니, 밤은 이미 깊어서 한밤중이 되었다.[11]

이 날 연회에서는 임금이 먼저 효령대군에게 안장 갖춘 말을 하사하고, 또 양녕대군과 정순공주·경정공주에게도 각각 안장 갖춘 말을 하사하였다. 그리고 경녕군(敬寧君) 이비(李裶)·함녕군(諴寧君) 이인(李裀)·온녕군(溫寧君) 이정(李裎)·혜령군(惠寧君) 이지(李祉)·후령군(厚寧君) 이우(李秄)·익녕군(益寧君) 이치(李袳) 등 이복(異腹) 아우들과 의성군(誼城君) 이채(李寀)·순성군(順城君) 이개(李譮)·서원군(瑞原君) 이친(李寀)·순평군(順平君) 이군생(李群生)·함양군(咸陽君) 이포(李誧)·보성군(寶城君) 이갑(李峇)·낙안군(樂安君) 이영(李寍)·고양군(高陽君) 이질(李祑), 원윤(元尹) 이정(李裎)·정윤(正尹) 이찬(李襸)·이흔(李訢) 등 대군의 자제 및 조카들, 그리고 효령대군의 아직 어린 아들들과 영천군(鈴川君) 윤사로(尹師路), 그리고 여흥부원군(驪興府院君)의 첩(妾)에게 까지 어린 말[兒馬] 각각 1필씩을 하사하고, 또 의원(醫員) 원지(元智)에게는 단의(單衣;홑옷)와 겹의(裌衣;겹옷) 각각 1벌과 은대(銀帶) 및 신[靴]을 하사하니 이들은 효령의 병을 간호하면서 극진히 모신 때문이다.[12]

9월 8일에는 종친부(宗親府)의 서제(書題) 15명을 증원하니, 이전에 있던 인원을 합쳐 모두 60명이 되었다. 그간 종친의 숫자는 많아졌는데 이서(吏胥)의 액수(額數)가 적었기 때문이었다.[13] 같은 달 27일에는 임금이 동교(東郊)에 거둥하여 매사냥 하는 것을 구경하고, 인하여 효령대군(孝寧大君) 집으로 옮겨 문안 인사를 드리고, 저녁 때에는 임영대군(臨瀛大君) 집으로 이어(移御)하여 머물렀다.[14] 한편, 9월 25일에는 찬성(贊成) 신개(申槪)가 "헌릉(獻陵)의 비문(碑文) 중 무인(戊寅)년 기사(記事;'戊寅靖社'를 말함)의 문구(文句)가 사실과 다르다"는 상언(上言)을 하여, 그에 대한 논의가 있었다.[15]

한편, 지난 5월말부터 발병(發病)하여 여름내 4개월여 동안 병환으로 몸져 누우셨

---

11 『세종실록』 권82, 세종 20년 9월 丙戌(5일).

12 위와 같음.

13 『세종실록』 권82, 세종 20년 9월 己丑(8일).

14 『세종실록』 권82, 세종 20년 9월 戊申(27일).

15 『세종실록』 권82, 세종 20년 9월 丙午(25일).

던 효령대군(孝寧大君)이 가을이 되자 차차 회복의 기미를 보이더니, 10월 하순께 부터는 일어나 불경(佛經)도 읽고 하셨다. 그런데 이 당시 효령대군(孝寧大君)께서 크게 편찮으셨고, 부부인(府夫人)께서 지극 정성으로 간병(看病)하셨던데 대해서는, 「부부인묘지」(府夫人墓誌)[16]에 자세히 전해지는 바,

「세종 20년(戊午, 1438) 가을에 대군께서 병환이 대단하사 의성군(誼城君) 집에 피우(避寓)하셨는데, 약(藥) 드시는 곁에서 꼭 먼저 맛보시고 밤낮으로 단정히 앉으시어 잠시도 눈을 붙이지 아니하셨다. 병환이 다 나으시매 세종(世宗)께서 거둥하시어 위로의 말씀을 내리시며 왕세자로 하여금 안에 들어가 부인께 술을 대접하게 하고 채폐(彩幣)와 의복 및 안마(鞍馬)를 주시며 극진히 즐겁게 시간 보내신 다음 자리를 파하셨다. **이후 대군(大君)의 건강은 비록 보통이시나, 일찍이 옷을 벗고 자리에 몸붙여 눕지 아니하신지가 무릇 삼십 삼년 동안이었다.** 침식과 기거(起居)하는 절차와 의복의 따뜻하고 서늘한 알맞음에 정성을 다해 조치하시어 안으로는 그 심지(心志)를 순적(順適)하게 하고 밖으로는 기체(氣體)를 보양(輔養)하셨음으로 대군께서 그로하여 강녕(康寧)하시며 향수(享壽)하셨다」

고 하였다.[17]

한편 대군께서 좀 더 쾌유를 보이자 스님들과 더불어 독경회(讀經會)도 열고하니, 사헌부(司憲府)에서 "효령대군이 불도(佛道)를 숭상하는 조짐이 있으니 금지하게 할 것"을 청하였는 바, 11월 12일에는 사헌부에서 아뢰기를,

"이제 듣자오니 효령대군(孝寧大君)이 승도(僧徒)들을 불러 모아 불경(佛經)을 읽는다고 하오니, 신 등은 불도(佛道)를 숭상하는 조짐이 여기서부터 시작될까 두렵사오니, 통절(痛切)하게 금지하시기를 청합니다"

---

16 成宗 원년에 禮曹判書 겸 兩館提學 李承召(府夫人의 둘째 동생 鄭忠碩의 사위)가 撰함.

17 뒤 3권(25장) 113쪽의 주13)을 아울러 참조.

하니, 임금이 말하기를

> "효령(孝寧)이 병(病)으로 두어달 지내다가 이제 조금 나았으므로 불경 읽기[讀經]를 한다고 하는데, 비록 올바른 도(道)는 아니지만 병 때문에 행하는 것을 내가 어찌 차마 금지하겠느냐"

하였다.[18]

세종이 즉위(卽位)한지도 어언 20년, 문물제도 정비에 열심하여 이제는 나라의 체제도 상당한 기반위에 서게 되었는데, 이 해 말 서울의 호구(戶口) 조사를 해보니, 경중(京中)의 홋수가 1만8천4백22호였고, 성저(城底;都城 밖) 10리에는 1천9백30호가 되었다.[19]

기미(己未, 1439)년 새해가 밝았다. 세종 즉위 21년째에, 효령대군(孝寧大君)께서는 춘추(春秋) 44세가 되셨다. 초하룻날 임금이 왕세자와 문무 군신(群臣)을 거느리고 망궐례(望闕禮)를 행한 후, 근정전에 나아가 왕세자와 백관의 조하(朝賀)를 받았다. 여러 도(道)에서는 하전(賀箋)을 올리고 방물(方物)을 바쳤는데, 금년 설날에는 특별히 홀라온(忽剌溫) 지휘(指揮) 도리야노노호(都里也老奴好)·오도리(吾都里) 천호(千戶) 보고로(甫古老) 등 야인(野人) 35인과, 석견주(石見州)의 주포겸정(周布兼貞)이 보낸 중[僧] 도산(道山) 등 왜인(倭人) 18인이 반렬(班列)에 참예하여 토산물을 바쳤다.[20]

4월 10일에는 임금의 탄신일이므로 근정전에 나아가 왕세자 및 문무 군신(群臣)의 조하(朝賀)를 받았다. 여러 도에서 전(箋)과 방물(方物)을 올렸는데, 특히 이번 탄신일에는 외국 축하 사절이 많아, 대마도(對馬島)의 종정성(縱貞盛)이 보낸 오난이라(吾難而羅) 등 20인과 등관심(藤觀心)의 아들 겸정(兼貞)이 보낸 소예(所預) 등 2인, 도성(道姓)이 보낸 오라이라(吾羅而羅) 등 8인, 종무직(宗茂直)이 보낸 구라사야문(仇羅沙也文) 등 2인,

---

18 『세종실록』 권83, 세종 20년 11월 壬辰(12일).

19 『세종실록』 권83, 세종 20년 12월 戊辰(18일).

20 『세종실록』 권84, 세종 21년 1월 庚辰(1일).

종금(宗金)이 보낸 다라시라(多羅時羅) 등 9인, 주포겸정(周布兼貞)이 보낸 연사(延沙) 등 2인, 종언칠(宗彦七)이 보낸 연사문도로(延沙文都老) 등 2인, 좌지원윤(佐志源胤)이 보낸 이라도로(而羅都老) 등 3인이 모두 수반(隨班)하고 토산물을 바치었다.[21]

그런데 이튿날에는, 사간원의 우헌납(右獻納) 황보공(皇甫恭)이 효령대군(孝寧大君)과 관련하여 불법(佛法)의 흥함을 우려하는 글을 올렸다. 즉 황보공이 아뢰기를,

"신 등이 듣사옵건대, 흥천사(興天寺)에 중들[緇類]이 많이 모여서 불사(佛事)를 크게 벌이는데, 효령대군(孝寧大君)이 주장(主掌)한다고 하오니, 신 등이 그윽이 생각하옵기를 근고 이래로 도성 안에서 불사를 행함은 듣지 못하였는데, 하물며 효령대근은 의친(懿親)의 장(長)으로서 앞장을 서게 되면 대소(大小) 신민(臣民)이 누가 감히 따르지 않겠사옵니까. 부자(富者)는 기꺼이 따를 것이며 가난한 자도 애써 따를 것이니, 백성들의 재산이 탕진될 뿐 아니라 불법(佛法)이 이에 따라 날로 흥하여질 것이오매, 신 등은 매우 마음에 유감스럽습니다. 청하건대, 이를 파(罷)하시고, 또 정전(丁錢)을 납부하게 하고, 중에게 도첩(度牒)을 주는 법이 『육전』(六典)에 실려 있사오나, 요사이 각사(各司)의 영선(營繕)에 승도(僧徒)들을 사역시키고서 만 30일이 찬 자에게는 도첩을 주는 까닭으로, 서울에 몰려 들어와서 다투어 역소(役所)에 나가옵는데, 당초에는 30여 인이던 것이 나중엔 1백여 인이 되고, 1백여 인이 시역(始役)하던 것이 마침내는 3백여 인이 되옵니다. 그 중에는 나이 어린 중이 날로 더 많아지오니, 신 등은 놀고 먹는 자가 날로 늘어가고 군액(軍額)이 날로 더 줄어질 것을 그윽이 두려워하옵니다. 이미 도첩을 준 자는 다시 거두기가 어렵사오나, 원컨대, 이제 부터라도 도승(度僧)을 사역시키지 마옵소서."

하니, 임금이 말하기를

"불사(佛事)로 말하면 승도(僧徒)들이 크게 모여서 날짜를 정하고 법회(法會)를 여는 것인

---

21 『세종실록』 권85, 세종 21년 4월 丁亥(10일).

데, 이제 흥천사(興天寺) 중들은 송경(誦經)만 할 따름이다. 승도가 절에 있으면서 송경을 하지 않고 무슨 일을 하겠느냐. 그리고 승도들이 송경하는데 효령(孝寧)이 사람을 보내어 음식을 대접한 것을 어찌 불사를 행하였다고 이를 수 있겠느냐. 또 효령이 종실(宗室)의 웃어른으로서 한 번 송경의 일을 하였기로서니 무엇이 불가하며, 강제로 못하게 할 수가 있겠는가. 내 생각에는 무방하다고 본다. 또 『육전(六典)』도승(度僧)의 법을 알지 못하는 것이 아니나, 단지 이제 국가의 재정은 부족하고 영선할 것은 자못 많은 즉, 민력(民力)이 피곤(疲困)하므로 특별히 임시 변통으로서 중들을 사역시키고서 도첩을 주는 것이니, 그 폐단을 없애고자 하여 부득이 사역시키는 것이다. 또 이 승도들에게 도첩을 주지 않는다면 어찌 모두 다 환속(還俗)시킬 수 있겠는가. 환속시킬 수 없어서 역사를 도피(逃避)케 하는 것보다는 부득이한 역사라도 시켜서 이로써 민력을 아끼는 것이 더 나을 것이다. 그러나 너희들의 말도 이치에 합당하니, 내가 다시 생각해보겠다. 또 여러 곳의 영선을 정지하라는 청은 매우 마땅하니, 주장관(主掌官)으로 하여금 마련하여 곧 파하게 하겠다."[22]

하고, 즉시 선공감(繕工監)에게 명령하여 영선하던 곳을 마감하여서 계문(啓聞)하게 하였다.

그러나 효령대군(孝寧大君)이 흥천사(興天寺) 불사(佛事)에 적극 관련되었다는 논란은 쉽사리 수긍되지 않아 이튿날, 사간원 좌정언(左正言) 이예장(李禮長)이 다시 아뢰기를,

"어제 전교(傳敎)하시기를, '승도(僧徒)가 절에 있으면서 송경(誦經)하였을 따름이요 불사를 함이 아니었다 효령(孝寧)이 왕래함이 무엇이 의리상 해로우냐. 하물며 효령이 종실의 어른으로서 비록 사사(寺社)에 왕래한들 내 어찌 억지로 제지할 수 있겠느냐'고 하였는데, 신 등이 그윽이 듣건대, 승도들의 흥천사 모임이 단지 송경(誦經)함만이 아니옵고, 크게 안거회(安居會)를 베풀어 곡식을 허비하였습니다. 효령이 이를 위하여 주장(主掌)하매, 중외

22 『세종실록』 권85, 세종 21년 4월 戊子(11일).

(中外) 신민(臣民)이 소문을 듣고 다투어 달려가서 부자는 기꺼이 재물을 기울이고, 가난한 자는 애써서 따라가옵니다. 하물며 이제 해마다 흉년이 들어 백성들은 얻어먹기가 어려우매, 만약 부자에게 권하여 재물을 나누게 하면, 가히 어려운 백성들을 구제할 수가 있겠사오나, 유용한 재물을 무익한 일에 허비함을 신 등은 매우 애통히 여깁니다"

하니, 임금이 말하기를

"효령이 흥천사에 한 섬의 곡식도 내지 않았거늘, 어찌 주장(主掌)한다고 할 것이냐. 그리고 승도도 역시 나의 백성인지라, 이미 나의 백성이 되었으면 만일 그 중에 굶주리는 자가 있다면 국가가 어찌 모른 척하고 구원하지 않겠느냐. 민중이 다투어 서로 공양(供養)하는 것을 나는 해로울 것이 없다고 생각한다. 하물며 흥천사는 조종(祖宗)께서 창건하신 절이므로, 내가 유심(留心)한 바였다. 이 절에 사는 자들을 내 이미 진념(軫念)하던 터인 즉, 나라 사람들의 공양함이 진실로 마땅하다"

하였다. 예장(禮長)이 다시 아뢰기를,

"효령(孝寧)이 종친(宗親)의 어른으로서 앞장서서 불사(佛事)를 숭상하옵는데, 주상께옵서 금지하지 않으시면 나라 사람들이 숭상하여 믿는 것을 어찌 금할 수 있으며, 또 승도가 비록 우리 나라 백성이기는 하오나, 실상은 모두 놀고 먹는 무리로서 국가에 무익한 자들입니다. 놀고 먹는 자들을 공양하는 물건으로써 궁핍(窮乏)한 자들을 진휼하게 되오면, 백성의 재물을 가지고 무익한 일에 허비하는 것보다 낫지 아니하겠습니까. 마땅히 엄격히 금지하시기를 비옵니다"

하니, 임금이 말하기를

"효령이 흥천사(興天寺)에서 일찍이 불사를 행한 일이 없었는데, 너희들이 효령이 주장한다고 말하니 불가하지 않으냐. 근거없는 말로 나에게 와서 간(諫)하는 것을 나는 그르다고 생각한다. 그러나 다만 그 간하는 성의를 아름답게 여기어, 비록 재삼(再三)에 이르러도 오히려 또 너그럽게 용납한다. 그런데 임금에게 말할 때에는 반드시 자세히 듣고 익히 살핀 다음에 와서 간할 것인 바, 근거 없는 말로 끌어 붙여서 강청(强請)하는 것은 부당하니, 다시는 그 말을 하지 말라"

하였다.

때마침 사헌부(司憲府)에서, 흥천사에서 안거회(安居會)를 베푼다는 말을 듣고 승도 40여 인을 잡아다가 그 사유를 국문(鞠問)한다는 말을 임금님이 듣고, 지평(持平) 정효강(鄭孝康)을 불러 이르기를,

"너희들이 효령대군(孝寧大君)이 흥천사(興天寺)에서 안거회(安居會)를 베푼다고 함을 듣고 사간원과 더불어 파(罷)하게 하기를 청하다가, 마음대로 파회(罷會)를 시키고자 하여 승인(僧人)을 억지로 잡아다가 국문하는 것은 무슨 짓이냐"

하니, 효강(孝康)이 아뢰기를

"신 등은 흥천사에서 크게 안거회(安居會)를 베푼다고 함을 들었사옵고, 누가 주장(主掌)하는지를 알지 못하옵기로 그 사연을 물어 보고자 하여 중들을 잡아왔을 뿐이옵니다. 어찌 감히 저희들의 마음대로 그 회(會)를 파하려 함이었겠습니까. 만일 효령대군이 주장한다고 들었으면 직접 효령을 탄핵할 것이지, 어찌 중들을 잡아왔겠습니까"

하였다. 이에 임금이 또 이르기를

"앞서 말한 것은 나의 억측[臆料]이거니와, 이제 너희들의 말을 듣고 보니 그 실상을 알겠다. 그러나 중들이 절에서 살면서 아니 먹을 수는 없은즉, 사람들이 중을 공양하는 것을 어찌 통금(通禁)할 수가 있겠느냐. 모름지기 속히 풀어놓아 보내도록 하라"

하니, 효강이 다시 아뢰기를

"서울 안에서 행하는 불사(佛事)를 이제 만약 금하지 아니하면 외방의 중들이 구름 모이듯 하여, 평등(平等)·무차(無遮)·안거(安居)·송경(誦經) 등 갖가지 이름으로 다투어 모이어서 절마다 그러하지 않은 곳이 없을 것인즉, 어찌 능히 금(禁)하겠습니까. 청하옵건대 금일의 회(會)를 파(罷)하게 하여 타일(他日)의 폐단을 막게 하소서"

하매, 임금이 말하기를,

"흥천사(興天寺)는 다른 절에 비할 바가 아니다. 곧 나의 조종(祖宗)께서 처음 세우시고 수호하시던 절이다. 하물며 오늘날의 회(會)를 중들을 크게 모아서 안거회를 행하는 것이 아니었으니, 내 어찌 강제로 중지시키게 하겠느냐. 또 중들도 역시 사람인데, 어찌 먹지 않고 살아 가겠느냐"

하고 인하여 승정원(承政院)에 전지(傳旨)하기를,

"흥천사·흥덕사 두 절에 부녀(婦女)와 유생(儒生)들의 유람(遊覽)하는 것과 모든 국법에 어그러지는 일들은, 일찍이 사헌부로 하여금 조사해서 금단하게 하였다. 이제부터는 두 절에 관한 고핵(考劾)과 승인(僧人)을 국문할 일은 마음대로 함부로 하지 못하게 하라"

하니, 좌부승지 허후(許詡)가 아뢰기를

"국가의 법은 비록 종친(宗親) 대신(大臣)이라도 만약에 범죄함이 있으면, 취지한 뒤에 탄핵하는 일이 일찍이 없었사온데, 이제 이 법을 새로 세운다면 사람들이 장차 어떻다고 하겠습니까. 또 중들은 본래 국법을 알지 못하는 자들로서 헌부(憲府)가 비록 임의로 규찰(糾察)할지라도 오히려 방헌(邦憲)을 범하는 자가 있을 것이옵니다. 이제 헌부로 하여금 자유로이 함을 얻지 못하게 하면, 중들의 범법하는 자가 반드시 많아져서 제어(制御)하기 어렵게 될 것입니다. 청하옵건대 그 전대로 시행토록 하시고, 만약에 고신(考訊)해야만 할 것은, 취지하게 함이 합당할 것입니다"

하니, 임금이 말하기를

"네가 아뢰는 바를 내가 알지 못함이 아니다. 그러나 이 절은 나의 조종께서 소중히 하시던 바였으므로 소홀히 할 수가 없다. 더욱이 궐내(闕內)에서 모든 직무[諸務]를 맡은 자는 반드시 위에 아뢴 뒤에야 추문(推問)하는 것인즉, 이 절의 중이 오히려 궐내의 사람만 같지 못하겠느냐"

하고 드디어 사헌부(司憲府)와 사간원(司諫院)에 전지하기를,

"이 뒤에는 흥천사(興天寺)·흥덕사(興德寺) 두 절에 만일 추문(推問)할 일이 있거든, 즉시 위에 아뢰어 교지(敎旨)를 받게 할것이며, 이졸(吏卒)로 하여금 바로 절문안에 들어가지 못하게 하라"

하였다.[23]

그러나 이틀 후, 우헌납 황보 공(皇甫 恭)이 불법(佛法)의 폐단에 대해 다시 아뢰기를,

"불사(佛事)를 금하는 것이 법령[令甲]에 밝게 실려 있어서 진실로 좋은 법이옵니다. 이제 흥천사의 중들이 떼를 지어 모여서 안거회(安居會)를 크게 베풀기에, 헌사(憲司)에서 사람을 보내어 중들을 잡아다가 그 죄를 묻는 것은 그 직책을 다하고자 함이온데, 전하께서 특히 너그럽게 은전을 내리시와 추핵(推覈)을 하지 말도록 하시매, 신 등은 이미 낙망하였사옵니다. 또 대간(臺諫)에 전교(傳敎)하기를, '흥천사·흥덕사 두 절에 만일 추문(推問)할

23 『세종실록』 권85, 세종 21년 4월 己丑(12일).

일이 있거든 반드시 아뢰어 교지(敎旨)를 받은 뒤에 국문할 것이며, 또 이졸(吏卒)들로 하여금 절문에 들어가지 못하게 하라'고 하셨으니, 신 등은 어명(御命)을 듣잡고 반복하여 가만히 생각하옵건대, 사건의 8의(八議)에 관계되는 것은 반드시 교지를 받아서 시행함은 이미 율문(律文)에 실려 있사옵고, 또 대간의 이졸은 오직 궁금(宮禁) 이외에는 들어가지 못하는 곳이 없삽거늘, 저 중들이 무엇이건대 반드시 교지를 받은 뒤에야 핵문하게 하시며, 이졸(吏卒)로 하여금 그 문안에도 들어가지 못하게 하시옵니까. 금란(禁亂)하는 이졸이 그 문을 출입하면서 사특하고 망령된 행동을 금지할지라도 오히려 범간(犯奸)하는 중이 있겠삽거든, 하물며 이졸이 그 문안에도 들어가지 못하여 그 범죄 행위를 제재하지 못한다면, 저 중들은 유벽(幽僻)한 곳에 숨어서 음행과 탐욕을 자행(恣行)하여 못하는 짓이 없게 될 것이며, 온갖 범죄하는 자들을 불러 들여 은근히 감추어 숨겨 두게 하는 일이 또한 있을까 염려되옵니다. 청하옵건대, 이미 내리신 명령을 거두소서"

하니, 임금이 말하기를,

"궐내(闕內)에서 부리는 사람은 비록 변변치 아니한 자이라도 역시 교지를 받고서야 죄상을 심문하는데, 흥천사의 편이 어찌 궐내에서 부리는 사람의 아래에 있겠느냐. 조사(朝士)의 집에도 대간의 이졸이 오히려 들어가지 못하거든, 흥천사(興天寺)는 나의 조종(祖宗)께서 창건하신 바인데, 어찌 조사의 집만 같지 못하다는 말이냐. 너희들은 모두 문신(文臣)으로서 중들을 이단(異端)이라고 하여 맞서서 배척하는 바인데, 근자에 사헌부에서 흥천사의 중 40여 인을 잡아 가두었으니 어찌 40여 인이 모두 다 죄를 지은 자이겠느냐. 이제 법을 세우지 아니하면 뒷날에 승도(僧徒)를 침해(侵害)함이 이 같을 것이매, 너희들의 말이 비록 옳다고 하더라도 나는 좇지 아니하겠노라"

하니, 황보 공(皇甫 恭)이 두 번 청하였으나, 끝내 듣지 아니하였다.[24]

---

24 『세종실록』 권85, 세종 21년 4월 辛卯(14일).

그렇지만, 임금도 심사숙고한 끝에 이틀 후 다시 다음과 같이 예조에 전지하여, 흥천사의 일을 마무리 지었으니,

"흥천사·흥덕사 두 절은 태조(太祖)께서 창건(創建)하신 바이니, 자손이 마땅히 경중(敬重)하여야 할 것인데, 절 안에 거처하는 중들이 방자히 옳지 않은 일을 행하는 자가 간혹 있으므로 근자(近者)에 모두 내쫓게 하고, 다시 계(戒)를 지키고 조행(操行)을 깨끗이 가지는 자를 가려 뽑아 다시 거주하게 하였으니, 만일 대졸(臺卒)이 무시로 출입하면서 여러 사람의 마음을 소란케 하는 것은 진실로 불가하다. 그러니 이제부터는 본조(本曹;禮曹를 이름)에서 혹은 낭청(郎廳)을 보내던지, 혹은 지인(知印)이나 녹사(綠事)를 보내어서 무시로 점검하여, 만일 범법하는 중이 있거든 즉시 헌부(憲府)에 이관(移關)하되, 이것을 항식(恒式)으로 삼으라"[25]

하였던 것이다. 그리고 다시 20일에는 예조에 전지(傳旨)하여, "흥천사와 흥덕사 두 절에서 일재(日齋) 등의 긴요하지 않은 일을 칭탁하여 잡인(雜人)들로서 드나드는 자가 간혹 있으니, 이제부터 모두 다 금단(禁斷)하라"고 하였다.[26]

한편 4월 14일, 이예(李禮)를 원윤(元尹)으로 삼고, 이지(李智)·이신(李信)·이강(李綱)을 모두 정윤(正尹)으로 삼으니, 이예 등은 그 형 이인(李仁)[27]의 죄에 연좌되어 원방(遠方)에 내쫓겼다가 뒤에 소환(召還)되었는데, 이 때에 이르러 본직(本職)에 복직된 것이었다. 그리고 이서(李墅)를 6품의 부사직(副司直)으로 삼으니, 이서는 효령대군(孝寧大君)의 사위[女壻]이므로 처음부터 6품직을 제수한 것이었다.[28]

또한 이 날, 종학(宗學)에서는 대군(大君)과 제군(諸君)의 학업을 강화시키고자 대책을 아뢰었는데,

---

25 『세종실록』 권85, 세종 21년 4월 癸巳(16일).

26 『세종실록』 권85, 세종 21년 4월 丁酉(20일).

27 嘉靖 愼宜君, 太祖의 제3남 李芳毅의 長孫, 益平府院君 李石根의 7남 중 長男.

28 『세종실록』 권85, 세종 21년 4월 辛卯(14일).

"아직 연소(年少)한 대군과 제군이 궐내에서 공부할 때에 전(前) 5일간 수업 받은 일과(日課)를 다 외우지 못하옵는데, 혹 그 중에 자주 대내에 들어가므로 고강(考講)하기 어려웠고, 비록 대내에 들어가지 않을 때라도 강문(講問)할 제 혹 구두(句讀)도 떼지 못하며, 또 읽은 바 글 중에서 한 편(篇)을 읽어 끝마치거든 이로 하여금 4,5일을 한하여 숙독케 하여도 역시 기한 내에 잘 외우지 못하며, 혹 7,8일에 이르거나, 혹 10여 일에 이르러서 천연 폐업(遷延 廢業)하는 일이 있사옵니다. 청하건대, 이제부터는 종학 입학시례(宗學 入學時例)에 의하여 월말(月末)마다 종부시(宗簿寺)로 하여금 읽은 날 수 및 통·불통(通不通)과, 숙독(熟讀)하는 기한 뒤에 폐업한 일 수를 조사해서 갖춰 기록하여 이로써 아뢰게 하옵소서"

하니, 그대로 따랐다.[29]

4월 19일에는 몇일 전 효령대군의 사위 이서(李墅)에게 부사직(副司直) 벼슬을 제수한 것이 부당하다는 논란이 있었다. 즉 우헌납 황보공(皇甫恭)이 아뢰기를,

"효령대군의 사위인 이서는 이제 나이가 겨우 열 한 살인데 부사직에 임명되었으니, 어린 사람에게 벼슬을 제수하지 못함은 『육전』(六典)에 실려 있는 바이오니, 청하건대 나이가 장성(長成)하기를 기다리게 하소서"

하니, 임금이 말하기를,

"이서(李墅)는 비록 나이는 어리지만 실은 우리 조정(朝廷)의 의빈(儀賓)인데, 의빈으로서 6품의 벼슬을 준 것이 무엇이 불가함이 있느냐. 그리고 전에도 이미 이런 예가 있었는데 서(墅)에게만 폐지하겠느냐"

하였다. 공(恭)이 다시 아뢰기를,

---

29 위와 같음.

"무반(武班)은 바로 시위(侍衛)하는 벼슬이온데, 어린 사람에게 줄 수는 없사오니, 장성한 사람이 되기를 기다려서 제수(除授)하여도 늦지 않습니다. 종친의 사위는 부마(駙馬)에 비하여 차이가 있으므로 감히 와서 아뢰옵니다"

하니, 임금이 말하기를,

"나이가 적은 어린아이에게 벼슬을 제수하지 못하게 하는 법(法)은 태종(太宗) 때에 18세로 한정하였고, 내가 즉위함에 미쳐서는 또 20세로 한정하였으니, 이로 인하여 어린 사람들이 벼슬을 범람하게 받지 못하게 한 것은 진실로 아름다운 법이다. 그러나 서(墅)는 종실(宗室)과 혼인하였으니 다른 사람과 비교할 수가 없다. 종실의 존장(尊丈)이 되는 분의 사위를, 나이가 비록 어리더라도 벼슬을 주는 것이 또 무엇이 불가하랴. 이제 너희들은 시위(侍衛)할 수 없다는 이유로써 말하지만, 만약 돈녕부(敦寧府)의 벼슬을 준다면, 너희들은 장차 어떻게 할 것인가"

하였다.[30]

한편, 작년(세종 20년) 7월초에 효령대군(孝寧大君)이 수개월 간을 투병(鬪病)하고 있을 때, 대군의 병환 쾌유를 위한 기도(祈禱)·정근(精勤)을 위해 행호(行乎) 큰 스님이 대군의 요청으로 경상도 함양(咸陽)에서 올라와 그간 흥천사(興天寺)에 머물고 있었는데, 그동안 그를 되돌려 보내라는 유신(儒臣)들의 요청이 있어왔으므로, 4월 21일에는 임금이 도승지(都承旨) 김돈(金墩)을 불러 사정을 설명한 뒤 대자암(大慈庵)에 머물도록 하였다. 즉, 임금이 김돈에게 이르기를,

"나의 마음을 네가 이미 알고 있을 것이다. 효령대군이 오랫동안 병으로 앓고 있었는데, 이제 비록 조금 나았다고는하나 한번 몸과 마음을 움직이면 병이 반드시 다시 발작할 것이

30 『세종실록』 권85, 세종 21년 4월 丙申(19일).

다. 내가 지난 겨울에 동교(東郊)에서 대군에게 들렀더니 한밤 중에 몸이 잠시 편치 못하였는데, 필시 나를 보고 몸을 움직인 까닭이었다. 그러나 나를 공경하는 마음을 품고서 나로 하여금 알지 못하게 하였는데, 내가 다른 사람을 통해서 알았다. 뒤에 또 종친들을 사정전(思政殿)에 모이게 하고 내가 대군을 보매, 말하는 기운이 처음엔 화평하더니 오후에는 현기(眩氣)가 나서 가마에 떠메어져 집으로 돌아갔으니, 역시 몸을 움직인 까닭으로 그러한 것이다. 내가 형님이 늙고 병든 것을 민망히 여겨 조정의 반열(班列)에 나오지 못하게 하고, 나를 볼 적에도 반드시 날이 늦어서 보도록 하였다. 동교에서 서로 만나던 날에 효령 늙은 형님이 내게 청하기를, '중 행호(行乎)가 산중에 숨어 있는 것을, 신이 상감을 번거롭게 하여 청해온 지 이제 여러 달이 되었습니다. 가사(袈裟)·선봉(禪棒)·불자(拂子)·수정염주(水精 念珠) 등의 법물(法物)을 만들어 주고자 하나, 다만 재력이 부족하여 한스럽습니다'고 하였다. 내가 생각하기를, 늙은 형님이 병중에서 청하는 말을 들어 주지 아니할 수 없으나, 수정 염주는 비용이 자못 많이 듦으로 상의원(尙衣院)으로 하여금 은(銀)으로 염주를 만들게 하였더니, 비용이 20냥쭝에 불과하였다. 아울러 선봉과 불자 및 가사를 만들 재료를 늙은 형님에게 보내 드렸으나 금(金)으로 꾸미지는 아니하였다. 성균관 학생들이 상서(上書)하기를, '내가 주었다'고 하는데, 참으로 헛된 말이다. 내가 사람을 시켜 대군에게 물으니, 역시 금으로 꾸민 것이 없다고 하더라. 집현전 유생(儒生)의 말은 성균관 학생과 같이 말을 꾸며서 만들지는 아니하였으나, 성실하지 못한 말임은 면하지 못할 것이다. 대간에서도 역시 상서(上書)하여 말하기에, 나도 이미 행호(行乎)를 산으로 돌려 보내기로 허락하였으나, 대군이 근래에 부처를 매우 좋아하여 병중에서 꿈에 부처를 보고 청하기를, '내 병이 만약 나을 수 있거든 팔을 들어 보이시고, 만약 영영 낫지 못하겠거든 팔을 들지 마소서' 하고 청하였더니, 그제서야 부처가 한 팔을 들어 보이었는데, 이 때부터 병이 점점 나았다고 한 뒤로, 형님께서는 행호를 지독하게 사랑하여 '참 부처'[眞佛]라고 생각하고 또 공경하는 예(禮)를 다하고 있다. 근래에 유생들의 상소로 인하여, 사람을 시켜 대군에게 묻기를, '행호를 산으로 돌려보내고자 하는데 어떠합니까' 하니, 대군이 대답하기를, '부득이 하다면 산으로 돌려보내도 가합니다' 하였다. 이제 듣건대, 대군이 말하기를 "노승(老僧)이 깊은 산중에서 숨어 살면서 이름이 드러남과 영달(榮達)을 구하지도 아니하였는데, 내가 병중에서 퍽 만나 보고 싶어 하여서, 지난 해 여름에 상감을 번거롭게 하여 행호가 무더위를 무릅쓰고 서울에 이르렀거늘, 지금 또 유생들의 배척으로 인하여 무더위가 한창 성한데 재촉하여 산으로 돌아가게 하면, 노승이 길에서 병이 날까 염려스럽다"고 하며, 늙은 형님이 깊이 근심하니, 나는 늙은 형님이 애를 써서 병이 다시 발작할까 두렵다. 그러나 내가 이미 대간(臺諫)들에게 허락하기를 "장차 행호를 산으로 돌아가게 하겠다" 하였는데, 이제 만약 다시 머물러 두면 대간에서 나를 무엇이라고 이르겠느냐. 사라(紗羅)·저포(紵布)를 대군에게 보내 주어서 대군으로 하여금 행호에게 주어 전송하게 하여, 늙은 형님의 마음을 위로하고자 하는데 어떨까. 너도 유학자이므로 반드시 부처를 좋아하지 않을 것이나, 밖에 있는 다른 유학자들에게 비할 바가 아니니 이미 내 마음을 알았을 것이다. 행호가 서울에 이른 것이 이제 이미 오래 되었으나, 내가 한 번도 서로 보지 아니하였다. 내가 어찌 부처를 좋아하겠는가. 네가 다시 잘 생각하여 아뢰어라"

하니, 돈(敦)이 대답하기를,

"대군의 마음이 이미 이와 같사오매 위로하지 않을 수 없습니다. 전하께서 비록 행호를 산으로 돌아가기를 허락하였을지라도 아직 길을 떠날 날짜를 정하지 아니하였사오니, 잠정적으로 여름 달에는 머물러 두었다가 서늘한 가을철이 되기를 기다려 떠나게 하여, 예전의 산사(山寺)로 돌아가게 함이 가할 것입니다. 만약 영영 머물러 두고 돌려보내지 아니하오면, 이는 대간에게 신의를 잃는 것입니다. 그리고 의복의 재료를 주는 일은 성상(聖上)의 재결(裁決)에 있사옵니다"

하였다. 임금이 돈에게 다시 이르기를,

"네가 내 마음을 잘 아는구나. 내가 네 말을 듣고서 내 계책을 결정하였다. 대자암(大慈庵)도 역시 산(山)이니 행호로 하여금 서울 안에 있지 말고 대자암에 있게 하여, 여름 달을 지내고 서늘한 때를 타서 산으로 돌아가게 함이 가하지 않겠는가. 내가 마땅히 이와 같이 처치하겠다"

하였던 것이다.[31] 그리하여 이튿날에는 임금이 차제에 일을 마무리 짓기 위해 김돈(金墩)에게 행호(行乎)의 일을 대간(臺諫)들에게 효유(曉諭)하도록 이르기를,

"내가 이미 사람을 시켜 대군에게 고하였더니, 대군이 말하기를 "요즘 유사(儒士)들이 함께 행호를 배척하므로, 신(臣)이 할 수 없이 행호로 하여금 산으로 돌아가게 함이 가하다고 하였으나, 늙은 중이 길에서 혹독한 더위에 혹 병이라도 날까 두려워하였는데, 이제 상교(上敎)를 들으니, 이는 신의 원하는 바이므로 기쁨을 이기지 못하겠습니다" 하고 눈물까지 흘렸다고 한다. 내가 네 말로 인하여 계책을 이미 결정하였으니, 너는 이 뜻을 가지고 대간들을 효유함이 어떻겠는가"

하매, 돈이 대답하기를,

"대간에서 다시 청하지 아니하면 지레 효유할 필요가 있겠습니까, 만약 다시 청하면 그 때 가서 신이 마땅히 자세히 효유하겠습니다"

하였다.[32]

효령대군(孝寧大君)의 쾌유를 위해 기도(祈禱) 정진(精進)하러 멀리 함양(咸陽)에서 올라왔다가 4월초 이래 대자암(大慈庵)에 머물던 행호(行乎) 스님이 산사(山寺)로 다시 돌아가게 되었다. 5월 12일, 임금이 중 행호를 돌아가기를 명하고, 길 연변의 각 고을 수령(守令)과 각 역승(驛丞)들에게 전지하기를, "지금 내려가는 전(前) 판선종사(判禪宗事) 행호(行乎)에게 그 공억(供億)을 힘써 정결하게 하고, 감히 만홀(漫忽)하게 말지어다"이르고, 또 전라도(全羅道) 관찰사(觀察使)에게는 따로 전지(傳旨)하여 쌀·소금 각 10석씩 보

31 『세종실록』 권85, 세종 21년 4월 戊戌(21일).

32 『세종실록』 권85, 세종 21년 4월 己亥(22일).

내주게 하였다.[33]

9월에 들어서는 효령대군댁(孝寧大君宅)의 집 종[家奴] 승재(升才)·난봉(難奉)·동량(同良) 등이 주인의 권세를 등에 업고 횡포를 부렸는가 하면, 정충경(鄭忠敬;孝寧大君의 큰 처남)의 가노 부개(夫介)는 효령대군의 종을 가칭(假稱)하여 횡포를 부려 각각 처벌된 일이 있었다. 즉 형조에서 전라도 관찰사의 계본(啓本)에 의거하여 아뢰기를,

> "효령대군의 가노 승재·난봉 등이 유리(遊離)하여 떠돌아다니는 자 도합 3백40십여 인을 불러 들이고, 승재는 따로 또 60여 호를 감싸고 있어, 부리기를 노예와 같이 하고 횡렴(橫斂)하기를 한이 없이 하며, 기타 교만하고 포학한 정상은 이루 기록할 수가 없습니다. 또 효령의 가노 동량(同良)이란 자 역시 도망하는 자를 꾀어들이므로, 녹사(錄事) 하흡(河翕)이 도망한 노비를 뒤밟아서 그 집에 이르러 잡으니, 동량이 제 도당을 불러 모아 구타하여 갈빗대를 상하게 하고, 도리어 이를 빼앗았으며, 인하여 하흡이 가지고 있는 물건까지 약탈하였습니다. 그리고 승지(承旨) 정충경의 가노 부개(夫介)는 효령대군의 종이라 사칭하고 유리하여 떠돌아다니는 자들을 불러 들이니 무려 1백여 인이나 되고, 그 포학하게 거두는 것이 수가 없사온데, 이제 이 네 사람 중에서 승재와 동량의 죄악이 더욱 중하오니, 청하옵건대, 승재·동량 두 사람은 베고, 난봉과 부개는 처자와 함께 모두 평안도에 입거(入居)시켜 뒷 사람을 징계하소서"

하니, 임금이 따랐던 것이다.[34]

---

33 『세종실록』 권85, 세종 21년 5월 己未(12일).

34 『세종실록』 권86, 세종 21년 9월 丙辰(11일).

…이 名명言언

…업스시니

覺路ᄂᆞᆫ 則解脫이 返流ㅣ라 位當逆流ㅣ며 因이

窮ᄒᆞ야 趣果ㅣ라 義說證發이시니라 就解ᄂᆞᆫ 則實有이

已立ᄒᆞ샨 不藉名言이니시 止觀애 云ᄒᆞ샤ᄃᆡ 自證

은 不可說이시니라 ᄒᆞ라 蹤은 行이오 晦ᄂᆞᆫ 泯也ㅣ라 然

結四句ᄂᆞᆫ 說者多途ᄒᆞ니 學者ㅣ 審而詳之이니 [illegible]

각路롱ᄂᆞᆫ 解갱脫퇋이 흘루메 드르… 산 …

位윙ㅣ 마긘 … 當당ᄒᆞ시며 因힌이 …

13

興天寺 舍利閣과 '慶讚會'

효령대군 45세, 1월 ~ 48세, 12월

경신(庚申, 1440)년 새해가 밝았다. 세종(世宗) 즉위 22년째에, 효령대군(孝寧大君)께서는 보령(寶齡) 45세가 되셨다. 새해 초하룻날, 예년 설 때와 같이 임금이 망궐례(望闕禮)는 행하였지만, 좌의정(左議政) 허조(許稠)가 지난 해 섣달 28일에 타계했기 때문에, 본조(本朝)의 하례(賀禮)는 정지하였다.[1] 그러나 초2일에는 임금이 사정전(思政殿)에서 잔치하고, 중궁(中宮)은 따로 강녕전(康寧殿)에서 잔치하였는데, 대개 정조(正朝)의 회례연(會禮宴)을 추후하여 베푼 것이다. 새해 첫 날, 정부 업무 중 첫 번째로 의정부(議政府)에서 이조(吏曹)의 정문(呈文)에 의해, 종부시(宗簿寺)의 주부(主簿) 1명을 증원하여 부사직(副司直)으로 겸하게 하였다.

1월 12일에는 임금이 정사(政事)를 보는 중에, 대군(大君)들에게 지급되는 과전(科田)에 대한 논의가 있었다. 임금이 말하기를,

"과전(科田)의 법(法)가운데 의논할 것이 있다. 예전에 태조조에는 대군(大君)은 의례 과전

---

1 『세종실록』 권88, 세종 22년 1월 甲辰(1일).

2백50결(結)을 지급하였는데, 어느 대신이 헌의(獻議)하기를 '과전의 액수가 적으면 대군이 생활하기가 어려우니 50결을 더 주게 하소서' 하였으나, 태조께서는 윤허하시지 않았다. 이 말이 실록(實錄)에 기재되어 있다. 태종조에 이르러서는 먼저 전제(田制)를 고칠 때에 대군(大君)에게는 모두 전지 3백결을 주고, 그 외의 종친에게는 모두 직질(職秩)에 따라서 과(科)에 준하여 지급하였다. 그런데 과전이 모두 경기(京畿)에 있는 까닭으로 나누어 주기에 부족하므로, 의논하는 자가 종친의 과전이 너무 많다고 하매, 내가 대군의 과전을 다시 2백50결로 줄여 주게 하였다. 그렇지만, 양녕(讓寧)·효령(孝寧)·성녕(誠寧)은 모두 태종께서 이미 주신 바이므로 차마 재감(裁減)하지 못하고, 나의 친자식들만 모두 이미 요량하여 감하였다. 그러나 동·서반(東西班)에 당연히 과전을 받을 자가 그 수효가 퍽 많은 까닭으로 지난번에 호조에서 군자(軍資)에 더 붙였던 땅을 종친에게 주자고 하였더니, 의정부에서 의논하기를 '모름지기 한전(閑田)이 있기를 기다려서 나누어 줄 것이오, 군자에 임시로 붙였던 것을 주는 것은 불가합니다' 하였다. 내가 생각하건대, 만약 그렇다면 토지(土地)는 한정이 있는 것이니, 종친도 오히려 받지 못하는데, 하물며 조사(朝士)이겠는가. 내가 호조의 청에 따라서 간혹 군자에 임시로 붙였던 땅을 종친에게 주었으나, 만일 사직(社稷)이 영장(靈長)하여서 종친이 많아진다면, 그 과전 나누어 주는 것이 역시 어렵지 아니하겠느냐. 내가 족속(族屬)으로서 소원(疏遠)한 자를 처음에는 5,6품에 제수하고 과에 준하여 토지를 준 뒤에, 비록 관질(官秩)이 올라가더라도 다시 더 주지 아니할까 하는데 어떠할까. 만약 불가하다고 한다면 다시 외방(外方)에 과전을 주는 것은 또 어떠하겠는가. 허조(許稠)가 전에 나에게 이르기를, '만약 과전을 외방에 준다면 고려 때 사전(私田)의 폐해가 다시 생길 것입니다' 하였다. 그러나 내가 생각하건대, 정령(政令)이 쇠폐하여지면, 비록 기내(畿內)에다 과전을 주더라도 역시 반드시 폐단이 생길 것이다. 이 두 가지를 가지고 경(卿) 등은 의논하여 계달하라"

하였다.[2]

2 『세종실록』 권88, 세종 22년 1월 乙卯(12일).

1월 16일에는 이정(李定)을 영천군(永川君)으로 삼으니 효령대군(孝寧大君)의 다섯째 아들인데,[3] 세종(世宗) 4(壬寅, 1422)년 출생으로서 19세(歲)에 봉군(封君)된 것이다.

1월 28일은 사간원(司諫院)에서 태종(太宗) 때에 외방으로 내친 양녕(讓寧)의 집을 도성내에 짓지 못하게 하는 상소(上疏)가 있었는데,

> "이제(李禔)로 하여금 오랫동안 서울에 유숙하게 하시므로 신료들은 결망(缺望)하였사온데, 지금 또 성내(城內)의 땅을 하사하시어 사제(私第)를 짓게 하시니, 이는 곧 제로 하여금 서울에 와서 살게 하여 종실(宗室)의 반열에 끼이게 하는 것이니, 신 등은 그것이 더욱 불가한 것임을 살펴 알겠습니다. 성상께서 지극하신 우애가 비록 지극한 정의에서 나오신 것이라 하더라도, 오로지 태종께서 남기신 교훈을 생각지 않을 수 있겠습니까. 더군다나 문소전의 옛터는 태조의 성용(聖容)을 봉안하던 땅이옵니다. 엄연히 살아 계셔서 오르내리시고 뜰에 서 있는 것 같사오니, 모든 신하된 자가 진실로 차마 거처하지 못할 땅이옵니다. 일찍이 제는 조종(祖宗)께 절의를 당한 자이라 이르는 데도 여기에다 편안히 거처하게 할 수 있겠습니까. 엎드려 바라옵건대, 급히 이 땅을 거두시어 사제를 짓고 거처하지 말도록 하여, 위로는 태종의 염려에 부응하시고 아래로는 신민들의 소망을 위로하게 하옵소서"

하였으나, 윤허하지 아니하였다.[4] 그리고 그 이튿날, 이번에는 사헌부(司憲府)에서 똑같은 내용으로 '양녕의 성내에 집짓는 것에 대한 불가함'을 상소하였으나, 역시 윤허하지 않았다.

이로 보면, 이 무렵 세종(世宗) 임금은, 양녕(讓寧) 형님은 거취(去就) 문제 때문에, 효령(孝寧) 형님은 불교(佛敎)를 적극 옹호 후원하심으로서, 대신 유신(儒臣)들로부터 많은 반대를 받으며, 이를 대변하고 비호해주느라 많은 어려움을 겪고 있었던 것 같다.

따라서 어쨌든 효령대군과 세종 임금의 '형제애' 덕택에 조선초기 불교가 대체로 비

3 『세종실록』 권88, 세종 22년 1월 己未(16일).

4 『세종실록』 권88, 세종 22년 1월 壬申(29일).

호된 것은 사실이다. 2월 17일에는 예조에 전지하여 주인(鑄印) 1개를 원주(原州) 각림사(覺林寺)에 내려주게 하였는데, 장차 수륙재(水陸齋)에 쓰고자 함에서였다.[5] 이 수륙재는 물론 효령대군이 주관하는 불교 행사였고, 각림사는 또한 태종 때부터 크게 후원받는 왕실의 원찰(願刹)이기도 하였다.[6]

그 해 말, 12월 19일에는 양녕대군의 맏아들 이개(李𧪚)로 순성군(順城君)을, 효령대군의 넷째 이영(李寍)을 낙안군(樂安君)에 봉하였다. 그리고 27일에는 대궐 뜰에서 나례(儺禮)를 베푸니, 임금이 이를 구경하여 야밤중[夜分]까지 이르렀다. 그런데 같은 날, 종부시(宗簿寺)에 전지하기를, "이제부터는 회례연(會禮宴)과 대소의 연향(宴享)에 반드시 양녕대군으로 하여금 들어와 공식으로 참예하게 하라" 하였다.[7] 이튿날에도 연말이 닥아왔으므로 임금이 사정전에서 또 나희(儺戲)를 베풀고 이를 구경하니, 후궁(後宮)들도 발[簾]을 드리우고 이를 구경하였는데 야밤중이 되었어도 파하지 아니하였다.

해가 바뀌어 세종 즉위 23년째로 서기 1441년 신유(辛酉)년이니, 효령대군(孝寧大君)의 춘추(春秋) 46세가 되셨다. 임금이 군신을 거느려 망궐례(望闕禮)를 행하고 근정전(勤政殿)에 나아가 여러 신하들의 조하(朝賀)를 받았다. 이어 근정전에서 군신에게 잔치를 베풀고, 왕비는 따로 내전(內殿)에서 잔치를 베풀었다.

7월 2일에는 효령대군(孝寧人君)의 셋째 아들 이갑(李杏)을 보성군(寶城君)으로 봉하였다.[8] 7월 8일에는 임금이 이틀 후에 있을 원경왕후(元敬王后)의 기신제(忌晨祭)에 쓸 향(香)과 축문(祝文)을 친히 전하니, 이번의 기신제는 모후(母后)가 돌아가신지 20주기에 맞이하는 기제(忌祭)이다.

11월 25일에는 성달생(成達生)을 불러 흥천사(興天寺) 사리각(舍利閣) 경찬회(慶讚會)에 쓸 물건에 대해 의논하고,[9] 윤11월 12일에 다시 판중추원사 성달생과 도승지 조서강,

---

5 『세종실록』 권88, 세종 22년 2월 庚寅(17일).

6 본 책 3권 권말 부록1의 「효령대군과 康津 白蓮寺, 그리고 行乎 큰스님」을 참조.

7 『세종실록』 권91, 세종 22년 12월 內申(27일).

8 『세종실록』 권92, 세종 23년 7월 丙申(2일).

9 『세종실록』 권94, 세종 23년 11월 戊午(25일).

우부승지 강석덕 등에게 명하여 흥천사에 가서 경찬회에 쓸 등롱(燈籠)·번개(幡蓋) 등 공비(供費)할 물건을 의논하게 하였더니, 윤11월 16일에는 예조판서 김종서(金宗瑞)·병조참판 신인손 등이 경찬회를 파하기를 청하여, "신 등이 생각건대 이제 경찬회를 베푼다는 것은 매우 온당하지 못합니다. 지금 백성들이 불사(佛事)를 행하는 것을 법으로 금하였사온데 먼저 스스로 법을 무너뜨리면 그 폐단을 바로잡을 수 없을 것이오니, 청하옵건대 모름지기 파하여 신 등의 바라는 바에 맞추시옵소서" 하니, 임금이 말하기를 "전에 이미 말을 다하였으니, 다시 답할 말이 없다"고 하였다.

그러나 경찬회에 대한 반대 상소는 계속 이어져, 윤11월 15일에는 육조(六曹)에서 회의 후에 예조판서 김종서(金宗瑞)·병조판서 신인손 등을 시켜 아뢰기를, "사리각은 이미 조종(祖宗)께서 창건하신 바이므로 차마 쓰러지게 할 수 없어서 고쳐 세운 것은 오히려 가하오나, 경찬회와 같은 일이 어찌 정사의 대체에 관계되오리까. 의정부와 대간에서 청하는대로 따르시기를 비옵니다" 하니, 임금이 말하기를 "내가 전일에 없었던 바를 별달리 한 일은 아닌데, 경들은 나를 불교에 혹신(酷信)한다고 말하는가" 하였다. 종서가 아뢰기를,

> "신 등은 근시(近侍)의 벼슬에 있었으므로 즉위하신 이후로 한 가지 정치나 한 가지 일도 실수하심을 보지 못하였사온데, 이제 경찬회를 베푸는 것은 성상(聖上)의 교화(敎化)에 누(累)가 되오니신 등은 깊이 실망하옵니다. 만약 후세에 듣게 된다면 어찌 전하께서 불교(佛敎)를 숭상하신다고 하지 않겠습니까. 이 일은 비록 전에 행한 적이 있을지라도 행할 수 없습니다. 신 등은 의(義)에 불합한 것을 그대로 보고 말하지 아니함으로서, 전하의 위임하신 뜻을 저버릴 수 없습니다"

하니, 임금이 말하기를 "이 같이 간략하게 베푸는 불사(佛事)가 어느 시대인들 없었으리오. 내가 의정부(議政府)에서 아뢴 것은 이미 답한 것이다"고 하였다.[10]

10 『세종실록』 권94, 세종 23년 윤11월 戊寅(15일).

사실 경찬회(慶讚會) 준비를 시작하면서부터 사간원·사헌부·육조 등 대간(臺諫)을 비롯한 유신(儒臣)들의 반대 상소가 빗발쳤지만, 세종은 번번히 물러서지 않고 잘 버텨 나갔으니, 경찬회는 곧 효령대군(孝寧大君) 형님이 중심에 서서 주관하는 행사였기 때문이었다. 임금은 수없이 올라오는 상소들를 무시하듯 윤허하지 않다가 나중에는 아예 승정원(承政院)에서 계달조차 하지 못하게 하였으니, 대간에서 합사(合司)하여 수궐(守闕; 대궐 밖에 기다리고 있으면서 下答을 청함)하고 경찬회를 파하기를 청하니, 승정원에서 이르기를, "일찍이 전지(傳旨)가 있기를 '만약에 흥천사의 경찬회 일로 간(諫)하거든 아뢰지 말라'고 하셨다" 하고, 드디어 계달(啓達)하지 않았고,[11] 12월 1일, 4일에도 대간이 합사하여 경찬회 파하기를 청해, 정쟁(廷諍)하기를 무릇 사흘 동안이나 하였으나 모두 계달조차 하지 못하였다.

임술(壬戌, 1442)년 새해가 밝았다. 세종 즉위 24년째에, 효령대군(孝寧大君)의 춘추 47세이신데, 나중에 91세까지 수(壽)하셨으니, 생애의 후반을 시작하신 해가 되겠다. 초하룻날 임금이 왕세자와 군신(群臣)을 거느리고 망궐례를 행하고 근정전에서 군신의 조하(朝賀)를 받으니, 각도에서는 전문(箋文)과 방물(方物)을 바쳤다. 9일에는 임금이 왕비와 같이 금성대군(錦城大君) 이유(李瑜)의 집에 이어(移御)하니, 동궁(東宮)도 따라갔다. 그리고 이날은 대군(大君)과 왕자 군(君)들이 태평관(太平館)에서 명나라서 온 사신에게 잔치를 베풀었다.[12]

흥천사(興天寺) 사리각(舍利閣)의 중수(重修) 공사를 마치고, 이에 맞춰 시행하려는 경찬회(慶讚會)를 개최하지 않을 수는 없고, 유신(儒臣)들은 극구 반대를 하니, 2월 21일에는 임금이 기발한 지략(智略) 한 가지를 내어놓았다. 즉, 임금이 승정원에 이르기를 "내가 온정(溫井)에 거둥하는 사이에 흥천 사리각에서 경찬회를 베풀면 어떨까" 하니, 조서강(趙瑞康)·이승손(李承孫)·김조(金銚)·강석덕(姜碩德)·성봉조(成奉祖) 등이 아뢰기를,

11 『세종실록』 권94, 세종 23년 윤11월 辛卯(28일).

12 『세종실록』 권95, 세종 24년 1월 辛未(9일).

"거둥하실 때 그것을 하시면 언관(言官)들이 번거롭게 청하지 못할 것이니, 하교(下教) 하심이 참으로 지당하옵니다. 다만 국도(國都)를 비우실 때이므로 공양(供養)할 여러 가지 물건을 지공하기가 어려울까 하오니, 서울에 남아 있는 승지(承旨)로 하여금 호조(戶曹)와 같이 의논해서 지공해 쓰고 환궁하신 뒤에 주달(奏達)하게 함이 온당할까 하옵니다"

하니, 임금이 말하기를 "알았노라" 하였다.[13]

3월 초2일에는 임금이 친히 종묘(宗廟)에, 강원도 이천(伊川)으로 행행(行幸)함을 고하는 향과 축문을 전하였으니, 이번의 행차는 흥천사 경찬회가 개최되는 동안 온정(溫井)에 거둥함으로써 잠시 자리를 피하려는 미리 계획된 행행의 준비 과정이었다. 그러나 그렇다고 단지 자리를 피하기 위한 온정에의 행행만 할 수는 없었으므로, 겸하여 춘등 강무(春等 講武)도 거행하기로 하고, 3월 3일 중궁(中宮)과 같이 출발하였는데 왕세자도 동행하였다. 춘등 강무 첫날은 녹양평(綠楊平)에 주정(晝停)하니, 경기관찰사 윤형(尹炯)과 경력 조자(趙孜)와 양주부사 이중(李重)이 마중하여 배알하였다. 이로부터 수령들은 모두 그 고을 지경(地境) 위에서 마중하여 배알하였는데, 임금이 왕세자와 같이 보장산(寶藏山)에서 사냥하고서 풍천(楓川) 들판에서 머문 후, 회암사(檜巖寺) 주지에게 쌀과 콩 합쳐 40석을 하사하였다.

이튿날, 양전(兩殿)과 세자는 배를 타고 고삭탄(高朔灘)을 건너고, 호종(扈從)하는 신료와 짐바리는 다리를 통해 대탄(大灘)을 건넜다. 이 날은 가사평(加士坪)에서 사냥하고 연천 송절원(松折院)에 머물렀다. 셋째 날, 3월 5일에는 수레가 강원도 지경에 이르니 관찰사 조수량(趙遂良)과 경력 이축(李蓄)이 길 좌측에서 맞아 뵈었다. 임금이 부구리(釜拘里)에 이르러 사냥하는 것을 구경하고, 곧 경기 구군(驅軍)을 풀어서 몰이하도록 명하였다. 또 수창평(穄倉平) 시냇가에서 사냥하였는데, 잡은 노루와 사슴은 종묘(宗廟)에 바치게 하고, 철원 회산(回山)에 머물렀다.[14]

---

13 『세종실록』 권95, 세종 24년 2월 壬子(21일).

14 『세종실록』 권95, 세종 24년 3월 丙寅(5일).

7일에는 임금이 평강현(平康縣) 갈대벌[蘆伐]에서 사냥하는 것을 구경하였다. 세자가 활과 화살을 가지고 수레 앞에 서 있는데, 짐승이 앞을 지나가므로 쏘니 살에 맞아 거꾸러졌다. 여러 대군(大君)들도 모두 이리저리 달리면서 활을 쏘았다. 이 때 영응대군(永膺大君) 이염(李琰)이 나이 바야흐로 아홉 살인데, 임금이 그를 대단히 사랑하여 만약 쫓기다 지친 짐승이 엎드려 있으면, 가던 연(輦)을 멈추게 하고서 사람을 시켜 염의 말을 그리로 몰게하여 쏘게 하였다. 이 날은 율평(栗平)에서 사냥하고 재송평(裁松平)에 머물렀다.

아직 강무 중인 12일에는 집현전(集賢殿) 직제학 이선제(李先齊)에 명하여 흥천사 사리각(舍利閣) 경찬소문(慶讚疏文)을 지어 올리게 하였는데, 마침 이 때에 선제는 호가(扈駕)중이었으므로, 서울에 남아 있는 동료 직전(直殿) 남수문(南秀文)과 응교(應敎) 신석조(辛碩祖)에게 편지하기를,

> "괴이한 일이 있다. 상감께서 소신(小臣)에게 흥천사 경찬소(慶讚疏)를 지으라 하시니, 청하건대 이런 글과 비슷한 옛날에 지어진 글을 초출(抄出)하여 편지로 보내 주면 좋겠네"

라고 하니, 수문(秀文)이 웃으면서 말하기를, "이제 나는 이 소문(疏文) 지을 책임을 면하였으니 참 기쁜 일이구나" 하였다. 그것은 마침 같은 때에 서울에 남아 있는 승지 김조(金銚)와 강석덕(姜碩德)이 남수문을 불러서 흥천사 경찬소문을 지으라고 부탁하면서 이르기를, "이미 전지(傳旨)가 내리었다"고 하니, 수문이 대답하기를 "앞서 본 집현전에서 경찬회를 혁파(革罷)하기를 두 번이나 글[封章]을 올려 청하였는데, 이제 만약 찬소(讚疏)를 내가 짓는다면 후세 사람들이 나를 어떤 인간으로 말하겠는가. 원컨대 부디 다른 사람으로 하여금 지어 올리도록 하십시요" 하므로, 김조 등이 안된다고 하였었는데, 이 때에 와서 수문(秀文)이 선제(先齊)의 편지를 보고서 위와 같이 말한 것이었다.[15]

16일에는 마침내 양전(兩殿)이 온정(溫井)에 이르러 구군(驅軍)들은 모두 보내고 시

---

15 『세종실록』 권95, 세종 24년 3월 癸酉(12일).

위 군사는 시위할 만큼만 헤아려서 머무르게 하되, 나머지는 모두 돌려보냈다가 윤번으로 시위하게 하였다. 또 곡산(谷山)·평강(平康)의 창고에 있는 미두(米豆)를 내어 대가(大駕)에 따라온 사람들에게 나눠 주라고 명하였다. 이튿날, 직제학(直提學) 이선제(李先齊)가 흥천사 경찬소문(慶讚疏文)을 지어 올리니, 임금이 판중추원사(判中樞院事) 성달생(成達生)과 환관(宦官) 최습(崔濕)을 서울로 보내어 그 일을 감장(監掌)하게 하고, 달생을 행향사(行香使)로 삼았다.[16] 그러나 그 사이에 경찬회 설행에 관한 정보 또한 새어나가, 23일에는 정언(正言) 이휘(李徽)가 흥천사 경찬회를 정지하기를 청하는 소를 올렸고, 승지(承旨) 조서강·조극관·성봉조 등도 이를 아뢰었으나, 임금은 대답하지 아니하였다.

21일에 마침내 임금이 목욕을 시작하고 광대(廣大)를 시켜 담장 밖에서 풍악을 연주하게 함을 날마다 그렇게 하게 하니, 서울에서의 경찬회 설행을 애써 외면하려는 철저한 연막극이라 하겠다. 그리고 시종(侍從) 신료들도 관문(關門) 온정(溫井)에서 목욕하도록 하니, 장령(掌令) 이사철(李思哲) 등이 "지금 번요(煩擾)한 폐가 있다 하여 시종과 신료(臣僚)의 반수 이상을 서울로 돌아가게 하고, 또 호종(扈從)한 신하들을 온정에서 목욕하도록 하시어 시위가 소홀할까 염려되오니, 원컨대 이 명령을 거두소서" 하였으나, 윤허하지 아니하였다.[17]

3월 24일에 마침내 흥천사(興天寺) 경찬회(慶讚會)를 베푸니, 김조(金銚)와 강석덕(姜碩德)이 설행(設行)을 맡고 설선문(說禪文)은 남수문(南秀文)이 지었는데, 당시의 실록(實錄) 기사를 들춰 보기로 하자.

「처음으로 흥천사(興天寺)에서 경찬회(慶讚會)를 베풀게 하되, 닷새만에 마치게 하였다. 유도 승지(留都承旨) 김조(金銚)·강석덕(姜碩德)이 서로 흥천사에 번갈아 나아가 공불(供佛)과 반승(飯僧)하는 일을 보살펴서 처리하게 하였다. 그 소문(疏文) 내용에, '보살(菩薩)은 제자(弟子)를 경계하고 조선국왕(朝鮮 國王)은 인(印)을 누른다' 는 말이 있으므로 식자(識者)들

---

16 『세종실록』 권95, 세종 24년 3월 戊寅(17일).

17 『세종실록』 권95, 세종 24년 3월 壬午(21일).

이 이를 탄식하였는데, 그 중에 설선문(說禪文)은 전직(殿直) 남수문(南秀文)이 지은 것이었다. 그 글에 이르기를, "행향사(行香使)[18] 판중추원사(判中樞院事) 성달생(成達生)은 삼가 여암화상(如庵和尙) 장하(仗下)에 청하옵니다. 우리 주상 전하(主上 殿下)께서는 특히 조종(祖宗)을 위하여 흥천사(興天寺) 사리탑(舍利塔)을 중창(重創)하시어 공사를 마치시고 이에 경찬회(慶讚會)를 베풀게 하였으니, 엎드려 바라옵건대, 법연(法筵)을 주장하여 진승(眞乘)을 열어 넓히시고 조종(祖宗)으로 하여금 불과(佛果)를 돈성(頓成)하게 하소서. 그윽이 생각건대, 5천 권의 교회(敎誨)와 연설(演說)은 비록 글귀[文句]가 지극히 많다 하오나, 33대 조파(祖派)의 깊은 근원을 언어(言語)로써 가히 비길 수 없는 것입니다. 지남(指南)하는 분변(分辨)이 없다면 누가 향상(向上)하는 마루[宗]을 알 것입니까. 작은 정성을 살펴주시와 오의(奧義)를 널리 드러나게 하소서. 이 흥천사의 탑은 실로 조종(祖宗)이 경영하신 것입니다. 세월이 오랜 까닭으로 기둥이 기울어지고 집이 흔들리게 되었습니다. 삼가 생각하옵건대, 우리 주상 전하(主上 殿下)께서 선왕(先王)의 뜻을 미루어 받들어서 옛 모습대로 복구하시니, 삼층의 고운 집마루가 빛났으며 노을 빛 무늬가 높게 번쩍이고, 천함(千函)의 불경[竺典]을 수장(收藏)하였으니 칠보 아첨(牙籤)은 별같이 비칩니다. 이에 청정(淸淨)한 불도(佛徒)들을 맞이하여 처음으로 경찬(慶讚)의 모임을 열었습니다. 엎드려 생각하옵건대, 여암화상(如庵和尙) 장하(仗下)께서는 총림(叢林)의 큰 간체(幹體)이며 석원(釋苑)의 높은 표준(標準)입니다. 마음은 백수(柏樹)의 선(禪)에 참여했고, 학문은 패엽(貝葉)의 종지(宗旨)를 전하였습니다. 서각(犀角) 자루[柄]를 휘둘러서 상연(象筵)의 빛을 더하였고, 몰현금(沒絃琴)을 만지어 승평곡(昇平曲)을 드리우며 무공적(無孔笛)을 붙여서 미묘(微妙)한 소리를 가만히 울립니다. 모든 사람의 보고 듣는 가운데 복리(福利)를 같이 더하게 하여 주소서" 라고 하였다. 이 모임의 이름은 백팔공승(百八供僧)이라 하였으나, 승도(僧徒)들이 사방에서 모여서 공양한 중이 1만8백18명이고, 속인(俗人)이 3백87명이나 되어 그 비용이 적지 않았다. 처음부터 끝까지 사리각(舍利閣) 담장 밖에는 부녀들이 늘어서서 밤낮으로 먼저 보려고 다투었다. 처음에 임금이 서울에 계실 때에 대사헌(大司憲) 정갑손(鄭甲孫)을 불러서

18 임금의 命을 받들고 宗廟나 陵所에 香을 가지고 가서 焚香하던 使臣.

하교(下敎)하기를, "내가 거둥한 뒤에 흥천사에 경찬회를 할 때에는 전후 10일 동안은 도첩(度牒)이 없는 중일지라도 서울 안에 왕래하는 것을 금(禁)하지 말라" 하였더니, 이 때에 사헌부에서는 모르는 척하고 금단(禁斷)을 하지 아니하였다」[19]

4월 2일에는 황보인과 김종서 등이 수재(水災)가 있기 전에 행차를 돌이킬 것을 청하니, 임금이 승정원에 이르기를, "지금 대신(大臣)의 말이 옳다. 13일에 행차를 돌이키는 것이 어떠한가" 하니, 도승지 조서강(趙瑞康) 등이 아뢰기를 "목욕하신 후에 몸을 조섭(調攝)한 지가 오래 되지 않았으니, 대가(大駕)가 마땅히 빨리 돌아갈 수 없겠습니다"고 하므로, "그렇다면 16일이 좋을 것이다" 하였다. 하루라도 늦게 환궁(還宮)하기를 바라는 임금의 마음이 그대로 드러나고 있다.

4월 10일은 임금의 탄일(誕日), 이천(伊川) 행궁(行宮)에서 맞은 45회 탄신 기념일이다. 호종하는 신료(臣僚)들이 행궁에 나아가서 탄일의 하례(賀禮)를 행하고, 의정부와 육조(六曹)에서 사인(舍人) 김문기(金文起)와 예조좌랑 박적선(朴積善)을 보내어 하전(賀箋)을 올리고 이내 안장 갖춘 말과 옷의 겉감과 안집을 바쳤다. 경기 관찰사 윤형(尹炯)·황해도 관찰사 권극화(權克和)·함길도 관찰사 한확(韓確)·강원도 관찰사 조수량(趙遂良) 등이 모두 와서 하례하고, 조수량은 또한 말과 옷의 겉감과 안집을 바쳤다.[20]

4월 16일에는 임금이 중궁과 더불어 온정을 출발하여 서울로 향하다가 이 날은 대현(大賢) 들판에서 유숙하였다. 22일에는 거가(車駕)가 대야원(大也院)에 이르러 주정(晝停)하였는데, 좌찬성 하연(河演)·예조참판 이선(李宣)·병조참판 신인손(辛引孫)과 서울에 남아 있던 승지 등이 와서 알현하였다. 이 날, 거가가 서울에 돌아와서 금성대군(錦城大君)의 사제(私第)에 거처하였으니, 이는 대궐 안에 병든 사람이 있었던 때문이었다.[21] 그리고 24일에는 흥천사 경찬회에 법주(法主)로써 부름을 받고 올라왔다가 이 날 하직하

---

19 『세종실록』 권95, 세종 24년 3월 乙酉(24일).

20 『세종실록』 권96, 세종 24년 4월 庚子(10일).

21 『세종실록』 권96, 세종 24년 4월 壬子(22일).

고 다시 내려가는 중 일운(一雲)에게 역말[驛騎]을 내리게 하였으니,[22] 임금의 지혜로운 계책에 따라 경찬법회가 성공적으로 종료되었음을 보여주는 한 장면이라 하겠다.

계해(癸亥, 1443)년 새해가 밝았다. 세종 즉위 25년째, 효령대군(孝寧大君)의 춘추 48세가 되신 해이다. 초하룻날 임금이 세자(世子)와 여러 신하들을 거느리고 근정전(勤政殿)에 나아가 세자와 여러 신하에게 조하(朝賀)를 받았다. 각도에서는 전문(箋文)과 토산물을 진상(進上)하고, 왜인(倭人) 조전(早田)·광궤(光軌)·등구랑(藤九郞) 등과 야인계(野人系) 알타리(斡朶里)의 마구음파(馬仇音波) 등이 반열에 따라 토산물을 바쳤다. 따로 근정전에서는 회례연(會禮宴)을 베풀었다.[23]

4월 27일에는 회암사(檜巖寺) 주지승(住持僧) 만우(卍雨)를 흥천사(興天寺)로 이주(移住)하도록 명하고, 이어서 의복을 하사하고 예빈시(禮賓寺)에서 3품 관직에 해당하는 녹봉(祿俸)을 지급하도록 하였다. 만우는 목은(牧隱) 이색(李穡)과 도은(陶隱) 이숭인(李崇仁)을 만나 시(詩)를 논한 것을 들은 적이 있어서 시학(詩學)을 조금 알았는데, 지금 『두시』(杜詩)를 주해(註解)하게 되매 의심나는 점을 물어 보고자 함이었다.[24]

그 해, 11월 9일에는 효령대군의 장자(長子) 의성군(誼城君) 이채(李寀)를 보내어 태조의 쉬용(睟容)을 경주(慶州) 집경전(集慶殿)에 봉안하게 하였다.[25] 같은 달 25일에는 임금이 이조(吏曹)에 전지하여 "금후로는 친형제와 친아들 가운데에 대군(大君)의 처부(妻父)는 정1품을 추증하고, 제군(諸君)의 처부는 종1품을 추증(追贈)하여 항구한 법식(法式)을 삼으라"고 하였다. 12월 3일에는 예조에 전지하기를 "왕세자가 계조당(繼照堂)에서 조참(朝參)할 때에 백숙(伯叔;곧 양녕·효령대군을 이름)과 사부(師傅)는 출입에 추창(趨蹌;禮度에 맞게 허리를 굽히고 빨리 걸어감)하지 말게 하라"고 하였다.[26]

세종 즉위 25년, 그 해 섣달 그믐날에는 우리 민족(民族)의 문자(文字) '한글'[訓民正

---

22 『세종실록』 권96, 세종 24년 4월 甲寅(24일).

23 『세종실록』 권99, 세종 25년 1월 丁巳(1일).

24 『세종실록』 권100, 세종 25년 4월 壬子(27일).

25 『세종실록』 권102, 세종 25년 11월 庚申(9일).

26 『세종실록』 권102, 세종 25년 12월 癸未(3일).

音]이 창제(創製)되었음을 처음으로 세상에 내어 놓았다. 즉 이미 임금이 중심이 되어 언문(諺文) 28자(字)를 관계 신하들과 더불어 지었는데, 그 글자는 옛 전자(篆字)를 모방하고 초성(初聲)·중성(中聲)·종성(終聲)으로 나누어 다시 합한 연후에야 글자를 이루게 되어 있는 것으로서 이번에 처음 공개된 것인데, 무릇 문자(文字)에 관한 것과 이어(俚語)에 관한 것을 모두 쓸 수 있고, 글자는 비록 간단하고 요약하지만, 전환(轉換)하는 것이 무궁하니 이것을 일러 「훈민정음」(訓民正音)이라고 이름지었다.[27]

---

27 『세종실록』 권102, 세종 25년 12월 庚戌(30일).

頭뎍이 名명言언

맛ᄀᆡ 업스시니

覺路ᄂᆞᆫ 則解脫이 返流ㅣ라 位當逐旁ᄒᆞ며시 因이

窮ᄒᆞ야 趣果ㅣ라 義說詮發이니 라시 爲淑晦ᄂᆞᆫ 則事行이

已立ᄒᆞ샤 不藉名言이니 시 止觀애 云다ᄒᆞ샤 自證

은 不可說이시니라ᄒᆞ라 跡은 行오 ㅣ 隣ᄂᆞᆫ 泯也라 ㅣ 然

以四句ᄂᆞᆫ 說者多途ᄒᆞ니 學者審而詳之ㅣ니

각路로ᇰᄂᆞᆫ 解햐ᇰ脫탈이 흐르매 두르ᄒᆞ여 산이니

位위ㅣ 며니 當당ᄒᆞ야 시 因인 ᄒᆞ 이 다

14

世宗의 '喜雨亭' 移御와 昭憲王后의 昇遐

효령대군 49세, 1월 ~ 54세, 12월

갑자(甲子; 1444)년 새해가 밝았다. 세종이 임금이 된지 26년째에, 효령대군(孝寧大君)께서는 보령(寶齡) 49세가 되셨다. 초하룻날은 왕세자(王世子;뒤의 文宗, 세종 26년부터 攝政을 시작하였음)가 임금을 대신해서 군신(群臣)을 거느리고 망궐례를 대행(代行)하고 본조(本朝)의 하례는 생략하였다. 의정부(議政府)에서는 안팎 옷감과 안장 갖춘 말을 드리고, 각 도에서는 역시 전(箋)과 방물(方物)을 바쳤다. 이어서 임금이 강녕전(康寧殿)에서 잔치하고 종친(宗親)에게는 사정전(思政殿)에다 잔치를 베풀게 하였으며, 당상관(堂上官) 이상에게도 잔치를 내리었다. 또 왜사(倭使) 광엄(光嚴) 등 80인과 야인(野人) 낭복아한(浪卜兒罕) 등 49인에게는 대궐 마당에서 음식을 먹이었는데, 날이 저물매 근정전(勤政殿) 뜰에 화붕(火棚)을 설치하여 왜인(倭人)과 야인(野人)들로 하여금 구경하게 하였다.[1] 1월 21일에는 왕세자가 계조당(繼照堂)에 앉아 백관의 조참(朝參)을 받았다.

한편, 7월 1일에는 효령대군(孝寧大君)의 장남 이채(李寀)를 소덕대부(昭德大夫) 의성군(誼城君)에 봉하고, 양녕대군(讓寧大君)의 장남 이개(李譿)는 소덕대부(昭德大夫) 순성

1 『세종실록』 권103, 세종 26년 1월 辛亥(1일).

군(順城君)에, 효령대군의 둘째 아들 이친(李寀)을 숭덕대부(崇德大夫) 서원윤(瑞原尹)에, 양녕대군의 둘째 이포(李誧)를 숭덕대부 함양윤(咸陽尹)에, 효령대군의 셋째 이갑(李㝓)을 숭덕대부 보성윤(寶城尹)에, 이수(李洙)는 승헌대부 예천군(醴泉君)으로, 이군생(李群生)은 중의대부(中義大夫) 순평군(順平君)에, 이영(李寧)을 중의대부 평안윤(平安尹)에, 양녕의 셋째 이혜(李譓)를 중의대부 서산윤(瑞山尹)에, 이질(李秩;敬寧君 祎의 아들)은 중의대부 고양군(高陽君)에, 효령의 다섯째 이정(李定)을 중의대부 영천윤(永川尹)에, 그리고 효령의 여섯째 이의(李宜)를 명선대부(明善大夫) 원천정(原川正)에, 태종의 부마(駙馬) 이백강(李伯剛)을 수록대부(綏祿大夫)로, 역시 같은 박종우(朴從愚)를 광덕대부(光德大夫) 호조판서(戶曹判書)로, 윤계동(尹季童;태종후궁 信嬪辛氏 所生의 貞信翁主)은 봉헌대부(奉憲大夫)에 각각 임명하였다.[2]

12월 7일, 광평대군(廣平大君) 이여(李璵)가 결국 타계하였다. 그 졸기(卒記)에 이르기를,

「이여의 자(字)는 환지(煥之), 호(號)는 명성당(明誠堂)이니 임금의 다섯째 아들이다. 홍희(洪熙) 원년(세종 7, 1425) 을사(乙巳) 5월 임신일(壬申日)에 나서, 선덕(宣德) 7년(세종 14) 임자 정월에 광평대군에 피봉(被封)되었다. 어려서부터 학문하기를 좋아하여 『효경』(孝經)·『소학』(小學)과 사서삼경(四書三經)을 다 통하고, 『문선』(文選)과 이태백(李太白)·두자미(杜子美)·구양수(歐陽脩)·소동파(蘇東坡)의 문집들을 두루 열람하였으며, 특히 『국어』(國語)와 『좌전』(左傳)에 공부가 깊었다. 뿐 아니라 음률(音律)과 산수(算數)에 이르기까지도 그 오묘(奧妙)한 이치를 다 알았다. 글을 잘 짓고 글씨의 필법(筆法)도 절묘하였으며, 강한 활을 당겨서 멀리 쏘고 또 격구(擊毬)에도 능하였다. 부왕(父王)이 간의대(簡儀臺)와 종부(宗簿)의 일을 총관(總管)하기를 명하였더니, 종합하고 정리함에 체제를 세웠었다. 부왕이 무안군(撫安君;芳蕃)의 후사(後嗣)없음을 추념하여 입후(立後)를 시켜서 그 제사를 받들게 하였다. 여(璵)가 창진(瘡疹)을 앓고 있었을 때 임금이 심히 근심하여 여러 방법으로 치료를 했

2 위와 같음.

으나 끝내 효과를 얻지 못하고 죽으니 양전(兩殿)이 몹시 슬퍼하여 3일 동안 조회를 거두었다. 이여는 성품과 도량이 너그럽고 넓으며 용모와 자태가 탐스럽고 아름다우며 총명하고 효제(孝悌)하여 비록 노복이나 사환이라도 일찍이 꾸짖지 아니하매 사람들이 모두 사랑하였다. 시호(諡號)를 '장의'(章懿)라고 하였으니, 공경하고 삼가고 높고 밝음이 '장'(章), 온화하고 부드럽고 현명하고 착함이 '의'(懿)이다. 아들이 하나인데 이부(李溥;永順君)이다.」

정부(政府)와 육조(六曹)에서 조위하는 전문(箋文)을 올리니 이르기를,

"온화 순량한 숙덕(夙德)이 일찍이 종실(宗室)의 꽃부리었더니,	溫良夙德 端爲宗室之英
준수하고 풍위한 자태가 문득 황천(黃泉)의 막힘이 되었나이다.	俊偉豊姿 奄隔泉扃之秘
슬픔이 깊이 대궐에 감싸이매 아픔이 널리 민심(民心)에 맺히나이다.	哀纏宸極 慟結輿情
엎드려 생각하옵건대 성상(聖上)의 비통하심을 너그러이 하시어	伏惟願寬聖懷之悲
신하들의 소망(所望)에 답하여 주시기를 원하옵나이다"	以答臣僚之望

하였다.[3]

해가 바뀌어 세종(世宗) 즉위 27년째인 을축(乙丑, 1445)년이 되었다. 효령대군(孝寧大君)께서는 보령(寶齡) 50세로 지천명(知天命)에 들어서신 해이다. 새해 첫날, 임금이 신하들에게 곡연(曲宴)을 베푸니 2품 이상 관원과 나이 많은 문무 신하들에게 잔치를 내려주고, 또 왜인(倭人)과 야인(野人)들을 경복궁(景福宮) 남쪽 월랑(月廊)에서 음식을 먹이었다. 그러나 지난해 말에 다섯째 왕자 광평대군을 보낸 지 한 달 남짓한데, 1월 16일에는 제7왕자 평원대군(平原大君) 이림(李琳)을 잃는 불상사를 당하였다.

2월 11일에는 지금까지 진양대군(晉陽大君)이던 이유(李瑈)의 직함(職銜)을 다시 수양대군(首陽大君)으로 고쳤는데, 작년 말에서 새해 초까지 불과 달포 동안에 두 왕자를 사별(死別)하는 등, 임금 주변에 너무 많은 불상사(不祥事)가 있었으므로 2월 13일에는

3 『세종실록』 권106, 세종 26년 12월 壬子(7일).

임금이 심신(心身)의 안식을 취할 겸, 효령대군(孝寧大君)의 별서(別墅)인 희우정(喜雨亭)으로 이어(移御)하여 자못 오랜 기간을 머물게 되니(~4월 12일 還宮 때까지 2개월간), 따라서 그 기간에는 왕세자가 그곳으로 자주 찾아뵈었다.[4]

2월 19일에는 임금이 승정원에 전지하기를 "광평(廣平)과 평원(平原)의 장사(葬事)에 신하로서 분수에 벗어나는 예식(禮式)을 참람(僭濫)하게 함이 없게 하라"고 하였다. 25일에는, 임금이 희우정(喜雨亭)에 임시 이어중이므로, 섭정(攝政)하는 왕세자가 이어소(移御所)에 조회하고 서울로 돌아갔다. 그리고 이튿날에는 임금이 명하여 이어소 근방에 사는 백성들에게 술과 음식을 내려 주었다. 28일과 3월 1일에도 세자가 이어소에 조회하고 서울로 돌아갔다.

3월 2일에는 희우정(喜雨亭) 이어소(移御所)에 머물고 있는 임금이 한강(漢江) 가운데에서 수전(水戰)을 연습하라고 명령하니, 지중추원사(知中樞院事) 이천(李蕆) 등이 삼군(三軍)으로 거느리되, 한 군선(軍船)마다 사졸(士卒) 30여 명씩을 태우고, 또 배 4척으로 허수아비 사람[芻人]을 태워 적군을 삼아 가지고 상거(相距) 20보 쯤에서 각(角)을 불고 북[鼓]을 울리면서 주화·질려포(走火·蒺藜砲)를 쏘면서 전투하는 모양을 하는데, 세자가 대군들과 함께 희우정(喜雨亭) 서쪽 산봉우리에 나가서 구경하였다.[5]

3월 8일에도 세자(世子)가 희우정(喜雨亭) 이어소(移御所)에서 조회하고 서울로 돌아갔다. 3월 11일에도 세자가 이어소에서 조회하였는데, 14일에는 이어소 부근에 사는 60세 이상의 늙은 백성 6인에게 당일부터 매일 한 끼씩 먹여주고, 또 5일마다 한 번씩 쌀과 간장과 어물(魚物)을 하사하기로 하였다.[6]

3월 25일에도 희우정(喜雨亭) 이어소(移御所) 옆에 가까이 살고 있는 촌민(村民) 70여 인에게 술과 음식을 내려 주었는데, 이튿날은 세자가 계조당(繼照堂)에서 조참을 받고 이어 이어소에서 조회(朝會)하였으며, 29일에도 이어소에서 조회하였다. 임금이 임시로 희

---

4 『세종실록』 권107, 세종 27년 2월 丁巳(13일).

5 『세종실록』 권107, 세종 27년 3월 乙亥(2일).

6 『세종실록』 권107, 세종 27년 3월 丁亥(14일).

우정에 머무니, 자연 왕세자가 이어소에서 조회하는 일이 잦아 4월에 들어서도 2일, 4일, 5일, 8일을 이어소에 들러 문안(問安)하고 서울로 돌아왔다. 4월 10일은 임금의 탄일(誕日)이지만, 역시 이어소인 희우정에서 맞게 되었으므로 탄일 하례(賀禮)는 없애게 하였는데, 백관이 표리(表裏)와 안마(鞍馬)를 올리고, 여러 도(道)에서는 전(箋)을 올렸다.

4월 12일에는 임금이 희우정을 떠나 연희궁(衍喜宮)으로 돌아오니, 두 달만의 환궁(還宮)이었다. 이 날, 희우정을 출발하기에 앞서 효령대군(孝寧大君) 형님에게는 안장 갖춘 말을 드리고, 희우정 인근에 사는 백성 15호 가구(家口)에는 쌀을 각각 1가마니씩 내려 주었다.[7] 15일에는 세자가 연희궁으로 문안하였다.

한편, 4월 5일에는 권제(權踶;陽村 權近의 次男)·정인지(鄭麟趾)·안지(安止) 등이 『용비어천가』(龍飛御天歌) 10권을 올렸는데, 그대로 깊은 뜻을 담은 왕실(王室)의 역사(歷史) 바로 그것이었다. 그 전(箋)에 이르기를,

「어진 덕을 세상에 널리 베푸시고 큰 복조(福祚)를 성하게 열으시매, 공(功)을 찬술(撰述)하고 사실을 기록하여 가장(歌章)에 폄이 마땅하오니 이에 거친 글을 편찬하와 예감(叡鑑;임금의 밝게 봄)에 상달하옵니다. 그윽이 생각하옵건대, 뿌리깊은 나무는 가지가 반드시 무성(茂盛)하고 근원(根源)이 멀면 흐름이 더욱 긴[長]것이옵니다. 주(周)나라는 면과(緜瓜;詩經의 篇名)를 읊조려 그로부터 나온 근본을 미루어 밝혔고, 상(商)나라는 현조(玄鳥;詩經의 한 篇名)를 노래하여 그 난 바를 미루어 폈으니, 이는 왕자(王者)의 일어남이 반드시 선대(先代)의 공을 지음에 힘입었습니다. 오직 우리 본조(本朝)에서는 사공(司空;全州李氏의 始祖 李翰의 官名)께서 신라(新羅) 시대에 비로소 나타나서 여러 대를 서로 이으셨고, 목왕(穆王;穆祖)께서 처음 변방에 일어나사 큰 명(命)이 이미 조짐되었으며, 익조(翼祖)와 도조(度祖)가 연이어 경사(慶事)를 쌓으시고, 환조(桓祖)에 미쳐 상서(祥瑞)가 발하였나이다. 은혜와 신의(信義)가 본래 진실하오매 사람들의 붙좇는 자가 한 두 대(代)만이 아니오며, 상서로운 징조가 여러 번 나타났으매 하늘의 돌보심이 거의 몇 백 년이옵니다. 태조(太祖) 강헌대왕(康

---

7 『세종실록』 권108, 세종 27년 4월 乙卯(12일).

憲大王)께서는 상성(上聖)의 자질로써 천년의 운수(運數)에 응하사, 신성(神聖)한 창[戈]을 휘둘러서 무위(武威)를 떨쳐 오랑캐를 빠르게 소탕하시고, 보록(寶籙;임금의 자리)을 받아 너그럽고 어짐을 펴서 모든 백성을 화목하고 편하게 하셨으며, 태종(太宗) 공정대왕(恭定大王)께서도 영명(英明)하심이 예[古]에 지나시고 용지(勇智)하심은 무리에 뛰어나사, 기미(幾微)를 밝게 보시고 나라를 세우시니 공이 억만년에 높으시고 화란(禍亂)을 평정하고 사직(社稷)을 편히 하시니 덕이 백왕(百王)의 으뜸이옵니다. 위대하신 여러 대(代)의 큰 공은 전성(前聖)과 더불어 아름다움을 가지런히 하였으매, 이를 형용해 노래하여 내세(來世)와 지금에 밝게 보이옵니다. 공경하여 생각하옵건대, 주상 전하께서는 학문이 오직 한결 같으시고 정밀하시며, 선업(先業)을 잘 잇고 행하시어 도(道)가 흡족하고 정사가 다스려져서 패연(霈然)히 덕택이 널리 젖었고, 예(禮)가 갖추어지고 악(樂)이 화하여 밝게 문물(文物)이 극히 나타났사오니, 생각하옵건대 시가(詩歌)를 지음은 이 성하고 태평한 시기에 속하옵니다. 신 등은 조전(雕篆)의 재주로써 외람되게 문한(文翰)의 임무를 더럽히와 삼가 민속(民俗)의 칭송하는 노래를 캐 모았사오니 어찌 조정과 종묘의 악가(樂歌)에 비기오리까. 이에 목조(穆祖)의 처음 터전을 마련하실 때로부터 태종의 잠저(潛邸) 시대에 이르기까지 무릇 모든 사적(事跡)의 기이하고 거룩함을 빠짐없이 찾아 모으고, 또 왕업(王業)의 어려움을 널리 베풀고 자세히 갖추었으며, 옛 일을 증거로 하고 노래는 국어를 쓰며, 인해 시(詩)를 지어 그 말을 풀이하였습니다. 천지를 그림하고 일월을 본뜨오니 비록 그 형용을 다하지 못하였사오나, 금석(金石)에 새기고 관현(管絃)에 입히면 빛나는 공을 조금 드날림이 있을 것이옵니다. 만약 살피어 들이시고 드디어 펴 행하사, 아들에게 전하고 손자에게 전하여 큰 업(業)이 쉽지 아니함을 알게 하시고, 시골에서 쓰고 나라에서 써서 영세(永世)에 이르도록 잊기 어렵게 하소서. 편찬한 시가(詩歌)는 총 1백 25장(章)이온데, 삼가 쓰고 장황(裝潢;製本)하여 전(箋)을 아뢰옵니다」

하니, 임금이 판(板)에 새겨서 발행(發行)하기를 명하였다.[8]

---

8 『세종실록』 권108, 세종 27년 4월 戊申(5일).

11월 19일에는 춘추관(春秋館)서 아뢰기를, "『태조실록』(太祖實錄) 15권, 『공정왕실록』(恭靖王實錄) 6권, 『태종실록』(太宗實錄) 36권은 이제 이미 각각 네 본(本)씩을 만들었아오니, 한 본은 본관(本館)의 실록각(實錄閣)에 보관하여 두고, 세 본(本)은 충주(忠州)·전주(全州)·성주(星州)의 사고(史庫)에 나누어 간직하게 하소서" 하니, 그대로 따랐다.[9]

임금이 왕세자에게 섭정(攝政)을 맡긴지 2년 차에, 또다시 해는 바뀌어 병인(丙寅, 1446)년이 되었다. 세종 즉위 28년째에 효령대군(孝寧大君)께서는 보령(寶齡) 51세가 되셨다. 초하룻날 임금을 대신하여 세자(世子)가 백관을 거느리고 경복궁(景福宮)에서 망궐례(望闕禮)를 행하고, 백관이 이내 시어소(時御所)에 나아가 옷의 겉감과 안찝, 안장 갖춘 말을 바치고, 여러 도(道)에서는 전문(箋文)을 올렸다. 이어서 풍정연(豊呈宴)을 베풀고 당상관 이상의 관원과 기로(耆老)·재추(宰樞)에게 잔치를 내렸다.

새해로 바뀌고 한 달쯤 지난 2월 초, 사헌부(司憲府)에서 효령대군(孝寧大君) 등이 혼인(婚姻)의 예(禮)를 범하였다며 논란을 벌였다. 사헌부에서 아뢰기를,

"요사이 듣건대, 효령대군(孝寧大君)이 아들을 장가들이려 며느리감을 고르면서 최윤용(崔允庸)과 조서강(趙瑞康)의 딸을 자기 집에다 데려다가 미추(美醜)를 보았다고 하는데 이는 참람하고 무례(無禮)함이며, 또한 처녀들도 얼굴을 예쁘게 단장하여 선보는 데에 나아갔다고 하니, 그것이 혼인의 올바르게 시작하는 도리란 점에서 어떻겠습니까. 대군은 추핵(推覈)하기가 어렵겠지마는 최(崔)·조(趙)의 양가(兩家)는 핵문(劾問)하소서"

하니, 임금이 말하기를

"대군(大君)의 이번 일은 매우 예절에 어긋나지마는, 그러나 양가를 핵문하게 된다면 대군으로써 구실을 삼는 데에 불과할 뿐이니 이와 같이 된다면 장차 어떻게 처리하겠는가"

9 『세종실록』 권110, 세종 27년 11월 庚寅(19일).

하면서, 윤허하지 않았다.[10]

그러나, 이에 관련하여 7일에 다시 사헌부(司憲府)에서 '혼인(婚姻)의 예(禮)를 문란하게 한 효령대군(孝寧大君)과 최씨(崔氏)·조씨(趙氏)의 양가(兩家)에 대한 상소문(上疏文)'을 올렸는 바, 그 상소문에 이르기를,

"지금 효령대군 이보(李補)는 왕실(王室)의 의친(懿親)으로서 묘령(妙齡)에서부터 자못 경서(經書)와 사서(史書)를 널리 읽었으니, 그가 군신의 명분(名分)과 혼인의 예절에 있어서는 강론(講論)을 익히 하였을 것인데, 어찌 명분을 문란시킬 수 없는 것과 혼인을 어지럽게 할 수 없는 것을 알지 못하였겠습니까. 진실로 부귀(富貴)한 지위에 높이 있으매 사치한 마음[侈心]이 한번 싹트게 되어 능히 자제(自制)하지 못하여 전 부사직(副司直) 최윤용(崔允庸)의 딸을 억지로 맞아서 자기 집에 오게 하고는 친히 예쁜가 추(醜)한가를 보고 자식을 위하여 배필을 선택하였으며, 스스로 그 뜻에 만족하지 않은 이유로써 죽은 참판(參判) 조서강(趙瑞康)의 딸을 또오게 하여 선택을 과감하게 행하였으니, 궁금(宮禁)의 예절에 참람한 단서(端緖)가 이미 나타났습니다. 우리 전하(殿下)께서는 한 나라의 임금이 되어 나라를 다스리고 억조(億兆)의 백성을 신하로 삼으셨습니다. 그런 까닭으로 친히 처녀(處女)를 가려 성자(聖子;王子)에게 배필하게 하셨으니 혼례(婚禮)를 중하게 여기고 종지(宗支)를 번성하게 하는 것이므로 신하로서 참람하게 본받을 것은 아닙니다. 대저 부인(婦人)은 비록 이미 다른 사람에게 시집갔더라도 남을 전송하고 영접할 적에 문밖에 나오지 않으며, 형제를 보더라도 문지방을 넘지 않는 법인데 하물며 처녀는 침실 안에 깊이 거처하고 있으므로 친척과 인아(姻婭)들도 또한 보기가 드물게 되는데, 어찌 다른 사람에게 얼굴을 보여서 그 배필을 구하겠습니까. 옛사람은 한번 더불어 혼인하게 되면 남자가 비록 혹시 장가들지 못하고 죽더라도 여자는 종신(終身)토록 초례(醮禮)를 행하지 아니하였는데, 조씨(趙氏)는 이미 선택에 합격했으니 오히려 말할 수 있지마는 최씨(崔氏) 같은 사람은 어찌 종신의 허물[累]이 되지 않겠습니까. 또 하물며 조씨는 바야흐로 아버지의 상중(喪中)에 있으면서 슬퍼하

10 『세종실록』 권111, 세종 28년 2월 庚子(2일).

여 몸의 여윔이 극도에 이르렀는데, 최복(衰服)을 벗고 비단옷을 입으며, 얼굴을 예쁘게 단장하여 간선(揀選)에 나아갔으니 어찌 그 마음이겠습니까. 탈정 기복(奪情 起復)은 진실로 장상 대신(將相 大臣)으로서 관계가 지중(至重)한 사람이 아니면 임금도 오히려 차마 하지 못하는데, 이보(李補)는 비록 귀(貴)하지마는 신자(臣子)인데 어찌 최복(衰服)의 여자를 마음대로 벗게 하고는 스스로 시험해 보아 군상(君上)을 참람히 본받고자 하는 것입니까. 그가 분수를 범(犯)하고 예절을 어긴 점이 진실로 너무 심한 편입니다. 만약 이를 두고도 묻지 않는다면, 권호 귀세(權豪貴勢)들이 잇달아 본받게 될 것이오니 훗날의 폐단은 장차 이루 말할 수가 없을 것입니다. 삼가 바라옵건대, 전하께서는 종부시(宗簿寺)에 명령을 내리시어 그 이유를 캐어물어 참람의 징조를 막게 하소서. 또 그 여자의 집안은 이미 초야(草野) 편맹(編氓)의 비교가 아니고 모두 잠영 세가(簪纓 世家)의 후손으로서 전부터 가정 교훈을 받았으니 여자가 쉽사리 다른 사람에게 얼굴을 보일 수 없음을 모르지는 않을 것인데, 다만 그 딸을 갑자기 귀하게 하고자 하여 예의를 돌아보지 않고 그 딸로 하여금 부끄러운 얼굴로 선보는 데에 나아가게 하였으니 그 염치가 적음이 또한 이미 심한 편입니다. 특별히 신 등에게 명하시어 그 죄를 끝까지 다스려 풍속을 권려(勸勵)하게 하소서"[11]

하였으나, 임금은 회보(回報)하지 아니하였다. 그리고 5일 후에는 똑같은 내용으로 사간원(司諫院)에서 상소하였는데 그 상소문에는,

"신 등이 요사이 효령대군(孝寧大君)이 명분(名分)을 범하고 혼인(婚姻)을 도모하게 된 사유(事由)를 갖추어 핵문(劾問)을 청하여 성상(聖上)께 아뢰었으나 윤허를 받지 못하였사온데, 물러와서 생각해보니 의리상 스스로 그칠 수 없습니다. 신 등이 가만히 생각해 보옵건대, 삼강(三綱)은 천하의 대법(大法)이오니 어길 수가 없는 것입니다. 우리 국조(國祖)에서도 장가들고 시집보낼 즈음에 있어서는 양가의 처녀들을 궁궐에 나아오도록 명하여 정밀히 선택을 가하게 하니, 이것은 진실로 궁금(宮禁)의 예절이므로 신하가 참람히 본받을

---

11 『세종실록』 권111, 세종 28년 2월 乙巳(7일).

수가 없는 것입니다. 지금 이보(李補)는 비록 귀(貴)한 지위로써 대군이 되었지마는, 그러나 그 군신(君臣)의 명분은 하늘과 땅의 서로 같지 않음과 같을 뿐만 아니온데, 자식을 위하여 혼처(婚處)를 구하면서 전(前) 부사직(副司直) 최윤용(崔允庸)의 딸을 제 마음대로 불러와서 그 예쁘고 추한 것을 보고는 문득 만족하지 못하다고 해서 이를 물리치고, 다시 상가(喪家)인 죽은 참판(參判) 조서강(趙瑞康)의 딸을 억지로 상복(喪服)을 벗고 길복(吉服)을 입게 하여 자기 집에 불러 와서 스스로 간택을 행하였으니, 대군(大君)으로서 말한다면 군신의 명분을 돌보지도 아니하고 궁금의 예절을 감행(敢行)하였으니 참람되게 윗사람과 견준 죄가 나타났습니다. 최(崔)·조(趙) 양가(兩家)로써 말한다면, 남녀가 중매를 통하는 사람이 있지 않으면 서로 이름을 알지도 못하며, 폐백을 받지 않으면 교접(交接)하지도 않고 친근하지도 않는 것이 예절인데도, 영화와 부귀만을 탐내고 욕심내어 대군의 한번 부름에 잘 따라 조금도 옳은가 그른가의 여부(與否)를 말하지도 않고 기꺼이 명하여 보냈으니, 혼인의 예절이 허물어지고 남녀의 분별이 문란해졌습니다. 하물며 조서강의 아내는 자신이 남편의 상중(喪中)에 있어 상복의 기일을 마치지도 않았는데, 그 나이 어리고 아는 것이 없는 딸로 하여금 얼굴을 예쁘게 단장하여 선보는 데에 나아가게 하여 남편을 여윈 슬픔을 잃음이 있었으니, 아내가 되고 자식이 되는 강령(綱領)이 더욱 허물어졌습니다. 이런데도 징계하지 않는다면 훗날에 잇달아 본받는 폐단을 아마 감내하지 못할 것입니다. 삼가 바라옵건대, 대군은 종부시(宗簿寺)에 명하고 옳고 그른 것을 변명하게 하고 조서강과 최윤용의 집안은 곧 유사(攸司)에 내려서 충분히 조사하게 하여 모두 법(法)대로 처리하여 인륜(人倫)을 바로잡고 풍속(風俗)을 바로잡게 하소서"

하였으나, 이 역시 회보(回報)하지 아니하였다.[12] 그럼에도 사헌부·사간원에 이어 20일에는 대간(臺諫)까지 연명(連名)으로 상소하기를,

"신 등이 각기 효령대군(孝寧大君) 이보(李補)가 명분(名分)을 범하고 예절을 어긴 사유를

12 『세종실록』 권111, 세종 28년 2월 庚戌(12일).

들어 법대로 논죄(論罪)하기를 청하였으나 윤허를 얻지 못하였사온데, 되풀이하면서 이를 생각해보니 의리상 스스로 그칠 수가 없습니다. 신 등이 그윽이 생각하옵건대 사람의 대륜(大倫)은 다섯 가지가 있는데 삼강(三綱)이 중요하니 진실로 혹시 한 가지라도 폐지한다면 인도(人道)가 문란해지는 것입니다. 지금 이보(李補)는 명망(名望)이 중(重)하고 항렬(行列)이 높아서 종실의 의표(儀表)가 되었으니, 진실로 마땅히 행동은 예법에 따라 하여 영화와 부귀를 보전해야 될 것인데도 이에 스스로 귀하고 친근한 것만 믿고서 이러한 법도에 어긋난 짓을 행하여 그 실수가 세 가지가 있습니다. 대저, 명분은 성인(聖人)이 삼가는 바인데, 자식을 위하여 배필을 선택하면서 궁금(宮禁)의 예절을 참람히도 본받아 감히 군신(君臣)의 명분을 범한 것이 한 가지요, 혼인(婚姻)은 인도(人道)의 시초이므로 폐백을 받지 않으면 교제도 않고 친근하지도 않는 것이 예절인데, 남의 규중(閨中) 처녀를 제 마음대로 데려왔으니 남녀의 분별을 문란하게 한 것이 두 가지요, 상제(喪制)는 인도의 맨 마지막인데 상복(喪服)을 입은 딸을 억지로 벗게 하여 흉복(凶服)을 무릅쓰고 길복(吉服)을 입게 하여 부자(父子)의 은혜를 저버리게 한 것이 세 가지입니다. 한번 행사(行事)한 데에 세 가지를 실례(失禮)하여 명교(名敎)를 손상시킴이 있사오니 죄는 용서할 수가 없습니다. 신 등이 탄핵하는 소[彈章]를 번갈아 올렸어도 마침내 성상의 뜻을 돌이키지 못하오니 매우 유감스럽습니다. 삼가 바라옵건대, 궁정(宮庭) 사이에서는 은혜가 비록 의리를 감쌀 수 있지마는 군신의 즈음에 있어서는 의리가 은혜보다 승(勝)하게 되니 전하(殿下)께서 어찌 한 때의 사은(私恩)으로써 천하(天下)의 공의(公義)를 폐하겠습니까. 지금 만약 관대히 용서하여 점점 젖어들어서 허물을 고치지 않다가 교만하고 방종하게 된다면 후회한들 어찌하겠습니까. 권력이 있고 요로(要路)에 있는 사람은 장차 말하기를, '대군(大君)이 비록 귀하지마는 신하인데, 감히 이러한 일을 하는데도 유사(有司)가 청하지도 못하고, 임금도 또한 처벌하지 않는다'고 하면서, 잇달아 본받게 되어 분수에 넘치고 예절을 어김이 자못 이루 말할 수 없게 될 것이며, 사람들도 또한 규중 처녀로써 스스로 권귀(權貴)에게 선을 보이고도 태연하게 부끄러이 여기지 않을 것이므로, 혼례(婚禮)가 문란함도 실로 지금부터 시작될 것이오니 진실로 작은 일이 아닙니다. 삼가 바라옵건대, 전하께서는 강단(剛斷)을 돌이켜서 신 등의 전일에 올린 소(疏)에 의거하여 특별히 종부시(宗簿寺)에 명하여 그 죄를 다스리게 하고, 그 예의를 돌보지 않고 아첨해 명령을 받들어 선을 보이게 한 최(崔)·조(趙) 양가(兩家)도 또한 엄격히 법으로써 다스려서 인륜(人倫)을 바로잡고 풍속을 권려(勸勵)하게 하소서"

하였다. 지평(持平) 박자오(朴子晤)와 헌납(獻納) 원내인(元乃仁)이 이 소(疏)를 가지고 올리니, 임금이 이를 보고 크게 노(怒)하여 궁중에 머물러 두고 내려 보내지 않고는, 수양대군(首陽大君) 이유(李瑈)로 하여금 전지(傳旨)하게 하기를,

"중국에서는 비록 우리나라를 예의(禮義)의 나라라고 하지마는 인심(人心)이 비루(卑陋)하기가 지극한 편이다. 군왕(君王)의 형제(兄弟)가 범죄가 있으면 반드시 죄를 주려고 하여 조금도 용서함이 없으며, 왕자(王子)는 감히 문죄(問罪)하지 않으니 내가 매우 이를 그르게 여긴다. 예로부터 제왕(帝王)의 형제지간에는 비록 반역(叛逆)한 사람이 있더라도 반드시 덮어주고 죄를 가하지 않았는데, 지금 효령(孝寧)의 일은 고의(故意)로 범한 것도 아니고 하나의 과오(過誤)인데, 대간(臺諫)이 여러 날을 번갈아 청하여 혹은 분수(分數)에 넘친다 하고, 혹은 권세(權勢)에 가깝다 하면서 반드시 이를 죄주려고 하는데, 나의 우애(友愛)에 있어서는 끝내 반드시 듣지 않을 것이다. 비록 공자(孔子)나 맹자(孟子)라도 반드시 나를 그르다고 여기지는 않을 것인데 그대들이 굳이 청하니 어찌 인심의 비루함이 이처럼 극도에 이르렀는가"

하고, 이내 승정원에 이르기를 "대간이 만약 이 일로써 와서 청한다면 감히 아뢰지 말도록 하라"고 하니, 자오(子晤)가 아뢰기를

"대군(大君)은 권세(權勢)에 가깝고 지위가 높사오니 한번이라도 참람함이 있으면 그 징조가 두렵습니다. 지금 만약 징계하지 않으면 후회한들 미치지 못할 것입니다. 또 옛날 사람이 말하기를 '생각한 바가 있으면 반드시 아뢰어 선언(善言)을 진술하여 사언(邪言)을 막는다'고 하였사온데, 신의 직책에 있어서도 마땅히 그렇게 해야 할 것이오니 다시 위에 아뢰소서"

하였다. 이에 수양(首陽)이 말하기를, "이미 상지(上旨)가 있으니 다시 아뢸 수 없다" 하면

서, 즉시 일어나 내전(內殿)으로 들어가니, "내인이 한 말[一言]도 하지 못하고 머리를 숙이고는 땅만 긁을 뿐이었다"고 실록(實錄)은 전하고 있다.[13]

3월 7일에는 효령대군(孝寧大君)이 이웃 주변의 민가(民家)를 매입(買入)한 일에 관련하여 사헌부에서 조사(調査)한 일이 있었는데, 임금이 이 소식을 듣고 사헌부 지평(持平) 유첨(柳瞻)을 불러 말하기를 "대군이 민가를 사들인 것에 대해 사헌부에서 조사를 벌였다니 무슨 근거로 하여 조사하게 된 것이며, 어찌하여 나에게 계문(啓聞)하지 않은 것이냐"물으니, 유첨이 아뢰기를,

> "신 등이 평상시에 연화방(蓮花坊)을 지나다니며 본 바로는 민가(民家) 10여 호(戶)가 있었는데, 다른 곳으로 옮겨가고 그 자리가 텅비어 있으므로 신 등이 본부(本部;司憲府)에 공문을 보내어 까닭을 물었더니, 부(部)에서 보고하기를 '효령대군(孝寧大君)이 산 것입니다' 하므로, 다시 집 주인을 불러 물으니 모두 말하기를 "대군이 사람을 시켜 이르기를 '내가 이 곳에 집을 짓고자 하니 너희가 이를 팔아라' 하고 이내 목재와 돌을 운반해오므로 마지못하여 이를 팔고는 부모·친척의 집에 의탁하기도 하고, 혹은 다른 곳에 움막을 짓고 거처합니다" 하니, 신 등이 이로써 그 사실이 정원(情願)이 아닌 것을 알았습니다"

하므로, 임금이 말하기를 "남의 집을 사서 집을 짓는 것은 사대부(士大夫)들도 하거늘, 하물며 대군이겠는가" 하니, 유첨이 다시 아뢰기를 "대군(大君)이 민가를 강제로 매입해서 굶주리고 추위에 떠는 사람들로 하여금 옮겨서 돌아갈 곳이 없게 하였으니, 매우 옳지 못한 일입니다. 청하옵건대 종부시(宗簿寺)로 하여금 추핵(推覈)하게 하소서" 하였다. 이에 임금이 말하기를 "집을 판 사람이 만약 원통한 바가 있으면 반드시 각기 소장(訴狀)을 아뢸 것이니, 그것을 추핵하지 말게 하라"함으로써 사건을 마무리지었다.

그런데 사헌부에서 대군의 민가 매입의 일을 문제 삼게 되었던 것은, 이 무렵 여러 대군들의 제택(第宅)이 제도에 지나쳐서, 예를 들면 한성부(漢城府) 청사를 치워버리고 그

13 『세종실록』 권111, 세종 28년 2월 戊午(20일).

자리에 평원대군(平原大君)의 집을 건축했는데 그 웅장하고 화려함이 극에 달하였고, 또 안국방(安國坊)의 민가를 치워버리고 장차 영응대군(永膺大君)의 집을 지으려고 하니 그 건축하는 비용을 이루 다 기록할 수가 없을 정도였기 때문이었다.[14] 10일에는 임금을 대신하여 왕세자가 헌릉(獻陵)에 별제(別祭)를 거행하였는데, 이 날 세자의 모후(母后)인 중궁(中宮)이 병환이 났다.

3월 12일에는 승정원에 전지하기를, "중궁이 병환이 났는데 동궁(東宮)이 여러 아들과 더불어 산천(山川)과 신사(神祠)·불우(佛宇)에 기도하고자 하니 나도 역시 그렇게 여기고 또한 반사(頒赦)하고자 하는데 어떻겠는가" 하니, 도승지 유의손(柳義孫) 등이 아뢰기를, "수륙재(水陸齋)와 기도(祈禱)에 정근(精勤)하여 왕왕이 현저하게 감응(感應)을 얻은 일이 있사오나, 또한 근년에는 비가 많았고 햇볕 쬐는 날이 시기를 어겨서 해마다 실농(失農)하여 인심이 아마도 원통하고 억울함이 있는 듯하오니 사죄(赦罪)도 또한 옳겠습니다" 하였다. 임금이 말하기를, "기도는 마땅히 속히 행해야 되겠으며, 사유(赦宥)의 일은 내가 다시 생각해야 되겠다" 하면서, 즉일(卽日)로 중사(中使)를 나눠 보내어 산천·신사·불우에 기도하게 하였다. 그리고 이튿날에는 밤중에 중[僧] 49명을 시어소(時御所)의 서청(西廳)에 모아서 정근 기도(精勤祈禱)를 설치하고, 소라[螺]를 불고 북을 치니 종경(鐘磬)의 소리가 거리[街里]에 진동하였다. 이튿날 신시(申時;오후 4시경)가 되어서야 파(罷)하였는데, 이 날 중들에게는 견포(絹布)를 차등있게 내려 주었다.

3월 14일에는 임금이 중궁의 병환이 걱정되므로 우의정 하연(河演)을 종묘(宗廟)에 보내고, 우찬성 김종서(金宗瑞)는 사직(社稷)에, 또 시신(侍臣)들을 명산·대천·신사·불우에 각각 보내어 기도하게 하였다. 그러나 중궁의 병환은 날이 갈수록 더하므로 다시 중[僧] 80명을 시어소(時御所)에 모아서 기도를 정근하여 밤을 새우게 하고, 세자(世子)가 팔[臂]을 불에 태우고 여러 대군(大君)과 내수(內竪)들도 다투어 서로 팔을 불에 태웠다. 중 일운(一雲)에게 홍단(紅段) 1필, 황견(黃絹) 3필, 세주(細紬) 1필, 백면포(白綿布) 3필을

14 『세종실록』 권111, 세종 28년 3월 甲戌(7일).

내려주고 나머지 사람들에게도 각기 차등있게 내려 주었다.[15] 그러나 중궁이 병환이 난 지 2주째가 되어도 차도없이 더욱 위중해지기만 하니 세자는 먹지도 자지도 아니하였다.

3월 24일, 마침내 왕비(王妃;昭憲王后)가 둘째 수양대군(首陽大君) 제택(第宅)에서 훙(薨)하니, 종친(宗親)·부마(駙馬)·문무 백관들이 모두 소복(素服) 차림으로 들어가 곡(哭)하고 이내 임금을 위문(慰問)하였다. 이로부터 성복(成服)에 이르기까지 매양 아침저녁으로 곡림(哭臨)하였다.[16] 임금은 왕세자와 대군(大君)·여러 군(君)에게 명하여 첫날부터 2일까지는 담죽(淡粥)을 마시게 하고 3일부터 4일까지는 죽(粥)을 먹게 하였으며, 5일만에야 비로소 밥을 먹게 하였다.[17]

25일에는 국장(國葬)·산릉(山陵)의 두 도감(都監)을 설치하니, 영의정 황희(黃喜)와 우의정 하연(河演)을 국장도감(國葬都監) 도제조(都提調)로 삼고, 우찬성 김종서(金宗瑞)와 중추원사 이천(李蕆)을 제조로 삼았다. 그리고 하연을 산릉도제조(山陵都提調)로 삼고, 이천과 지중추원사 이사검(李思儉)·대사헌 강석덕(姜碩德)을 제조로 삼았다. 또한 형조판서 남지(南智)는 수릉관(守陵官)으로, 환관(宦官) 최득룡(崔得龍)은 시릉관(侍陵官)으로 삼았다.[18]

불과 1년 전에 두 아들을 잃고 또다시 왕비를 앞세운 임금으로서는 그야말로 망연자실(茫然自失)할 뿐이었다. 마음도 둘 곳이 없으니 잠자리조차 안정될 수가 없었다. 24일에는 판예빈시사(判禮賓寺事) 신자근(申自謹)의 집에 이어(移御)하였더니, 저녁에는 또 동부(東部) 연화방(蓮花坊)의 효령대군(孝寧大君)의 제택(第宅)으로 옮겨 거처하였다.[19]

4월 20일에는 왕비(王妃)의 시호(諡號)를 '소헌'(昭憲)으로 정하였다. 이보다 앞서 의정부에서 예조(禮曹)의 정문(呈文)에 의거하여 아뢰기를,

---

15 『세종실록』 권111, 세종 28년 3월 壬午(15일).

16 『세종실록』 권111, 세종 28년 3월 辛卯(24일).

17 위와 같음.

18 『세종실록』 권111, 세종 28년 3월 壬辰(25일).

19 『세종실록』 권111, 세종 28년 3월 辛卯(24일).

"대행 왕비(大行王妃)의 시호(諡號)를 봉상시(奉常寺)에서 상고하고 의논하여 첩정(牒呈)하였기에, 삼가 갖추어 아룁니다. 소헌(昭憲)은 성문(聖聞)이 주달(周達)한 것이 소(昭)이고, 선(善)을 행하여 기록할 것이 헌(憲)입니다. 효순(孝順)은 덕(德)을 지켜 사곡(邪曲)하지 않은 것이 효(孝)이고, 유현(柔賢) 자혜(慈惠)한 것이 순(順)입니다. 효선(孝宣)은 덕(德)을 지켜 사곡(邪曲)하지 않은 것이 효(孝)이고, 성선(聖善)이 주문(周聞)하는 것이 선(宣)입니다"

하니, 임금이 '소헌'(昭憲)으로 정하였다.[20]

4월 23일, 이 날도 효령대군(孝寧大君)은 회암사(檜巖寺)에서 불사(佛事)를 설행하였다. 그런데 처음에 효령대군이 회암사에서 불사를 짓는 중에, 양녕대군(讓寧大君)이 역시 들에서 사냥하여 잡은 새와 짐승을 절 안[寺內]에서 불에 구웠다. 효령대군(孝寧大君)이 말하기를 "지금 불공(佛供)을 드리는 데 이렇게 하면 안되지를 않소?" 하니, 양녕이 말하기를 "부처가 만일 영험(靈驗)이 있다면 자네의 5,6월 이엄(耳掩)은 왜 벗기지를 못하시는가? 나는 살아서는 국왕(國王)의 형(兄)이 되어 부귀를 누리고, 죽어서는 또한 불자(佛者)의 형이 되어 보리[菩提]에 오를 터이니 또한 즐겁지 아니한가" 하매, 효령대군이 대답할 말이 없었다. 그런데 이는 효령이 병약(病弱)하여서 아무리 더운 때라도 항상 모이엄(毛耳掩:털가죽 귀마개)을 쓰기 때문에 한 말이었다.[21]

한편, 효령이 장차 이 절에서 법회(法會)를 베풀려고 하여 승도(僧徒)들을 모아 시(詩)를 짓게 하고, 중[僧] 만우(卍雨)로 하여금 등수(等數)를 매기게 하였는데, 한 중이 제목(題目)에서 이르기를 "효령대군 미륵신"(孝寧大君 彌勒身)이라 하였다.

6월 14일(庚戌)에는 양녕대군(讓寧大君) 이제(李禔)와 효령대군(孝寧大君) 이보(李補)가 빈전(殯殿)에 진향(進香)하였다.[22] 그리고 25일에는 소헌왕후(昭憲王后)의 장사(葬事)에 각도의 관찰사(觀察使)가 회장(會葬)하도록 하였는데, 의정부에서 예조의 정문(呈文)

---

20 『세종실록』 권112, 세종 28년 4월 丁巳(20일).

21 『세종실록』 권112, 세종 28년 4월 庚申(23일).

22 『세종실록』 권112, 세종 28년 6월 庚戌(14일).

에 의거하여 아뢰기를,

"삼가 상고하옵건대, 전(傳)에 일컫기를 '제후(諸侯)는 다섯 달 만에 장사하는데, 동맹(同盟)이 이른다' 하였으니, 동맹은 같은 방악(方岳)의 맹세한 자를 이르는 것이니, 하물며 신자(臣子)이겠습니까. 이번 소헌왕후(昭憲王后) 장사에 방면(方面)의 중임(重任)인 여러 도(道)의 관찰사(觀察使)가 회장(會葬)하지 않으면 신자(臣子)의 의리에 어긋남이 있사오니, 각각 수령관(首領官)을 보내어 회장하게 하소서"

하니, 그대로 따랐다.

7월 3일에는 국장도감(國葬都監)에서 상여(喪輿)를 메는 군사들의 입에 '하무'(銜枚)[23]를 물리기로 하고 임금께 아뢰기를,

"국장의주(國葬儀注)에 상여를 메는 군사[挽士]들에게 입에 '하무'[銜枚]를 물리는 법이 있습니다. 지금 의장(儀仗)의 거여(車轝)와 횃불을 받들고 가는 군인의 수가 매우 많은데, 입에 하무를 물리지 않는다면 반드시 시끄러워져서 정숙(整肅)하지 못할 것입니다. 원컨대 상여 메는 군사의 예(例)에 의거하여 입에 '하무'를 물리게 하소서"

하니, 그대로 따랐다.[24]

7월 16일, 축시(丑時)에 소헌왕후(昭憲王后)의 재궁(梓宮)이 발인(發靷)하니, 왕세자가 대군(大君) 및 여러 군(君)과 각 관사의 관원 1명씩을 거느리고 시위(侍衛)하였다. 살곶이천[箭串川]에 이르니 빗물이 창일(漲溢)하여, 재궁(梓宮)을 유주(維舟)[25]에 태워서 건넜다. 삼전도(三田渡) 들판에서 주정(晝停)하였는데, 때마침 풍우(風雨)가 크게 일어나서 건

23 예전에 군대에서 兵卒들이 떠들지 못하도록 입에 물리던 작은 나무 막대기.

24 『세종실록』 권112, 세종 28년 7월 己巳(3일).

25 배[船]와 배[船]를 서로 얽어 매어서 만든 배[連船].

널 수 없으므로, 재궁을 다시 돌려서 인근 낙천정(樂天亭)에 머물게 하였다. 군사와 백관들이 혹은 앞서기도 하고 혹은 뒤서기도 하며, 창졸한 때에 서로 복종(僕從)을 잃고 저녁 때에 이르도록 밥을 먹지 못한 사람이 많았는데, 임금이 이 말을 듣고 쌀과 술을 보내어 접대하고, 또 왕후의 전물(奠物)을 보냈다. 그리고 이내 말하기를,

> "지금 큰 일을 당하여 지장(支障)이 이와 같으니, 이것도 또한 시운(時運)이 시켜서 그렇게 된 일이다. 만약 비에 젖고 굶주리는 사람이 있으면 정성을 다해 구호(救護)하여 죽는데까지 이르지 말게 할 것이다"

하였다. 또 진무(鎭撫) 2인으로 하여금 군사를 거느리고 살곶이[箭串]와 삼전도(三田渡)에 가서 건너는 일을 감독하게 하였다.[26]

이튿날은 재궁을 유주(維舟)에 태워 능소(陵所)에 이르렀는데, 날이 밝으면서 비가 개고 바람은 그쳤으나 강물은 그대로 창일하였다. 또한 역가(曆家)의 배를 타고 물을 건너는 것이 마땅치 못하였다는 설(說)을 꺼려서 재궁(梓宮)이 진시(辰時)에 이르도록 아직 출발하지 않으니, 임금이 사람을 보내어 이르기를, "오늘은 비가 개였으니 비록 배를 타고 물을 건너는 것이 마땅하지 못하였다고 하지마는, 그러나 『당력』(唐曆)에는 이런 금기(禁忌)가 없으니 강을 건너는 것이 어떻겠는가" 하였다. 이에 출발하여 유주를 타고 삼전도를 건너서 마침내 능소에 다다른 것이다.

7월 19일(乙酉), 마침내 헌릉(獻陵) 옆의 영릉(英陵)에 장사를 지낸 다음, 왕세자가 우주(虞主)를 받들고 서울로 돌아와서 휘덕전(輝德殿)에 들어와 봉안(奉安)한 후, 초우제(初虞祭)를 지냈다. 7월 21일(丁亥)에 재우제(再虞祭)를 지내고, 23일에 삼우제(三虞祭)를 지낸 후, 8월 1일(丙申)에는 마지막으로 칠우제(七虞祭)를 마치었다. 그리고 8월 3일(戊戌)에 졸곡제(卒哭祭)를 지냈는데, 왕세자는 초우(初虞)로부터 졸곡(卒哭)에 이르기까지 휘덕전

---

26 『세종실록』 권113, 세종 28년 7월 壬午(16일).

(輝德殿)의 재실(齋室)에 있었다. 그리고 제사를 모두 마치자 시어소(時御所)[27]에 조회하였다.

8월 20일에는 영릉(英陵)의 수릉관(守陵官)과 시릉관(侍陵官)에게 추절(秋節) 의복 각 1벌씩을 내리었다. 이로부터 매 절후(節侯)마다 의례(依例)히 의복을 내렸다. 9월 9일에는 왕세자(王世子)가 영릉에 상식(上食)하고 막차(幕次)에 들어가서 음식물을 두루 맛보고는 목이 메어 울면서 스스로 슬픔을 견디지 못하였다.[28]

영릉의 산릉(山陵) 역사(役事)를 모두 마친 9월 말경, 임금은 하명하여 산릉·국장·빈전도감(山陵·國葬·殯殿都監)의 관리들에게 관자(官資) 1급(級)을 가(加)하게 하고서 녹사(錄事)와 영사(令史)로 임기가 찬 사람은 관직을 떠나게 하고, 임기가 차지 않은 사람은 도(到)를 급여하며, 공장(工匠)은 근무한 일수의 많고 적은 것으로써 관직을 상주고 쌀을 내림이 차등이 있게 하였다. 또 휘덕전(輝德殿)과 영릉(英陵) 정자각(丁字閣)의 감역관(監役官)에게도 모두 가자(加資)하게 하였다.[29]

세종 28년 9월 29일, 소헌왕비(昭憲王后) 심씨(沈氏)의 영릉(英陵)이 완성된 날은 우리의 국민 문자(國民 文字) 『훈민정음』(訓民正音)이 반포(頒布)된 날이기도 하다. 그 어제(御製)에,

> "나랏 말이 중국과 달라 한자(漢字)와 서로 통하지 아니하므로 우매한 백성들이 말하고 싶은 것이 있어도 마침내 제 뜻을 잘 표현하지 못하는 사람이 많다. 내 이를 딱하에 여기어 새로 28자(字)를 만들었으니, 사람들로 하여금 쉬이 익히어 날마다 쓰는 데 편하게 할 뿐이다."

라고 하였다.[30]

---

27 임금이 임시 머무는 處所, 여기서는 새로 지은 讓寧大君의 집을 이름.

28 『세종실록』 권113, 세종 28년 9월 甲戌(9일).

29 『세종실록』 권113, 세종 28년 9월 甲午(29일).

30 『세종실록』 권113, 세종 28년 9월 甲午(29일).

세종 28년 동짓달 열흘 경에는, 강원도 관찰사가 "삼척부(三陟府)의 동산(東山) 이능실[伊陵谷]에 몰래 장사(葬事)하여 묘소(墓所)를 쓴 사람이 있어 의심날 만한 10여명을 국문(鞫問)코자 한다"는 보고가 있었다. 이에 대해 임금이 회유(回諭)하기를,

> "간사한 무리들이 풍수(風水)의 길(吉)함을 듣고 도장(盜葬)한 것이겠으니 그 죄가 가볍지 않을 것이다. 그렇지만, 혹독한 추위에 갇힌 사람도 많으니 이는 내가 매우 불쌍히 여기는 바다. 그러니 의심날 만한 사람 외의 나머지 사람들은 모두 보방(保放)하게 하는데, 그 이능(伊陵)의 대수(代數)는 옛날의 전적(典籍)을 상고(詳考)하고, 또 삼화사(三和寺)에 보관된 불경(佛經)은 언제 이룬 것이고, 누가 쓴 것인지도 아울러 상고하여 계(啓)하라"

하였는 바, 강원도 관찰사가, '처음에 전 현감(前 縣監) 김계(金啓)가 효령대군(孝寧大君)을 통해 들은 것'이라고 하며, 다시 아뢰기를,

> "(孝寧大君 曰)삼척(三陟)의 고로(古老)들이 서로 전해 말하되, '동산(東山)의 이릉(伊陵)은 곧 목조(穆祖) 부모(父母)의 능(陵)이고, 삼화사(三和寺)에 간직되어 있는 금은자경(金銀字經)은 목조께서 손수 쓴 불경(佛經)이라'고 한다"

하였다.[31]

임금이 졸지(猝地)에 왕비(王妃)를 잃고 상심(傷心)한 나머지 잠자리마저 양녕대군(讓寧大君) 형님댁으로, 또 효령대군(孝寧大君) 형님댁으로 옮겨 다녔고, 장사(葬事) 지낸 지 벌써 반년이 지나 연말이 되었건만, 아직 마음의 안정을 찾지 못하여 12월 15일에는 부왕(父王)의 둘째 사위 평양군(平壤君) 조대림(趙大臨)의 집에 이어(移御)하였더니, 20일에는 부지돈녕(副知敦寧) 김중렴(金仲廉) 집으로 옮기고, 27일에는 만사위 이백강(李伯

31 『세종실록』 권114, 세종 28년 11월 乙亥(11일).

剛)의 집으로 옮겨 거처하였다.[32] 임금은 새해 2월 2일에서야 경복궁(景福宮)으로 돌아왔다.

정묘(丁卯, 1447)년 새해가 밝았다. 세종 즉위 29년째에, 효령대군(孝寧大君)께서는 춘추(春秋) 52세가 되셨다. 정월 초하룻날, 임금이 백관들과 경복궁(景福宮)에서 망궐례(望闕禮)를 행하고, 또 시어소(時御所)에 나아가 옷의 겉감과 안찝, 안마(鞍馬)를 바치고, 여러 도(道)에서는 전문(箋文)을 올렸다. 새해 들어 13일에는 임금이 안평대군(安平大君) 이용(李瑢)의 제택(第宅)으로 옮겨 거처하였는데, 16일에는 막내(제8남) 영응대군(永膺大君) 이염(李琰)의 군호(君號)를 고쳐 역양대군(歷陽大君)에 봉하였다.[33]

8월 어느 날에는 효령대군(孝寧大君)께서 대공덕주(大功德主)가 되시어 전라도 곡성(谷城) 동리산(桐裏山) 태안사(泰安寺)에 가서 시주(施主) 안성 이씨(安城 李氏), 그리고 그곳 주지(住持) 화주(化主 ; 행(行) 등과 더불어 대발(大鉢;바라)을 조성(造成)하였다.[34]

9월 24일에는 안평대군(安平大君) 이용(李瑢)에게 명하여 불골(佛骨;석가모니의 舍利)을 흥천사(興天寺)의 사리각(舍利閣)에 봉장 간직하게 하였다. 불골은 본디 이 각(閣)에 있었는데 일찍이 수리할 때에 대궐 안에 들여왔던 것이었다. 다만 외인(外人)들은 이를 알지 못하였었는데 이번에 되돌려간 것이었다.[35]

9월 29일에는 『동국정운』(東國正韻) 6권이 마침내 완성 간행되기에 이르렀다. 세종은 25년 섣달 그믐날에 '한글' 『훈민정음』(訓民正音)이 창제(創製)되었음을 처음으로 발표했지만, 그 뒤 자그마치 3년 동안의 실험 기간을 통하여 종합적 검토를 거친 후, 세종 28년에 반포(頒布)하기에 이르렀고, 이 실험 기간에 종합적 검토를 집약하여 편찬 간행한 것이 음운학(音韻學) 연구서인 『동국정운』(東國正韻) 6권으로서 반포한지 꼭1년 만에 완성, 간행하게된 것이었다. 세종은 그 서문(序文)을 신숙주(申叔舟)에게 쓰게 했는데, 지금은 국보(國寶) 제142호와 제71호로 지정되어 있기도 하다.

---

32 『세종실록』 권114, 세종 28년 12월 庚申(27일). 세종은 이곳 時御所에서 새해를 맞게됨.

33 『세종실록』 권115, 세종 29년 1월 己卯(16일).

34 『청권집유』 續5, 「谷城泰安寺大鉢銘」을 참조, 뒤의 2권(17장) 179쪽의 주19)를 아울러 참조.

35 『세종실록』 권117, 세종 29년 9월 癸丑(24일).

세종 29년 11월 23일에는 효령대군(孝寧大君)의 막내 여섯째 아들이며 성녕대군(誠寧大君) 종(褈)의 후사(後嗣)로 출계(出系)한 이의(李宜, 세종 5, 1423~성종 7, 1476)를 정의대부(正義大夫) 원천 윤(原川 尹)으로 삼았다.[36] 한편, 세종 30년 10월 17일(庚午)에는 『동국정운』을 각 도(道)와 성균관(成均館)·사부학당(四部學堂)에 반사(頒賜)하였다.

10월 16일에는 『용비어천가』(龍飛御天歌) 5백 50본(本)을 군신(群臣)에게 내려 나누어 주었다.[37] 그리고 이 해 말, 12월 14일에는 의정부에서 예조(禮曹)의 첩정(牒呈)에 의거하여 아뢰기를, "종부시(宗簿寺)에서 수찬(修撰)한 『선원록』(璿源錄)은 체례(體例)가 소략하고, 왕후(王后)의 사적(事績)을 아울러 기록하지 않았으니 또 미편(未便)합니다. 금후로는 예전 제도에 의하여 자세히 수찬하게 하소서" 하니, 그대로 따랐다.[38]

무진(戊辰, 1448)년 용띠 새 해가 밝았다. 세종의 즉위 30년째, 효령대군(孝寧大君)께서는 보령(寶齡) 53세가 되셨다. 새해 첫 날은 임금이 영의정 황희(黃喜)가 백관을 거느리고 경복궁(景福宮)에서 망궐례(望闕禮)를 행하였다. 이내 임금의 하명으로 본조(本朝)의 하례(賀禮)로 진상하는 안팎 옷감[表裏]과 안장 갖춘 말[鞍馬]과 각도에서 올리는 전문(箋文) 및 토산물은 제폐(除弊)하게 하였다. 이 날 오후에는 곡연(曲宴)을 내전(內殿)에서 베풀었는데, 종친(宗親) 2품 이상이 자리에 모시되, 왕세자 및 여러 대군(大君)과 제군(諸君)은 왕후(王后)의 대상(大祥) 전(前)이므로 참여하지 아니하고, 종친으로서 3품 이하는 조계청(朝啓廳)에서 잔치하게 하고, 문무관으로 2품 이상은 의정부(議政府)에서, 3품 당상관(堂上官)은 예조에서, 기로소(耆老所)·승정원(承政院)·집현전(集賢殿)은 각각 그 본사(本司)에서 하게 하고, 궐내의 각 아문(衙門) 및 군사(軍士)에게도 모두 술과 안주를 내렸으며, 또 왜인(倭人)과 야인(野人)은 근정전(勤政殿) 뜰에서 먹게 하였다.[39]

2월 3일에는 전감찰(前 監察) 안종생(安從生)을 대구군(大丘郡)에 보내어 효령대군(孝寧大君)의 모후(母后)인 원경왕후(元敬王后)의 외할아버지 증좌의정(贈左議政) 송선(宋

---

36 『세종실록』 권118, 세종 29년 11월 壬子(23일).

37 『세종실록』 권118, 세종 29년 10월 甲戌(16일).

38 『세종실록』 권118, 세종 29년 12월 壬申(14일).

39 『세종실록』 권119, 세종 30년 1월 戊子(1일).

璿)[40]의 묘(墓)를 사초(莎草)하고 표석(表石)을 세우게 하였다.[41]

한편, 이 해 4월 하순 어느 날에는 효령대군(孝寧大君)께서 조카 안평대군(安平大君)과 함께 발원(發願)하여 『묘법연화경』(妙法蓮華經)(4권1책)을 간행(刊行)한 바(보물제 766호),[42] 이는 안평대군이 그 간행 경위를 손수 써서 새긴 것으로 법화경(法華經)의 판종(板種)은 많지만, 두 대군(大君)이 발원하고 특히 조선 초기의 명필(名筆)로 꼽히는 안평대군의 진적(眞蹟)이라는 점에서 매우 희귀한 자료이다.

기사(己巳, 1449)년 새해가 밝았다. 세종 즉위 31년째에, 효령대군(孝寧大君)께서는 보령(寶齡) 54세가 되신 해이다. 초하룻 날, 임금을 대신하여 왕세자가 백관을 거느리고 망궐례(望闕禮)를 행하고, 본조(本朝)의 하례(賀禮)는 정지하였다. 백관은 옷 안팎감과 안장 갖춘 말을 올리고, 여러 도(道)에서는 전(箋)과 방물(方物)을 올렸다. 이어 내전(內殿)에서 곡연(曲宴)을 베풀었는데, 세자 및 종친(宗親) 2품 이상이 잔치에 입시(入侍)하였다. 종친 3품 이하와 문무(文武) 당상관(堂上官) 이상 및 늙은 재추(宰樞)에게 모두 잔치를 베풀어 주고, 또 왜인(倭人)과 야인(野人)에게는 홍례문(弘禮門) 좌우 행랑(行廊)에서 음식을 먹였다.[43]

한편, 이 해 섣달에는 충청도 속리산(俗離山) 복천사(福泉寺)의 중창(重創) 보수(補修) 공사를 끝내고 공양(供養)을 베푸는 권선문(勸善文) 채택 행사가 있었다. 이 행사에 효령대군(孝寧大君)께서 중심이 되어 크게 보시(布施)하시니, 수양대군(首陽大君)·임영대군(臨瀛大君)·금성대군(錦城大君)·영응대군(永膺大君)·화의군(和義君)·계양군(桂陽君)·의창군(義昌君)·한남군(漢南君)·밀성군(密城君)·수춘군(壽春君)·익현군(翼峴君)·영풍군(永豊君)이 동참하였는데, 복천암(福泉庵)은 당시 이 절의 신미대사(信眉大師)가 세종대왕·효령대군의 특별한 사랑을 받게 되어 왕실의 원찰(願刹)로서 중수(重修)해 주기에까지 이른 것이었다. 복천암은 나중에 세조(世祖)가 납시어 사흘간이나 머문 적도 있으며,

---

40 高麗 恭愍王代에 重大臣으로 礪良君에 封해짐.

41 『세종실록』 권119, 세종 30년 2월 己未(3일).

42 正統(明 英宗) 13년(세종 30, 戊辰) 夏 四月 日, 安平大君 瑢 拜手書.

43 『세종실록』 권123, 세종 31년 1월 壬午(1일).

효령대군은 이 절에서 수륙재(水陸齋)를 지내기도 하였다.[44]

그리고 29일에는 성비(誠妃) 원씨(元氏)가 졸하니, 성비는 원상(元庠)의 딸로 태조 태상왕궁(太上王宮)의 빈(嬪)이었는데, 태종 6년에 신덕왕후(神德王后)가 승하하자 성비(誠妃)로 봉작되었었다. 예조판서 허후(許詡)가 상례를 정하여 아뢰기를, "관곽(棺槨)·의금(衣衾)·제향(祭享)은 모두 관(官)에서 갖추게 하되 종친(宗親)으로 품질(品秩)이 낮은 사람을 상주(喪主)로 삼고, 장례는 종친의 상등(上等)의 예를 쓰게 하옵소서" 하니 그대로 따라, 드디어 죽청감(竹靑監) 중규(仲規)에게 명하여 그 상사(喪事)를 주관하게 하고, 또 인순부(仁順府)·인수부(仁壽府)와 내자시(內資寺)·내섬시(內贍寺)·예빈시(禮賓寺)로 하여금 칠칠(七七;사십구일제)과 백일(百日)·대상(大祥)·소상(小祥)·수륙재(水陸齋)를 나누어서 베풀도록 하였다.[45]

44 『淸權輯遺』「福泉寺重修普勸文」, 正統 14(己巳, 세종 31)년 12월 일.

45 『세종실록』 권126, 세종 31년 12월 乙亥(29일).

[illegible]

跡젹이 名명言언 밧긔 업스시니

覺路ᄂᆞᆫ 則解脫이 返流ㅣ라 位當遠涉이시며 因이

窮ᄒᆞ야 趣果ㅣ라 義說證登이시니라 擬解ᄂᆞᆫ 則實行이

已立ᄒᆞ샤 不藉名言이시니 止觀애 云ᄒᆞ샤ᄃᆡ 自證

은 不可說이라 ᄒᆞ시니라 跡은 行이오 解ᄂᆞᆫ 泯也ㅣ라 然

若四句ᄂᆞᆫ 說有多途ᄒᆞ니 學者ㅣ 審而詳之이니

각路롱ᄂᆞᆫ 解행脫탈이 [illegible] 두르혀 [illegible]

位윙ㅣ [illegible] 當당 [illegible]

15

世宗의 薨逝와 文宗의 卽位

효령대군 55세, 1월 ~ 56세, 2월

경오(庚午, 1450)년 새해가 밝았다. 세종(世宗) 임금 치세(治世) 32년째에, 효령대군(孝寧大君)께서는 보령(寶齡) 55세가 되셨다. 연례대로 백관(百官)이 경복궁(景福宮)에서 망궐례를 거행하고, 시어소(時御所)에 나아가 옷의 안팎감과 안장 갖춘 말을 드리고, 여러 도(道)에서는 전문(箋文)을 올렸다. 이튿날은 곡연(曲宴)을 베풀고 또 종친(宗親)에게는 시어소(時御所)에서, 문무(文武) 2품 이상은 의정부(議政府)에서, 당상관(堂上官) 이상은 예조에서 각각 잔치를 내리었다. 이 날 임금은 상[御案]에 썼던 과실과 고기 및 내온(內醞)을 승정원(承政院)에 내리면서 말하기를, "동궁(東宮)의 병이 나아가므로 내 심히 기뻐서 특별히 내려 주는 것이니 각기 모두 취하도록 마시라" 하였다.

정월 18일에는, 다음 달에 명(明)의 사신이 입국할 것으로 예정되어 있는 바, 임금과 동궁이 모두 몸이 불편하므로 조서(詔書)를 어떻게 맞이할 것인가에 대해 대신들과 의논하는 자리에서 임금이, "나와 동궁이 함께 병이 있고, 장손(長孫)도 또한 어리니 경(卿)들은 잘 제도를 의논하여 정해서 '더벅머리 선비[儒竪]들'에게 기롱을 받지 않게 하라" 하였다. 그런데 이는 전번에 강서원(講書院)에서 왕세손(王世孫)으로 하여금 조칙(詔勅)을 대신 받게 하도록 청하였었는데, '더벅머리 선비'란 이를 가리킨 것이다. 처음에는 임금이 돈독하게 유술(儒術)을 숭상하여 학문을 좋아하기를 게을리 하지 않아 비로소 집현전

(集賢殿)을 설치하고 문사(文士)를 모아서 강관(講官)에 충당시키고 밤마다 3,4고(鼓)가 되어서야 비로소 취침(就寢)하며, 중관(中官)을 보내어 숙직하는 곳에 가서 고문(顧問)하기를 끊이지 아니하므로 당직(當直)된 사람은 반드시 밤새도록 의관(衣冠)을 단정히 하고서 기다려야 했었는데, 중년(中年) 이후에 이르러 연속하여 두 아들을 잃고[1] 소헌왕후(昭憲王后)가 또 별세하니, 불자(佛者)들이 비로소 그의 학설(學說)을 드리게 되어 임금이 그만 불교를 숭상하게 되었고, 불당(佛堂)을 세우게 하매, 시종(侍從)과 대간(臺諫)·유신(儒臣)들이 그 옳지 아니함을 극언(極言)하였으므로 임금이 몹시 미워하여 자주 물리쳤으되, 혹은 이르기를 "실지의 일에 쓸모없는 선비[迂儒]"라 하고, 혹은 "더벅머리 선비[竪儒]"라고도 하였던 것이다.[2]

22일에는 임금이 몸이 편치 못하여 흥인지문(興仁之門:東大門) 밖의 효령대군(孝寧大君) 집으로 이어(移御)하게 되었는데(~윤1월 23일까지), 세자(世子)가 가마[轎]를 타고 수행(隨行)하고, 여러 대군(大君)과 시위 군사(侍衛 軍士)가 모두 걸어서 따라 갔다. 좌참찬(左參贊) 정분(鄭苯)과 좌부승지 이계전(李季甸)은 불당(佛堂)에서 공작재(孔雀齋)를 베풀게 하고, 도승지 이사철(李思哲)은 흥천사(興天寺)에서 관음 정근(觀音 精勤)을 베풀게 하며, 또 여러 신하를 나누어 보내서 기내(畿內)의 명산 대천(名山 大川)과 신사(神祠)·불우(佛宇)에 각각 기도하게 하였다.[3] 이로 보면, 당시 효령대군(孝寧大君)의 사저(私邸)가 동대문(東大門) 부근에 있었던 것 같다.

이 무렵 임금과 동궁이 함께 몸이 자꾸 불편하매, 같은 날에 임금은 부윤(府尹) 박연(朴堧)·응교(應敎) 김예몽(金禮蒙)·수찬(修撰) 유성원(柳誠源)을 불러 내약방(內藥房)에서 의학에 관한 서적을 7일 동안 상고(詳考)하여 보게 명하였다. 그리고 이튿날에는 중 53명을 모아 구병 정근(救病 精勤)을 시어소(時御所:東大門 밖 孝寧大君邸)에서 베풀게 하고, 종묘(宗廟)와 사직(社稷)에 기도하게 하며, 여러 신하를 나누어 보내서 경내(境內)의

---

1 세종 26년 12월 7일 廣平大君(李璵)과 27년 1월 16일 平原大君(李琳)의 逝去.

2 『세종실록』 권127, 세종 32년 1월 甲午(18일).

3 『세종실록』 권127, 세종 32년 1월 戊戌(22일).

명산 대천에 기도드리게 하였다.

한편, 이 때에 세자(世子;文宗)와 수양대군(首陽大君)은 임금의 환우(患憂)에 의약과 기도만으로는 보람을 얻지 못하자 이에 승려들로 하여금 정근(精勤)하게 하매 과연 영묘한 감응을 얻어 조금 낫는듯한지라, 종실(宗室)들도 다투어 재물을 내어 속리산(俗離山) 복천사(福泉寺)에 아미타(阿彌陀)와 관세음(觀世音)·대세지(大勢至) 보살(菩薩) 등 세 부처를 조성(造成)한 일도 있다.[4]

또한 24일에는 소윤(少尹) 정효강(鄭孝康)을 용문산(龍門山)의 상원사(上院寺)에 보내어 구병수륙재(救病水陸齋)를 베풀게 하였다. 임금이 불정심다라니(佛頂心陀羅尼)를 베껴 써서 중들로 하여금 독송(讀誦)하게 하려고 하니 우부승지 김흔지(金俒之)가 아뢰기를 "신의 집에 판본(板本)을 간수한 것이 있습니다" 하매, 곧 명하여 박게 하고, 또 부지돈녕(副知敦寧) 강희안(姜希顔)과 성균 주부(成均 注簿) 성임(成任)에게 명하여 미타관음(彌陀觀音) 등의 경문(經文)을 쓰게 하고, 도승지 이사철(李思哲)로 하여금 말미(末尾)에 발문(跋文)을 쓰게 하여 7일 동안 피람(披覽)하게 하며 궐내(闕內)에서 모두 소선(素膳)을 쓰게 하였다.[5]

한편, 26일에는 임금의 병환이 일단 나은 것 같은 데도 정근(精勤)을 파하지 않고 그대로 크게 불사(佛事)를 일으켜 중 신미(信眉)를 불러 침실(孝寧大君 邸宅의) 안으로 맞아들여 법사(法事)를 베풀게 하였는데 높은 예절로써 대우하였다.[6] 그리고 익녕군(益寧君) 이치(李袳)·서산군(瑞山君) 이혜(李譓)와 김세민(金世敏)·김조(金銚) 등 및 여러 도(徒)·유형(流刑)을 받은 사람 1백70여인을 방환(放還)하고, 이적(李迹)은 경기(京畿)와 외방(外方)에 종편(從便)하게 하였다.

윤1월 2일에는 임금의 병환이 조금 나았으므로 보공재(報供齋)를 시어소(時御所;孝寧大君 邸)에 베풀었다. 이 무렵에 중국 사신(使臣) 예겸(倪謙) 등이 와서 머물고 있었는

4 『청권집유』'福泉寺 御製 後記'(金守溫). 본 2권(21장) 286쪽의 주60)을 아울러 참조.

5 『세종실록』 권127, 세종 32년 1월 庚子(24일).

6 『문종실록』 권1, 문종 즉위년 4월 己卯(6일)條 記事를 참조.

데, 8일에는 의정부가 태평관(太平館)에서 잔치를 열었다. 관반청사(館伴聽事) 정인지(鄭麟趾)가 말하기를 "왕신(王臣)이 이러한 누추한 곳에 내려오시니 영광스럽고 감격함이 끝이 없습니다" 하고, 인하여 서로 더불어 조용하게 웃으며 말하고, 또 시를 읊기도 하며 술을 마시기도 할제, 예겸이 정인지에게 이르기를 "그대와 하룻밤 얘기 나누는 것이 10년 동안 글 읽는 것보다 낫소" 하고, 예겸이 달을 쳐다보며 말하기를 "어느 길로 가는 것인가" 하매, 정인지가 말하기를 "삼(參)과 정(井) 두 별 사이로 갑니다" 하니, 겸(謙)이 말하기를 "정성(井星)의 도(度)를 가는 것 같소" 하였다. 겸 등은 술을 주거니 받거니 하다가 밤이 이슥해서야 파하였다.[7]

11일에는 수양대군(首陽大君)이 태평관에서 세자를 대신하여 온짐연(溫斟宴)을 베풀게 되었는데, 안평대군(安平大君)이 사신에게 술을 부어 권하니 사신이 말하기를 "감히 묘필(妙筆)을 청하여 중국에 전하려 합니다" 하므로 뒤에 대군이 수십 폭을 써서 종부시 판관(宗簿寺 判官) 황의헌(黃義軒)을 시켜 사신에게 주니, 사신이 탄상(嘆賞)하기를 마지아니하며 말하기를 "우리 나라에 진겸(陳謙)이 글씨로 천하에 이름이 났는데 필력이 굳세고 활발한 기상이 이에 미치지 못하니 참으로 송설옹(松雪翁)의 삼매(三昧)를 얻은 것입니다" 하고, 각각 부(賦)와 시(詩)를 지어 사례하였다. 송설(松雪)은 조맹부(趙孟頫)의 별호(別號)이었다.[8]

13일에는 사신 예겸이 성삼문(成三問)에게 임금의 병환과 기자묘(箕子廟)에 대해 물었다. "전하(殿下)의 병환은 무슨 증세입니까" 하니, 성삼문이 말하기를 "풍증(風症)입니다" 하였다. 예겸이 말하기를 "전하께서 매일 재상을 보내시어 문안을 하시는데 우리들이 한번도 문안(問安)을 드리지 않는 것이 옳은 것인지, 전하의 친형제(親兄弟)는 어디에 계십니까" 하매, 대답하기를 "모두 서울에 계십니다" 하니, 또 묻기를 "옛날에 기자(箕子)를 조선(朝鮮)에 봉하였다는데 도읍한 데는 어느 곳에 있소?" 하매, 대답하기를 "대인(大人)이 평양부를 지나서 왔었는데, 그곳입니다" 하니, 말하기를 "지나올 때에는 나에게 알

7 『세종실록』 권127, 세종 32년 윤1월 癸丑(8일).

8 『세종실록』 권127, 세종 32년 윤1월 丙辰(11일).

려주는 사람이 없어서 아직 보지 못하였소" 하므로, 이에 평안 감사에게 일러 기자전(箕子殿)과 분묘 및 평양 학당(平壤 學堂)을 수리해 놓으라"고 하였다.[9]

16일에는 예겸(倪謙) 등 명(明)나라 사진(使臣) 일행이 효령대군(孝寧大君)의 별서(別墅)인 희우정(喜雨亭)에서 잔치를 벌이고 즐겼다. 이 날 아침에 중국 사신(使臣) 일행이 먼저 한강변 가을두봉(加乙頭峰)에서 노닐므로, 병조판서 민신(閔伸)과 도승지 이사철(李思哲)에게 명하여 가서 위안하게 하였는데, 사신이 봉우리 위에 올라 바라보더니 "경치가 (중국의)적벽(赤壁)과 다름없다. 참으로 볼 만한 경치로다" 하였다. 이윽고 소연(小宴)을 베풀고 이내 내려와 배에 올라 강물 흐르는대로 내려가면서 물고기가 노니는 것도 보고는 또 잔치를 벌였다. 다시 더 내려와 희우정(喜雨亭)에 다달아서 잔치를 베풀었는데, 예겸(倪謙)이 공조판서 정인지(鄭麟趾)에게 이르기를, "공(公)이 어제 암송한 바의 '권근(權近)의 시(詩)'[10]가 어찌하여 이 정자(亭子)에 걸리지 않았는가" 하고, 이내 '일수요남(一水繞南) 삼산진북(三山鎭北)'의 글귀를 암송하면서 말하기를, "이 글귀는 마땅히 이 정자(亭子)에 걸려 있어야 하지 않겠는가"[11] 하였으매, 예겸이 『양촌집』(陽村集)에 실려 있는 다음의 '신경(新京)의 지리(地理)'라는 제목의 싯귀[詩句]를 두고 한 말이었다.

"해국 천년 세월에 성인을 만나니	海國千年遇聖明
우리 임금 붙좇아 정성을 바치도다	我王歸附貢丹誠
백성을 다스려 조선이라 이름 받고	牧民寵受朝鮮號
집을 지어 한양 도읍 새로 만들었네	作室新開漢邑城
한강물 남을 둘러 넘실넘실 흐르고	一水繞南流蕩漾
삼각산 북을 지켜 우뚝이 솟았다오	三山鎭北聳崢嶸

---

9 『세종실록』 권127, 세종 32년 윤1월 戊午(13일).

10 1396년(丙子, 태조 5, 明 洪武 29) 9월, 명은 조선에 사신을 보내 먼저 보낸 '表箋'지은 자를 徵召하였는데, 권근이 潤色에 참여한 까닭으로 明京에 가게 되었고, 권근은 그 때 뜻밖에 明 太祖로부터 '조선국 秀才 權近에게 주는 御製詩' 3首를 받고, 그 보답으로 應製詩를 여러 수 지어 보내었다. '新京의 地理'는 그 중의 하나.

11 『세종실록』 권127, 세종 32년 윤1월 辛酉(16일).

구구한 지리야 말한들 무엇하리　　　　區區地理何須說
황제 은혜 길이 입어 태평을 즐기리라　　　　永荷皇恩樂太平

일행은 해가 저물도록 한껏 즐기다가 서울로 돌아왔다.

위의 기사(記事)는 당시의 『세종실록』(32년 윤1월 16일자)에 실려 있는 것이지만, 당사자인 명(明) 사신 예겸(倪謙) 또한 그 날의 일을 「주유기」(舟遊記)에 남겨,

"잠시 후에 한성판윤(漢城判尹;金河)이 멀리 숲속을 가리키면서 말하기를, '희우정(喜雨亭)이라는 정자(亭子)가 있는데 효령대군(孝寧大君)의 별서(別墅)로서 또한 유람(遊覽)할 만하다' 하였다. 그리하여 서로 더불어 배에서 내려 뭍에 올라 정자 아래로 내려가니 왕(王)이 보낸 술이 먼저 와 있었다. 다시 술 자리를 벌려 부백(浮白)[12]하면서 마셨다"

고 적고, 아울러 감흥에 취해 읊은 칠언절귀(七言絶句)도 다음과 같이 써놓았다.

"한강 옛 나루를 양화(楊花)라고 하는데　　　　漢江古渡說楊花
경치 좋은 정자(亭子) 물가에 우뚝 섰네　　　　形勝亭開傍水涯
멀리 보니 돛대 나루터에 매여 있고　　　　遙見征帆投極浦
문득 우는 기러기는 백사장서 일려하네　　　　更聞鳴雁起平沙
푸른 솔 깊은 곳에 정자 하나 그윽한데　　　　蒼松深處一亭幽
배 당아 올라보니 취한 눈이 확 트이네　　　　艤櫂來登豁醉眸
나루터의 풍파는 어느 날에나 그칠런지　　　　渡口風波何日定
바닷쪽의 흰 눈발은 어느 때나 걷힐건지　　　　海門雪練幾時收
수많은 민가들은 남쪽 나루에 늘어섰고　　　　萬家村墅連南浦
치첩(雉堞) 산성(山城)들은 상류를 막아섰네　　　　百雉山城控上游

12　술을 마시면서 남기는 자에게 억지로 마시게 하는 罰酒.

경치에 어울려 호탕한 기분 한바탕 취하는데　　撫景浩懷拚一醉
저 나월(蘿月)은 정주(汀洲)나 비춰주게나　　從教蘿月暎汀洲[13]

22일에는, 지난해 섣달 그믐날 졸서(卒逝)한 성비(誠妃)의 묘소에 세울 석물(石物)에 대한 의논이 있었는데 임금이 의정부에 이르기를, "성비(誠妃)가 비록 정비(正妃)는 아닐지라도, 그러나 이미 비(妃)라는 칭호를 얻었으니 그 묘소에 석양(石羊)과 석호(石虎)를 세우는 것이 어떠할까" 하니, 정부에서 의논하기를 "석양과 석호는 능실(陵室)에 세우는 물건이므로 함부로 쓰는 것은 불가합니다" 하였다. 이튿날은 임금이 안숭선(安崇善)의 집으로 거처를 옮겼는데, 세자(世子)는 병으로 그대로 이서(李墅;孝寧大君의 사위)의 집에 있게 하였다.

2월 3일에는 시어소(時御所) 근방에 사는 사람으로서 나이 70세 이상 된 사람에게 주과(酒果)를 내려 주었다. 이튿날은 임금이 영응대군(永膺大君) 집으로 거처를 옮기니 세자도 이서(李墅;효령대군의 사위이니 世子의 사촌 妹夫)의 집으로부터 또한 옮기었는데, 이 시기 임금의 병환이 아주 치유된 것이 아니므로 5일에는 정분(鄭苯)·허후(許詡)·민신(閔伸)·이사철(李思哲) 등에게 명하여 진관사(津寬寺)에 가서 수륙재(水陸齋)를 베풀게 하였다. 그런데 2월 9일에는 임금의 병환이 나은듯하므로 조정 신하를 나눠 보내어 신사(神祠)와 불우(佛宇)에 은혜를 갚는 제사[報祀]를 지내게 하였다.

2월 17일, 마침내 임금이 영응대군(永膺大君) 집 동별궁(東別宮)에서 훙(薨)하였다.[14] 실록(實錄)에 적힌 세종대왕(世宗大王)에 대한 사관(史官)의 평(評, '卒記')을 들어보자.

"임금은 슬기롭고 도리에 밝으매, 마음이 밝고 뛰어나게 지혜로왔다. 인자하고 효성이 지극하며 지혜롭고 용감하게 결단하며, 합(閤)에 있을 때부터 배우기를 좋아하되 게으르지 않아 손에서 책이 떠나질 않았다. 일찍이 여러 달 동안 몸이 편치 않았는데도 글 읽기를 그

13 『淸權輯遺』 原篇, 47쪽.

14 처음 永膺大君이 집을 지을 때, 임금이 명하여 宮 하나를 따로 집 동편에 짓게 해서 거처할 곳을 미리 준비하였었다.

치지 아니하니 부왕(父王;太宗)이 근심하여 명해서 서적(書籍)을 거두어 감추게 하였더니 사이에 책 한권이 남아 있어 날마다 외우기를 마지 않으니 대개 천성(天性)이 이와같았다. 즉위(卽位)함에 미쳐서는 매일 사야(四夜;四更)면 일어나 옷을 입고, 날이 훤하게 밝으면 조회를 받고, 다음에 정사를 보고 그 다음에는 윤대(輪對)를 행하고 다음 경연(經筵)에 나아가기를 한번도 조금도 게을리 하지 않았다. 또 처음으로 집현전(集賢殿)을 설치하여 글 잘하는 선비들을 뽑아 고문(顧問)으로 삼고, 경서(經書)와 역사서(歷史書)를 열람할 때는 즐거워하여 싫어할 줄을 모르고, 희귀한 문적(文籍)이나 옛 사람이 남기고 간 글을 한번 보면 잊지 않았다. 증빙(證憑)과 원용(援用)을 살펴 조사하여서 힘써 정신 차려 다스리고 도모하기를 처음과 나중이 한결같아 문(文)과 무(武)의 정치가 빠짐없이 잘 되었고, 예악(禮樂)의 문(文)을 모두 일으켰으매, 종율(鐘律)과 역상(曆象)의 법 같은 것은 우리 나라에서는 옛날에는 알지도 못하던 것인데 모두 임금이 발명한 것이다. 구족(九族)과 도탑게 화목하였으며, 두 형(兄)에게 지극히 우애(友愛)있게 하니 사람들이 이간질하는 말을 못하였다. 신하 부리기를 예도로써 하고, 간(諫)하는 말을 어기지 않았으며, 대국(大國) 섬기기를 정성으로써 하였고, 이웃나라 사귀기를 신의로써 하였다. 인륜에 밝았고 모든 사물에 자상하니 남쪽과 북녘이 복종하여 나라 안이 편안하였다. 백성이 살아가기를 즐겨한 지 무릇 30여년이다. 거룩한 덕(德)이 높고 높으매, 사람들이 이름을 짓지 못하여 당시에 해동 요순(海東 堯舜)이라 불렀다. 늦으막에 비록 불사(佛事)로써 혹 말하는 사람이 있으나 한번도 향(香)을 피우거나 부처에게 절한 적은 없고, 처음부터 끝까지 올바르게만 하였다."[15]

세종(世宗) 임금이 재위(在位) 32(明 景泰, 代宗 1)년 만인 2월 17일(壬辰)에 영응대군의 사제(私第)에서 훙거(薨去)하자 왕세자(王世子)가 즉시 대군(大君)·제군(諸君)들과 더불어 머리를 풀고 버선을 벗었으며 빈전도감(殯殿都監)을 설치하였는데, 빈전도감에는 제조(提調) 3인, 사(使) 2인, 부사(副使) 2인, 판관(判官) 2인이었다. 19일에는 염습(殮襲)을 마치고 전(奠)을 드리는데 종친(宗親)과 백관(百官)들이 백의(白衣)·오사모(烏紗帽)·

15 『세종실록』 권127, 세종 32년 2월 壬辰(17일).

흑각대(黑角帶) 차림으로 문밖의 자리에 나아가서 여러 사람이 곡림(哭臨)하였다. 그리고 강계절제사(江界節制使) 이양(李穰)을 수릉관(守陵官)에 임명하였다.[16]

한편 같은 날, 왕세자가 승정원(承政院)에 의논하기를,

"소헌왕후(昭憲王后)가 승하(昇遐)한 후에 왕후를 위해 「팔상성도」(八相成道)[17]의 그림을 만들었는데, 지금 다시 이 그림을 만들 수는 없다. 안평대군 이용(李瑢)이 금자(金字) 『화엄경』(華嚴經)을 만들고자 하여 조지(造紙)한 것이 절반 이상이 되고, 사경(寫經)한 황금(黃金)이 40냥쭝이나 사용되는데 지금 이미 13냥쭝은 준비되었으니 이것으로 인하여 그 부족한 부분만 보조하여 이 경(經)을 만드는 것이 어떻겠는가. 또 대자암(大慈菴)의 무량수전(無量壽殿)은 단지 2간(間) 뿐이니 지금 부왕(父王)을 위하여 1간을 더 짓고, 석가(釋迦)·관음(觀音)의 두 불상(佛像)을 만들어 드려서 봉안(奉安)시키는 것이 또한 어떻겠는가"

하였다.[18] 이어서 영의정 하연(河演) · 좌의정 황보인(皇甫仁) · 우의정 남지(南智) · 좌찬성 박종우(朴從愚) · 공조판서 정인지(鄭麟趾) · 예조판서 허후(許詡) · 도승지 이사철(李思哲) · 좌부승지 이계전(李季甸) 등에 의논하기를,

"빈전(殯殿)에 법석(法席)을 설치하고 3일과 칠칠일(七七日)에 수륙재(水陸齋)를 행하고 소상(小祥) 전에 불사(佛事)를 두 차례 행하고, 소상에 이르러서도 또한 불사를 행하고 소상 후에 별도로 불사를 행하는 것은 이미 전월(前月)의 규정에 있는데, 어떻게 할까"

하니, 여러 사람이 아뢰기를,

---

16 『문종실록』 권1, 문종 즉위년 2월 癸巳(19일).

17 釋迦牟尼가 衆生을 제도하기 위하여 일생 중 8가지 相으로 道를 이룸을 말함.

18 『문종실록』 권1, 문종 즉위년 2월 癸巳(19일).

"빈전(殯殿)에서는 불사를 행할 수 없으며, 그 외의 것은 전일의 규정을 따르는 것이 좋겠습니다"

하니, 그대로 따랐다. 그리고 22일에 대렴(大斂)을 하였는데 종친(宗親)과 백관들이 곡림(哭臨)하였다. 한편, **이 날에 대행대왕(大行大王)의 존시(尊諡)를 '영문예무인성명효대왕'(英文睿武仁聖明孝大王)이라 하고, 묘호(廟號)를 '세종'(世宗)이라 올리었다.**

이튿날 조전(朝奠)에는 왕세자가 종친과 백관을 거느리고서 성복(成服;初喪이 난 후 처음으로 喪服을 입음)하고 곡림하였는데, 이 자리에서는 왕세자가 즉위(卽位)까지의 예식을 서둘러 행하였다. 즉, 지금까지의 왕세자가 임금으로서 면복(冕服) 차림으로 널[柩] 앞에서 유명(遺命)을 받고, 빈전 문밖의 장전(帳殿)에 나가서 즉위(卽位)의 예식(禮式)을 행하였는데, 의식대로 하였다. 새 임금이 슬피 울면서 스스로 견디지 못하니 옷 소매가 다 젖었다. 예식이 끝난 뒤 임금은 다시 면복을 벗고 상복(喪服)으로 갈아 입었다.[19]

새로 즉위한 임금의 휘(諱)는 향(珦)이요 자는 휘지(輝之)인데, 세종(世宗) 장헌대왕(莊憲大王)의 장자(長子)로서, 어머니는 소헌왕후(昭憲王后) 심씨(沈氏)이었다. 영락(永樂;明 成祖의 年號) 12(甲午, 太宗 14)년 10월 초3일(癸酉)에 한양(漢陽) 사저(私邸)에서 탄생하였다. 신축(辛丑, 세종 3)년에 세종이 왕세자(王世子)로 삼기를 청하니, 명년 가을에 명나라 태종 문황제(太宗 文皇帝)가 사신을 보내어 조선국(朝鮮國) 왕세자로 책봉하였다. 정통(正統, 明 英宗의 연호) 10(乙丑, 1445)년에 세종이 병환으로 정사를 능히 보살필 수 없었으므로 이에 왕세자에게 명령하여 여러 가지 정무(政務)에 참여하여 재결하도록 하였었다.[20]

한편, 2월 30일(甲辰)에는 두 번째 재(齋)를 진관사(津寬寺)에서 베풀었다. 세 번째 재는 3월 7일(辛亥)에 대자암에서 행하고, 네 번째는 3월 14일(戊午)에 다시 진관사에서 베풀었으며, 다섯 번째는 3월 21일(乙丑)에 대자암에서, 여섯 번째는 3월 28일(壬申)에 진관

19 『문종실록』 권1, 문종 즉위년 2월 丁酉(23일).

20 『문종실록』 권1, 總書.

사에서 베풀어, 대자암과 진관사에서 번갈아 행하였는데 일곱 번째 마지막은 4월 6일(己卯)에 회암사(檜巖寺)에서 베풀었다.

3월 13일에는 허후(許詡)·정인지(鄭麟趾) 등이 의논하여 아뢰기를,

> "역대(歷代)에 세종(世宗)이라고 일컬었던 군주(君主)는 혹은 중흥(中興)하였기 때문이거나 혹은 창업(創業)하였기 때문이었는데, 대행대왕(大行大王)은 이와 같지 않은 데도 '세종'(世宗)이라고 일컫게 되면 덕행(德行)을 기록하는 뜻에 결점(缺點)이 있으므로 역대(歷代) 칭호(稱號)의 뜻과 같지 않습니다. 청컨대 문종(文宗)이라고 고쳐서 실제의 덕행을 기록하게 하소서"

하니, 임금이 말하기를,

> "비록 칭호는 세종(世宗)이라고 하지마는 선왕(先王)의 덕행은 누가 이를 알지 못하겠는가. 더구나 북방(北方)에서 공훈(功勳)이 있었으니 세종(世宗)이라고 일컫는 것이 옳지 않겠는가."

하고, 허락하지 아니하였다. 하마터면 '세종'의 묘호(廟號)가 '문종'(文宗)으로 바뀔뻔한 순간이었다.[21]

6월 6일, 드디어 견전(遣奠)을 행하고 재궁(梓宮)이 발인(發靷)하였다. 임금이 백관들을 거느리고 수행(隨行)하였는데, 각 사(司)의 관원 두 사람씩만을 도성에 머무르게 하였다. 그리고 흥인지문(興仁之門) 밖에서 하직하는데 곡성(哭聲)이 하늘을 진동하고 혹은 엎드러져서 기절하는 사람도 있었다. 낮에 살곶이들[箭串坪]의 낙천정(樂天亭) 앞에 머물렀다가 삼전도(三田渡)를 건너 영악청(靈幄廳)에 이르러 산릉(山陵)에 드리는 전(奠)행하

---

21 『문종실록』 권1, 문종 즉위년 3월 丁巳(13일).

기를 의례(儀禮)와 같이 하였다.[22]

그런데 바야흐로 산릉(山陵)의 조성(造成) 역사(役事)가 한창 진행중인 6월 9일, 사헌부에서 서원윤(瑞原尹) 이친(李寀)·보성윤(寶城尹) 이갑(李咼)·낙안윤(樂安尹) 이영(李寧)·영천윤(永川尹) 이정(李定) 등 효령대군(孝寧大君)의 아드님 4형제분의 행실을 문제삼은 일이 발생하였다. 즉, 바야흐로 한창 무더운 여름철이므로 회장(會葬)에 참여한 4형제 분이 식사하는 중에 지양근군사(知楊根郡事) 이하성(李夏成)에게 술을 청하였는 바, 사헌부에서는, '지금 재궁(梓宮)이 하릉(下陵)하는 때를 당하여 모두가 애통하고 슬퍼하고 있는데 종실(宗室)의 지친(至親)으로서 옳지 못한 일을 했으니, 청컨대 종부시(宗簿寺)로 하여금 탄핵하게 하소서'하는 것이었다. 그러나 임금은 사소한 일이므로 윤허하지 않았다.[23]

6월 10일, 산릉(山陵)에 장례를 마친 후, 천전(遷奠)을 행하고 재궁을 받들어 가는데 임금이 상장(喪杖)을 짚고 곡을 하며 걸어서 따르니 백관이 그 뒤를 따랐다. 현궁(玄宮)에 하폄(下窆)하니 임금이 봉사(奉辭)하는 위차(位次)에 나가 사배(四拜)하고 통곡하며 스스로 그치지 아니하니, 신하들이 또한 목놓아 통곡하였다. 현궁을 폐쇄하여 장차 끝나려 하므로 입주전(立主奠)을 행하고 임금이 우주(虞主)를 받들고 회가(回駕)하여 우주는 휘덕전(輝德殿)에 봉안하고, 친히 초우제(初虞祭)를 행한 뒤 이어 창덕궁(昌德宮) 재실(齋室)에 거처하였다.[24] 17일에는 묘시(卯時;아침 5시~7시)에 사우제(四虞祭)를 행하였다. 모든 제사는 축시(丑時;새벽 1시~3시 사이)에 행하는데, 이 날은 월식(月蝕)이 인시(寅時)에야 복원(復圓)하였으므로 묘시를 쓴 것이다.

6월 20일에는 종친(宗親)과 부마(駙馬), 그리고 의정부·육조 판서·지중추(知中樞) 이상 및 육승지(六承旨)에게 말[馬]을 나누어 주었다. 6월 22일에는 충청도 관찰사 권극화(權克和)에게 유시하기를 "중[僧] 신미(信眉)가 보은현(報恩縣) 땅에 복천사(福泉寺)를 고

22 『문종실록』 권1, 문종 즉위년 6월 戊寅(6일).

23 『문종실록』 권1, 문종 즉위년 6월 辛巳(9일).

24 『문종실록』 권1, 문종 즉위년 6월 甲申(12일).

쳐 지으니 단청(丹靑)의 제구(諸具)를 적당히 갖추어 주어라" 하였다. 이튿날은 칠우제(七虞祭)를 행하고, 다시 이튿날 24일에는 졸곡제(卒哭祭)를 거행하였는데, 익일 25일에는 임금이 경복궁으로 돌아와 충순당(忠順堂)에 들었다. 충순당은 궁장(宮墻) 밖에 있어 서로 막혔는데, 이 때부터 종상(終喪)까지는 궁중에 들어가지 않고 이 별당(別堂)에 거처하였다.[25]

7월 초하룻날에는 의정부(議政府)에서 예조(禮曹)의 정문(呈文)에 의거하여 아뢰기를, "현덕빈(顯德嬪;文宗의 王妃 權氏, 세종 23년에 젊은 나이로 승하하였음)을 옛날 시호(謚號)대로 추숭(追崇)하여 왕후(王后)라 하고 혼전(魂殿)은 경희전(景禧殿)이라 하며, 능(陵)은 소릉(昭陵)이라 칭하소서" 하니, 그대로 따랐다.[26] 그리고 7월 8일에는 봉숭사(封崇使) 우의정 남지(南智)와 부사(副使) 형조판서 조혜(趙惠)가 책보(冊寶)를 받아 경희전(景禧殿)에 나아가 이를 올렸으며, 24일에는 의정부에서 예조의 정문에 의거하여 아뢰기를 "소릉(昭陵)의 수능군(守陵軍)은 전에 정한 30호에 20호를 더 두어 50호로 액수를 정하소서" 하니, 그대로 따랐다.

7월 6일에는 효령대군(孝寧大君)의 장남(長男) 이채(李寀)를 흥록대부(興祿大夫) 의성군(誼城君)에 제수하였는데, 이번 인사에서는 승(僧) 신미(信眉)를 선교종도총섭(禪敎宗都摠攝) 혜각존자(慧覺尊者)로 삼고, 이를 금란지(金鸞紙)에 관교(官敎)를 쓴 후 자초폭(紫綃幅)으로 싸서 사람을 보내어 주었다. 우리 국조(國朝)이래 최초의 승직(僧職)을 제수한 것인데 정부에 의견을 들어 봉작(封爵)한 것이었다. 물론 그 뒤 하위지(河緯地) 등 유신(儒臣)들의 반대가 빗발쳤지만 임금 역시 끝내 윤허하지 않았다.[27]

승(僧) 신미(信眉)에 대하여는 최근 승직(僧職)을 내린 바 있지만, 9일에는 사헌부 장령(掌令) 하위지(河緯地)가 승직 칭호의 부당함에 대해 아뢰기를,

---

25 『문종실록』 권2, 문종 즉위년 6월 丁酉(25일).

26 『문종실록』 권2, 문종 즉위년 7월 癸卯(1일).

27 『문종실록』 권2, 문종 즉위년 7월 戊申(6일).

"전일에 하교하시기를 '신미(信眉)의 칭호는 선왕(先王;世宗)께서 정하신 것이라'고 하시었으나 신등이 물러가 생각하니 이것은 근고(近古)에 없는 일입니다. 옛날 공민왕(恭愍王) 때에 왕사(王師)·국사(國師)의 칭호가 있었으나 우리 태종(太宗)·세종(世宗)께서 극력 배척하고 그 칭호를 폐지하였는데 지금 갑자기 이렇게 칭호하는 것은 불가합니다. 비록 이것이 세종의 유교(遺教)라 하더라도 신 등도 아직 모르고 있는데 하물며 다른 신하들이겠습니까. 나라 사람들이 반드시 다 전하가 더욱 존경하여 이런 일을 하였다고 할 것입니다. 일이 만일 이치에 어긋나면 비록 세종께서 말씀하신 것이라 하더라도 또한 생각하여 행하는 것이 대효(大孝)가 되겠는데, 도리어 이러한 좋지 못한 일을 가지고 선왕의 유교라고 하시니 의리에 어떠하겠습니까. 청컨대 도로 거두소서"

하니, 임금이 말하기를

"세종께서 일찍이 말씀하기를 '왕사(王師)라고 칭하면 불가하지마는 그 밖의 직(職)은 무방하다'라고 하시었다. 이것은 왕사가 아니고 다른 직과 같으니 무엇이 불가할 것이 있느냐. 만일 세종의 분부가 있었다면 비록 왕사라도 또한 공경하여 따라야 한다"

하였다.

그런데 신미(信眉)는 원래가 간사한 중 행호(行乎)의 무리이었다. 무오(戊午;세종 20, 1438)년에 행호가 부름을 받고 서울에 올라와 하루는 남의 집에 있는데, 부녀들이 많이 모여들었다. 행호가 태연히 그 가운데 앉아서 아무나 가리키며 말하기를 '너는 전생(前生)에 아무 짐승이었는데 복을 닦았으므로 인하여 지금 다행히 사람이 되었다' 하며, 좌중에 있는 사람을 하나하나 가리켜 이와 같이 하지 않음이 없어 사람을 많이 속이고 유혹하였는데, 말하는 사람이 있음으로 인하여 돌아갔다. 그가 죽으니 그 무리들이 추후하여 게(偈)를 지어서, 속여서 효령대군(孝寧大君) 이보(李補)에게 주고, 또 다른 사리(舍利)를 속여서 신이(神異)한 것을 표하니 효령(孝寧)이 이를 믿었다. 뒤에 그 무리들이 재물을 다툼으로 인하여 발각이 되었는데, 관(官)에서 그 죄를 다스리려고 하였으나 효령대

군이 극력 이를 구제하여 면한 일이 있었다[28].(※이 대목을 기록한 것은 儒臣이었음을 留意할 것)

8월 19일에는 임금이 태평관(太平館)에 거둥하여 중국 사신(使臣)을 위로하는 연회(宴會)를 베풀었는데, 안평대군(安平大君) 이용(李瑢)이 잔에 술을 부어 돌리니 사신 윤봉(尹鳳)이 이용에게 이르기를 "전일에 사신으로 조선에 다녀온 예겸(倪謙)과 사마순(司馬恂)이 가지고 온 대군(大君)의 글씨를 명(明)나라 조정의 문사(文士)들이 보고 모두가 탄복(歎服)하고 있으니, 이번에 나도 또한 갖기를 바랍니다" 하였다.[29] 바야흐로 안평대군의 글씨가 대륙에까지 널리 알려지고 있던 시절이다.

9월이 되면서 그간 증축 공사중이던 대자암(大慈庵)의 극락전(極樂殿)이 완성되매, 건물 모습이 극도로 사치하고 화려하여 금벽(金碧;丹靑)이 햇빛에 번쩍거렸다. 이 때에 와서 도량(道場)을 크게 베푸니 효령대군(孝寧大君)과 수양대군(首陽大君) 이하의 대군(大君)·제군(諸君)들이 모두 참석하였다.[30] 그리고 이틀 후, 수양대군 등이 아직 대자암에 머물면서 아뢰기를 "청컨대 사리 분신(舍利 分身)[31]을 베풀어 정근(精勤;정성을 다해 빌고 기도드리는 것)하게 하소서" 하므로 도승지 이계전(李季甸)에 명하여 가게 했더니, 분신사리(分身舍利) 수매(數枚)를 가지고 와서 이튿날 복명(復命)하기를, "사리 분신(舍利分身)하였습니다" 하고 아뢰니, 임금이 기뻐하여 입고 있던 채단의(彩段衣) 1령(領)을 하사(下賜)하였다.

10월 10일에는 전 승문원 부교리(前承文院 副校理) 곽순(郭恂)이 낙천정(樂天亭)의 수리 문제에 대해 상서하였다. 살곶이 다리[箭串橋]를 건너서 지금의 뚝섬[纛島]벌판(서울의 현城東區 聖水洞의 전통 地名인 뚝섬[纛島]의 '뚝'은 "임금이 타는 수레나 군대의 행렬 앞에 세우는 大將旗"를 뜻하는 것으로, 조선초기에 이곳 벌판에서 군사 훈련을 자주 할 때 대장기를 세워놓았던 데서 연

28 『문종실록』 권2, 문종 즉위년 7월 辛亥(9일).

29 『문종실록』 권3, 문종 즉위년 8월 庚寅(19일).

30 『문종실록』 권3, 문종 즉위년 9월 戊午(17일).

31 부처의 舍利가 衆生을 구제하기 위하여 곳곳에 나타나는 것을 말함.

유한 지명이다)[32]에 있던 낙천정은 부왕(父王) 태종(太宗)께서 자주 들리던 행궁(行宮)쯤 되는 큰 정자였는데, 곽순이 상서(上書)로 아뢰기를,

> "낙천정(樂天亭)은 바로 우리 태종(太宗)께서 유람(遊覽)하시던 곳이요, 「낙천정기(樂天亭記)」는 우리 태종의 실제 공덕(功德)과 실제 행적(行蹟)을 기록하여 신하와 백성들에게 보이는 글입니다. 그러나 그 정자(亭子)와 궁전(宮殿)이 비가 새고 또 기울어지고, 헌함(軒檻; 樓閣 大廳의 기둥 밖으로 돌아가며 놓은 房)이 모두 파괴되어 먼지와 흙이 벽에 가득 차고, 국희(鞠戲;擊毬놀이)하던 곳은 잡초가 무성하게 되고, 또 그 '정기'(亭記)의 판(板)은 썩어빠지고 글자는 흐려졌으니, 무릇 눈으로 보는 신하는 누가 마음이 서글프지 않겠습니까. 신(臣)이 생각건대 이 정자와 이 대궐을 수리할 수 없다고 한다면 차라리 철훼해 버리는 것이 가(可)하고, 훼철할 수 없다고 한다면 수리(修理)하는 것이 옳은데, 파괴하지도 아니하고 수리도 아니하여서 저절로 무너지는 것이 가하겠습니까. 엎드려 바라건대 성상(聖上)께서 재결(裁決)하소서"

하니, 의정부에서 의논하기를 "수선(修繕)을 하게 하는 것이 가하겠습니다" 하니, 임금이 말하기를,

> "낙천정은 선왕(先王)께서 세운 것이니 차마 갑자기 헐어버릴 수가 없다. 그 무너뜨릴만한 것은 무너뜨리되 공조(工曹)로 하여금 마련하게 하라"

하였다.[33]

신미(辛未, 1451)년 새해가 밝았다. 문종(文宗) 임금은 즉위 원년에 춘추(春秋) 38세가 되었고, 효령대군(孝寧大君)의 보령(寶齡)은 56세이시다. 설날 아침, 임금이 휘덕전(輝

---

32 『성종실록』 권7, 성종 1년 9월 己卯(4일), "政院啓曰, '世祖大祥後, 駕前交龍旗用黑色, 纛,用青色, 何如' 從之"

33 『문종실록』 권4, 문종 즉위년 10월 庚辰(10일). 1권(4장)의 129쪽 주19)를 참조.

德殿)에 친히 제사를 지내니, 여러 신하가 분사(分司)[34] 하여 제사에 배종(陪從)하였고, 그 나머지는 근정전(勤政殿)의 뜰에서 제정(帝正;중국 황제의 正朝)을 하례하고, 본조(本朝)의 하례는 정지하였다. 의정부에서는 백관을 거느리고 표리(表裏;겉감과 안감)와 안마(鞍馬; 안장 갖춘 말)를 바치고, 여러 도(道)에서는 전(箋)과 방물(方物)을 바쳤다. 이 보다 앞서 아직 국상[國恤]중이기 때문에 임금이 대궐에 나아가 하례 받는 것을 생략하고, 여러 신하가 다만 백의(白衣)로써 4배(四拜)를 행하고 표리와 말을 바쳤다.

2월 9일에는 낙천정(樂天亭)을 헐지 말고 다시 수리하게 하였다. 임금이 말하기를,

> "낙천정(樂天亭)은 조종(祖宗)께서 노닐던 곳이니 자손이 된 자가 마땅히 공경하여 지켜야 할 것인데, 이제 유사(攸司)가 재목을 헐어서 다른 곳에 쓰고 담이 허물어졌으니 매우 통석(痛惜)하다. 이제부터 비록 새로 짓지는 못할지라도 헐지는 말고 다시 수리(修理)하라"

고 하였다.[35]

8월 25일에는 지춘추관사(知春秋館事) 김종서(金宗瑞) 등이 새로 편찬한 『고려사』(高麗史)를 바치니, 세가(世家) 46권, 지(志) 39권, 연표(年表) 2권, 열전(列傳) 50권, 목록(目錄) 2권으로 되어 있었다.[36] 이에 임금이 말하기를 "춘추관에서 역사를 편찬한 것이 한두 번이 아니었으나 경들과 같이 속히 이룬 적은 아직 없었다. 이와 같은 큰 전적(典籍)을 수년이 안되어 잘 지어서 바치니 내가 대단히 가상히 여긴다" 하였다. 감춘추관사(監春秋館事) 김종서(金宗瑞) 등이 다시 『고려사절요』(高麗史節要)를 찬술하여 바친 것은 문종(文宗) 2년 2월 20일이었다.[37]

---

34 임금이 都城을 비울 때 各司에서 일을 폐하지 않기 위해, 官舍의 館員을 둘로 나누던 일.

35 '樂天亭'에 대해서는, 본책 1권(4장) 129쪽의 주19)와 위의 주33)을 아울러 참조.

36 『문종실록』 권9, 문종 1년 8월 庚寅(25일).

37 『문종실록』 권12, 문종 2년 2월 甲申(20일).

[illegible]證。[illegible]사 [illegible]者롤 애 [illegible]며 [illegible]오 [illegible]

[illegible]쩍이 名명言언 밧긔 암스시니

覺路ᄂᆞᆫ 則解脫이 返流라 位當遠涉이며 시 因이

窮ᄒᆞ야 趣果ㅣ라 義說證發이시니라 滅障ᄂᆞᆫ 則實行이

已立ᄒᆞ샤 不藉名言이시니 止觀애 云ᄒᆞ샤ᄃᆡ 自證

은 不可說이시니라 ᄒᆞ니 跡은 行이오 脩ᄂᆞᆫ 泯也ㅣ라 就

總四句ᄂᆞᆫ 說有多途ᄒᆞ니 學者審而詳之이니

각路롱ᄂᆞᆫ 解ᄒᆡᆼ脫탈이 흘후매 두르혀 산니
位윙ㅣ 마ᄂᆞᆫ 니매 當당ᄒᆞ야 시며 因한이 다

16

文宗대왕의 薨去와 '癸酉靖難'

효령대군 56세, 9월 ~ 58세, 12월

9월 5일에는 안평대군(安平大君) 이용(李瑢)이 명(命)을 받고 속리산(俗離山) 복천사(福天寺)로 갔다. 대개 이곳에 중 신미(信眉)가 살고 있었는데, 세종(世宗)께서 이 중을 위하여 복천사를 중창(重創)하게 해서 그 공역(工役)이 이미 끝났기 때문에 가서보도록 한 것이다.[1] 그리고 이어서 10일에 안평(安平)에게 다시 유서(諭書)를 내리기를,

> "사헌부(司憲府)에서 아뢰기를, '불사(佛事)를 베풀기 위하여 먼 지방에 나가 있는 것은 온당치 않다'고 하기에 나는 다만 답하기를, '불사를 하기 위한 것이 아니고 수륙재(水陸齋)만 할 따름이다'고 하였으니, 이 뜻을 알고 수륙재를 행한 뒤에는 곧바로 올라오라"

하였다.[2]

임신(壬申, 1452)년 새해가 밝았다. 문종(文宗) 즉위 2년째에, 효령대군(孝寧大君)께서

---

1 『문종실록』 권9, 문종 1년 9월 庚子(5일)

2 『문종실록』 권9, 문종 1년 9월 乙巳(10일).

는 보령(寶齡) 57세가 되셨다(**※『문종실록』의 문종 1년 12월 1일~2년 1월 30일 기간은 記事가 漏落되어 있음**). 2월 1일에는 임금이 휘덕전(輝德殿:昭憲王后의 魂殿)에 나아가 삭제(朔祭)를 지냈는데, 세종(世宗)의 기월(忌月;부모가 돌아간 달)이므로 소선(素膳)만을 들고 궁내(宮內)와 궁외(宮外)에서 모두 소찬(素饌)을 사용하였다.

2월 20일에는 감춘추관사(監春秋館事) 김종서(金宗瑞) 등이 새로 찬술(撰述)한 『고려사절요』(高麗史節要)를 바쳤다. 그리고 이 날, 영릉(英陵)에 비(碑)를 세웠는데 판서 정인지(鄭麟趾)가 비문(碑文)을 짓고, 안평대군(安平大君) 이용(李瑢)이 전액(篆額)을 붉은 글씨로 썼다. 이튿날에는 대자암(大慈庵)에서 몇일 동안 설행(設行)해 오던 법회(法會)가 끝났는데, 임금이 세종의 대상제(大祥祭)에 즈음하여 법회를 베푸는 날에 승지를 보내어 가서 감독하게 하여 무릇 5일 만에야 끝나게 된 것이다. 이 날, 승려(僧侶) 8백 명에게 바릿대[鉢]·능라단(綾羅段)·황색 명주[黃紬]·가사(袈裟) 등를 차등있게 하사하고, 외호승(外護僧) 2백 70여 명에게는 면포(綿布)를 차등있게 하사하였다.[3]

그리고 다시 이튿날, 22일에는 『세종대왕실록』(世宗大王實錄)이 비로소 찬술(撰述)되니, 허후(許詡)·김조(金銚)·박중림(朴仲林)·이계전(李季甸)·장창손(鄭昌孫)·신석조(申碩祖) 등은 연대(年代)를 나누어 찬수(撰修)하고, 황보인(皇甫仁)·김종서(金宗瑞)·정인지(鄭麟趾)가 총재 감수(摠裁 監修)하였다. 그런데 이 때 사관(史官)들로서 피기(避忌;忌諱를 避함)한 자도 있었으므로 혹은 먹[墨]으로 사초(史草)의 자귀(字句)를 지우고 고쳐 쓴 것도 있었고, 혹은 다만 『승정원일기』(承政院日記)만 등사(謄寫)해서 책임을 면할 뿐인 자도 있었다.[4]

4월 5일에는 임금이 승정원에 명하기를 "종묘(宗廟)에 부제(祔祭)한 후에 종친(宗親)이 풍정(豊呈)[5]을 바치려고 하니 그것을 전례(前例)를 상고하여 아뢰라" 하매, 의정부(議政府)에서 아뢰기를 "부묘(祔廟)한 후에 종친이 풍정을 바치는 것은 비록 고례(古例)에는

3 『문종실록』 권12, 문종 2년 2월 乙酉(21일).

4 『문종실록』 권12, 문종 2년 2월 丙戌(22일).

5 나라에 慶事가 있을 때 이를 축하하기 위하여 신하들이 임금에게 물건을 바치던 일.

없지마는 이를 하더라도 해(害)는 없을 것입니다. 만약 물품을 정하지 않는다면 종친 등이 다투어 풍성하고 사치하려고 하여 그 폐단이 작지 않을 것이니 마땅히 물품(物品)을 정하는 것이 좋을 것입니다" 하니, 그대로 따랐다.[6] 그리고 이 날, 안평대군(安平大君) 이용(李瑢)에게 명하여 향소(香疏;부처에게 올리는 글)를 가지고 대자암(大慈庵)에 가서 『화엄경』(華嚴經)과 『법화경』(法華經)을 강(講)하게 하였다.

이 무렵, 왕실(王室)에서 제일 어른은 양녕대군(讓寧大君)과 효령대군(孝寧大君), 형제분이었다. 따라서 중요한 행사에서, 임금에게는 백부(伯父)·중부(仲父)이신 두 어른에 대한 예우(禮遇)가 논의되었다. 4월 8일에는 임금이 정부(政府)에 의논하기를,

> "회례연(會禮宴)[7] 때에 양녕(讓寧)과 효령(孝寧)이 모두 들어와 참석하고 있는데, 술 잔을 올릴 때에 (임금이) 앉아서 받을 것인가? 일어나서 받을 것인가?"

하고 물으니 모두가 아뢰기를,

> "창업(創業)한 군주(君主)는 제부(諸父;여러 叔父)를 신하로 삼지 못하고 곤제(昆弟;兄弟)를 신하로 삼으며, 수성(守成;父祖의 業을 지킴)한 군주는 제부(諸父)와 곤제(昆弟)를 신하(臣下)로 삼으니, 이것이 큰 예절입니다. 일어나서 받는 것은 옳지 않습니다"

하였다.[8]

5월 14일, 유시(酉時)에 임금이 강령전(康寧殿)에서 훙(薨)하시니 춘추가 39세이셨다. 이 때 대궐의 안팎이 통하지 않았는데 오직 의관(醫官)인 전순의(全循義)·변한산(邊漢山)·최읍(崔浥)만이 날마다 나아와서 안부(安否)를 보살폈지만, 모두가 범용(凡庸)한 의

---

6 『문종실록』 권13, 문종 2년 4월 己巳(5일).

7 설날이나 동짓날 등 명절일에 문무백관이 모여서 임금에게 拜禮한 후에 베풀던 잔치.

8 『문종실록』 권13, 문종 2년 4월 壬申(8일).

원들이었으므로 병증(病症)을 진찰할 줄은 알지 못하여 해로움이 없을 것이라고 여기면서 임금에게 활쏘는 것을 구경하게 하고 사신(使臣)에게 연회를 베풀도록까지 하였다. 종기(瘇氣)의 화종(化腫)이 터진 것이 훙거의 직접 원인이 된 것이었다.

곧 빈전도감(殯殿都監)을 설치하고 공조판서 정인지(鄭麟趾)·좌참찬 허후(許詡)·예조참판 정척(鄭陟)을 제조(提調)로 삼고 보성군(寶城君) 이갑(李㝵)을 대전관(代奠官)으로 삼았다. 영천위(鈴川尉) 윤사로(尹師路)를 수릉관(守陵官)에 임명하고 이귀(李貴)는 시릉내시(侍陵內侍)로 삼으니 모두 의정부에서 의논하여 정해서 신달(申達)한 것이다.[9] 저녁때에는 석전(夕奠)을 올리고 종친(宗親)과 문무 백관이 백의(白衣)·오사모(烏紗帽)·흑각대(黑角帶)를 띤 가운데 임금이 곡림(哭臨)[10] 하였다. 이어 염습(殮襲)하고 전(奠)을 올린 후 또 곡림하였다. 성복(成服)은 18일에 하였다.

5월 17일에는 수양대군(首陽大君)이 도승지 강맹경(姜孟卿)에게 국상(國喪)을 당하여 궁성(宮城) 순찰을 강화할 것과 진선(進膳)에 유의할 것 등에 대해 이르기를, "내가 말하고자 하는 것이 세 가지가 있는데 별도로 궁성(宮城) 안팎을 순찰하게 하는 것이 한 가지요, 동궁(東宮)으로 하여금 과히 애통해 하지 말고 기운을 차려 행하게 하는 것이 두 가지요, 진선(進膳)하는 것을 조심하여 살피는 것이 세 가지라" 하였다.[11]

18일에는 노산군(魯山君;端宗)이 근정문(勤政門)에서 즉위(卽位)하고 반교(頒敎)하기를,

"공손히 생각건대 우리 태조(太祖)께서 하늘의 밝은 명령을 받아 대동(大東;우리 나라)을 웅거하여 차지하고, 태종(太宗)·세종(世宗)께서 선업(先業)을 빛내고 넓히어 문치(文治)로 태평에 이르고, 우리 선부왕(先父王)께서 성한 덕과 지극한 효도로 큰 기업(基業)을 이어받아서 정신을 가다듬어 정치를 하여 원대한 것을 도모하였는데, 불행하게도 임어(臨御)한 지

---

9 『단종실록』 권1, 단종 즉위년 5월 丙午(14일).

10 임금이 친히 靈殿에 哭하고 弔問함.

11 『단종실록』 권1, 단종 즉위년 5월 己酉(17일).

얼마 되지 않아서 갑자기 여러 신하를 버리었으니 땅을 치고 울부짖어도 미칠 수 없어 애통이 망극하다. 돌아보건대 큰 위(位)는 오래 비워둘 수 없어 경태(景泰;明 景帝의 年號) 3년 5월 18일에 즉위하노라. (중략) 아아! 새로 천명을 받아 특별히 비상한 은혜에 젖었으니 길이 기쁨을 누릴 것이며 무강한 복을 넓히기 바라노라"

하였다.

6월 7일에는 수양대군(首陽大君;世祖)이 승정원에 나와 말하기를 "때가 바야흐로 습하고 무더워서 늙은 대신들이 장사(葬事) 기간에 새벽이나 밤이나 공청에 있음으로 인하여 혹 병이 날까 염려되니 고기를 권하는 것이 어떠할까" 하니, 도승지(都承旨) 강맹경(姜孟卿)이 승정원의 의논으로 아뢰기를,

"효령대군(孝寧大君) 이보(李補)는 어려서부터 야위고 병약(病弱)하며, 양녕대군(讓寧大君) 이제(李禔)는 종실(宗室)의 어른으로서 나이 60에 가까우니, 아울러 고기를 권하는 것이 어떻겠습니까? 또 선왕조(先王朝)에서 장마 때에는 반드시 종실과 늙은 신하에게 술도 주었습니다"

하니, 전교(傳教)하기를

"술을 내리는 것은 가하나 고기를 권하는 것은 너무 빠르지 않은가? 양녕대군과 효령대군은 세종(世宗) 때에 있어서는 어찌 하였는가"

하니, 강맹경이 아뢰기를,

"세종(世宗)의 상사(喪事)에는 14,5일 뒤에 70세 이상인 자에게는 모두 고기를 권하였으니, 지금은 너무 빠른 것이 아닙니다. 하물며 『예기』(禮記)에 말하기를, '70에는 오직 최마(衰麻)가 몸에 있을 뿐이라' 하였으니, 이것은 늙었기 때문에 상(喪)을 이루지 못하는 것입니다"

하였다. 이에 다시 전교하기를

"70세 이상 노인과 좌의정 남지(南智) 등에게는 고기를 권하고, 인하여 여러 대군과 하연(河演)·남지·황보인(皇甫仁)·김종서(金宗瑞)에게는 술을 내리라"

하였다. 또 아뢰기를,

"양녕대군·효령대군은 소헌왕후(昭憲王后)의 상사(喪事) 때에 한 달을 지나서 고기를 권하였고, 세종(世宗)대왕의 상사 때에는 졸곡(卒哭) 뒤에 고기를 권하였습니다"

하였다.[12] 6월 10일에는 양녕대군(讓寧大君) 이제(李禔)가 여러 종친(宗親)들을 거느리고 빈전(殯殿)에 진향(進香)하였다. 그리고 12일에는 양녕대군 이제(李禔)·효령대군(孝寧大君) 이보(李補)와 정순공주(貞順公主)·경정공주(慶貞公主;제2녀) 등에게 고기를 내렸다.[13]

17일에는 의정부·육조·집현전·춘추관의 2품 이상이 대행대왕(大行大王)의 시호(諡號)에 대해 의논하여 아뢰기를, '흠명인숙광문성효'(欽明仁肅光文聖孝)라 하고, **묘호(廟號)는 '문종'(文宗)이라 하며, 능호(陵號)는 '현릉'(顯陵)이라 하였다.** 한편, 네 번째 재(齋)를 6월 11일에 장의사(藏義寺)에서 베풀고, 18일에는 다섯 번째를 대자암에서, 여섯 번째는 25일 장의사에서 베풀었으며, 마지막 제7재는 7월 2일에 회암사(檜巖寺)까지 가서 거행하였다.

이 때, 나이 어린 임금이지만(12세), '상중(喪中)이니 고기를 먹을 수 없다'고 육즙을 일체 먹지 않으매, 7월 12일에는 효령대군(孝寧大君)·수양대군(首陽大君) 및 여러 대신들이 육즙(肉汁)을 진어할 것을 여러 번 청하니 마지못해 윤허하였다. 이 날, 효령대군(孝寧大君) 이보(李補)·수양대군 이유(李瑈)·임영대군(臨瀛大君) 이구(李璆)·금성대군(錦城大君) 이

---

12 『단종실록』 권1, 단종 즉위년 6월 戊辰(7일).

13 『단종실록』 권1, 단종 즉위년 6월 癸酉(12일).

유(李瑜)·영응대군(永膺大君) 이염(李琰) 등이 황보인·남지·김종서·정분·강맹경과 더불어 경회루(慶會樓) 남문에 나아가서, 이 중 수양대군(首陽大君)이 앞에 나가 말하기를,

> "전자에 정부 대신 등이 육즙을 진어(進御)하도록 여러 번 청하였으나 유윤(兪允)을 받지 못하였습니다. 이제 종실(宗室) 대군(大君)이 모두 정부 대신(大臣)들과 함께 진어하시도록 권하니, 청컨대 유음을 내려주소서. 대저 몸이 노쇠하는 것과 나이 어린 것은 그 기운이 한 가지인데, 『예기』(禮記)에 '70이 된 자는 오직 최마(衰麻)만을 몸에 걸릴 뿐이라' 하였으니, 이것은 몸이 노쇠하면 상(喪)을 이루지 아니한다는 것입니다. 하물며 이제 유충(幼沖)하시어 기운이 노쇠한 것과 같으시고, 또 몸이 편치 아니한 증후(證候)가 있지 않습니까. 또 조종(祖宗)께서 분명히 유훈(遺訓)이 계셨으니, 청컨대 모름지기 육즙을 조금이라도 드소서"

하였다.

제반의 문물제도와 왕권이 안정되었던 세종대(世宗代)를 지나 문종이 즉위하였으나 2년여 만에 승하하고 어린 노산군(魯山君;端宗)이 뒤를 이으면서 왕권이 약화되는 사이, 왕실과 신료(臣僚) 사이에서는 새로운 세(勢) 결집을 위한 분위기가 조성되어갔다. 다음과 같은 분위기가 이를 잘 말해준다. 수양대군이 신숙주(申叔舟)를 불러 그 마음을 떠보는 것이었다. 8월 10일, 정수충(鄭守忠)이 수양대군의 집에 들리니 대군이 그와 더불어 서서 이야기를 하는데 마침 집현전 직제학 신숙주가 말을 타고 문 앞을 지나갔다.

이에 수양대군이 "신 수찬(申 修撰)!" 하고 부르니, 신숙주가 곧 말에서 내려 뵈었다. 수양대군이 웃으면서 말하기를, "어째서 과문불입(過門不入)하는가?" 하며 이끌고 들어가서 함께 술을 마시면서 농담으로 말하기를, "옛 친구를 어찌 찾아와 보지 않는가? 이야기하고 싶은 지 오래였네, 사람이 비록 죽지 않을지라도 사직(社稷)에는 죽을 일이네" 하니, 신숙주가 대답하기를 "장부가 편안히 아녀자(兒女子)의 수중(手中)에서 죽는다면 그것은 '재가부지'(在家不知)[14] 라고 할 만하겠습니다" 하므로 수양대군이 웃으며 말하기를

---

14 집에만 있으면서 세상 돌아가는 것을 모른다는 뜻.

"그렇다면 중국으로나 가게" 하였다.[15]

8월 21일에는 시책보(諡冊寶)를 만들어 찬궁(欑宮)에 놓고 시책문(諡冊文)을 바치는데 빈전도감 제조(殯殿都監提調)와 승지(承旨)는 사정전(思政殿) 문밖의 서쪽 뜰에서, 종친(宗親)과 백관들은 근정전(勤政殿) 월랑(月廊)의 동서 뜰에서 배반(排班;班列을 정하여 늘어섬)하여 사배(四拜)하였다. 영의정 황보인(皇甫仁)이 시책보를 받들어 찬궁에 놓고 종친과 백관들은 사배를 마치고서 물러갔다.[16]

마침 이 기간에 중국 사신(使臣) 진둔(陳鈍)과 이관(李寬)이 와서 머물고 있었는데, 8월 25일에는 한강의 양화나루[楊花渡] 등지에서 유람을 즐겼다. 정인지·김하(金何)와 우부승지 권준(權蹲) 등이 진둔 등을 보고 말하기를, "전하께서 대인(大人)들이 강상(江上)에 출유(出遊)한다는 말을 들으시고 신 등을 보내었습니다" 하니, 진둔 등이 말하기를 "우리들은 잠시 와서 유관(遊觀)할 뿐인데 무슨 뜻으로 재상을 보내 와서 위로합니까" "예전에 예시강(倪侍講;倪謙)이 여기에 와서 놀고는 중국 조정에 들어와서 명승지라 칭하더니 정말 옳은 말입니다. 예시강이 일찍이 한강루(漢江樓)에서 놀았다고 했는데 어느 곳에 있습니까" 하였다.

일행은 배를 타고 물 흐름을 따라서 더 내려갔다. 삼각산(三角山)을 바라 보고 탄복하며 칭찬하기를 그치지 않았다. 사신 진둔(陳鈍)이 드디어 배에서 내려 희우정(喜雨亭)에 올라가서 말하기를,

"전하께서도 이 정자(亭子)에 자주 와서 유람하십니까"

하니, 김하(金何)가 말하기를,

"이 정자(亭子)는 왕자(王子) 효령대군(孝寧大君)의 별서(別墅)인데, 예빈시(禮賓寺)에서 가

---

15 『단종실록』 권2, 단종 즉위년 8월 庚午(10일).

16 『단종실록』 권2, 단종 즉위년 8월 辛巳(21일).

끔 잔치를 베푸는 곳입니다"

하였다. 진둔이 말하기를

"내가 만일 이와 같은 줄을 알았다면 오늘 필히 오지는 않았을 것입니다. 매우 감사합니다"

하고 돌아오니, 의정부와 육조에서는 사신을 태평관(太平館)에서 위연(慰宴)하였다.[17]

문종(文宗)이 즉위 2년 3개월만에 훙서(薨逝)하고 외아들 단종(端宗)이 12세로 즉위하는 과정에서 세(勢) 결집을 위한 분위기가 급속히 발전하는 중에, 명(明)나라에 파견되는 고명 사은사(誥命 謝恩使)는 그 자체 권력 장악의 상징처럼 간주되었는 바, 그 임명 단계인 아래의 장면이 이를 잘 말해주고 있다. 9월 10일에 수양대군(首陽大君)과 종친(宗親)들이 예궐(詣闕)한 가운데 안평대군(安平大君) 이용(李瑢)이 수양대군에게 묻기를, "듣건대 형님이 북경(北京)에 가기를 계청(啓請)하였다고 하는데 그렇습니까" 하니, 대군이 대답하기를,

"고명(誥命)[18]의 사은(謝恩)은 중대한 일인데, 이제 황보인(皇甫仁)은 최근에 다녀왔고 김종서(金宗瑞)는 늙었으며 남지(南智)는 병이 들었으니, 그렇다고 만약에 하관(下官)을 보낸다면 명 조정에서 이를 비난할 것이다. 종친을 차견(差遣)하면 천하에서 그 기강(紀綱)을 알 것이며 또 황제의 명을 존중한다고 생각할 것인데, 만약 우리 종친이 공이 없이 녹(祿)만 받아먹고 임금을 위해 사신(使臣)이 되지 않는 것이 옳겠는가? 이 때문에 계청한 것이다"

하였다. 이에 이용(李瑢)이 안색이 변하며 말하기를, "형님은 관계되는 바가 중대하니 국

---

17 『단종실록』 권2, 단종 즉위년 8월 乙酉(25일).

18 明 皇帝가 보내주는 국왕 임명장, 즉 嗣位(王位를 물려줌)에 대한 허락의 詔書를 말함.

론(國論) 역시 따르지 아니할 것입니다" 하니, 세조가 웃으면서 말하기를 "이는 내가 피하는 바이다" 하였다.

윤9월 2일에는 사정전(思政殿)에서 효령대군(孝寧大君)·수양대군(首陽大君) 등 종친(宗親)을 인견(引見)하고 하사품을 내리니, 효령대군·수양대군과 금성대군(錦城大君) 이유(李瑜)에게는 표피(豹皮) 아닷개[阿多叱介;毛皮로 만든 눕는 자리를 時俗에서 '아닷개'라고 함] 각 하나씩과, 녹비[鹿皮] 각 한 장(張)·활[弓] 각 한 장씩을 하사하고, 화의군(和義君) 이영(李瓔)·계양군(桂陽君) 이증(李璔)·의창군(義昌君) 이강(李玒)·한남군(漢南君) 이어(李玹)·수춘군(壽春君) 이현(李玹)·밀성군(密城君) 이침(李琛)·익현군(翼峴君) 이운(李璭)·영풍군(永豊君) 이전(李瑔)·영해군(寧海君) 이당(李瑭) 등에게는 녹비 각 한 장씩, 경녕군(敬寧君) 이비(李裶)·함녕군(諴寧君) 이인(李裀)·온녕군(溫寧君) 이정(李程)·익녕군(益寧君) 이치(李袳) 등에게는 활 각 한 점씩을 하사하였다.

27일에는 효령대군(孝寧大君)과 여러 종친(宗親)들이 양녕대군(讓寧大君)의 집에 모여서 수양대군(首陽大君)을 전별(餞別)하는 사후(射侯)[19]를 하였는데, 취해서 쓰러지지 않는 이가 없었으나 수양대군 만이 취하지 아니하니 여러 사람이 모두 탄복하였다. 양녕대군과 경녕군(敬寧君)이 서로 말하기를, "이는 천하의 호걸(豪傑)이다. 중국 사람들이 그것을 알 것인가?" 하니, 수양대군이 더욱 공손해 하며 다른 말을 끌어 화제를 딴 곳으로 돌렸다.[20]

10월 13일에는 사헌부(司憲府)에서 효령대군(孝寧大君)이 주종(鑄鍾)하지 못하도록 제지할 것을 왕께 아뢰었으니, 아래와 같은 내용이다. 사헌부에서 아뢰기를,

> "효령대군(孝寧大君) 이보(李補)가 공장(工匠)들을 별장에 불러 모아서 종(鍾)을 주조(鑄造)하여 장차 용문산(龍門山) 상원사(上院寺)에 두려고 하는데, 마땅히 법으로 추핵(推覈)하여야 하겠지만 그러나 일이 사유(赦宥) 전이므로 추론(推論) 할 수는 없습니다. 그래서 신

---

19 솔[侯, 과녁]에 활을 쏘아 시합하는 것. 솔[侯]은 射布에 짐승 머리를 그린 것인데, 御射에 쓰는 熊侯, 종친 문무관이 쏘는 麋侯, 武科 敎習에 쓰는 豕侯 등이 있었음.

20 『단종실록』 권3, 단종 즉위년 윤9월 丙戌(27일).

등이 그윽히 생각하건대 불교(佛敎)는 허탄하고 망녕된 설(說)로서 세상을 현혹케 하며, 비록 심하게 금단(禁斷)하여도 오히려 또한 막기도 어렵습니다. 그러나 만약 이것을 금하지 않으면 백성들이 모두 본받게 될 것입니다. 청컨대 장차 주조(鑄造)할 바의 종(鐘)은 관가(官家)에서 몰수하고 무식한 무리들이 불교를 숭상하여 점염(漸染)되는 것이나 막게 하소서"

하였으나, 궁중에 보관하고 내려주지 않았다.[21] 그리고 25일에 사헌부에서 또 아뢰기를,

"효령대군(孝寧大君)은 종실(宗室)의 어른으로서 어리석은 백성들을 꾀어 동철(銅鐵)을 모아 종(鐘)을 주조(鑄造)하였으므로 사헌부에서 바야흐로 추핵(推覈)하였으나, 마침 사유(赦宥)함을 입었으니 지금 비록 추론(推論)할 수는 없습니다만 청컨대 그 종을 몰수하여 뒷날의 경계가 되게 하소서"

하니, 전지하기를,

"이 종(鐘)은 세종대왕(世宗大王)께서 이미 허가한 것이니 몰수를 할 수가 없다"

하였다.

계유(癸酉)년 새해가 밝았다. 문종(文宗)의 뒤를 이어 왕위에 오른 단종(端宗) 원년, 서기 1453년이다. 효령대군(孝寧大君)의 보령(寶齡)은 58세가 되셨다. 비록 신년(新年) 원단(元旦)이긴 하나, 불과 얼마 전에 부왕(父王)이 홍서(薨逝)하고 임금이 유충(幼沖)한 나이에 즉위하였으므로, 초하룻날에 백관이 전(箋)을 올려 진하(進賀)하였으나 받지 아니하였다.[22]

---

21 『단종실록』 권4, 단종 즉위년 10월 辛丑(13일).

22 『단종실록』 권5, 단종 1년 1월 己未(1일).

2월 22일에는 임금〔魯山君〕이 효령대군(孝寧大君)의 사저(私邸)로 임시 이어(移御)하였는데(~3월 9일),[23] 3월 9일에는 영양위(寧陽尉) 정종(鄭悰)의 사제(私第)로 옮겨 거처하였다. 2월 26일에는 수양대군(首陽大君)이 부사(副使) 이사철(李思哲)과 함께 중국 예부(禮部)로부터 받아온 자문(咨文)을 가지고 복명(復命)하니, 임금[魯山君]이 외정(外政)의 막차(幕次)[24]에서 연회(宴會)를 베풀어 위로하였다. 양녕대군 이제(李禔)·효령대군(孝寧大君) 이보(李補)·임영대군(臨瀛大君) 이구(李璆)·금성대군(錦城大君) 이유(李瑜)·경녕군(敬寧君) 이비(李裶)·함녕군(諴寧君) 이인(李䄄)·온녕군(溫寧君) 이정(李程)·익녕군(益寧君) 이치(李袳)·화의군(和義君) 이영(李瓔)·계양군(桂陽君) 이증(李璔)·의창군(義昌君) 이강(李玒)·한남군(漢南君) 이어(李(王+於))·밀성군(密城君) 이침(李琛)·수춘군(壽春君) 이현(李玹)·익현군(翼峴君) 이연(李璉)·영풍군(永豊君) 이전(李瑔)·영해군(寧海君) 이당(李瑭)·영양위(寧陽尉) 정종(鄭悰) 등이 입시(入侍)하였다. 그리고 서장관(書狀官)·종사관(從事官) 이하는 효령대군의 제5남 영천윤(永川尹) 이정(李定)의 사저(私邸)에서 음식을 대접하였다.[25]

이 당시, 임금[端宗]은 부왕(父王) 문종(文宗)이 돌연 홍서(薨逝)하는 바람에 왕세손(王世孫) 지위에서 왕세자(王世子)로 바뀌었다가 곧바로 즉위하여 금상(今上)으로 됐지만, 이제 13세 밖에 안 된 아직 어린 소년이었다. 이에 5월 17일에는 숙부(叔父) 수양대군(首陽大君)이 양녕대군(讓寧大君)·효령대군(孝寧大君) 등 여러 종친(宗親)과 더불어 친히 아뢰기를,

> "신 등이 그윽이 생각건대, 전하께서 왕비를 맞아들이는 예[納妃之禮]를 늦출 수는 없습니다. 일찍이 계청(啓請)하려고 하였으나, 다만 상제(祥祭)의 기간이 지나지 않아서 감히 아뢰지 못하였습니다. 신 등이 이 일에 대하여 생각한 지가 하루 이틀이 아니요, 이를 계교(計

---

23 『단종실록』 권5, 단종 1년 2월 己酉(22일).

24 임금이 머물기 위해 임시로 마련한 장막. 幄次.

25 『단종실록』 권5, 단종 1년 2월 癸丑(26일).

較)한 것이 한 두 가지가 아닙니다. 옛 사람이 말하기를, '상경(常經)에 반(反)하면 도리(道理)에 합한다[反經合道]' 하였으니. 지금 전하의 한 몸은 곧 종사(宗社)와 만민(萬民)의 주인인데, 어찌 한 몸의 계책으로써 처신하고 만민과 종사의 계책을 돌아보지 않으십니까? 모름지기 왕비(王妃)를 맞아들이도록 명하시되, 지금 만약 정부 대신(政府 大臣)과 백사(百司)와 의논하신다면 알 수가 있을 것입니다"

하였다.[26]

그리고 3일 후에, 양녕대군·효령대군 등 여러 종친(宗親)과 더불어 다시 재청(再請)하니, 임금이 듣고 전지하기를, "혼인(婚姻)은 '정시의 도(道)'[27]이니, 예(禮)가 매우 중한 것이며, 나는 아직 나이가 어리므로 때를 놓쳐버리는 데 이르지는 않을 것인데 하물며 상중(喪中)에 있으면서 감히 대례(大禮;혼인을 지내는 큰 의식)를 행할 수가 있겠는가? 결단코 들어줄 수 없다" 하였다.

그럼에도 불구하고 5월 27일에는 수양대군이 양녕대군(讓寧大君) 이제(李禔)·효령대군(孝寧大君) 이보(李補)·경녕군(敬寧君) 이비(李裶)·함녕군(諴寧君) 이인(李裀)·화의군(和義君) 이영(李瓔)·계양군(桂陽君) 이증(李璔)·의창군(義昌君) 이강(李玒)·밀성군(密城君) 이침(李琛)·익현군(翼峴君) 이연(李璉) 등 종친(宗親) 70인과 전첨사(典籤司)의 전첨(典籤) 박대손(朴大孫) 등과 더불어 봉장(封章)을 올려 또다시 왕비 맞을 것을 요청하니 임금이 전지하기를, "내가 만약 이를 들어주려 하였다면 처음에 어찌 들어주지 않았겠는가? 결단코 들어줄 이유가 없다" 하였다.[28]

6월 13일에는 함흥부(咸興府) 청사(廳舍) 건물이 완성되니, 의정부에서 함길도 관찰사(咸吉道 觀察使) 김문기(金文起)의 계본(啓本)에 의거하여 아뢰기를,

26 『단종실록』 권6, 단종 1년 5월 癸酉(17일).

27 시작을 올바르게 하는 道理, 즉 人倫의 시초인 夫婦관계를 올바르게 하는 도리.

28 『단종실록』 권6, 단종 1년 5월 癸未(27일).

"함흥부(咸興府)는 태조(太祖)께서 왕업(王業)을 열으신 땅인데 그 관우(館宇)가 허물어졌기 때문에 왕지(王旨)를 받들어서 개축(改築)한 것이 모두 2백54간입니다. 공장(工匠)을 모두 특명(特命)하여 내려 보내 주어서 아침부터 밤 늦게까지 공사(公事)에 종사하였으니 그 노고가 상(賞) 줄 만합니다. 또 호군(護軍) 주원우(朱元愚)와 전객서령(典客署令) 김옥정(金玉丁)도 또한 역사를 감독하는 데 공이 있으니, 청컨대 공로(功勞)의 등급에 따라서 가자(加資)하여 서용(敍用)하소서"

하니, 그대로 따랐다.[29] 그런데, 이 일이 있고 5년 후 효령대군(孝寧大君)께서 63세 때인 세조(世祖) 4년(戊寅, 1458)에는 태조고황제(太祖高皇帝)께서 지난 날 지어 놓으신 「함흥선향헌목」(咸興璿鄉憲目)에 대한 서문(序文)을 쓰신 일이 있었던 것이다.[30]

한편, 식년시(式年試) 과거(科擧)가 있던 그 해(癸酉, 1453)에 효령대군(孝寧大君)의 차남 서원군(瑞原君)이 둘째 사위[玄錫圭]를 맞는 과정에서의 일화 한 토막, 효령대군의 보령(寶齡) 58세, 서원군의 춘추 41세 때의 일이다. 세조(世祖)가 아직 잠저(潛邸)인 수양대군(首陽大君) 시절 효령대군(孝寧大君)을 비롯하여 여러 왕자들과 함께 정자 제천정(濟川亭)에 모여 잔치를 하고 있을 때, 마침 과거(科擧) 보러 상경하는 시골의 선비들이 속속 한강(漢江)을 건너 나루터가 인파로 북적이고 있었다.

그 때 수양대군이 선비 무리 중의 한 사람을 지목하며 하인에게 이르기를, "저기 아무 색깔의 옷을 입은 저 사람을 이리로 좀 데려 오너라" 하여, 과연 한 선비가 부름을 받고 와서 배알하였다. 수양대군은 정중히 손님으로 대접하며 그의 성명과 거처를 물으니, "이름은 현석규(玄錫圭)이며, 영남(嶺南)의 아무 고을에 산다"고 하였다. 그런데 먼 길을 걸어와서 그런지 의관(衣冠)은 남루하고 풍채도 훤칠하질 못한지라 좌중 사람들이 모두 괴이하게 여겼다. 그러나 수양대군은 좌우를 돌아보며, "이 중에 누구 처자(處子)를 가진 사람이 있는가?" 하니, 효령대군(孝寧大君)께서 평소에 수양대군의 인품을 신임하므

29 『단종실록』 권6, 단종 1년 6월 戊戌(13일).

30 본 2권(19장)의 221쪽의 주25)와 3권(25장) 107쪽의 주6), 3권(27장) 163쪽의 주16)를 아울러 참조.

로 말씀하시기를, "서원군에게 딸이 있어 바야흐로 구혼(求婚) 중입니다" 하셨다. 이에 수양대군이 말하기를 "좋은 사윗감을 얻고자 하면 이 사람에 더 할 자가 없을 것입니다" 하니, 대군께서 말씀하시기를 "그런데 문호(門戶)가 맞지 않을듯합니다" 하셨다. 수양대군이 다시 이르기를, "옛부터 영웅호걸의 선비가 시골에서 많이 나왔는데, 만일 선비 집의 자제라면 정혼(定婚)하십시요" 하였다.

그 뒤에 서원군(瑞原君)께서 직접 현석규에 대해 자세히 알아 본 바, 영남(嶺南)의 이름난 선비로서 재명(才名)도 바야흐로 떨치고 있는지라, 드디어 사위로 삼게 되었는데, 그 해 계유(癸酉, 1453) 식년(式年) 과거(科擧)에서 급제(及第)하여 이 후 도승지(都承旨) 등을 역임하고 나중에는 벼슬이 참찬(參贊)에까지 이르렀다.[31] 이 이야기는 한산(韓山) 이덕형(李德泂)의 『죽천한화』(竹泉閑話)[32]에 나오는 것이다.

한산 이씨(韓山 李氏) 이덕형(李德泂, 明宗 21, 1566~仁祖 23, 1645)은[33] 효령대군(孝寧大君)의 외손자(外孫子)인 이유청(李惟淸)의 현손(玄孫)으로서 호가 죽천(竹泉), 시호는 충숙(忠肅)이다. 이덕형은 위의 일화를 같은 시대에 벼슬하며 친했던 찬성(贊成) 이직언(李直彦, 字 君美, 號 拙菴)으로부터 매양 전해 들었다고 하는데, 이직언(號 秋泉)은 바로 서원군(瑞原君) 이친(李寀)의 현손(玄孫)으로서, 서원군의 제5남 고림군(高林君 薰)의 장남인 칠산군(漆山君 璿孫)의 손자(孫子;漆山君의 2남 泂의 아들)이다.[34]

세종(世宗)의 뒤를 이은 문종(文宗)은 자신의 단명(短命)을 예견이라도 한듯, 영의정 황보인(皇甫仁)·좌의정 남지(南智)·우의정 김종서(金宗瑞) 등에게 당신이 죽은 후 어린 왕세자가 등극했을 때, 잘 보필(輔弼)해 줄 것을 부탁했었다. 뒤를 이어 즉위한 단종(端宗)이 12세로 나이 어렸기 때문에 선왕의 유명(遺命)을 받들어 당시 좌의정이던 김종서 등이 정권을 장악하였다. 수렴청정(垂簾聽政)을 통해 왕실의 구심점 역할을 해야 할 대비

---

31 玄錫圭(세종 12, 1430~성종 11, 1480), 호 濡湍, 1453년 初試합격 후 세조 6년 別試 文科서 乙科로 급제, 1478년 謝恩使로 明에 다녀오고 都承旨, 右參贊을 역임, 특히 成宗의 신임을 받았다.

32 『竹窓漫錄』 또는 『竹窓雜話』라고도 전해온다.

33 李惟淸→李彦浩→李濡→李澳→李德泂, 字 遠伯, 號 竹泉. 謚號 忠肅.

34 『청권집유』「大君遺事」 122~123면.

(大妃:文宗 王妃)나 대왕대비(大王大妃;世宗 妃, 昭憲王后)도 없는 상황에서, 세종의 영특한 아들들은 세종 시대부터 각종 정치 문화사업에 참여하는 과정에서 각자 상당한 세력을 이루고 있었는데, 그 중에서도 세종의 둘째 수양대군(首陽大君)과 셋째 아들 안평대군(安平大君) 등의 세력이 가장 강성하여, 조정(朝廷)의 신료(臣僚)와 왕실, 심지어 환관(宦官) 나인(內人)까지도 이들 세력으로 양분(兩分)되다시피하였다.

이러한 분위기 속에서 왕권(王權)에 위협이 될 수도 있다고 판단한 김종서와 황보인, 민신(閔伸) 등은 그 중에도 가장 위협적인 수양대군을 견제할 필요성을 느끼고 안평대군과 손을 잡았다. 안평대군 역시 형 수양대군과의 정치적 대결은 피할 수 없는 것이었으므로 그의 책사(策士) 노릇을 한 이현로(李賢老)와 아우이자 세종의 6남인 금성대군(錦城大君)을 중심으로 수양대군과 대립하게 되었다.

한편 조정 대신들과 안평대군의 정치적 입지에 위협을 느낀 수양대군은 권람(權擥)·한명회(韓明澮) 등을 맞이하고, 한명회를 통해 다시 홍달손(洪達孫)·양정(楊汀) 등 유능한 무인(武人) 30여명을 포섭하며, 집현전 학사 출신의 소장파 관료 신숙주(申叔舟), 무예에도 정통한 문관 홍윤성(洪允成), 영의정 황희(黃喜)의 아들 황수신(黃守身) 등과, 왕실 인물로 양녕대군(讓寧大君)·임영대군(臨瀛大君)·영응대군(永膺大君)과 계양군(桂陽君) 이증(李璔) 등 주요 종친(宗親)을 후원 세력으로 삼았다. 특히 수양대군(首陽大君)의 책사로 활동한 한명회와 권람은 왕권의 추락과 신권(臣權)의 막강함과 사회 혼란을 이유로 들어 정변(政變)의 당위성을 역설하였다.

10월 10일, 마침내 수양대군측에 의해 '계유정난'(癸酉靖難)이 결행되었다. 그 날 새벽에 수양대군이 권람·한명회·홍달손을 불러 말하기를, "오늘은 요망한 도적을 소탕하여 종사(宗社)를 편안히 하겠으니, 그대들은 마땅히 약속과 같이 하라. 내가 깊이 생각하여 보니 간당(奸黨) 중에서 가장 교활한 자는 김종서(金宗瑞)이다. 저 자가 만약 먼저 알면 일은 성사되지 못할 것이다. 내가 한 두 역사(力士)를 거느리고 곧장 그 집에 가서 선 자리에서 베고 달려가 아뢰면, 나머지 도적은 평정할 것도 없다"고 하고, 종 임운[林於乙云]만을 데리고 단기(單騎)로 김종서 집에 당도하여 김종서를 밖으로 유인, 미리 준비한 편지를 김종서에게 주니 편지를 달빛에 비춰보는 순간 대군의 신호를 받은 종 임운이 철퇴로 김종서를 내리쳤고 곧이어 그 아들 김승규(金承珪)도 내려치니, 계유정난은 이렇게 시

작되었다.[35]

이렇게 되니, 임금[魯山君]이 군국(軍國)의 중한 일을 모두 수양대군에게 위임하여 총치(總治)하게 하고, 삼군진무(三軍鎭撫) 한 사람에게 명하여 군사 1백 40인을 거느리고 따르게 하였다. 당시 도진무(都鎭撫) 정효전(鄭孝全)은 이용(李瑢)의 처족(妻族)으로 본래 이용에게 붙었었다. 그 집이 시좌소(時坐所)[36]에서 가까운데, 이 날 문을 닫고 나오지 않고 울며 말하기를 "우리들의 일은 이미 다 틀렸다" 하였다.[37]

그리고 이튿날 당장, 수양대군·정인지 등에게 '경시'(更始)[38]하는 관직을 새로 제수하니, 수양대군(首陽大君)을 영의정부사(領議政府事)·영경연 서운관사(領經筵 書雲觀事)·겸판이병조사(兼判吏兵曹事)로 삼고, 정인지(鄭麟趾)를 의정부 좌의정(議政府 左議政)으로, 허후(許詡)를 의정부 좌참찬(左參贊), 정창손(鄭昌孫)을 이조판서(吏曹判書), 김조(金銚)를 예조판서(禮曹判書), 이계전(李季甸)을 병조판서(兵曹判書), 박중림(朴仲林)을 호조참판(戶曹參判), 박중손(朴仲孫)을 병조참판(兵曹參判), 권준(權蹲)을 사헌부 대사헌(大司憲), 홍달손(洪達孫)을 병조참의(兵曹參議), 최항(崔恒)을 승정원 도승지(都承旨), 신숙주(申叔舟)를 우승지(右丞旨), 박팽년(朴彭年)을 좌부승지(左副承旨), 박원형(朴元亨)을 우부승지(右副承旨), 권자신(權自愼)을 동부승지(同副承旨), 성승(成勝)을 충청도 병마도절제사(兵馬都節制使), 박호문(朴好問)을 함길도(咸吉道) 병마도절제사(兵馬都節制使)로 삼았다. 이 날에 수양대군이 아뢰기를 "경시(更始)하는 처음에 사람 쓰는 것이 가벼운 일이 아니니, 박종우(朴從愚)·정인지(鄭麟趾)도 와서 참여하는 것이 어떠합니까" 하니, 그대로 따랐다.[39]

안평대군(安平大君)과 그 아들 이우직(李友直)은 강화도(江華島)에 안치(安置)하였는데, 12일에는 강화도호부사(江華都護府使) 기질(奇質)에게 유시(諭示)하기를, "이용(李瑢)

---

35 『단종실록』 권8, 단종 1년 10월 癸巳(10일).

36 임금이 임시 머무는 곳.

37 『단종실록』 권8, 단종 1년 10월 癸巳(10일).

38 고치어 새로 시작함.

39 『단종실록』 권8, 단종 1년 10월 甲午(11일).

과 이우직에게 쌀 10석과 소금 간장을 주고, 데리고 간 노비(奴婢) 각 5구(口) 외에 잡인(雜人)은 출입하지 못하게 하고, 압령(押領)하여 간 군사는 관(官)에서 먹이라" 하였다.[40]

10월 15일에는 '계유정난'(癸酉靖難)에 대한 논공(論功)을 행하여 '공신록'(功臣錄)이 발표되니, 수양대군·정인지·한 확·박종우·김효성·이사철·이계전·박중손·최 항·홍달손·권 람·한명회를 1등(一等)으로 삼고, 권준·신숙주·윤사윤·양 정·유 수·유 하·봉석주·홍윤성·곽연성·엄자치·전 균을 2등으로, 이흥상·이예장·성삼문·김처의·권언·설계조·유사·강곤·임자번·유자황·권경·송익손·홍순손·조윤·유서·안경손·한명진·한서구·이몽가·홍순로 등을 3등으로 삼고, 3품 이하는 세 자급(資級)을 초자(超資)하였다.

이튿날에는 안평대군(安平大君)을 벌(罰)하는 것에 관한 논의가 있었는데, 수양대군(首陽大君)이 울면서 말하기를, "세종·문종의 유교(遺教)가 있고, 『용비시』(龍飛詩)에도 또한 있으니 지친(至親)에게 사사(賜死)할 수는 없습니다" 하고, 이내 맹세하기를 "저 해와 달이 있습니다. 그렇게 할 수는 없습니다. 용(瑢)이 만일 죽으면 신은 어떻게 보전하겠습니까?" 하니, 정인지(鄭麟趾)가 아뢰기를 "용의 죄역(罪逆)이 더 클 수 없으니 어찌 사은(私恩)으로 공의(公義)를 폐하겠습니까?" 하고, 박종우(朴從愚)[41]는 "수양대군의 말은 한 몸의 사은이고, 신 등의 청은 만세의 공의입니다. 모름지기 극형에 처하소서" 하니, 전교(傳教)하기를, "수양대군이 말하고, 또 지친이어서 차마 법에 처할 수 없기 때문에 내가 윤종(允從)하지 않는다" 하였다.[42]

10월 17일, 양녕대군(讓寧大君) 이제(李禔) 등이 다시 아뢰기를, "이용(李瑢)의 죄는 크고 대역(大逆)이 극도여서 천지 사이에 있을 수 없으니, 청컨대 사은(私恩)을 끊어서 법을 바로 잡으소서" 하니, 수양대군은 아뢰기를 "용(瑢)은 골육지친(骨肉之親)인데, 여러 간사한 무리에게 더럽힌 바 되어 이 지경에 이르렀습니다. 지금 우익(羽翼)이 이미 제거되었

---

40 『단종실록』 권8, 단종 1년 10월 乙未(12일).

41 태종의 사위, 懿嬪 權氏 소생 貞惠翁主의 夫.

42 『단종실록』 권8, 단종 1년 10월 己亥(16일).

고, 또 절도(絶島)에 있으며 신 등이 있으니 어찌 다시 번복할 수 있겠습니까" 하고, 당 태종(唐 太宗)의 고사(故事)를 끌어서 밝히고, 인하여 눈물이 턱에까지 흐르도록 울면서 죽여서는 아니된다고 굳이 말하고, 작은 방에 들어가서 통곡하였다.[43] 그러나 대간(臺諫)에서도 다시 상소하여 안평대군을 베기를 굳이 청하였다.

그리고 18일에도 정인지(鄭麟趾) 등이 백관을 거느리고 이용과 이우직을 치죄(治罪)할 것을 또다시 청하였으나, 임금이 또한 수양대군의 청(請) 때문에 굳이 고집하고 윤허하지 않으니, 정인지 등이 이계전(李季甸)을 보내어 수양대군에게 여쭈어 합사(合辭)하여 다시 청하고자 하니 수양대군이 굳이 사양하기를,

> "나의 소회(所懷)는 이미 주상 앞에 다 말하였다. 그러나 내가 진달한 것은 사은이고 여러 상신(相臣)이 진달(進達)하는 것은 공론(公論)이다. 나도 또한 공론을 저지하는 것이 아니고 다만 소회를 말하여 상재(上裁)를 기다릴 뿐이다"

하였다. 이에 정인지 등이 다시 아뢰기를,

> "신 등의 말을 따르지 않을 수 없습니다. 영의정(領議政)도 또한 말하기를 '내가 공론을 저지하는 것이 아니고, 다만 상재(上裁)를 기다릴 뿐이다'고 하였습니다. 청컨대 대의(大義)로 결단하소서"

하니, 전교하기를 "그렇다면 억지로라도 청하는 것을 따르겠다" 하고, 의금부 진무(義禁府 鎭撫) 이순백(李淳伯)을 보내어 이용(李瑢)을 사사(賜死)하고, 이우직(李友直)은 진도(珍島)로 옮기었다.[44]

한편, 수양대군(首陽大君)에게는 특별히 분충장의광국보조정책정난공신(奮忠仗義匡

---

43 『단종실록』 권8, 단종 1년 10월 庚子(17일).

44 『단종실록』 권8, 단종 1년 10월 辛丑(18일).

國輔祚定策靖亂功臣)의 공신호(功臣號)와 식읍(食邑)[45] 1천 호(戶), 식실봉(食實封)[46] 5백 호, 전(田) 5백 결(結), 노비는 아울러 3백 구(口), 별봉(別俸)으로 해마다 6백 석(石), 근수(根隨) 10명(名), 안장 갖춘 내구마(內廐馬)[47] 4필, 금(金) 25 냥(兩), 은 1백 냥, 서대(犀帶) 1요(腰), 채단(綵緞) 10표리(表裏), 사(紗)와 나(羅) 각각 5필(疋), 옷 1습(襲)을 하사하고, 직자(直子;직계 자손)는 3등을 뛰고, 군직 체아(軍職 遞兒)는 10이었다.[48]

또한, 정난공신 1등인 정인지(鄭麟趾) 이하 11인에게는 각각 안장 갖춘 내구마(內廐馬) 1필과 백은(白銀) 50냥, 채단(綵緞) 안팎 옷감 2벌씩을 하사하고, 2등인 11인에게는 내구마 1필과 백은 25냥, 채단 안팎 옷감 1벌씩을, 3등인 20인에게는 내구마 1필, 백은 10냥, 채단 옷감 1벌씩을 각각 내려주었다. 그리고 정난(靖難)에 가담 협력한 군사들에게도 상(賞)을 주니, 병조(兵曹)에서 아뢰기를,

> "지난 10월 초10일의 순작군사(巡綽軍士)는 모두 도(到)[49] 1백50을 주되, 도성문(都城門) 밖의 순작 군사들은 이 예에서 제외하고, 이용과 이우직의 집을 직숙했던 군사와 간당(奸黨)을 붙잡아 참(斬)할 때에 수종(隨從)했던 군사는 각각 도 1백을 주고, 서울에 있던 군사로서 변(變)을 듣고 달려와서 시위(侍衛)한 자는 각각 도 50을 지급하며, 그 나머지 숙위(宿衛) 군사에게는 모두 도(到) 30을 주도록 하소서"

하니, 그대로 따랐다.[50]

다른 한편, 중앙 정치 무대에서 수양대군(首陽大君)을 중심으로 계유정난(癸酉靖難)

---

45 나라에서 功臣에게 내려주던 하나의 고을. 그 지역의 租稅를 개인이 받아 쓰게 하였음.

46 나라에서 功臣에게 내려주던 民戶. 그 민호의 租稅와 賦役의 전부를 領有者에게 주었음.

47 임금이 사용하던 內司僕寺의 말[馬].

48 『단종실록』 권8, 단종 1년 10월 庚子(17일).

49 到宿法에 의하여 去官하던 하급관리나 軍人들에게 근무 일수에 따라 주던 分數. 여기서는 실제 근무하지 않았으나 賞으로 주는 것을 말함.

50 『단종실록』 권9, 단종 1년 11월 己未(7일).

을 일으켜 김종서(金宗瑞) 등을 제거하고, 함길도 도절제사(都節制使) 이징옥(李澄玉)을 김종서의 심복이라는 이유로 비밀리에 파직시켜 서울로 소환하려 하자, 사태를 눈치챈 이징옥은 도리어 새로 부임한 새 도절제사 박호문(朴好問)을 살해하고 스스로 대금황제(大金皇帝)라 칭하며 반란을 일으켰다. 그러나 조정에서 보낸 영양위(寧陽尉) 정종(鄭悰) 등의 기습을 받고 이징옥이 살해되면서 반란은 실패로 끝났다.

또한 11월 8일에는 계유정난(癸酉靖難)의 유공자(有功者)들에게 동·서반직(東·西班職)을 차등 있게 올려서 제수하니 수양대군(首陽大君)의 장남 도원군(桃源君) 이숭(李崇)을 흥록대부(興祿大夫) 의경왕(懿敬王)으로 삼고, 박종우(朴從愚)를 수충위사협찬정난공신(輸忠衛社協贊靖難功臣) 운성부원군(雲城府院君)으로, 안맹담(安孟聃)[51]을 연창위(延昌尉), 정종(鄭悰)[52]을 영양위(寧陽尉), 정인지(鄭麟趾)를 하동부원군(河東府院君), 한확(韓確)을 서성부원군(西城府院君), 이사철(李思哲)을 의정부 좌찬성(左贊成) 견성군(甄城君)으로, 신숙주(申叔舟)를 승정원 좌승지(左承旨), 권람(權擥)을 동부승지(同副承旨), 양정(楊汀)을 지병조사(知兵曹事), 한명회(韓明澮)는 수충위사협책정난공신(輸忠衛社協策靖難功臣), 홍윤성(洪允成)은 수충협책정난공신(輸忠協策靖難功臣)으로 삼는 등 아울러 동서반직을 차등 있게 올려 제수(除授)하였다.[53]

이튿날 9일에는 효령대군(孝寧大君) 이보(李補)와 수양대군(首陽大君)·좌의정 정인지(鄭麟趾)·우의정 한확(韓確)·예조판서 김조(金銚)·도승지 최항(崔恒) 등이 창덕궁(昌德宮)에서 왕비(王妃)가 될 처녀(處女)를 간택(揀擇)하였다.[54] 한편, 같은 날 경외(京外)의 처녀(處女)로서 나이 8세에서부터 16세에 이르기까지, 이씨(李氏)를 제외하고는 모두 혼가(婚嫁)를 금지시켰다. 15일에도 효령대군과 수양대군, 한확·김조·최항 등이 함께 창덕궁에서 2차로 처녀(處女)를 간택하였다.

계유정난(癸酉靖難)이 수양대군(首陽大君) 측의 승리로 끝날 수밖에 없었던 이면에

---

51 觀察使 安望之의 아들. 世宗의 駙馬 貞懿公主의 夫.

52 文宗의 駙馬(부마)로 敬惠公主의 夫君.

53 『단종실록』 권9, 단종 1년 11월 庚申(8일).

54 『단종실록』 권9, 단종 1년 11월 辛酉(9일).

는 천출(賤出) 노복(奴僕)들의 공이 또한 컸다. 따라서 이들에게도 상이 내려져서 12일에는 호조(戶曹)에 전지하기를,

"수양대군의 종[奴] 임어을운(林於乙云)·득림(得林)·중이(衆伊)와 임영대군(臨瀛大君) 이구(李璆)의 종 군자(軍子), 동부승지 권람(權擥)의 종 계수(桂水), 사복시 소윤(司僕寺 少尹) 한명회(韓明澮)의 종 수산(水山)·막동(幕同), 행사용(行司勇) 함귀(咸貴)·박막동(朴幕同) 등은 정난(靖難) 때에 공이 있었으니, 임어울은·득림·계수 등에게는 면·포(綿·布) 각 1백 필과 가사(家舍) 각각 1구(區) 씩을 내려주고, 수산·막동 등에게는 면·포 각 70필과 가사 각 1구씩을, 함귀·박막동 등에게는 가사 각 1구, 군자·중이 등에게는 면·포 각 50필과 가사 각 1구씩을 내려 주라"

하였다.[55]

11월 21일에도 효령대군(孝寧大君) 이보(李補)와 수양대군(首陽大君)이 우의정(右議政) 한확(韓確)·우승지(右承旨) 박팽년(朴彭年)과 더불어 창덕궁(昌德宮)에서 처녀(處女)를 간택(揀擇)하였으니, 금상(今上)의 왕비(王妃)감을 고르기 위한 것이었다.

이튿날은 장차 명(明)나라에 파견할 천추사(千秋使)의 사행(使行)에 대해 의논하는 과정에서, 효령대군(孝寧大君) 이보(李補)가 우승지(右承旨) 박팽년(朴彭年)에게 말하기를, "세종조 때에 중국에 『송사』(宋史)를 요청하여 이미 허락을 받은 바 있지만, 이번 하천추사(賀千秋使)[56]가 중국에 가는 길에 다시 청하는 것이 어떻겠소?" 하였다. 박팽년이 이 말을 듣고 다시 수양대군과 우의정 한확에게 말하기를 "상감의 성언(聖言)이 약간 막히는[稍塞]듯하니, 의원(醫員)을 중국에 보내어 양의(良醫)에게 물어서 약이(藥餌)를 널리 구함이 어떻겠습니까?" 하였다. 이에 다시 한확이 말하기를 "사실은 그것이 나의 뜻이었오만, 지난번에 황보인(皇甫仁)에게 말하였으나 황보인이 대답을 하지 않았기 때문에 뜻

55 『단종실록』 권9, 단종 1년 11월 甲子(12일).

56 중국의 皇太子나 皇后의 탄신일을 축하하기 위해 보내던 使臣.

을 이루지 못하였던 것입니다" 하니, 수양대군이 말하기를 "어의(御醫)를 만나 보기는 어려울 것이나 성의(誠意)를 가지고 가서 만나 보기를 청하면 반드시 만날 수 있을 것이오" 하였다. 이 날, 나중에는 효령대군(孝寧大君)의 말을 듣고 박팽년(朴彭年)이 아뢴 것을 모두 따랐다.[57] 이튿날, 승문원(承文院) 부교리 이유의(李由義)가 본원(本院) 제조(提調)들의 의논한 바를 아뢰는데, '이번 천추사(千秋使) 편에 『송사』(宋史)를 꼭 주청(奏請)하자'고 다시한번 더 청하니, 임금도 그대로 따랐다.

한편 12월 19일에는 효령대군(孝寧大君) 이보(李補)와 수양대군(首陽大君)이 좌의정 정인지(鄭麟趾) · 우의정 한확(韓確) · 예조참판 정척(鄭陟) · 우승지 박팽년(朴彭年) 등과 더불어 창덕궁(昌德宮)에서 세 번째로 처녀(處女)를 간택(揀擇)하였다.[58] 또한 26일에도 효령대군(孝寧大君) 이보(李補)와 수양대군(首陽大君)이 좌의정 정인지(鄭麟趾) · 우의정 한확(韓確) · 성원위(星原尉) 이정녕(李正寧;太宗後宮 昭嬪盧氏소생 淑惠翁主 夫) · 예조참판 정척(鄭陟) · 중추원부사 조유례(趙由禮) · 좌승지 박팽년(朴彭年) 등과 더불어 창덕궁(昌德宮)에서 처녀(處女)를 간택(揀擇)하였으니, 네 번째 간선(揀選)이었다.[59]

네 번째 간선(揀選) 결과, 이제는 왕비 후보(候補)감이 대개 정해졌으므로, 28일에는 수양대군(首陽大君)이 좌의정 정인지(鄭麟趾) · 우의정 한확(韓確) · 좌찬성 이사철(李思哲) · 좌참찬 이계린(李季疄) 등과 더불어 아뢰기를,

> "옛 사람이 말하기를 '형수(兄嫂)가 물에 빠지면 손으로 끌어 잡아 건진다'고 하였습니다. 형수는 원래 손으로 끌어 잡을 이치가 없지마는, 물에 빠지면 손으로 끌어 잡아야 하니 이는 부득이하여서 권도(權道)에 따른 것입니다. 지금 전하(殿下)께서 외롭고 약하시므로 나라 사람들이 모두 왕비를 맞아들이기를 원하오니, 청컨대 이를 맞아 들이소서"

---

57 『단종실록』 권9, 단종 1년 11월 甲戌(22일).

58 『단종실록』 권9, 단종 1년 12월 辛丑(19일).

59 위와 같음.

하니, 전지하기를 "불가하다" 하였다. 수양대군이 다시 아뢰기를,

> "왕비(王妃)를 맞아 들일 여러 가지 일은 모두 이미 준비되었사오니 신 등은 기어이 허락을 받아야겠습니다. 또 태종(太宗)께서 '3년 내에는 장가를 들지 못한다는 법'을 세우셨으나 이것은 상사(常事)에 한한 것입니다. 전하의 일은 진실로 상례(常例)가 아니오니, 전하의 사사로운 정[私情]으로 좇지 않아서는 아니됩니다. 청컨대 경중(輕重)과 대소(大小)를 깊이 생각하셔서 처단하소서"

하였으나, 윤허하지 않았다.[60]

그러나 수양대군(首陽大君)이 정인지·한확 및 여러 재상(宰相)과 종친(宗親)·부마(駙馬)들과 더불어 다시 아뢰기를,

> "신 등이 기어이 윤허(允許)를 얻어야겠습니다. 오늘 아침에는 정부(政府)에서만 홀로 청하여 윤허를 얻지 못하였으므로 육조(六曹)와 종친·부마·일등 공신(一等 功臣)들이 모두 나와 같은 말로 청합니다"

하였으나, 그래도 윤허하지 않았다. 그러자 이번에는 양녕대군(讓寧大君) 이제(李禔)·효령대군(孝寧大君) 이보(李補)와 수양대군(首陽大君)·경녕군(敬寧君) 이비(李裶) 등이 합사(合辭)하여 아뢰기를,

> "신(臣) 등의 청(請)은 전하 일신(一身)만을 위한 것이 아니오라 종사(宗社) 만세(萬世)의 계책에 관계되는 것이오니, 청컨대 경중(輕重)을 생각하소서"

하였으나, 또한 윤허하지 않았다. 그래도 또 아뢰기를,

---

60 『단종실록』 권9, 단종 1년 12월 庚戌(28일).

"이제 윤허하지 않으시면 신 등은 감히 물러갈 수 없사오니 기필코 윤허를 얻은 뒤에야 물러가겠습니다"

하였으나, 또 윤허하지 않았다. 그래도 또 아뢰기를,

"신 등의 청(請)은 하루의 의논이 아니고 심사숙고한 뒤에 감히 말씀드리는 것이오니, 어찌 옳지 않은 것을 말씀드리겠습니까? 천하(天下)의 일에는 권도(權道)가 있고 정칙(正則)이 있어서 성인(聖人)도 오직 정칙만 지키는 것이 아니고 또한 권도를 행하여 처사(處事)하기도 하는 것입니다. 오늘의 권도를 행하는 일은 이보다 더 큰 것이 없사오니, 모름지기 신 등의 청을 윤허하소서"

하였으나, 또한 윤허하지 않았다. 이에 수양대군이 말하기를,

"주상(主上)의 하교(下敎)가 이러하시니, 굳이 청하는 것은 옳지 않다"

하고, 드디어 물러들났다.[61]

---

61 『단종실록』 권9, 단종 1년 12월 庚戌(28일).

[illegible]

[illegible]이 名명言언 밧긔 업스시니

覺路ᄂᆞᆫ 則解脫이 返流ㅣ라 位當返源이며 因이

窮ᄒᆞ야 趣果ㅣ라 義說逆發이니라 豁解ᄂᆞᆫ 則實行이

已立ᄒᆞ샤 不藉名言이니 止觀애 云ᄒᆞ샤ᄃᆡ 自證

은 不可說이시니라 跡은 行이오 解ᄂᆞᆫ 說也ㅣ라 就

終四句ᄂᆞᆫ 說有多途ᄒᆞ니 學者ㅣ 審而詳之니

각路ᄅᆞᆯ [illegible] 解脫ᄋᆞᆯ [illegible]

位 [illegible] 當당 [illegible]

17

大君, 端宗임금의 '國婚'을 주재하다

효령대군 59세, 1월 ~ 60세, 6월

갑술(甲戌, 1454)년 새해가 밝았다. 금상(今上)의 즉위(卽位) 2년째에, 효령대군(孝寧大君)께서는 보령(寶齡) 59세(歲)이시니, 명년(明年)이면 육순(六旬)이시다. 새해 들어 나라 안에 첫째로 중요한 일은 임금이 왕비를 맞는 '국혼'(國婚)이매, 새해 첫 날부터 종친(宗親)·대신(大臣)들의 왕비(王妃) 맞아들이는 청(請)부터 시작되었다. 양녕대군(讓寧大君)과 효령대군(孝寧大君)·수양대군(首陽大君)이 정인지·한확 등과 여러 종친(宗親)·부마(駙馬) 및 문무백관과 더불어 아뢰기를,

"신 등이 전일에 비(妃)를 맞아 들이도록 재삼 청하였으나, 윤허를 받지 못하였습니다. 물러나서 생각하여 보니 의리상 중지할 수가 없습니다. 금일 백관들이 종사(宗社)의 대계(大計)를 위하여 다시 아뢰니, 청컨대 모름지기 힘써 따르소서"

하니, 임금이 전지하기를 "할 수 없다" 하였다. 이에 수양대군이 다시 아뢰기를,

"옛날에는 상(喪) 중에 있으면 술을 마시지 아니하고 고기도 먹지 않았으나 지금은 그렇지 않습니다. 옛날에는 임금이 상(喪) 중에 있는 3년 동안에는 말을 하지 아니하였으나 지

금은 3년 안에 온갖 사무를 재결(裁決)합니다. 옛날에는 제왕(帝王)은 따로 이은 초가집에 흙으로 쌓은 섬돌에 살았으나 지금은 제왕이 거처하는 곳은 반드시 웅장하고 화려하게 합니다. 옛날에는 심의(深衣)에 큰 띠를 매었으나 지금은 호복(胡服) 차림에 따릅니다. 옛날에는 수레[車]를 타고서 싸웠으나 지금은 말을 타고 싸웁니다. 이것은 모두 부득이하여 때에 따라서 적당한 것을 헤아려 권도(權道)에 따라서 이를 하는 것입니다. 더구나 여러 사람의 의논에 따르기를 도모하신다면 천심(天心)에 합(合)할 것이요, 여러 사람의 의논이 이와 같다면 하늘의 뜻을 알 수 있으며, 하늘의 뜻이 이와 같다면 조종(祖宗)의 하늘에 계신 마음도 또한 알 수가 있습니다. 청컨대 신 등의 청을 따르소서"

하니, 임금이 전지하기를, "아뢰는 뜻을 내가 모두 알고 있으나, 따를 수는 없다" 하였다. 수양대군이 다시 아뢰기를,

"술을 마시고 고기를 먹는 것을 이 일과 비교하여 동일하게 말씀드릴 수는 없지만 지금은 부득이하여 술을 마시고 고기를 먹으면서 오로지 큰 일에 대해서는 윤허를 하지 않으시니, 신 등은 통절히 가슴 아파합니다. 또 인군(人君)의 한 몸은 종묘(宗廟)·사직(社稷)과 실로 관계되는데 하물며 지금 세종(世宗)께서 승하(昇遐)하신 이후로 나라에서 잇달아 액운(厄運)을 만났고, 또 전하께서 외로운 혼자 몸이시니 한갓 상경(常經)만을 지킬 수가 없습니다"

하니, 임금이 전지하기를, "국론(國論)이 이미 이와 같을지라도 끝내 내 마음을 움직이지는 못할 것이다" 하였다.[1]

그렇더라도 언젠가는 왕비를 맞아야 할 일이기 때문에, 1월 4일에는 효령대군(孝寧大君)·수양대군(首陽大君)이 한확(韓確)·김조(金銚)·박팽년(朴彭年)과 더불어 창덕궁(昌

1 『단종실록』 권10, 단종 2년 1월 癸丑(1일).

德宮)에서 처녀(處女)를 간택하고, 이어서 납비의(納妃儀)를 연습하였다.[2] 그리고 1월 6일에도 효령대군(孝寧大君)과 수양대군(首陽大君)이 좌의정 정인지(鄭麟趾)·우의정 한확(韓確)·좌찬성 이사철(李思哲)·좌참찬 이계린(李季疄)·예조판서 김조(金銚)·우승지 박팽년(朴彭年) 등과 창덕궁에서 처녀를 간택하였다. 전에는 다만 효령대군·수양대군과 양 의정(議政)이 이를 보았는데, 이 때에 이르러서는 찬성·참판·판서·승지 등이 모두 들어가 보았으니 이제 장차 의논하여 결정하고자 함이었으나, 마침 안팎 의논이 대립하였으므로 쉽게 결정할 수가 없었다. 안에서는 자성왕대비(慈聖王大妃)와 숙빈(肅嬪)·혜빈(惠嬪)과 예성부부인(蘂城府夫人), 그리고 연창위 공주(延昌尉 安孟聃,世宗女;貞懿公主의 夫)·영양위 공주(寧陽尉 鄭悰,文宗女;敬惠公主의 夫)·봉보부인(奉保夫人) 이씨(李氏)[3] 등이 함께 하였는데, 전날에 모두 가서 먼저 처녀를 안으로 들이어 간택한 다음에 처녀를 내문(內門) 밖으로 내보내었다.[4]

1월 8일에도 효령대군·수양대군과 임영대군 이구(李璆)·영응대군 이염(李琰)·화의군 이영(李瓔)·계양군 이증(李璔)·한남군 이어(李玹)·좌의정 정인지(鄭麟趾)·우의정 한확(韓確)·이조판서 정창손(鄭昌孫)·병조판서 이계전(李季甸)·예조판서 김조(金銚)·좌승지 신숙주(申叔舟)·우승지 박팽년(朴彭年)·좌부승지 박원형(朴元亨)·우부승지 권자신(權自愼)·동부승지 권람(權擥) 등이 창덕궁(昌德宮)에 나아가서 처녀(處女)를 간택(揀擇)하였다. 숙빈 홍씨(肅嬪 洪氏)[5]와 혜빈 양씨(惠嬪 楊氏)도 또한 가서 보았는데, 최종적으로 풍저창 부사(豊儲倉 副使) 송현수(宋玹壽)·예원군사(預原郡事) 김사우(金師禹)·전사정(前司正) 권완(權完)의 딸 등 3인을 취(娶)하였다.[6]

1월 10일에는 효령대군(孝寧大君)·수양대군이 영응대군·정인지 등과 모여 송현수

---

2 『단종실록』 권10, 단종 2년 1월 丙辰(4일).

3 世宗 17년(1435년) 6월에 文宗의 乳母 李氏를 봉하여 奉保夫人으로 삼았다, 종2품.

4 『단종실록』 권10, 단종 2년 1월 戊午(6일).

5 관찰사 洪深의 딸, 文宗이 東宮에 있을 때 宮에 들어와 承徽가 되어 문종의 총애를 받았다. 즉위 후 貴人에 봉해졌다가 顯德王后 沒 후 內政을 주장하고, 단종 즉위년 8월 7일, 肅嬪에 봉해졌다.

6 『단종실록』 권10, 단종 2년 1월 庚申(8일).

(宋玹壽)의 딸을 마침내 왕비(王妃)로 할 것 등을 정하여 아뢴 바, 화의군(和義君) 이영(李瓔)·계양군(桂陽君) 이증(李璔)·한남군(漢南君) 이어(李玹)와 좌의정 정인지(鄭麟趾)·우의정 한확(韓確)·이조판서 정창손(鄭昌孫)·병조판서 이계전(李季甸)·예조판서 김조(金銚)·좌승지 신숙주(申叔舟)·우승지 박팽년(朴彭年) 등을 빈청(賓廳)에 모이게 하고 의논하여, 송현수의 딸은 단종(端宗) 왕비로, 나머지 2인 김사우(金師禹)와 권완(權完)의 딸은 각각 잉(媵)으로 삼을 것을 아뢰었다.[7]

이틀 후인 12일에는 임금이 면복(冕服)을 갖추고 근정문(勤政門)에 나아가서 효령대군(孝寧大君) 이보(李補)와 호조판서 조혜(趙惠)를 보내어 풍저창(豊儲倉) 부사(副使) 송현수(宋玹壽)의 집에 가서 납채(納采)하였다.[8] 그리고 의정부에서 예조(禮曹)의 정문(呈文)에 의거하여 아뢰기를,

> "삼가 『두씨통전』(杜氏通典)을 보니, 한(漢)나라 혜제(惠帝)는 황후(皇后)를 맞아 들일 때 황금 2만 근과 말 12필을 빙례(聘禮)하였으니, 청컨대 이것에 의하여 비씨(妃氏;왕비)의 집에 면포(綿布) 6백 필, 쌀 3백석, 황두(黃豆) 1백 석을 내려주고, 두 잉씨(媵氏;嬪媵)의 집에는 각각 면포와 정포(正布) 각각 1백 50필, 쌀과 콩 각각 1백 50석을 내려 주소서"

하니, 그대로 따랐다.

1월 15일에는 의정부에서 예조의 정문과 이조(吏曹)의 관문(關文)에 의거하여 아뢰기를,

> "충훈사(忠勳司)는 대군(大君)과 부원군(府院君)의 아문(衙門)이니, 녹관(祿官)을 종사시켜 참외(參外;7품 이하) 아문으로 만드는 것이 마땅치 않습니다. 청컨대 부마부(駙馬府)의 예에 의하여 충훈부(忠勳府)로 올려서 호칭하고, 중추원(中樞院)의 예에 의하여 경력(經歷)·

---

7 『단종실록』 권10, 단종 2년 1월 壬戌(10일).

8 『단종실록』 권10, 단종 2년 1월 甲子(12일).

도사(都事) 각각 1인을 두소서"

하니, 그대로 따랐다.[9]

1월 18일에는 여량군(礪良君) 송현수(宋玹壽) 집에 납징(納徵)하고, 이튿날에는 사신을 보내어 송현수 집에 혼인 날짜를 알려주니[告期], 교서(敎書)는 이러하였다.

"경상(卿相)에게 의논하고 복서(卜筮)에 물어보아도 좋지 않음이 없었다. 길일(吉日)인 아무 달 아무 갑자(甲子)에 친영(親迎;임금이 왕비를 맞이함)하겠으니, 전례(典禮)에 따라서 지금 아무 관(官) 아무개로 하여금 예(禮)를 갖추어 고기(告期)한다"

답서(答書)는 이러하였다.

"주상 전하의 아름다운 명령으로 사자(使者) 아무개가 거듭 교서를 선포하여, 아무 달 아무 갑자의 길일로써 고기(告期)하니, 신은 삼가 옛 전장(典章)을 받들어서 엄숙히 전교(典敎)를 받들 것입니다"

그런데, 그 의식(儀式)은 납채(納采)와 같았다.[10]

1월 22일에는 임금이 근정문(勤政門)에 나아가서 효령대군(孝寧大君) 이보(李補)와 호조판서(戶曹判書) 조혜(趙惠)를 보내어 송씨(宋氏;宋玹壽의 딸)를 책봉(冊封)하여 왕비(王妃)로 삼았다. 책봉례(冊封禮)가 끝나자 도승지(都承旨) 최항(崔恒)에게 명하여 근정전(勤政殿) 남쪽 뜰에 나아가서 두 잉씨(媵氏;金師禹와 權完의 딸)의 관교(官敎)를 종부시(宗簿寺) 판사(判事) 송취(宋翠)와 제용감(濟用監) 판사 이연기(李衍基)에게 주어서 보냈다. 책비의(冊妃儀)와 납채의(納采儀)는 같은데, 책비의(冊妃儀) 중에 잉씨(媵氏)가 비씨(妃氏;

9 『단종실록』 권10, 단종 2년 1월 丁卯(15일).

10 『단종실록』 권10, 단종 2년 1월 辛未(19일).

王妃) 집에 나아가는 의식(儀式)은 이러하였다.

"왕비(王妃)를 봉영(奉迎)하기 하루 전에 충호위(忠扈衛)에서 잉씨(媵氏)의 막차(幕次)를 비씨(妃氏)의 중문(中門) 밖의 동쪽에 서향(西向)하여 설치한 후, 당일 잉씨가 본가(本家)로부터 나와서 교(轎;가마)를 타고 비씨(妃氏)의 집에 나아가서 막차에 들어간다. 시녀(侍女)와 내시(內侍)가 시종하기를 평상시와 같이 하고, 왕비(王妃)가 연(輦)을 타기를 기다리는데, 반열(班列)의 차례에 의하여 시위하기를 의식과 같이 한다"[11]

그런데 난데없이 그 이튿날, 임금이 예조(禮曹)에 전지(傳旨)하기를, "왕비(王妃)를 맞아들이는 일은 신료(臣僚)들의 청(請)에 쫓겨서 한 부득이한 일이었다. 그러나 오히려 내 마음이 편안치 못하니, 이를 정지시키라" 하였다. 이에 집현전 부제학(集賢殿 副提學) 하위지(河緯地)와 직제학(直提學) 이석형(李石亨) 등이 아뢰기를,

"백관(百官)들이 처음에 왕비를 맞아들이도록 청했을 적에 마음이 편안치 못하리라는 것을 알지 못하였던 것이 아니라 부득이한 데에서 나왔을 뿐이요, 성상께서 마지 못하여 따르신 것도 또한 부득이한 것이었습니다. 이제 갑자기 이를 정지하신다면 이것은 전날 신 등의 청한 것과 전하께서 마지 못하여 따르신 것이 부득이한 일이 아닌 것 같이 되니 매우 불가(不可)한 것입니다. 또 『춘추(春秋)』에서 〈상중(喪中)〉에 혼인을 꾀한 것을 꾸짖었는데, 이제 이미 납채(納采)하고 납징(納徵)하고 고기(告期)까지 하였으니, 비록 왕비를 맞아들이지 않더라도 무엇이 다른 점이 있겠습니까. 더구나, 이미 왕비를 책봉(冊封)하여서 국모(國母)가 되었으니 어찌 하루라도 민가[閭閻]에 있을 수 있겠습니까?"

하니, 임금이 전지하기를, "그래도 들어줄 수가 없다" 하였다. 그러나 즉일로 종친(宗親)·부마·의정부·육조의 당상(堂上)이 빈청(賓廳)에 모이어 의논하고 다시 왕비를 맞아들이

11 『단종실록』 권10, 단종 2년 1월 甲戌(22일).

는 일을 청하였으니, 수양대군은,

"왕비를 맞아들이는 것을 어찌 다시 의논할 필요가 있겠는가? 다만 왕비를 맞아 들인 뒤에 길복(吉服)을 따를 것인지와 왕비를 맞아들이는 일을 정지할 것인지를 의논할 따름이다"

하고, 드디어 차례로 이를 물으니 여러 사람들이 말하기를,

"이미 종사(宗社) 대계(大計) 때문에 이를 청하였고, 또 책례(冊禮)가 이미 이루어졌으니 중지할 수가 없습니다"

하니, 임금이 전지하기를,

"내가 처음에는 억지로 이에 따르려고 힘썼으나, 그러나 다시 이를 생각하니 마음에 편안치 못하였다. 또 이를 말하는 자가 있다"

하였다. 수양대군이 다시 청하기를,

"일개 성삼문(成三問)의 말을 가지고 갑자기 대사(大事)를 정지시키는 것이 가(可)하겠습니까? 무릇 조정(朝廷)의 일은 모두 고제(古制)를 따를 수가 없습니다. 수릉관(守陵官)이 전하를 대신하여 3년 동안 최질(衰絰)을 입는 일과 같은 것은 또한 고제가 아닙니다. 더구나 27일에 상(喪)을 없애는 것이 중국 조정의 임시 제도이니, 청컨대 임시 제도를 따라서 왕비를 맞아들이고 즉시 길복(吉服)을 입으소서"

하니, 그대로 따랐다.[12]

1월 24일에는, 드디어 효령대군(孝寧大君) 이보(李補)와 호조판서(戶曹判書) 조혜(趙惠)를 보내어 왕비(王妃) 송씨(宋氏)를 효령대군의 사저(私邸)에서 봉영(奉迎)하였다. 새 왕비가 효령대군 집에 도착하자 숙의(淑儀)[13] 김씨(金氏)는 밀성군(密城君) 이침(李琛)의 집으로부터, 다른 숙의 권씨(淑儀 權氏)는 대사헌(大司憲) 권준(權蹲)의 집으로부터 각각 효령대군의 저택(邸宅)에 이르러 왕비를 수종(隨從)하여 대궐로 나아가니, 동뇌(同牢)를 설치하고 교태전(交泰殿)에서 잔치하였는데, 그 봉영(奉迎)하는 의식(儀式)은 이러하였다.**('王妃의 奉迎儀式'은 건국후 今上으로서 첫 번째 혼인의식인데다 특히 孝寧大君의 私邸에서 출발하고, 또 효령대군께서 당시 왕실의 제일 어른으로서 이를 직접 主宰하셨으므로, 자못 장황하지만 全文을 轉載한다)**

"충호위(忠扈衛)에서 사자(使者)의 막차(幕次)를 왕비 집 대문 밖의 길 동쪽에 남향(南向)하여 설치하고 포막(布幕)을 사자 막차의 북쪽에 설치하며, 내관(內官;즉 잉씨媵氏)의 막차를 내문(內門) 밖의 동쪽에 서향(西向)하여 설치하고, 궁관(宮官;六尙宮 이하의 女官)의 막차를 남쪽에 있게 한다. 전하(殿下)가 면복(冕服)을 갖추어 입고 어좌(御座)에 오르면, 사자가 들어와서 자리에 나아가고, 전교관(傳敎官)이 사정전(思政殿)의 합문(閤門) 밖에 나아가서 아뢰기를, '사자에게 명하여 왕비를 봉영(奉迎)하소서' 한다. 판내시(判內侍)가 들어와서 아뢰고 교서함(敎書函)을 받들고 나가면, 내시(內侍) 2인이 안(案;床)을 마주 들고 이를 따른다. 합문(閤門) 밖에 이르러 판내시가 교서함을 전교관에게 주면, 전교관이 나아가서 꿇어앉아 받는다. 내직 별감(內職 別監)(2인이 公服을 입음)이 교서안(敎書案)을 마주 들고서 전교관 앞에 바치면, 전교관이 안(案)에 두고 근정전(勤政殿) 동쪽 가를 지나 동계(東階)로부터 내려가서 사자의 동북쪽에 나아가 서향하여 선다. 별감(別監)이 안(案)을 들고 이를 따라서 전교관의 남쪽에 서되, 조금 뒤로 물러서서 서향한다. 전교관이 칭(稱)하기를, '교서(敎書)

---

12 『단종실록』 권10, 단종 2년 1월 乙亥(23일).

13 內命婦의 종2품 벼슬.

가 있습니다' 하면, 사자가 꿇어앉는다. 전교관이 교서(敎書)를 선포하기를 '경(卿) 등에게 명하여 왕비를 봉영(奉迎)하게 한다'한다. 사자 이하의 관원들이 부복(俯伏)하였다가 일어나서 네 번 절하고 다시 일어나서 몸을 그전대로 편다. 전교관이 교서함을 취하여 정사(正使)에게 주면, 정사가 꿇어앉아 받아서 안(案) 위에 놓는다. 봉례랑(奉禮郞)이 사자를 인도하여 나오는데, 안(案)을 든 사람이 앞서서 간다. 사자가 교서함(敎書函)을 채여(綵輿)에 두고, 세장(細仗)과 고취(鼓吹)가 앞에서 인도하고, 다음에 교서여(敎書輿)가 가고, 그 다음에 사자 이하의 관원이 따라간다.

왕비의 집 대문 밖에 이르러 사자가 말에서 내리면, 막차(幕次)를 맡은 사람이 맞이하여 막차에 들어가는데, 내관(內官)과 궁관(宮官)이 먼저 나가서 막차에 들어간다. 교서(敎書)는 장막 안에 진열하고, 경창부(慶昌府)에서 그 소속 관원을 거느리고 의장(儀仗)을 대문 밖에 진열한다. 사복시 윤(司僕寺 尹)이 연(輦)을 내문(內門) 밖에 바치고, 육상(六尙) 이하의 여관(女官)이 내문(內門)에 들어가서 차례대로 선다. 왕비가 적의(翟衣)를 갖추고 수식(首飾)을 가(加)한다. 주인이 조복(朝服)을 갖추어 입고 나와서 내문(內門) 밖 당(堂) 앞의 서계(西階) 아래에 서되, 동향(東向)하여 선다. 빈자(儐者)가 조복(朝服)을 갖추어 입고 명령을 받아 나와서 일을 청한다. 정사(正使)가 말하기를 '아무개는 교서(敎書)를 받들어 오늘의 길신(吉辰)에 직책을 다하여 봉영(奉迎)합니다' 한다. 빈자(儐者)가 들어와서 고(告)하면, 주인이 말하기를 '신(臣)이 삼가 전교(典敎)를 받들겠습니다' 한다. 빈자(儐者)가 나와서 들어오라고 고(告)하고, 주인을 인도하여 나와서 대문 밖의 서쪽에서 맞이하여 동향(東向)하게 한다. 조금 뒤에 북향하여 네 번 절하는데, 사자는 답하여 절하지 않는다.

봉례랑(奉禮郞)이 사자를 인도하여 문(門)에 들어오는데 오른쪽으로 가고, 안(案;床)을 든 사람과 기러기[雁]를 쥔 사람이 따라서 들어온다. 주인이 문에 들어오는데 왼쪽으로 가서 내문(內門) 밖의 당(堂)에 이르고, 사자(使者)는 동계(東階)로부터 올라가서 당의 가운데 이르러, 정사(正使)는 남향하여 서고, 부사(副使)는 정사의 동남쪽에 서며, 안(案)을 든 사람과 기러기를 쥔 사람이 부사(副使)의 동남쪽에 있어 모두 서향한다. 주인(主人)이 뜰 가운데 나아가서 북향하여 네 번 절하고, 안(案)을 든 사람이 그것을 부사(副使) 앞에 바치면, 부사가 교서(敎書)를 취하여 앞으로 나아가서 정사(正使)에게 준다. 정사가 교서(敎書)를 받아서 칭(稱)하기를 '교서(敎書)가 있습니다' 하면, 주인이 꿇어앉는다. 정사(正使)가 교서

(敎書)를 선포하고 이를 마치면, 주인이 네 번 절하고 정사(正使)의 앞에 나아가서 북향하여 꿇어앉는다. 정사가 교서를 주인에게 주면, 주인이 교서를 받고 물러나서 좌우(左右)에게 주고, 그대로 북향하여 꿇어앉는다. 기러기를 쥔 사람이 기러기를 부사(副使)의 앞에 바치면, 부사가 기러기를 취하여 앞으로 나와서 정사(正使)에게 준다. 정사가 기러기를 받아서 주인에게 주면, 주인이 기러기를 받아 물러 나와서 좌우(左右)에게 주고는 북향하여 선다. 전함(箋函)을 든 사람이 앞으로 나가서 주인의 뒤에 서고, 빈자(儐者)가 전함(箋函)을 취하여 주인에게 준다. 주인이 함(函)을 받아 앞으로 나가서 꿇어앉아 정사(正使)에게 주면, 정사가 이를 부사에게 주고, 부사는 나아가서 받아 안(案)을 든 사람에게 이를 준다. 주인이 내려와서 그 전 자리로 돌아가서 네 번 절한다.

봉례랑(奉禮郞)이 사자를 인도하여 나가는데, 전함(箋函)을 받든 사람이 먼저 간다. 주인이 물러나서 뜰 서쪽에 서서 국궁(鞠躬)하였다가, 전함(箋函)이 지나가면 몸을 그전대로 편다. 사자가 나와서 문 밖의 위치로 돌아간다. 왕비(王妃)가 장차 나가려 하면, 주부(主婦;왕비의 어머니)가 예복[禮衣]을 갖추어 입고 나가서 당(堂)의 서쪽에 서서 동향한다. 부모(傅姆)가 왕비를 인도하고, 상궁(尙宮)이 앞에서 인도하여 방에서 나가 어머니의 동북쪽에 서서 남향한다. 사자 이하의 관원이 네 번 절하고 꿇어앉는다. 동판내시(同判內侍)가 정사 앞에 나가서 꿇어앉으면 정사가 말하기를 '좋은 달 좋은 날에 교서(敎書)를 받들어 직책을 다하여 봉영(奉迎)합니다'한다. 동판내시(同判內侍)가 전언(典言)에게 전해 고(告)하면, 전언이 들어가서 아뢴다. 상궁이 왕비를 인도하여 나와서 배위(拜位)에 나아가고 상의(尙儀)가 네 번 절하라고 계청(啓請)하면 왕비가 네 번 절한다. 이를 마치면 주인이 동계(東階)로부터 올라가서 나아가 서향하여 경계하기를 '경계하고 공경하여 이른 아침부터 밤 늦게까지 명령을 어기지 말지니라'한다. 주인이 물러가 동계 위에 서서 서향한다. 어머니가 서계 위에서 경계하고 옷깃을 여며주고 수건을 매어 주면서 말하기를 '힘쓰고 공경하여 이른 아침부터 밤 늦게까지 명령을 어기지 말지니라' 한다.

이를 마치면, 내시(內侍)가 여(輿)를 받들어 바치는데, 왕비가 여를 타고 내려온다. 상궁이 앞에서 인도하고 육상(六尙) 이하의 여관(女官)이 시위하기를 평상시와 같이 한다. 왕비가 연(輦)을 타고, 부모(傅姆)가 경(景)을 가(加)한다.[14] 봉영(奉迎)하는 사자와 종친·백관들이 모두 물러가고, 연(輦)이 대문 밖에 나가면, 차례대로 말을 타고서 시종(侍從)하기를 평상시와 같이 한다. 사자가 전함(箋函)을 받들고 복명(復命)하기를 납채(納采)의 의식과 같이 한다"

다음으로, 왕비(王妃) 봉영 의식(奉迎 儀式)에서의 교문(教文)은 이러하였다.

"좋은 달 좋은 날에 전례(典禮)에 따라서 지금 모관(某官) 아무개와 모관(某官) 아무개로 하여금 예를 갖추어 맞이하게 한다"

그리고 그에 대한 답문(答文)은 이러하였다.

"주상 전하(主上 殿下)의 아름다운 명령을 사자 아무개가 교서(教書)를 거듭 선포하고 예를 갖추어 맞이하시므로, 외람되게 대례(大禮)를 받드니 근심스럽고 두렵습니다. 삼가 옛날의 전장(典章)을 이어서 엄숙히 전교(典教)를 받들겠습니다.

한편, 동뢰(同牢)의 의식(儀式)은 이러하였다.

"내시(內侍)의 소속이 왕비의 대차(大次)를 전하가 납시는 궁전 합문(閤門) 밖의 서쪽에 남향하여 설치하고, 욕석(褥席)을 펴기를 평상시와 같이 한다. 저녁 무렵에 상침(尙寢)이 그 소속 여관(女官)을 거느리고 어악(御幄)을 납시는 궁전의 실내(室內)에 설치하고, 땅에 자리를 펴되 겹 자리를 펴고 또 욕석(褥席) 2개를 펴되 모두 이불과 베개가 있고 북쪽 벽에는 병장(屛帳)을 친다. 초저녁에 상식(尙食)이 주정(酒亭)을 실내(室內)에 설치하되, 조금 남쪽

14 풀이하면, 景을 明이라 한다. 景의 제도는 대개 明衣(속에 입는 덧옷)처럼 더하여 입어서 걸어 갈 때 먼지를 막아 옷으로 하여금 鮮明하게 하는 것이다.

으로 있게 하고 잔근(盞巹) 2개를 그 위에 둔다. 왕비의 연(輦)이 광화문(光化門)에 들어와서 사정전(思政殿)의 문 밖에 이르면, (儀仗은 문안에 멈춘다)상침(尙寢)은 산(繖)·선(扇)을 받든 사람을 거느리고, 전등(前燈)은 촛불[燭]을 잡은 사람을 거느리고서 모두 앞 뒤에 죽 늘어선다.

대차(大次) 앞에 이르면 상의(尙儀)가 연에서 내리기를 계청(啓請)하여 왕비가 연에서 내린다. 상궁(尙宮)이 왕비를 인도하여 대차(大次)에 들어와서 엄숙히 정제(整齊)한다. 이를 마치면 상궁이 왕비를 인도하여 합문(閤門) 밖의 서쪽에 나아가서 동향하여 서게 한다. 전하가 어좌(御座)에서 내려온다. 상궁(尙宮)이 앞에서 인도하여 합문(閤門)의 동쪽에 나아가서, 서향하여 왕비에게 읍(揖)하고 들어가게 한다. 상침(尙寢)이 욕석(褥席)을 실내(室內)에 설치하는데, 전하의 욕석(褥席)은 동쪽에 있어 서향하게 하고 왕비의 욕석(褥席)은 서쪽에 있어 동향하게 한다. 전하가 왕비를 인도하여 중계(中階)로부터 올라가는데, 상궁(尙宮)이 왕비를 인도하여 따라서 올라가고 촛불[燭]을 쥔 사람들이 동계(東階)와 서계(西階)의 사이에 진열한다.

전하가 왕비에게 읍(揖)하고 실(室)에 들어가서 좌석에 나아가 서향하고, 왕비는 좌석에 나아가서 동향하여 모두 앉는다. 상식(尙食)이 그 소속 관원을 거느리고 찬안(饌案)을 들고 들어와서 전하와 왕비의 좌석 앞에 설치하고, 상식(尙食) 2인이 주정(酒亭)에 나아가서 잔(盞)을 취하여 술을 딸아 1인은 꿇어앉아 전하에게 드리고 다른 1인은 꿇어앉아 왕비에게 드린다. 전하와 왕비가 모두 잔을 받아 술로 땅에 강신(降神)하고 마신다. 이를 마치면 상의(尙儀) 2인이 앞으로 나아가서 빈 잔을 받아 주정(酒亭)에 도로 놓는다.

상식(尙食)이 모두 탕식(湯食)을 드리고 이를 마치면 세 번째 잔을 드리는데, 잔근(盞巹)을 사용하기를 두 번째 잔을 드리는 예와 같이 한다. 상의(尙儀)가 예를 마쳤다고 아뢰고 상식(尙食)이 그 소속 관원을 거느리고 찬안(饌案)을 걷어 치운다. 상의(尙儀)가 일어나기를 계청(啓請)하면 전하와 왕비가 모두 일어난다. 상궁(尙宮)이 전하를 인도하여 동방(東房)에 들어가서 면복(冕服)을 벗고 평상복으로 갈아입게 하고, 또 상궁이 왕비를 인도하여 악차(幄次)에 들어가서 적의(翟衣)를 벗게 한다. 상궁이 전하를 인도하여 악차에 들어간다. 왕비의 종자(從者)는 전하의 찬(饌)에 남은 것을 싸고, 전하의 종자는 왕비의 찬(饌)에 남은 것을 싼다"[15]

이튿날에는 여러 신하들이 왕비께 하례(賀禮)하였다. 그 의식은 정조(正朝)·동지(冬至)를 하례하는 의식(儀式)과 같았다. 임금이 하교(下敎)하기를,

"내가 덕(德)이 적고 어리석은 사람으로서 신민(臣民)들의 위에 있는데, 하늘의 비운(否運)을 만나서 밤낮으로 경계하고 두려워하여 어찌 할 바를 알지 못하였다. 지난번에 종친(宗親)·훈신(勳臣)과 문무 신료(文武 臣僚)들이 서로 더불어 의논을 합하기를, '과인(寡人)이 나이가 바야흐로 어린데 큰 기업을 이어받아 지키나, 홀로 깊은 궁궐에 처해 있어 위로 모후(母后)의 보호(保護)가 없고 아침 저녁으로 다만 환시(宦侍)와 더불어 거(居)한다. 근일에 간신(奸臣)의 변란(變亂)도 또한 홀로 외로운 형세로 인하여 마침내 바라지도 않은 데에서 일어나 화(禍)의 기틀이 절박하였으나, 다행히 종사(宗社)의 혼령(魂靈)에 힘입어서 대난(大難)을 평정할 수 있었으며, 이제 대권(大權)으로써 큰 위험을 구제한 때를 당하여 마땅히 어진 왕비(王妃)를 골라서 내치(內治)를 주장하게 함으로써 왕가의 후손을 넓히고 선대(先代)의 위업(偉業)을 보존하여야 한다' 하고, 또 이르기를 '길흉(吉凶)은 서로 뒤섞이게 할 수가 없으니, 마땅히 권도(權道)를 써서 길복(吉服)을 입어야 한다' 하고 두 세 번 아뢰어 청(請)하였으나 내가 차마 따르지 못하였는데, 여러 신하들이 이르기를 '내 한 몸은 종사(宗社) 생령(生靈)의 의지하는 바이니 사사로이 할 수가 없는 것이라' 하고 굳이 청하여 마지 않고, 그 말이 더욱 통절(痛切)하였으므로 내가 부득이 여러 사람의 의논에 억지로 따라서 정(情)을 억누르고 길복(吉服)을 따르며, 송씨(宋氏)를 책봉(冊封)하여 왕비(王妃)로 삼고 중앙과 외방에 전파하여 알린다. 이어서 너그러운 은전(恩典)을 선포하니 시행할 사의(事宜)를 다음에 조목별로 열거(列擧)한다.

1. 경태(景泰) 5년 정월 25일 새벽녘 이전에 관리(官吏)·군민(軍民) 등이 모반(謀反)·대역(大逆)한 것, 자손으로서 조부모(祖父母)·부모(父母)를 모살(謀殺)하거나 때리고 욕한 것, 처

---

15 『단종실록』 권 10, 단종 2년 1월 丙子(24일).

첩(妻妾)으로서 남편을 모살(謀殺)한 것, 노비(奴婢)로서 주인을 모살(謀殺)한 것, 고의로 모의하여 살인(殺人)한 것, 고독(蠱毒)·염매(魘魅)한 것과, 다만 강도(强盜)·절도(竊盜)를 범한 것을 제외하고, 도형(徒刑) 이하는 이미 발각되었거나 발각되지 않았거나 이미 결정되었거나 결정되지 않았거나 모두 용서하여 이를 면죄한다. 감히 유지(宥旨) 이전의 일을 가지고 서로 고(告)하여 말하는 자는 그 죄로써 이를 죄 줄 것이다.

1. 기사(己巳)년 이전에 중앙과 외방에서 인민(人民)들이 받아간 의창(義倉)의 곡식은 모조리 모두 감면한다.

1. 중앙과 외방의 공처(公處)에서 포흠(逋欠)하거나 모손(耗損)하여 일체 추징(推徵)에 해당하는 물건들은 모조리 모두 감면한다.

아아! 여러 사람의 의논이 같았으므로 이미 권도(權道)를 따라서 변례(變禮)를 쓰나 대례(大禮)를 이에 들어서 마땅히 은전을 베풀어 백성들에게 미치게 한다"

하였다.[16]

단종(端宗) 2년 3월 30일에는 춘추관(春秋館)에서 『세종대왕실록』(世宗大王實錄) 1백 63질(帙)을 편찬하여 올렸다. 감관사(監館事) 정인지(鄭麟趾)와 지관사(知館事) 김조(金銚)·이계전·정창손과 전동지관사(前同知館事) 최항(崔恒)·신석조(申碩祖)에게 각각 표리(表裏) 1건(件)과 안장 갖춘 말 1필씩 하사하고 편수관(編修官) 신숙주(申叔舟)·박팽년(朴彭年)·어효첨(魚孝瞻)·하위지(河緯地), 그리고 전편수관 김신민(金新民)에게는 각각 표리 1건과 말 1필씩을 하사하였으며, 기주관(記注官)·기사관(記事官)에게도 각각 한 자급(資級)씩 더하고, 이어 가자(加資)하기 전의 출사(出仕)한 날도 아울러 근무 일수에 넣어 사용하게 허락하였다. 신석조와 김신민은 이 무렵에 상중(喪中)이었지만, 일찍이 편찬(編纂)에 참여하였기 때문에 아울러 준 것이다.[17]

한편, 이 날 승정원에서 아뢰기를, "전에는 건원릉(健元陵)에 제사하면 개경사(開慶

16 『단종실록』 권10, 단종 2년 1월 정축(丁丑)(25일).

17 『단종실록』 권10, 단종 2년 3월 辛巳(30일).

寺)의 중에게 쌀과 콩을 하사하였는데 지금 현릉(顯陵)에도 제사하였으니 역시 쌀과 콩을 하사함이 마땅하다"고 하니, 정부에서 아뢰기를 "세종조에 1년에 비록 여러 차례 친히 제사지냈어도 쌀을 하사한 것은 한 번에 지나지 않았고 수량도 30석에 불과하였으니, 청컨대 세종 때의 예(例)에 의하소서" 하니 그대로 따랐다. 한편 4월 2일에는 의정부·육조·집현전·춘추관의 2품 이상이 함께 의논하여 계청(啓請)하기를, "현덕왕후(顯德王后)에게 존호(尊號)를 더하여 '인효순혜현덕왕후'(仁孝順惠顯德王后)라고 하소서" 하니, 그대로 따랐다.[18]

같은 3월의 어느 날, 효령대군(孝寧大君)께서 대공덕주(大功德主)로서 전라도 곡성(谷城) 동리산(桐裏山) 태안사(泰安寺)에 가서 고령부원군(高靈府院君) 신숙주(申叔舟)의 부인(夫人), 안성부인(安城夫人) 이씨(李氏), 그리고 그곳 주지(住持) 대선사(大禪師) 상주(尙珠), 화주(化主) 대선사 신우당(信于堂) 등과 함께, 지난 세종 29년(丁卯, 1447)에 조성(造成)한 태안사 대발(大鉢;바라)을 재조(再造)하였는데,[19] 이 때 개조(改造)한 대발은 현재 보물 제966호로 지정되어 있다.

4월 9일에는 효령대군(孝寧大君)의 저택(邸宅)에서 임금이 잔치를 베풀었는데, 이번 새로 왕비를 맞는 과정에, 간택(揀擇)에서부터 봉영 의식(奉迎 儀式)에 이르기까지 전과정에서 특히 효령대군의 노고(勞苦)가 컸으므로 그에 대한 위로 차원에서였다. 도승지 신숙주(申叔舟)와 좌부승지(左副承旨) 권자신(權自愼)에게 명하여, 선온(宣醞)을 가지고 효령대군의 사저(私邸)에 가서 효령대군 이보(李補)와 영응대군(永膺大君) 이염(李琰), 호조판서 조혜(趙惠) 등을 위로하기 위해 잔치를 베풀고 풍악(風樂)을 내려 주었는데, 의정부(議政府)와 육조(六曹)의 참판(參判) 이상이 잔치에 참석하였다.[20]

4월 13일에는 신빈(愼嬪)[21]이 온양 온천(溫陽 溫泉)으로부터 돌아오니 수양대군이 종

---

18 『단종실록』 권11, 단종 2년 4월 癸未(2일).

19 『청권집유』 續5輯, 「谷城泰安寺大鉢銘」을 참조. 앞 2권(14장) 115쪽의 주34)를 아울러 참조.

20 『단종실록』 권11, 단종 2년 4월 庚寅(9일).

21 愼嬪 金氏, 世宗 後宮, 金元의 딸. 처음에 宮人으로서 桂陽君 李璔·義昌君 李玒·密城君 李琛·翼峴君 李璭·寧海君 李瑭·潭陽君 李璖 등 6남 2녀를 낳고 昭儀·貴人거쳐 愼嬪까지 이르렀다.

친(宗親)과 더불어 화양정(華陽亭)[22] 까지 나아가서 맞이하였다. 그리고 4월 16일에는 문종(文宗)의 외동딸 경숙옹주(敬淑翁主)가 반성위(班城尉) 강자순(姜子順)에게 시집가니, 사칙 양씨(司則 楊氏)의 소생(所生)이다. 4월 17일에는 수양대군(首陽大君)이 8도(道)와 서울 지도(地圖)를 의논하여 만들고자 하여, 예조참판 정척(鄭陟)·집현전 직제학 강희안(姜希顔)·직전(直殿) 양성지(梁誠之)·화원(畵員) 안귀생(安貴生)·상지(相地) 안효례(安孝禮)·산사(算士) 박수미(朴壽彌)와 더불어 삼각산(三角山) 보현봉(普賢峰)에 올라가서 산의 형상과 물의 줄기를 살피어 정하고, 수양대군이 서울의 지도를 수초(手草)하였다. 정척은 산천의 형세를 잘 알고, 강희안은 그림을 잘 그리며, 양성지는 지도에 밝았으므로 또한 이에 참여한 것이었다.[23]

5월 21일에는 수양대군(首陽大君)이 4공신(功臣) 등을 거느리고 경회루(慶會樓) 아래에서 풍정(豊呈)을 올렸다. 양녕대군(讓寧大君) 이제(李禔)·효령대군(孝寧大君) 이보(李補)·임영대군(臨瀛大君) 이구(李璆)·금성대군(錦城大君) 이유(李瑜)·영응대군(永膺大君) 이염(李琰)·익녕군(益寧君) 이치(李袳)·화의군(和義君) 이영(李瓔)·계양군(桂陽君) 이증(李璔)·의창군(義昌君) 이강(李玒)·한남군(漢南君) 이어(李玹)·밀성군(密城君) 이침(李琛)·수춘군(壽春君) 이현(李玹)·익현군(翼峴君) 이연(李璉)·영해군(寧海君) 이당(李瑭)·의성군(誼城君) 이채(李寀;孝寧大君의 長男)·도원군(桃源君;懿敬王) 이숭(李崇)·의산위(宜山尉) 남휘(南暉)·연창위(延昌尉) 안맹담(安孟聃)·영양위(寧陽尉) 정종(鄭悰)·순성군(順城君) 이개(李譪;讓寧大君 長男)·영순군(永順君) 이부(李溥;廣平大君 璵의 아들)·당성위(唐城尉) 홍해(洪海)·성원위(星原尉) 이정녕(李正寧)·영천위(鈴川尉) 윤사로(尹師路)[24] ·서원윤(瑞原尹) 이친(李案;孝寧大君의 次男)·함양윤(咸陽尹) 이포(李誧)·보성윤(寶城尹) 이갑(李峇;孝寧大君 3남)·순평군(順平君) 이군생(李群生)·의평군(義平君) 이원생(李元生)·낙안윤(樂安尹) 이영(李寍;孝寧大君 4남)·영천군(永川君) 이정(李定;孝寧大君의 제5남)·원천

22 현 서울 廣津區 華陽洞 110번지에 그 터가 남아 있다. 1권(9장) 268쪽의 주47)을 참조.

23 『단종실록』 권11, 단종 2년 4월 戊戌(17일).

24 世宗의 駙馬, 세종의 後宮 尙寢 宋氏 소생, 貞顯翁主의 夫.

윤(原川尹) 이의(李宜;孝寧大君 제6남)·청성위(靑城尉) 심안의(沈安義)·반성위(班城尉) 강자순(姜子順)과 대제학(大提學) 박연(朴堧)·여량군(礪良君) 송현수(宋玹壽)·도승지 신숙주(申叔舟)·좌승지 박팽년(朴彭年)·우승지 박원형(朴元亨)·좌부승지 권자신(權自愼)·우부승지 권람(權擥)·동부승지 구치관(具致寬)·우의정 한확(韓確)·운성부원군(雲城府院君) 박종우(朴從愚)·연산군(延山君) 김효성(金孝誠)·견성군(甄城君) 이사철(李思哲)·호조판서 조혜(趙惠)·병조판서 이계전(李季甸)·이조참판 최항(崔恒)·병조참판 홍달손(洪達孫)·병조참의 양정(楊汀)·지병조사(知兵曹事) 이예장(李禮長) 등이 시연(侍宴)하였다. 공신(功臣)들이 상수(上壽)하고 일어나 춤을 추었는데, 이계전이 취해서 홀로 여러 번 춤을 추며 그칠줄 몰랐다. 수양대군에게는 칼·활·화살 각각 2사(事)와 비단 2필을, 한확·박종우·김효성·이사철 등 1품 이상에게는 비단 1필을, 또 시연한 모두에게 부채를 각각 하나 씩을 주었다.[25]

9월 19일에는 임금이 수양대군(首陽大君)과 양녕대군(讓寧大君) 이제(李禔)·효령대군(孝寧大君) 이보(李補)·임영대군(臨瀛大君) 이구(李璆)·영응대군(永膺大君) 이염(李琰)·함녕군(諴寧君) 이인(李裀)·익녕군(益寧君) 이치(李袳)·계양군(桂陽君) 이증(李璔)·의창군(義昌君) 이강(李玒)·밀성군(密城君) 이침(李琛)·영풍군(永豊君) 이전(李瑔)·익현군(翼峴君) 이연(李璉)·영해군(寧海君) 이당(李瑭)·의성군(誼城君) 이채(李寀)·도원군(桃源君;懿敬王) 이숭(李崇)·영순군(永順君) 이부(李溥)·함양윤(咸陽尹) 이포(李誧)·순평군(順平君) 이군생(李群生)·원천윤(原川尹) 이의(李宜)·고정정(古丁正) 이겸(李謙)·영양위(寧陽尉) 정종(鄭悰)·영천위(鈴川尉) 윤사로(尹師路)·판내시부사(判內侍府事) 이귀동(李貴同)·첨내시부사(僉內侍府事) 박윤(朴潤) 등에게 말 1필 씩을 하사하였다.[26]

9월 24일에는 의정부(議政府)에서 계청(啓請)하기를, "안평대군(安平大君) 이용(李瑢)의 외방(外方) 노비(奴婢) 가운데서 찾아낸 성녕대군(誠寧大君)의 노비 3백 구(口)를 계후(繼後;後嗣)인 원천윤(原川尹) 이의(李宜)에게 내려 주고, 그 나머지는 관(官)에 몰수하소

25 『단종실록』 권11, 단종 2년 5월 辛未(21일).

26 『단종실록』 권12, 단종 2년 9월 丁卯(19일).

서" 하니, 그대로 따랐는데, 안평대군 이용은 성령대군에 계후(繼後)하였었고, 원천윤 이의(李宜)는 효령대군의 제6남으로서 안평대군의 파양(罷養) 후 태종/원경왕후의 제4남 성녕대군의 후(后)로 다시 계대(繼代)한 것이었다.[27]

11월 19일에는 의산위(宜山尉) 남휘(南暉)가 타계하니, 조회(朝會)를 2일 동안 폐하고 부의(賻儀)로 베(布) 50필과 쌀·콩 도합 70석, 종이 2백 권(卷)을 내려 주었다. 남휘는 태종(太宗)대왕의 넷째 딸 정선공주(貞善公主)의 부군(夫君)이었으니 효령대군에게는 매부(妹夫)이다. 시호(諡號)를 '소간'(昭簡)이라 주었으니, 용의(容儀)가 바르고 아름다움[恭美]을 '소'(昭), 공경(恭敬)하여 선(善)을 행함을 '간'(簡)이라 하였다.[28] 22일에는 의정부에서 형조(刑曹)의 정문(呈文)에 의거하여 아뢰기를, "성녕대군(誠寧大君)의 노비(奴婢)는 원래 조종(祖宗)의 노비이니, 청컨대 (孝寧大君의 여섯째 아들)원천윤(原川尹) 이의(李宜)에게 하사하신 노비 이외에는 모두 내수소(內需所)에 환속(還屬)시키소서" 하니, 그대로 따랐다.[29]

25일에는, 임금이 세종(世宗)대왕이 임어(臨御)하시던 자미당(紫薇堂) 창가의 난간(欄干)을 보고 크게 탄식하기를, "세종(世宗)께서 살아 계시다면 나에 대한 사랑이 어찌 적겠는가? 하니, 종자(從者)들이 모두 감격하여 울었다. 수양대군도 이 말을 듣고 슬피 울기를 마지 않았으며, 자성왕비(慈聖王妃)도 또한 슬피 울었다.

---

27 『단종실록』 권12, 단종 2년 9월 壬申(24일).

28 『단종실록』 권12, 단종 2년 11월 丙寅(19일).

29 『단종실록』 권12, 단종 2년 11월 己巳(22일).

18

首陽大君의 登極과 魯山君

효령대군 60세, 1월 ~ 61세, 11월

을해(乙亥, 1455)년 새해가 밝았다. 단종(端宗) 즉위 3년째에, 효령대군(孝寧大君)께서는 보령(寶齡) 육순(六旬)을 맞으셨다. 원단(元旦)이니만치 임금이 조하(朝賀)를 받고, 여러 도(道)에서 하전(賀箋)과 방물(方物)을 올렸다. 왜인(倭人)과 야인(野人)들도 모두 반열(班列)에 따라 토산물(土産物)을 바쳤으며, 나중에는 회례연(會禮宴)을 근정전(勤政殿)에서 베풀었다.

정월 24일에는 혜빈(惠嬪)·신빈(愼嬪)·숙빈(肅嬪) 등에게 난신(亂臣)들의 노비(奴婢)를 나누어 주었다. 혜빈에게는 노비 아울러 1백 구(口)를, 신빈(愼嬪)·숙빈과 숙의(淑儀)·정의공주(貞懿公主;昭憲王后 所生, 世宗의 막내 公主,安孟聃에게 下嫁)에게는 노비(奴婢) 아울러 각 20구를, 경혜공주(敬惠公主)[1]에게는 노비 아울러 50구를, 경숙공주(敬淑翁主;司則 楊氏 所生의 文宗 딸, 班城尉 姜子順에 下嫁)에게는 30구를, 봉보부인(奉保夫人)과 상궁(尙宮) 박씨에게는 노비 각 5구를, 판내시부사 윤기(尹奇)에게 노비 5구, 행내시부 좌승직(左承直) 복희(卜禧)에게 노비 4구를 나눠 주었는데, 모두 여러 도(道)에 사는 난신의 노비

---

1 顯德王后(良媛 權氏)所生의 文宗 딸, 端宗 누이, 寧陽尉 鄭悰(효령대군의 큰처남 忠敬의 아들)에게 下嫁.

를 환수해 준 것이다. 여기서 난신(亂臣)이란 '계유정난'(癸酉靖難)에 희생된 사람들을 말함이다.[2]

2월 4일에는 임금이 송비(宋妃)와 함께 수양대군(首陽大君)의 사저(私邸)에 가서 그 집의 서청(西廳)에서 연회(宴會)를 열었는데, 양녕대군(讓寧大君)·효령대군(孝寧大君)·임영대군(臨瀛大君)·금성대군(錦城大君)·영응대군(永膺大君) 및 경녕군(敬寧君)·함녕군(諴寧君)·익녕군(益寧君)·화의군(和義君)·계양군(桂陽君)·의창군(義昌君)·한남군(漢南君)·밀성군(密城君)·수춘군(壽春君)·익현군(翼峴君)·영풍군(永豊君)·영해군(寧海君)·도원군(桃源君;懿敬王)·영순군(永順君), 그리고 영양위(寧陽尉) 정종(鄭悰)·영천위(鈴川尉) 윤사로(尹師路)·화천위(花川尉) 권공(權恭), 하동군(河東君) 정인지(鄭麟趾)·우의정 한확(韓確)·도승지 신숙주(申叔舟)·좌부승지 권람(權擥)·동부승지 한명회(韓明澮)·판내시부사(判內侍府事) 엄자치(嚴自治)와 전균(田畇), 좌승지 박원형(朴元亨)·우승지 권자신(權自愼)·우부승지 구치관(具致寬), 여량군(礪良君) 송현수(宋玹壽) 등이 시연(侍宴)하였다.

왕비(王妃) 송씨(宋氏)는 익랑(翼廊;門의 좌우편에 잇대어 지은 行廊)에서 따로 연회(宴會)하였는데, 경혜공주(敬惠公主)·경숙옹주(敬淑翁主)·봉보부인(奉保夫人)·상궁 박씨(尙宮 朴氏)·판중추원사 윤번(尹璠)의 부인(夫人), 사복시 소윤(小尹) 한계미(韓繼美) 부인, 도원군부인, 돈녕부 주부(主簿) 정현조(鄭顯祖;鄭麟趾 아들) 부인 등이 시연하였다. 임금이 수양대군(首陽大君)에게 옷 1벌·표리(表裏) 5벌·화은(花銀) 2정(錠)·안장 갖춘 말[鞍具馬] 1필을 내려주고, 도원군(桃源君)·해양군(海陽君;훗날의 睿宗)과 정현조에게는 각각 말 1필을 하사하였다.[3]

2월 27일에는 영의정(領議政) 수양대군(首陽大君)과 우의정 한확(韓確)·도승지 신숙주(申叔舟)·우부승지 구치관(具致寬) 등이 빈청(賓廳)에 모여 아뢰기를 "화의군(和義君) 이영(李瓔;世宗 後宮 令嬪姜氏 所生) 등이 금성대군(錦城大君) 이유(李瑜)의 집에 모여서 사

2 『단종실록』 권13, 단종 3년 1월 庚午(24일).

3 『단종실록』 권13, 단종 3년 2월 庚辰(4일).

연(射宴)[4]을 하면서도 이를 숨겼으니, 이영을 외방(外方)에 유배하고 고신(告身)을 거두도록 하소서" 하고, 또 아뢰기를, "환관(宦官) 엄자치(嚴自治) 등은 국정(國政)에 간여하여 조정을 능멸하고 내부(內府)[5]의 물건을 도용하며, 제사(諸司)의 관리들을 마음대로 구타하는 등 그 비행(非行)을 이루다 말할 수가 없습니다. 또 윤기(尹奇)는 이영의 환관이니 그대로 내버려 둘 수가 없고 또 모욕하고 횡역(橫逆)한 죄도 있으니, 청컨대 모두 파출(罷黜)시키고, 다만 순량하고 근실한 자만을 남겨 두소서" 하니, 그대로 따랐다. 이 때에 영의정이 엄자치 등을 모조리 불러서 의금부(義禁府)에 하옥시켰다.[6]

이 날, 의금부(義禁府)에 전지(傳旨)하기를, "금성대군(錦城大君) 이유(李瑜)와 당성위(唐城尉) 홍해(洪海)·화의군(和義君) 이영(李瓔)은 고신(告身)을 거두고 외방(外方)에 부처(付處)[7]하고, 김옥겸(金玉謙) 등 15인은 아울러 고신을 거두고 먼 변방(邊方)에 충군(充軍)케 하며, 환관(宦官) 엄자치(嚴自治)는 본향(本鄕)에 부처하고, 김충(金忠)·윤기(尹奇) 등 45인은 아울러 고신을 거두고 본향에 부처하라" 하였다. 그리고 따로 교지(敎旨)를 내려 사표국(司豹局)·책방(冊房)·궁방(弓房)·보루각(報漏閣)을 혁파(革罷)하여 각각 유사(有司)에 붙이고, 이후 환관은 그 일을 맡아 보지 못하게 하였다.

문종(文宗)이 홍(薨)하면서부터 환관이 마음대로 전횡하여 그 세력이 타오르는 불길과 같았는데, 엄자치·윤기 등이 가깝고 친밀한 사람끼리 당(黨)을 만들어 순치(脣齒)처럼 서로 의지하였는데, 특히 엄자치는 사람됨이 흉포하고 교활하여 남의 뜻을 잘 엿보아서 이미 문종조부터 궁중(宮中)의 일을 맡아보니 사람들이 도나연(都那衍)이라 부르고 이름을 부르지 않았는데, 이 때에 이르러 더욱 전횡하여 거리낌이 없었고, 매양 편히 쉬고 거처(居處)·음식(飮食)·의복(衣服)이 실로 모두 지나치니 사람들이 이를 갈지 않는 자가 없었으나 당류(黨類)를 끌어다가 뿌리를 박으니 감히 누구인가를 묻지 못하였다. 수양대군이 이에 분개하여 임금에게 아뢰기를, "환시(宦侍)인 사람들은 다만 쇄소(灑掃)에

---

4 武士들을 모아서 활을 쏘는 내기를 하면서 벌이는 잔치.

5 조선시대 宮中 財貨의 간직과 服飾·鋪陳·燈燭 의 出納에 관한 일을 맡아 보던 곳, 그 倉庫.

6 『단종실록』 권13, 단종 3년 2월 癸卯(27일).

7 罪를 지은 벼슬아치에게 어느 한 곳을 지정하여 그곳에서만 머물도록 한 刑罰.

대비하고 사령(使令)에 응할 뿐인데, 지금 엄자치 등은 교만하고 횡포(橫暴)하니, 이들을 제거하여 조정(朝廷)을 바로잡지 않을 수 없습니다" 하였는데, 이 때에 이르러 엄자치 이하 수십 명을 외방에 유배시키니 당시 여론(與論)이 이를 통쾌하게 여겼다.[8]

금성대군(錦城大君)·화의군(和義君) 등의 음모(陰謀) 사건이 적발된 후 그 후속 조치가 취해지니, 4월 9일에는 임금이 호조(戶曹)에 전지(傳旨)하여 김충(金忠)·인평(印平) 등의 집을 양녕대군(讓寧大君)·효령대군(孝寧大君) 등에게 하사(下賜)한 바, 아래와 같다.

「(임금이)호조(戶曹)에 전지(傳旨)하여, 죄인(罪人) 김충(金忠)의 집을 양녕대군(讓寧大君) 이제(李禔)에게 내려 주고, 죄인 인평(印平)의 집을 효령대군(孝寧大君) 이보(李補)에게 내려 주었다. 최잠(崔涔)의 집은 영양위(寧陽尉) 정종(鄭悰)에게, 이귀(李貴)의 집은 판돈녕부사(判敦寧府事) 송현수(宋玹壽)에게, 최찬(崔璨)의 집은 첨지중추원사 낭이승거(浪伊升巨)에게, 김득상의 집은 첨지중추원사(僉知中樞院事) 마흥귀(馬興貴)에게, 유대(柳臺)의 집은 상호군 강곤(康袞)에게, 길유선의 집은 판내시부사(判內侍府事) 전균(田畇)에게, 조희(曹熙)의 집은 판내시부사 안노(安璐)에게, 서성대의 집은 판내시부사 홍득경(洪得敬)에게, 박윤(朴閏)의 집은 동판내시부사 이전기(李專己)에게, 화계산(化繼山)의 집은 동지내시부사 길귀생(吉貴生)에게, 박한(朴漢)의 집은 사표국 부사(司豹局 副使) 김용(金龍)에게, 유한(柳漢)의 집은 우부승직(右副承直) 윤득부(尹得富)에게, 황사의(黃思義)의 집은 동첨내시부사 임동(林童)에게, 이춘(李春)의 집은 좌승직(左承直) 윤언(尹彦)에게, 서의(徐義)의 집은 동첨내시부사 이중근(李重根)에게, 정존의 집은 동지내시부사 복회(卜禬)에게, 조생(趙生)의 집은 좌승직 신운(申雲)에게, 김종직(金從直)의 집은 좌승직 안충언(安忠彦)에게, 문한(文漢)의 집은 좌승직 안중경(安仲敬)에게, 박공(朴恭)의 집은 시녀(侍女) 내은이(內隱伊)에게, 오율산(吳栗山)의 집은 우승직 김귀동(金貴同)에게, 유진(劉進)의 집은 좌부승직 서귀손(徐貴孫)에게, 윤기(尹奇)·엄자치(嚴自治)·정복(鄭福)의 집은 모두 혜빈 양씨(惠嬪 楊氏)에게, 이미 시녀 충개(蟲介)가 받은 김종서(金宗瑞)의 첩(妾)의 집은 다시 환수(還收)하여 최습(崔濕)에게 하

8 『단종실록』 권13, 단종 3년 2월 癸卯(27일).

사하였다.[9] 7월 25일에는 적몰(籍沒)한 혜빈 양씨(楊氏)의 가옥을 함길도 도절제사(咸吉道都節制使) 양정(楊汀)에게 하사하였다.」

5월 11일에는 성원위(星原尉) 이정녕(李正寧)이 별세하니, 조회(朝會)와 저자[場市]를 정지하고, 부의(賻儀)로 쌀·콩 아울러 50석과 베[布] 50필, 종이 1백 50권을 하사하고, 관(官)에서 장사(葬事)를 갖추도록 하였다. 이정녕은 성주(星州) 사람으로 좌의정 이직(李稷)의 손자이다. 태종대왕의 딸(昭嬪 盧氏 所生, 淑惠翁主)을 배필로 삼은 부마(駙馬)이다. 성품이 온공(溫恭)하고 학문을 좋아하였는데, 음양(陰陽)과 술수(術數)의 학(學)에 더욱 조예가 깊었다. 세종(世宗)께서 의임(倚任)하여 의금부 제조(提調)와 충청도 관찰사(觀察使)를 제수하였으나, 성품이 협애(狹隘)하고 재물을 늘이고 인색하여, 재상(宰相)의 그릇은 못되었다. 시호(諡號)가 '장절'(章節)이니 온극(溫克)하고 영의(令儀)함을 '장'(章), 염치를 좋아하고 스스로 절제함을 '절'(節)이라 한다.

5월 26일에는 계양군(桂陽君) 이증(李璔)과 파평위(坡平尉) 윤암(尹巖)이 수양대군(首陽大君)을 찾아 알현하고, 금성대군(錦城大君)·화의군(和義君)과 혜빈(惠嬪)·상궁 박씨(尙宮 朴氏)를 제거할 계책에 대해 강력히 말하기를, "어찌하여 종사(宗社)를 위한 계책을 삼지 않으시고, 한 몸의 사은(私恩)으로 인하여 결단치 않으십니까? 만약에 이들 무리가 뜻을 얻는다면 후세(後世)에 누가 공(公)의 충의(忠義)를 알겠습니까? 만약 실패하게 된다면 사직(社稷)의 존망(存亡)을 알 수 없습니다" 하니, 수양대군이 매우 난처하게 여겼다.[10] 이튿날에는 종친(宗親)들이 태평관(泰平館)에서 묵고 있는 명(明)나라 사신들에게 잔치를 베풀었다.

6월 5일에는 수춘군(壽春君) 이현(李玹)이 타계하니, 백관이 홍례문(弘禮門) 밖에서 거애(擧哀)하고, 조회(朝會)와 저자[場市]를 3일 동안 정지하였다. 부의(賻儀)로 쌀·콩 아울러 1백 석과 정포(正布) 40필을 내려주고, 시호(諡號)를 '안도'(安悼)라 하였으니, 관유

9 『단종실록』 권14, 단종 3년 4월 甲申(9일).

10 『단종실록』 권14, 단종 3년 5월 庚午(26일).

(寬裕)하고 화평(和平)함을 '안'(安), 중년(中年)에 일찍 죽음을 '도'(悼)라고 한다. 혜빈(惠嬪) 양씨(楊氏)의 아들이었다.

이튿날에는 경정공주(慶貞公主)가 졸(卒)하니, 부의로 쌀·콩 아울러 50석과 종이 1백 권을 내려 주었다. 공주(公主)는 태종(太宗)의 둘째 딸이니, 효령대군의 둘째 누님이다. 태종 3년 평양군(平壤君) 조대림(趙大臨)에게 하가(下嫁)하였는데, 딸만 넷을 낳았다. 9일에는 임금이 판내시부사(判內侍府事) 김부(金富)에게 명하여 경정공주 빈소(殯所)에 조상하였다.

6월 19일에는 임금이 서교(西郊)에서 농사(農事)일 하는 것을 구경하고 길가의 농민에게 모두 술과 밥을 내려 주었다. 그리고 효령대군(孝寧大君)의 별서(別墅)인 희우정(喜雨亭)에 이르러서는 군사들이 수전(水戰)[11] 연습하는 것을 보았다. 또 시위 군사(侍衛 軍士)로 하여금 수박희(手搏戲)를 하게 한 후 차등 있게 상(賞)을 주었다.[12] 21일에는 명(明) 사신(使臣) 고보(高黼)가 노량(露梁)에 나가 놀다가 배를 타고 마포(麻浦)에 이르렀으므로 동부승지 한명회(韓明澮)와 예판(禮判) 김조(金銚)에게 선온(宣醞)을 가지고 가서 위로하게 하였다.

단종(端宗) 3(乙亥, 1455)년 윤6월 11일, 단종(端宗)에서 세조(世祖)에로의 조선왕조 용상(龍床)의 주인이 바뀌는 역사적인 새 날이 밝았다. 이 날 아침에, 영의정 수양대군(首陽大君)이 우의정(右議政) 한확(韓確)·좌찬성 이사철(李思哲)·우찬성 이계린(李季疄)·좌참찬 강맹경(姜孟卿) 등과 더불어 의정부로부터 대궐로 나아가서 병조 판서(判書) 이계전(李季甸)·이조 판서 정창손(鄭昌孫)·호조 판서 이인손(李仁孫)·형조 판서 이변(李邊)·병조 참판(參判) 홍달손(洪達孫)·참의(參議) 양정(楊汀), 그리고 6승지(六承旨) 등과 같이 빈청(賓廳)에 모여 의논하기를,

"혜빈 양씨(惠嬪 楊氏)·상궁 박씨(尙宮 朴氏)·금성대군(錦城大君) 이유(李瑜)·한남군(漢南

---

11 물 위에서 배를 타고 싸우는 것, 대개 水戰의 연습은 漢江에서 실시했는데, 3군으로 나누어 매 軍船에 30여 명의 水軍을 태우고 또 3,4척에 허수아비를 태워 가상 敵軍으로 삼고 走火·蒺藜砲를 쏘아 격침시켰다.

12 『단종실록』 권14, 단종 3년 6월 癸巳(19일).

君) 이어(李瑜)·영풍군(永豊君) 이전(李瑔)·동지중추원사 조유례(趙由禮)·호군(護軍) 성문치(成文治) 등이 난역(亂逆)을 도모하여 이에 참여한 일당(一黨)이 이미 많았으니 가볍게 할 수가 없다"

고 하였다. 이에 합사(合司)[13]하여 계청(啓請)하기를,

"금성대군(錦城大君)이 전의 일을 스스로 징계하지 아니하고 오히려 무사(武士)들과 은밀히 결탁하고 그 일당에게 후히 정을 베풀면서 다시 혜빈(惠嬪)·상궁(尙宮) 등과 서로 결탁하여 그의 양모(養母) 의빈(懿嬪)으로 하여금 혜빈궁(惠嬪宮)에 들어가 거처하게 하고, 그 유모(乳母) 총명(聰明) 등을 시켜 은밀히 상시 왕래하여 왔고 유(瑜)도 또한 왕래하였으며, 또 상궁(尙宮)에게 계집 종[婢]을 주고는 서로 통하며 안부를 전하여 왔습니다. 또 이 밖에도 한남군(漢南君)·영풍군(永豊君) 및 정종(鄭悰) 등과 더불어 혜빈·상궁과 결탁하여 문종조(文宗朝) 때부터 궁내에서 마구 권세를 부려와 그 불법한 일은 이루 열거(列擧)할 수가 없습니다. 또 대신(大臣)과 종실(宗室)들의 의논을 기다리지 않고 독단하여 의빈의 친척인 박문규(朴文規)의 딸과 또 유(瑜)의 처족인 최도일(崔道一)의 딸을 왕비(王妃)로 세우려다가 뜻을 이루지 못하고 드디어는 중궁(中宮)이 자기가 세운 바가 아니라 하여 온갖 계교로 이간(離間)하여 왔습니다. 또 정종이 은밀히 혜빈과 금성대군 유를 섬겨온 것은 온 세상이 다 아는 사실이며, 조유례(趙由禮)도 역시 그들의 일당입니다. 신 등이 계달하려고 한 것이 이미 오래인데 기세가 날로 심한즉 종사(宗社)의 대계를 생각하여 어찌 사사로운 정으로써 공공의 일을 폐하도록 하겠습니까. 청컨대 조속히 그 죄를 밝히고 바로 잡으소서"

하니, 임금이 그대로 따라서 의금부(義禁府)에 명하여 혜빈 양씨(惠嬪 楊氏)를 청풍(淸風)으로 귀양보내고, 상궁 박씨(尙宮 朴氏)는 청양(青陽)으로, 금성대군(錦城大君) 이유(李瑜)는 삭녕(朔寧)으로, 한남군(漢南君) 이어(李瑜)는 금산(錦山)으로, 영풍군(永豊君) 이전(李

---

13 국가적 중대사가 있을 때 관계 있는 둘 이상의 관청이 합동으로 일을 행하던 일.

璟)은 예안(禮安)으로, 정종(鄭悰)은 영월(寧越)로 각각 귀양보내고, 조유례(趙由禮)는 고신(告身)을 거두고 가두었다. 또 성문치(成文治)와 이예숭(李禮崇)·신맹지(申孟之)·신중지(申仲之)·신근지(申謹之)·신경지(申敬之) 등은 고신을 거두고 먼 변지(邊地)로 떠나 보내어 충군(充軍)[14]하게 하였다.

그리고 곧이어 임금 단종(端宗)이 환관 전균(田畇)으로 하여금 우의정 한확(韓確) 등에게 전지(傳旨)하기를,

> "내가 나이가 어리고 중외(中外)의 일을 알지 못하는 탓으로 간사한 무리들이 은밀히 발동하고 난(亂)을 도모하는 싹이 종식(終熄)하지를 않으니 이제 대임(大任)을 영의정(領議政)에게 전하여 주려고 한다"

고 하니, 이에 한확(韓確) 등이 놀랍고 황공하여 아뢰기를, "지금 영의정(領議政)이 중외(中外)의 모든 일을 다 총괄하고 있는데 다시 어떤 대임(大任)을 전한다는 것입니까" 하고, 전균(田畇)이 다시 이를 아뢰니 임금이 말하기를, "내가 전일부터 이미 이런 뜻이 있었거니와 이제 계책을 정하였으니 다시 고칠 수 없다. 속히 모든 일을 처판(處辦)하도록 하라" 하였다. 이에 한확 등 군신(群臣)들이 합사(合辭)[15]하여 그 명을 거둘 것을 굳게 청하고 수양대군 또한 눈물을 흘리며 완강히 사양하였다. 이에 전균이 다시 들어가 이러한 사실을 아뢰었더니, 조금 있다가 전균이 다시 나와 전교(傳教)를 선포하기를, '상서사(尙瑞司) 관원으로 하여금 대보(大寶)를 들여오라는 분부가 있다'고 하니, 모든 대신들이 서로 돌아보며 얼굴빛을 변하였다. 또 명하여 재촉하니 동부승지 성삼문(成三問)이 상서사에 나아가서 대보를 내다가 전균으로 하여금 경회루(慶會樓) 아래로 받들고 가서 바치게 하였다.

임금이 경회루 아래로 나와서 수양대군(首陽大君)을 부르니, 수양대군이 달려 들어

---

14 罪人을 군사에 보충시켜 軍役의 임무를 지게 하던 刑罰의 하나.

15 임금에게 奏請할 때 신하들이 글을 合하고 連名하여 上疏하던 일, 文章.

가고 승지(承旨)와 사관(史官)들이 그 뒤를 따랐다. 임금이 일어서니, 수양대군이 엎드려 울면서 굳이 사양하였다. 임금이 손으로 대보(大寶)를 잡아 수양대군에게 전해 주니, 수양대군이 더이상 사양하지 못하고 이를 받고는 오히려 엎드려 있으니, 임금이 명하여 부액(扶腋)하여 나가게 하였다. 수양대군이 이내 나와서 대군청(大君廳)에 이르니, 사복관(司僕官)이 시립(侍立)하고 군사들은 시위(侍衛)하였다.

의정부(議政府)에서 집현전 부제학(集賢殿 副提學) 김예몽(金禮蒙) 등으로 하여금 선위(禪位)·즉위(卽位)의 교서(敎書)를 짓도록 하고 유사(有司)가 의위(儀衛)를 갖추어 헌가(軒架)를 근정전(勤政殿) 뜰에 설치하였다. 수양대군이 익선관(翼善冠)과 곤룡포(袞龍袍)를 갖추고는 백관을 거느리고 근정전 뜰로 나아가 선위(禪位)를 받으니, 그 선위 교서(禪位 敎書)에 이르기를,

> "나[端宗] 소자(小子)가 방가(邦家)의 부조(不造;成就)하지 못할 때를 당하여 어린 나이에 선왕(先王)의 대업(大業)을 이어받고 궁중 안에 깊이 거처하고 있으므로 내외(內外)의 모든 사무를 알 도리가 없으니, 흉한 무리들이 소란을 일으켜 국가의 많은 사고를 유발하였다. 숙부(叔父) 수양대군(首陽大君) 이유(李瑈)가 충의(忠義)를 분발하여 나의 몸을 도우시면서 수많은 흉도(兇徒)를 능히 숙청하고 어려움을 크게 건지시었다. 그러나 아직도 흉한 무리들이 다 진멸(殄滅)되지 않아서 변고가 이내 계속되고 있으니, 이 큰 어려움을 당하여 나의 과덕(寡德)한 몸으로는 이를 능히 진정할 바가 아닌지라, 종묘(宗廟)와 사직(社稷)을 수호할 책임이 실상 우리 숙부에게 있는 것이다. 숙부는 선왕의 아우님으로서 일찍부터 덕망이 높았으며 국가에 큰 훈로(勳勞)가 있어 천명(天命)과 인심의 귀의(歸依)하는 바가 되었다. 이에 이 무거운 부하(負荷)를 풀어 우리 숙부에게 부탁하여 넘기는 바이다. 아! 종친(宗親)과 문무의 백관(百官), 그리고 대소의 신료(臣僚)들은 우리 숙부를 도와 조종(祖宗)의 아름다운 유명(遺命)에 보답하여 뭇사람에게 이를 선양(宣揚)할지어다."

하였다. 임금[魯山君]이 다시 좌승지 박원형(朴元亨)에게 명하여 태평관(太平館)으로 가서 명(明)나라 사신(使臣)에게 말하기를,

"내가 어린 나이로 즉위하니, 계유(癸酉;1453, 단종 1)년에 안평대군(安平大君) 이용(李瑢)이 반란을 꾀하여 숙부(叔父) 수양대군(首陽大君)이 이 사실을 나에게 고하고 평정하였다. 그러나 그 남은 일당들이 아직도 존재하여 다시 궤도(軌道)에 벗어나는 일을 꾀하고 있으니, 이 어찌 유치(幼稚)한 내가 능히 진정할 바이겠는가? 수양대군은 종실(宗室)의 장(長)으로서, 사직(社稷)에 공로가 있으니 중임(重任)을 부탁할 만하다. 이에 그로 하여금 국사를 임시 서리(署理)토록 하고, 장차 이를 주문(奏聞)하겠다"

하니, 명나라 사신이 말하기를, "이는 곧 국가의 중대사인데, 이제 그 유서(諭書)를 받으니 기쁩니다" 하였다.

수양대군이 사정전(思政殿)으로 들어가 노산군을 알현하고 면복(冕服)을 갖추고, 근정전(勤政殿)에서 즉위(卽位)하였다. 우의정 한확(韓確)이 백관을 인솔하고 전문(箋文)을 올려 하례하니, 그 전문에 이르기를,

"아래 백성이 도와 군왕(君王)이 되시니, 우러러 천명(天命)을 받으셨고, 큰 덕(德)이 있어 그 보위(寶位)를 얻으시니, 굽어 인심에 순응(順應)하셨습니다. 무릇 이를 보고 듣는 자라면 그 누가 기뻐 도무(蹈舞)하지 않으리오. 공경히 생각하건대 총명(聰明) 예지(叡智)하시고 강건(剛健) 수정(粹精)하신 자품(資稟)으로, 그 신성하신 문무의 재덕은 곧 큰 기업(基業)의 귀속하는 바가 되고, 그 위대하신 공렬(功烈)의 수립은 진정 중한 책임을 사양하기 어렵게 되셨습니다. 사직(社稷)이 안정을 얻으니 조야(朝野)가 모두 기뻐하고 있습니다. 신 등은 다 같이 용렬한 자질로 다행하게도 경사로운 때를 맞아, 저 서기(瑞氣) 어린 해와 구름 속에 천명(天命)도 새로운 거룩한 성대(盛大)를 얻어 보고 태산(泰山)과 반석(盤石) 같은 바탕에서 다시 무강(無疆)하신 큰 계책을 기대하는 바입니다"

하였다. 이에 임금[首陽大君, 世祖]이 하교(下敎)하기를,

"공경히 생각하건대, 우리 태조(太祖)께서 하늘의 밝은 명(命)을 받으시고, 이 대동(大東)의 나라를 가지셨고, 열성(列聖)께서 서로 계승하시며 밝고 평화로운 세월이 거듭되어 왔다.

그런데 주상전하(主上殿下;端宗)께서 선업(先業)을 이어받으신 이래, 불행하게도 국가에 어지러운 일이 많았다. 이에 덕 없는 내가 선왕(先王)과는 한 어머니의 아우이고 또 자그마한 공로가 있었기에 장군(長君)인 내가 아니면 이 어렵고 위태로운 상황을 진정시킬 길이 없다고 하여 드디어 대위(大位)를 나에게 주시는 것을 굳이 사양하였으나 이를 얻지 못하였고, 또 종친(宗親)과 대신(大臣)들도 모두 이르기를 종사(宗社)의 대계(大系)로 보아 의리상 사양만 할 수 없다고 하는지라, 필경 억지로 여정(輿情)을 좇아 경태(景泰) 6년(1455, 세조 원년) 윤6월 11일에 근정전(勤政殿)에서 즉위하고, 주상(主上)을 높여서 상왕(上王)으로 받들게 되었다.

이렇게 임어(臨御)하는 초기를 당하여 의당 관대한 혜택을 베풀어야 할 것이므로 경태 6년 윤6월 11일 새벽 이전에 있었던 일로서 모반(謀反)과 대역(大逆), 모반(謀叛), 또 자손으로서 조부모 또는 부모를 모살(謀殺)하였거나 또는 구매(毆罵;때리고 욕보임)한 자, 처첩(妻妾)으로서 지아비를 살해한 자, 노비(奴婢)로서 주인을 모살(謀殺)한 자와 고의로 살인을 꾀한 자, 고독(蠱毒;뱀 지네 두꺼비 등의 毒)·염매(魘魅;呪文이나 詛術로 남을 저주하여 죽게함)한 자와 다만 강도(强盜)를 범한 자를 제외하고는, 이미 발각되었거나 아직 발각되지 않았거나 또는 이미 결정하였거나 아직 결정되지 않았거나 모두 용서하여 면제하며, 앞으로 감히 유지(宥旨;용서한다는 傳旨) 전의 일을 가지고 서로 고(告)하여 말하는 자가 있으면 그 죄(罪)로써 죄줄 것이다. 아! 외람되게도 중대한 부탁을 이어받으니 실상 두려운 걱정이 마음에 넘치는 바, 실로 두렵고 삼가는 마음으로 이에 큰 은혜를 널리 베풀어 경신(更新)의 치화(治化)를 넓히고자 하는 바이다"

하였다. 예(禮)를 마치고 법가(法駕)[16]를 갖추어 잠저(潛邸)로 돌아가니, 종친(宗親)과 문무 백관(文武 百官)·기로(耆老)·족친(族親)들이 중궁(中宮)에 하례(賀禮)를 드렸으나, 이를 받지 아니하였다. 이 날 밤 이고(二鼓) 무렵에 임금이 서청(西廳)에 임어(臨御)하니, 병

---

16 노부(鹵簿;임금의 行次 거둥 때의 儀仗 규모)의식의 하나. 임금이 先農壇에 제향하고 國學에 행차하여 釋奠禮를 행하고, 射壇에서 활을 쏘거나 할 때 사용하는 儀章임.

조 판서 이계전(李季甸)·이조 판서 정창손(鄭昌孫)·도승지 신숙주(申叔舟)·좌부승지 구치관(具致寬) 등이 입시(入侍)하였는데, 이 자리에서 하동부원군(河東府院君) 정인지(鄭麟趾)를 영의정(領議政)으로 삼았다.[17] 그리고 이번 사건에 대한 첫 조치로서 당일로 의금부(義禁府)에 전지(傳旨)하기를, "혜빈 양씨(惠嬪 楊氏)와 상궁 박씨(尙宮 朴氏)는 그 가산(家産)을 적몰(籍沒)하라" 하였다.

이튿날 날이 밝자 새로 즉위한 세조(世祖) 임금이 법가(法駕)를 갖추고 경복궁(景福宮)에 이르자, 광화문(光化門) 앞에서는 대연(大輦)에서 내려 걸어서 근정전(勤政殿) 서쪽 뜰로 들어가니, 백관이 반열(班列)대로 정돈하였다. 임금이 면복(冕服)을 갖추고서 근정전 계단 위에 올라 노산군(魯山君)에게 전문(箋文)을 올려 치사(致謝)하니, 그 전문에 이르기를,

> "지도(至道;큰 德)는 이름하기 어려운 것이나 명백히 그 겸양의 덕을 보이셨고, 대명(大命)은 용이한 것이 아닌데 범용(凡庸)한 자질에 그릇 미쳤나이다. 삼가 절하고 받으니 놀랍고 황공하여 거조(擧措)를 잃었습니다. 엎드려 생각하건대 신의 타고난 성품이 천박(淺薄)하고 학문 또한 공소(空疎)한데, 지난번 어렵고 위태로운 때를 당하여 약간 연애(涓埃;물방울과 먼지)에 불과한 미미한 보답을 드렸고, 더욱 심력을 다하여 시종 그 정성을 굳히려고 하였더니 어찌 하루 아침에 이 엄명(嚴明)이 내리실 것을 기약하였겠습니까? 재삼 사양함을 얻지 못하여 더욱 전전긍긍(戰戰兢兢)하며 회포만 간절할 뿐입니다. 이는 대개 엎드려 뛰어난 관인(寬仁)의 덕과 겸양하신 마음을 지니신 성상을 만나 드디어 잔열(孱劣)한 인품으로 하여금 참람하게도 크나큰 기업을 계승하게 하시니, 신이 감히 그 수성(守成)의 어려움을 생각지 않겠나이까? 편히 있을 겨를이 없을 것이며, 부탁의 중하심을 생각하여 오직 길이 도모(圖謀)할 생각만을 가지겠습니다"

하니, 노산군이 치사(致謝)하지 말라고 명하여, 드디어 익선관(翼善冠)과 흑곤룡포(黑袞

17 『세조실록』 권1, 세조 1년 윤6월 乙卯(11일).

龍袍)의 차림으로 경회루(慶會樓) 아래로 나왔다. 임금이 다시 익선관과 곤룡포의 차림으로 들어가 치사를 드리고 노산군은 남쪽을 향하고 임금은 서쪽을 향하여 앉고, 잔치를 베풀고 풍류를 연주하였다. 임금이 무릎을 꿇고 잔을 올리니 노산군도 또한 무릎꿇고 받아 임금에게 수작(酬酌)을 건네매, 임금이 또 무릎을 꿇고 받아 마시고 자기 자리로 돌아왔는데, 양녕대군(讓寧大君)과 효령대군(孝寧大君) 이보(李補) 이하가 차례로 잔을 올려 일곱 번 잔을 드리고 그친 후, 임금이 또다시 노산군에게 잔을 올렸다. 예를 마치고 걸어서 광화문(光化門)까지 나와서 연(輦)을 타고 잠저(潛邸)로 돌아왔다.[18] 한편, 당일 임금은 경기관찰사(京畿觀察使)에게 유시(諭示)하기를,

> "삭녕(朔寧) 수령(守令)으로 하여금 금성대군(錦城大君) 이유(李瑜)를 후히 대접하게 하고, 아울러 수종인(隨從人)까지도 적당히 공급하여 주도록 하라"

하였다. 그리고 인수부(仁壽府)를 고쳐 덕녕부(德寧府)로 하고 노산군(魯山君)에 대한 공상(供上)에 관한 모든 사무를 관장하게 하였다. 또한 이 날, 임금이 서상(西廂)에 나아가니 승지(承旨)가 정무(政務)를 아뢰었다. 임금이 말하기를,

> "옛날부터 사씨(史氏)란 그 사실을 그대로 쓰는 것이니 춘추관(春秋館)에 전유(傳諭)하여, '『문종대왕실록』(文宗大王實錄) 속에 혹시 그 과실(過失)을 말한 곳이 있더라도 삭제(削除)하지 말라'고 하라"

하였다.

윤6월 보름날에는 임금[世祖]이 경복궁(景福宮)에 납시었는데, 노산군(魯山君)은 도승지 신숙주(申叔舟)에게 명하고, 임금은 좌부승지 구치관(具致寬)에게 명하여, 명(明)나라 두 사신(使臣)을 청하여 경회루(慶會樓) 위에서 잔치를 베풀었다. 노산군은 남향하여

---

18 『세조실록』 권1, 세조 1년 윤6월 丙辰(12일).

앉고 임금은 서향하여 앉았으며, 중국 사신들은 동향하여 앉고는 9작(爵)을 행하고 파(罷)하였다. 임금과 노산군이 각기 두 사신에게 초서피(貂鼠皮)와 토표피(土豹皮) 등의 선물을 주었다.[19] 이튿날에는 의금부(義禁府)에 전지(傳旨)하여,

"한남군(漢南君) 이어(李玹)를 아산(牙山)으로 이배(移配)하고, 영풍군(永豊君) 이전(李瑔)은 안성(安城)으로, 정종(鄭悰)은 양근(楊根)으로 각각 이배토록 하라"

하였다. 그러나 17일에 다시 전교하기를,

"영양위(寧陽尉) 정종(鄭悰)의 죄는 이유(李瑜) 등의 예(例)가 아니다. 다만 사람이 경박하여 죄인과 사귀어 결탁하였기에 내가 경각(警覺)시키려고 했을 뿐, 본시 외방에 오래 있게 하려는 것은 아니었다. 또 공주(公主)는 문종(文宗)대왕의 맏딸인데 내 어찌 선왕을 잊고 그렇게 하겠느냐? 어제 들으니 공주가 편치 않다고 한다. 내 몹시 놀라고 걱정되어 시녀(侍女)로 하여금 문병하게 하고, 또 의원(醫員)과 약을 보내었다. 이제 상왕(上王)께서 사람을 보내어 이르시기를, '영양위(寧陽尉)의 공주가 그 병을 내게 고해 왔는데, 그의 의중이 아마도 정종을 돌아오게 하려는 것 같다'고 하였다. 내가 명을 듣고 황공하여 드디어 의금부에 전지(傳旨)해서 '정종을 놓아 보내게 하라'고 하였다"

하고, 이내 강원도 관찰사(江原道 觀察使)에게 전(傳)을 주어 올려 보내라고 유시(諭示)하였다.[20]

19일에는 의금부에 전지하여 금성대군(錦城大君) 이유(李瑜)를 광주(廣州)에 이배케 하였다. 그리고 같은 날, 경기 및 충청도 관찰사에게 유시(諭示)하기를,

---

19 『세조실록』 권1, 세조 1년 윤6월 己未(15일).

20 『세조실록』 권1, 세조 1년 윤6월 辛酉(17일).

"도내(道內)에 부처(付處)한 광주(廣州)의 이유(李瑜)·안성(安城)의 이전(李瑔)·청산(靑山)의 이영(李瓔)·아산(牙山)의 이어(李玗)는 그 노비(奴婢)와 아울러서 다만 양료(糧料)만을 매월 지급하되, 주육(酒肉)과 찬구(饌具)는 본읍(本邑)에서 지공(支供)하지 말라"

하였다. 이튿날 노산군(魯山君)이 창덕궁(昌德宮)으로 옮겨 이어(移御)하니, 제사(諸司)에서 한 사람씩 나와 시위(侍衛)하고, 임금은 그 잠저(潛邸)로부터 경복궁(景福宮)으로 입어(入御)하니 백관이 시위하였다.[21]

7월 4일에는 세조(世祖) 임금이 친히 종묘(宗廟)에 즉위(卽位)했음을 고(告)하고, 근정전(勤政殿)에 나아가 즉위 교서(卽位 敎書)를 발표하였는 바, 그 교서에 이르기를,

"나는 덕(德)이 박(薄)한 사람으로서 상왕(上王)께서 부여해 주신 중책을 받고 조종(祖宗)의 큰 사업을 계승하고는 이에 옛 법도에 따라 친히 태묘(太廟)에 강신(降神)하니, 욕례(縟禮)를 이미 이루었으므로 마땅히 관대한 법을 포시(布施)하여 이 큰 경사를 만민과 더불어 같이 해야 할 것이니, 경태(景泰) 6년 7월 초4일 새벽 이전에 있었던 모반(謀反)·대역(大逆)·모반(謀叛), 그리고 자손으로서 조부모 또는 부모를 모살(謀殺)·구매(毆罵)한 자, 처첩(妻妾)으로서 지아비를 모살(謀殺)한 자, 노비(奴婢)로서 주인을 모살한 자, 모고 살인(謀故 殺人)·고독(蠱毒)·염매(魘魅), 단지 강도(强盜)·절도(竊盜)를 범한 자를 제외하고는 이미 사실이 발각되었거나 발각되지 않았거나 또는 이미 결정되었거나 결정되지 않았거나 모두 용서하여 죄를 면제하며, 감히 유지(宥旨) 이전의 일을 가지고 서로 고하여 말하는 자는 그 죄로써 죄(罪) 줄 것이다. 아! 조종(祖宗)의 복을 받아 이 비상한 전례(典禮)를 거행하고 백성에게 은혜를 이루어 막대한 인애(仁愛)를 널리 펴는 바이다"

하였다.[22]

---

21 『세조실록』 권1, 세조 1년 윤6월 甲子(20일).

22 『세조실록』 권1, 세조 1년 7월 丁丑(4일).

7월 11일에는 노산군(魯山君)을 '공의온문상태왕'(恭懿溫文上太王)에 봉(封)하고, 송씨(宋氏)를 '의덕왕대비'(懿德王大妃)에 봉하였다. 임금이 면복(冕服)을 입고 법가(法駕;임금의 儀仗의 하나)를 갖추고서 종친(宗親)과 문무 백관을 거느리고 창덕궁(昌德宮)으로 거둥하여 노산군을 알현(謁見)하였는데, 백관이 노산군과 송씨에게 하례하였으나 모두 받지 않았다. 임금이 드디어 노산군과 더불어 광연정(廣延亭)에서 잔치를 베풀었는데, 종친과 부마(駙馬), 그리고 정부 관원과 승지(承旨) 등이 배시(陪侍)하여서 지극히 즐기다가 파하였다.[23]

그 이튿날에는 임금이 창덕궁(昌德宮)에 거둥하여 노산군(魯山君)을 알현(謁見)하였는데, 개국(開國)·정사(定社)·좌명(佐命)·정난(靖難)의 4공신(四功臣) 등이 맹족(盟簇)[24]을 임금 및 노산군에게 바치니, 임금이 공신들에게 나누어 주라고 명하고는 이어서 잔치를 베풀었다. 왕세자(王世子) 및 양녕대군(讓寧大君) 이제(李禔)·효령대군(孝寧大君) 이보(李補)와 영응대군(永膺大君)·경녕군(敬寧君)·함녕군(諴寧君)·익녕군(益寧君)·계양군(桂陽君)·밀성군(密城君)·익현군(翼峴君)·영해군(寧海君), 그리고 영의정 정인지(鄭麟趾)·좌의정 한확(韓確)·우의정 이사철(李思哲)·운성부원군(雲城府院君) 박종우(朴從愚)·연창위(延昌尉) 안맹담(安孟聃)·오산군(烏山君) 이주(李澍)·영천위(鈴川尉) 윤사로(尹師路)·파평위(坡平尉) 윤암(尹巖)·화천위(花川尉) 권공(權恭)·판돈녕부사(判敦寧府事) 송현수(宋玹壽)·청성위(靑城尉) 심안의(沈安義)·판중추원사(判中樞院事) 조혜(趙惠)·병조판서 이계전(李季甸)·하성위(河城尉) 정현조(鄭顯祖)·행상호군(行上護軍) 남경우(南景祐)·이조판서 박중손(朴仲孫)·형조 판서 권준(權蹲)·판내시부사(判內侍府事) 전균(田畇)·대사헌 최항(崔恒)·병조참판 홍달손(洪達孫)·계림군(鷄林君) 이흥상(李興商)·이조참판 권람(權擥)·도승지 신숙주(申叔舟)·좌승지 박원형(朴元亨)·우승지 구치관(具致寬)·좌부승지 한명회(韓明澮)·우부승지 성삼문(成三問)·동부승지 조석문(曺錫文)·병조참의 이예장(李禮長)·형조참의 윤사윤(尹士昀)·예조참의 홍윤성(洪允成)·첨지중추원사 봉석주(奉石

---

23 『세조실록』 권1, 세조 1년 7월 甲申(11일).

24 同盟을 맺은 誓詞 또는 그 명단을 적은 簇子.

柱)·강곤(康袞), 상호군(上護軍) 유서(柳溆)·유사(柳泗)·홍순로(洪純老)·부전첨(副典籤) 설계조(薛繼祖)·판관 송익손(宋益孫)·서령(署令) 한서구(韓瑞龜) 등이 시립(侍立)하였고, 4공신의 친자(親子)와 적장자(嫡長子)는 인정전(仁政殿) 외랑(外廊)에서 궤향(饋餉)하였다. 풍악이 연주되고 무인(舞人)과 고수(鼓手)가 들어왔다. 양녕대군(讓寧大君) 이제(李禔)는 비파(琵琶)를 잡고, 권공(權恭)은 징[錚]을 잡았다. 이리하여 여러 공신이 차례로 일어나서 춤을 추었다. 음악이 장차 마치려고 할 때, 임금도 역시 일어나 춤을 추었다. 잔치를 파하고 영응대군(永膺大君) 이염(李琰)의 사제(私第)로 거둥하였다가 환궁(還宮)하여 사정전(思政殿)에 나아갔는데, 임영대군(臨瀛大君) 이구(李璆) 및 영응대군·이계전·홍달손·신숙주 등이 시립(侍立)하였다.

한편 8월 19일에는 임금이 이조(吏曹)에 전지(傳旨)하기를,

"효령대군(孝寧大君)의 장남 의성군(誼城君) 이채(李宷)와 셋째 보성군(寶城君) 이갑(李峇), 그리고 진남군(鎭南君) 이종생(李終生)·덕천정(德泉正) 이후생(李厚生)은 이미 경서(經書)의 대의(大義)를 통달하였으니, 취학(就學)하는 것을 면제하도록 허락하고, 그 아들과 사위, 동생·조카 중에 한 사람은 가자(加資)시켜 권면(勸勉)의 뜻을 보이도록 하라"

하였다.[25]

8월 27일에는 춘추관(春秋館)에서 아뢰기를,

"근래에 『세종실록』(世宗實錄)·『문종실록』(文宗實錄)의 편찬으로 인하여 시정기(時政記)[26]를 찬집(纂集)할 겨를이 없었으나 이제 실록이 완성되어 가고 있으니, 청컨대 임신(壬申;文宗2)년 5월 15일 이후의 시정기를 찬집토록 하게 하소서"

25 『세조실록』 권2, 세조 1년 8월 壬戌(19일).

26 藝文館에서 편찬하던 역사 기록, 각 衙門에서 보고하는 文書를 항상 점검하여 연월에 따라 편찬 기록하여 뒷날 實錄 편찬에 자료로 삼았음.

하니, 그대로 따랐다. 춘추관에서 보고한대로, 『문종실록』(文宗實錄)이 13권으로 편찬 완료된 것은 그해 11월 10일이었다.

병자(丙子; 1456)년 새해가 밝으니 수양대군(首陽大君)의 등극(登極)한 지 2년째에, 효령대군(孝寧大君)께서는 보령(寶齡) 61세, 회갑(回甲)을 맞으신 해이다. 지난해 윤6월 11일에 단종(端宗)의 선위(禪位)를 받아 등극(登極)한 금상(今上) 세조(世祖)가 처음 맞는 새해 아침이다. 초하룻날 임금이 망궐례(望闕禮)를 행하고 이어서 백관의 조하(朝賀)를 받으니, 왜인(倭人)과 야인(野人) 5백여 인도 수반(隨班)하였다. 그리고 이어 창덕궁(昌德宮)으로 나아가 상왕(上王)인 노산군(魯山君)을 알현하고 풍정(豊呈)을 올렸다.[27]

2월 24일에는 임금이 이조(吏曹)에 전지하기를,

"낙안윤(樂安尹) 이영(李寍)은 경서(經書)의 대의(大義)를 통달하여 방학(放學)을 허락하였으니, 그 사위[子壻]와 아우, 또는 조카 중 1인을 원(願)에 따라 직질(職秩)을 올리게[加資] 하라"

하였는 바,[28] 낙안윤(樂安尹) 이영(李寍)은 효령대군(孝寧大君)의 넷째 아들이다.

28일에는 정정옹주(貞靜翁主)가 죽으니, 부의(賻儀)로 쌀·콩 아울러 1백 석과 종이 1백50권, 정포(正布) 40필(疋), 유둔(油芚) 2부(部), 전칠(全漆) 2승(升)과 관곽(棺槨)을 내려 주었다. 정정옹주는 태종(太宗)의 따님으로 신빈 신씨(信嬪 辛氏) 소생이니, 함녕군(諴寧君)·온녕군(溫寧君)·근녕군(謹寧君)·정신옹주(貞信翁主) 등과는 친남매(親男妹)간이었다. 한원군(漢原君) 조선(趙璿)에게 하가(下嫁)하였다.

3월 12일에는 사정전(思政殿)에 나아가 잔치를 베풀어 각각 주문사(奏聞使)와 사은사(謝恩使)로 명(明)나라에 다녀온 신숙주(申叔舟)와 권람(權擥)을 위로하니, 세자(世子)와 더불어 양녕대군(讓寧大君)·효령대군(孝寧大君)·임영대군(臨瀛大君)·영응대군(永膺

27 『세조실록』 권3, 세조 2년 1월 辛未(1일).

28 『세조실록』 권3, 세조 2년 2월 癸亥(24일).

大君)·경녕군(敬寧君)·함녕군(諴寧君)·익녕군(益寧君)·계양군(桂陽君)·의창군(義昌君)·밀성군(密城君)·익현군(翼峴君)·영해군(寧海君)·파평군(坡平君) 윤암(尹巖)·화천군(花川君) 권공(權恭)·영의정(領議政) 정인지(鄭麟趾)·운성부원군(雲城府院君) 박종우(朴從愚)·좌찬성(左贊成) 윤사로(尹師路)·판돈녕부사(判敦寧府事) 송현수(宋玹壽)·병조참판 홍달손(洪達孫)·형조참판 박팽년(朴彭年)·예조참판 하위지(河緯地)·도승지 박원형(朴元亨)·좌승지 구치관(具致寬)·우승지 한명회(韓明澮)·좌부승지 성삼문(成三問)·첨지중추원사 이흥상(李興商) 등이 입시(入侍)하였다. 임금이 친히 신숙주와 권람에게 술을 내려주고, 또 명하여 서장관(書狀官) 이하 수종자(隨從者)에게 빈청(賓廳;三議政이 政務를 보는 곳)에서 주과(酒果)를 내려주게 하였다.[29]

4월 10일에는 경회루(慶會樓)에서 종묘 하향제(宗廟 夏享祭)의 음복연(飮福宴)을 베풀었는데, 종친(宗親)으로 양녕대군(讓寧大君)·효령대군(孝寧大君)·임영대군(臨瀛大君)·영응대군(永膺大君)·경녕군(敬寧君)·함녕군(諴寧君)·익녕군(益寧君)과 영의정 정인지(鄭麟趾)·좌의정 한확(韓確)·우의정 이사철(李思哲)·좌찬성 윤사로(尹師路)·우찬성 정창손(鄭昌孫)·좌참찬 강맹경(姜孟卿)·도승지 박원형(朴元亨)·좌승지 구치관(具致寬)·우승지 한명회(韓明澮)·좌부승지 성삼문(成三問)·우부승지 조석문(曺錫文)·동부승지 윤자운(尹子雲) 등이 입시(入侍)하였다. 그리고 일본(日本) 국왕(國王)의 사자(使者) 중[僧] 승전(承傳)·범준(梵準) 등 5인을 불러 연회(宴會)에 참석케 하였는데, 승전(承傳)에게 명하여 차례로 술을 올리게 하고 교대로 일어나 춤도 추게 하였다.[30]

5월 5일날은 예조(禮曹)에서 중외(中外)의 혼가(婚嫁)를 금하고 왕세자(王世子;世祖의 嫡長子; 桃源君 李崇, 追尊 德宗)의 잉첩(媵妾)을 뽑도록 청하니, 명하여 14세 이상 20세 이하에게 혼가를 금지(禁止)하게 하였다. 그리고 5월 11일에는, 이 때 한양(漢陽)에 머물고 있던 명(明)나라 사신 윤봉(尹鳳) 등이 용산강(龍山江)에서 뱃놀이를 하다가 강물을 따라서 아래로 내려와 효령대군(孝寧大君)의 별서(別墅)인 희우정(喜雨亭)에 이르니, 기생

29 『세조실록』 권3, 세조 2년 3월 辛巳(12일).

30 『세조실록』 권3, 세조 2년 4월 己酉(10일).

(妓生)과 악공(樂工)들이 풍악을 연주하며 맞이하고, 정자(亭子) 위에서 잔치를 베풀었다. 임금이 좌승지 구치관(具致寬)에게 명하여 주과(酒果)와 어육(魚肉)을 가지고 가서 공궤(供饋)하게 하였다.[31]

그런데 수양대군의 등극 후, 세조(世祖)의 즉위(卽位)에 반대하는 세력이 끊임없이 노산군(魯山君)을 복위(復位)시키려 하는 낌새가 있어왔고, 이를 단속하기 위해 6월 6일에는 전국 8도(八道)의 관찰사(觀察使)·절제사(節制使)·처치사(處置使)에게 유시하기를,

> "근일에 성삼문(成三問)·박팽년(朴彭年)·하위지(河緯地)·유성원(柳誠源)·이개(李塏)·박중림(朴仲林)·권자신(權自愼)·김문기(金文起)·성승(成勝)·유응부(兪應孚)·박쟁(朴崝)·송석동(宋石同)·최득지(崔得池)·최치지(崔致池)·윤영손(尹令孫)·박기년(朴耆年)·박대년(朴大年) 등이 몰래 반역(反逆)을 꾀하였으나, 흉포한 역모가 드러나서 그 죄상을 다 알았다. 그러나 아직도 소민(小民)들이 두려워할까 염려하니, 공 등은 이 뜻을 선유(宣諭)하여 경동(驚動)하지 말게 하라"

하였으니,[32] 이 무렵에 이른바 '사육신'(死六臣)사건이 있었던 것이다.

6월 8일 임금은, 의금부(義禁府)에서 성삼문(成三問) 등의 반역죄를 고하니, 연루된 자들의 처벌(處罰)을 명하였다. 사정전(思政殿)에 나아가서 명하여 의금부 제조 윤사로(尹師路)·강맹경(姜孟卿)·이인손(李仁孫)·신숙주(申叔舟)·성봉조(成奉祖)·박중손(朴仲孫)·어효첨(魚孝瞻)과 승지(承旨)·대간(臺諫) 등을 불러서 입시(入侍)하게 한 다음, 성삼문(成三問)·이개(李塏)·하위지(河緯地)·박중림(朴仲林)·김문기(金文起)·성승(成勝)·유응부(兪應孚)·윤영손(尹令孫)·권자신(權自愼)·박쟁(朴崝)·송석동(宋石同)·이휘(李徽)·노산군(魯山君) 유모(乳母) 봉보부인(奉保婦人)의 여종 아가지(阿加之)·권자신의 어미 집 여종 불덕(佛德)·별감(別監) 석을중(石乙中) 등을 끌어와서 장(杖)을 때리면서 당여(黨與)를

31 『세조실록』 권4, 세조 2년 5월 己卯(11일).

32 『세조실록』 권4, 세조 2년 6월 甲辰(6일).

심문하였다.

의금부에서 아뢰기를, "성삼문·이개·권자신·아가지·불덕 등이 결당(結黨)하여 어린 임금을 끼고 나라의 정사를 마음대로 할 것을 꾀하여, 6월 초1일에 거사(擧事)하려 하였으니, 그 죄는 능지처사(陵遲處死)에 해당합니다. 적몰(籍沒)과 연좌(緣坐)도 아울러 율문(律文)에 의하여 시행하소서" 하니, 드디어 백관들을 군기감(軍器監) 앞 길에 모아 빙 둘러서게 한 다음, 이개(李塏) 등을 환열(轘裂)하여 두루보이고 3일 동안 저자[市街]에 효수(梟首)하였다.

8월 24일에는 임금이 효령대군(孝寧大君)의 별서(別墅)인 희우정(喜雨亭)에 거둥하여 병선(兵船)을 구경하였는데, 종친(宗親)과 의정부(議政府)·육조(六曹)의 참판(參判) 이상과 승지(承旨) 등이 입시(入侍)하였다. 이 자리에서 임금은 백·중부(伯·仲父)이신 양녕대군(讓寧大君)·효령대군(孝寧大君) 두 분에게 각각 아마(兒馬) 1필씩을 드렸다.[33]

9월 7일은 사헌부(司憲府)에서 개암사(開菴寺)와 용문사(龍門寺)에 물자(物資)를 주는 것이 부당함을 아뢰었으나 윤허(允許)하지 않은 바, 사헌부에서 다시 아뢰기를,

> "신(臣) 등이 들으니, 개암사(開菴寺)를 중건(重建)하는데 필요한 재목과 기와를 지급하고, 또 용문사(龍門寺)에는 매년 춘추(春秋)로 의례 식·염(食·鹽)을 주기도 하였다고 합니다. 근자에 수륙재(水陸齋)를 더 설치하는 것도 이미 불가한데, 지금 또 이와 같이 하니, 신민(臣民)의 바람에 어떻겠습니까?"

하였으나, 윤허하지 않았다. 여기서 용문사(龍門寺;上院寺)는 바로 효령대군(孝寧大君)이 자주 찾는 원찰(願刹)이었다.

11월 14일에는 왕세자(王世子)가 개국공신(開國功臣)·정사공신(定社功臣)·좌명공신(佐命功臣)의 친자(親子)와 적장자손(嫡長子孫), 정난공신(靖難功臣)·좌익공신(佐翼功臣) 및 친자 등과 더불어 북단(北壇)에서 함께 맹세하였다. 그 글에 이르기를,

---

33 『세조실록』 권5, 세조 2년 8월 辛酉(24일).

"주(周)나라는 기공(記功)의 재적(載籍)을 보는 것이 있었고, 한(漢)나라는 대려(帶礪)의 맹세가 있었으니, 특히 공(功)을 한 때에 갚는 것 뿐 아니라 대개 자손 만대에 나라와 더불어 휴척(休戚)을 같이하고자 함이었다. 이에 총명(寵命)을 받아 후하게 갚음을 누리니, 대대로 충정(忠貞)을 도탑게 하여 왕실(王室)을 협보(夾輔)하지 않을 수 있으랴? 지금 신(臣) 등이 혹은 조부(祖父) 때에 있어서, 혹은 친히 그 자신에 있어서 성명(聖明)을 만나서 용(龍)의 비늘을 더위잡고, 봉(鳳)의 날개에 붙어서 능히 화난(禍難)을 제거하여 왕업(王業)을 열고, 능히 간흉(奸凶)을 전제(剪除)하여 종사(宗社)를 정하여 대명(大命)을 위의(危疑)한 즈음에 돕고, 내난(內難)을 탁란(濁亂)한 때에 깨끗이 하여 성상(聖上)을 익대(翊戴)해서 집을 변하여 나라를 만듦[化家爲國]에 이르렀다. 공(功)은 맹서(盟誓)에 기록하고 상(賞)은 후손(後孫)에 뻗치어 모두 포숭(褒崇)의 은전(恩典)을 지극히 하고, 종시(終始)의 은혜를 온전히 하였으니, 무릇 우리 5공신(功臣)은 오직 마땅히 국가(國家)의 지극한 뜻을 우러러 몸받고, 조부(祖父)의 예전 덕(德)을 바꾸지 말아서 마음을 같이하고 힘을 합하여 몸을 버리고 절개를 따라 국은(國恩)을 갚기를 도모하여 죽은 뒤에야 그칠 것이다. 그러므로 날을 가리어 목욕 재계(齋戒)하고, 위로 왕세자(王世子)와 더불어 여러 신명(神明)에게 질정(質正)하고, 거듭 전의 친호(親好)를 맺어 그 마음을 굳게 한다. 이미 맹세한 뒤에 각각 책려(策勵)하여 서로 친하기를 골육(骨肉)같이 하고 서로 믿기를 금석(金石)같이 하여 사람들의 간언(間言)에 의심하지 말며, 자기의 사사 감정에 개체(介滯)하지 말아서 과실(過失)이 있으면 바루고 환난(患難)이 있으면 구원하여 길이 한마음에 맡기어 시종 게을리 하지 말아서 위로는 임금[一人]에게 충성(忠誠)을 다하고, 아래로는 만세(萬世)에 아름다움을 짝하여 자자손손(子子孫孫)이 오늘을 잊지 말라. 혹시라도 어긋남이 있으면 신명(神明)이 위에 있다"[34]

하였다. 맹세가 끝나매, 5공신(功臣) 당상관(堂上官)이 함께 예궐(詣闕)하여 숙배(肅拜)하

---

34 총 226인이 모인 이 날, 會盟 참가자들은 놋양푼에 담은 사슴 피를 나눠 마시고, 이 중 讓寧과 孝寧大君등 157인은 手決로 忠誠을 서약한 '五功臣會盟軸'(약 8m)을 채택한 바, 그 원본이 2016년 현재 한국학중앙연구원에 保存되어 있다.

니, 사정전(思政殿)에 나아가 인견(引見)하고 술을 내려 먹이었다.[35] 그리고 맹세가 끝난 뒤, 임금은 맹세에 참여한 공신(功臣)의 자손에 대한 가자(加資)와 서용(敍用)을 이조(吏曹)·병조(兵曹)에 명한 바,

> "지금 맹세에 참여한 공신(功臣) 자손(子孫)을 아울러 가자(加資)하여 서용(敍用)하고, 자급(資級;18品階를 말함)이 다한 자는 자원(自願)에 따라 사위·아우·조카·손자 중에서 한 자급을 더하여 서용하고, 또 시임(時任) 당상관(堂上官)의 아들·사위 중에서 한 사람을 자원에 따라 가자하여 서용하라"

하였다.

그리고 이튿날 11월 15일에는 임금이 근정전(勤政殿)에 나아가 조하(朝賀)를 받고, 다시 사정전(思政殿)에 나아가서 회맹 음복연(會盟 飮福宴)을 베풀었다. 종친(宗親)은 영해군(寧海君) 이상, 부마(駙馬)는 연창위(延昌尉) 안맹담(安孟聃), 삼공신(三功臣)의 친자(親子) 및 적장자손(嫡長子孫), 정난공신(靖難功臣)·좌익공신(佐翼功臣)과 친자(親子)로 회맹(會盟)한 자, 도진무(都鎭撫)·승지(承旨) 등이 입시(入侍)하였는데, 인원이 모두 1백 80여인이나 되었다.[36]

---

35 『세조실록』 권5, 세조 2년 11월 庚辰(14일).

36 『세조실록』 권5, 세조 2년 11월 辛巳(15일).

顯젹이名명言언
맛긔업스시니
覺路ᄂᆞᆫ則解脫이返流ㅣ라位當遠涉이시며因이
窮ᄒᆞ야趣果ㅣ라義說證發이시니라跡[illegible]ᄂᆞᆫ則聖行이
已立ᄒᆞ샤不藉名言이시니止觀애云ᄒᆞ샤ᄃᆡ自證
은不可說이라ᄒᆞ시니라跡[illegible]은行이오解ᄂᆞᆫ泯也ㅣ라然
茲四句ᄂᆞᆫ說有多途ᄒᆞ니學者ㅣ審而詳之니

19

함흥 「璿鄕憲目」의 '序文'을 쓰다

효령대군 62세, 1월 ~ 63세, 11월

상왕[端宗]에 대한 문제가 매듭지어지지 못한 채, 정축(丁丑, 1457)년 새해가 시작되었다. 금상(今上) 즉위 3년째에, 효령대군(孝寧大君)께서는 보령(寶齡) 62세가 되셨다. 초하룻날, 임금이 근정전(勤政殿)에 나아가 조하(朝賀)를 받고, 다시 사정전(思政殿)에 나아가 야인(野人)의 대호군(大護軍) 김아랑합(金阿郞哈) 등 29인을 인견(引見) 후, 잔치를 베푸니 종친(宗親) 및 의정부·육조참판 이상과, 도진무(都鎭撫)·승지(承旨) 등이 입시(入侍)하므로 연탁(宴卓)과 술 50병을 의정부(議政府)에 내려 주고, 왕세자가 또 연탁과 술 20병을 서연관(書筵官)에 내려 주었다.

이튿날은 임금이 중궁(中宮)과 더불어 강녕전(康寧殿)에 나아가니, 해양대군(海陽大君;睿宗) 이황(李晄)이 풍정(豊呈)을 드리고, 세자(世子)가 내종친(內宗親;임금의 親族) 등과 더불어 입시하였다. 임금이 당직한 도진무(都鎭撫) 박형(朴炯)과 좌승지 조석문(曺錫文)·좌부승지 한계미(韓繼美)·우부승지 권지(權摯) 등에게 명하여 사정전(思政殿) 월랑(月廊)에 모이게 하니 세자가 명령을 받고 나와서 술잔을 돌리고, 계양군(桂陽君) 이증(李璔)·의창군(義昌君) 이강(李玒)·익현군(翼峴君) 이연(李璉)도 또한 나와서 술잔을 돌리었다.

2월 초하룻날도 영의정 정인지(鄭麟趾)가 백관을 거느리고 상왕(上王)의 일에 대해 상서(上書)하였으나, 임금은 윤허하지 않았다. 한편, 이 날 난신(亂臣)들의 노비(奴婢)를 처리하는 일에 대하여 형조(刑曹)에 전지(傳旨)를 내렸는데, 그 내용은 이러하였다.

「임영대군(臨瀛大君) 이구(李璆)·영응대군(永膺大君) 이염(李琰)·연창위 공주(延昌尉 公主)에게는 노비(奴婢) 아울러 35구(口)를 내려주고, 계양군(桂陽君) 이증(李璔)·익현군(翼峴君) 이연(李璉)과 영중추원사(領中樞院事) 윤사로(尹師路)·우찬성 신숙주(申叔舟)·이조판서 권람(權擥)·병조판서 홍달손(洪達孫)·도절제사 양정(楊汀)·도승지 한명회(韓明澮)·전첨지중추원사 윤사분(尹士昐)에게는 노비를 30구, 양녕대군(讓寧大君) 이제(李禔)·효령대군(孝寧大君) 이보(李補)·의창군(義昌君) 이강(李玒)·밀성군(密城君) 이침(李琛)·영해군(寧海君) 이당(李瑭)·청평위 공주(淸平尉 公主)·청성위 공주(靑城尉 公主)·영순군(永順君) 이부(李溥)와 파평군(坡平君) 윤암(尹巖)·영의정 정인지(鄭麟趾)·죽은 좌의정 한확(韓確)과, 우의정 정창손(鄭昌孫)·좌찬성 강맹경(姜孟卿)·예조판서 홍윤성(洪允成)·동부승지 김질(金質)·판내시부사(判內侍府事) 전균(田畇)에게는 각각 노비 20구를, 경녕군(敬寧君) 이비(李裶)·함녕군(諴寧君) 이인(李䄄)·익녕군(益寧君) 이치(李袳), 죽은 판중추원사 김효성(金孝誠), 죽은 한산군(韓山君) 이계린(李季疄)과 판중추원사 이계전(李季甸)·전 대사헌 최항(崔恒)·도절제사 유수(柳洙)·전 예문제학 윤사윤(尹士昀)·동지중추원사 봉석주(奉石柱)·상호군(上護軍) 조득림(趙得琳)에게는 노비 각 15구를, 운성부원군(雲城府院君) 박종우(朴從愚)·판중추원사 이징석(李澄石)·죽은 좌참찬 윤형(尹炯)과 우참찬 박중손(朴仲孫)·도관찰사 권준(權蹲)·첨지중추원사 유하(柳河)와 김처의(金處義)·판선공감사 유사(柳泗)·종부 소윤(宗簿 少尹) 유자환(柳子煥)·겸사복윤(兼司僕尹) 곽연성(郭連城)·호군 최윤(崔潤)과 이몽가(李蒙哥)에게는 노비 10구를, 화천군(花川君) 권공(權恭)·좌참찬 황수신(黃守身)·지중추원사 박강(朴薑)·이조참판 박원형(朴元亨)·병조참판 구치관(具致寬)·동지중추원사 강곤(康袞)·죽은 서원군(西原君) 한명진(韓明溍)과 계림군(鷄林君) 이흥상(李興商)·대사헌 원효연(元孝然)·좌승지 조석문(曺錫文)·우승지 윤자운(尹子雲)·좌부승지 한계미(韓繼美)·이조참의 황효원(黃孝源)·죽은 병조참의 이예장(李禮長)과 관찰사 조효문(曹孝門)·예조참의 이극배(李克培)·병조참의 한종손(韓終孫)·첨지중추원사 권언(權躽)·최유(崔濡), 지병조사(知兵曹事) 권개(權愷)·판군기감사 이극감(李克堪)·판종부시사 권반(權攀)·성균 사성(成均 司成) 정수충(鄭守忠)·상호군 유서(柳溆)·대호군 임자번(林自蕃)·안경손(安慶孫)·홍순로(洪純老), 사복 소윤(司僕 少尹) 한서귀(韓瑞龜)·전농(典農) 소윤 송익손(宋益孫)·내자(內資) 소윤 설계조(薛繼祖), 부정(副正) 권경(權擎)·홍순손(洪順孫), 사직(司直) 임운(林芸)에게는 노비(奴婢) 6구(口)를 내려 주되, 모두 난신(亂臣)들의 외거노비(外居奴婢)로써 충당해 주게 하라」[1]

세조 3년(丁丑, 1457) 2월 어느 날에는 효령대군(孝寧大君)께서 정암산(井巖山) 법천사(法泉寺)[2]에 가셔서, '임금의 무병 장수(長壽)와 나라의 복락(福樂)과 백성의 평안(平安)'을 빌기 위해, 삼존불(三尊佛;彌陀·觀音·地藏)의 조성(造成)을 위한 '원성제연 보권문'(願成諸緣 普勸文)을, 의빈권씨(懿嬪權氏)[3]·명빈김씨(明嬪金氏)[4]·유인 신씨(孺人 辛氏) 등과 함께 채택하였다.[5]

법천사 삼존불상(三尊佛像)은 이듬해 세조 4년 10월에 조성(造成) 완료되었는데, 그 후 관음보살상(觀音菩薩像)·지장보살상(地藏菩薩像)은 법천사와 함께 병화(兵火)로 소실되고 아미타불상(阿彌陀佛像)만이, 희방사(喜方寺)·초암사(草菴寺)를 거쳐 영주 흑석사(黑石寺)[6]로 옮겨져 현재까지 보존되고 있다. 1981년 3월에 복장유물(腹藏 遺物)(국보 282호)이 발견되면서 불상조성 보권문(佛像造成普勸文), 시주기(施主記)와 보권문 말미에 효령대군의 친필(親筆)과 대군(大君)의 '자'(字)로 만든 낙관(落款), '善叔'(선숙)이 선명하게 찍혀 있는 것이 확인되었다.

3월 23일에는 불교(佛敎)에 대해 시행해야 할 사목(事目)을 예조(禮曹)에 전지하였는데, 그 내용은 이러하였다. 다소 장황하긴 하지만, 그 내용에 있어 평소 독실한 불교 신자로서 불교(佛敎)에 대해 조예(造詣)가 깊으셨던 효령대군(孝寧大君)께도 시사(時事)하는 바 많으므로 전문(全文)을 전재(轉載)한다.

---

1 『세조실록』 권6, 세조 3년 2월 乙未(1일).

2 강원도 원주시 富論面 法泉里

3 太宗의 後宮, 소생 1녀(貞惠翁主, 朴從愚에게 下嫁), 태종이 薨하자 머리를 깎고 比丘尼가 되었다.

4 太宗 後宮, 金九德 딸, 태종 11년 明嬪에 封해짐, 소생1녀(淑安翁主, 懷川尉 黃裕), 墓 峨嵯山.

5 『청권집유』 속5집, '井巖山 法泉寺 堂主彌陀三尊 願成諸緣 普勸文'

6 慶北 榮州市 伊山面 石浦里 黑石寺.

「근일에 사헌부에서 부녀(婦女)가 절에 올라가는 것을 금지하기를 청하였으나, 내가 윤허하지 않은 것은 관리가 이를 연유(緣由)하여 사사(寺社)에 소란을 일으키기 때문이었다. 내가 문종(文宗) 때부터 이러한 폐단을 익히 보고 있었으니, 이런 까닭으로 내가 매양 정령(政令)을 발표할 적엔 관대(寬大)한 면에 두어 가혹하고 각박함을 개혁(改革)하려고 한다. 국가가 조종(祖宗) 이래로 정사(精舍)를 세우고 수륙재(水陸齋)를 베풀어서 기도(祈禱)와 추천(追薦)[7]이 이미 존앙(尊仰)되고 있는데, 어찌 모만(侮慢)하고 침훼(侵毁)할 수가 있겠는가? 속유(俗儒)의 무리는 한갓 이구(利口;口辯이 좋은 것)만 숭상하고 일의 대체(大體)는 돌아보지 않고서 말하기를, '이를 물리치는 사람은 성인(聖人)의 무리입니다'라고 말하고 있으니, 이것은 학문을 처음 배우는 서생(書生)들의 하는 짓이다. 심한 것은 군상(君上)과 더불어 시비(是非)를 다투려고까지 하니, 이런 풍습(風習)을 커지게 할 수는 없다. 내가 비록 덕(德)은 없지마는 부서(符瑞)를 잡고 천운(天運)을 받아 수많은 백성을 자식처럼 양육하여 한 나라 신(神)과 사람의 군주(君主)가 되었으니, 밤낮으로 혹시 한 사람이라도 그 안정된 처소를 얻지 못한 사람이 있을까 염려하게 된다. 그런 까닭으로 상시로 사사(寺社)를 보호하여 잡역(雜役)을 면제해 주어서 승려(僧侶)와 속인(俗人)으로 하여금 각기 그 도(道)를 닦게 하였으니, 이른바 고양이는 당(堂)에서 놀고, 쥐는 구멍에서 찍찍대고, 솔개는 날아서 하늘에 이르며, 물고기는 연못에서 뛰어 논다는 것이다. 부녀(婦女)가 절에 올라가는 것이 어찌 이것이 내 뜻이겠는가? 승려(僧侶)와 속인(俗人)에게 이익도 없으면서 범람(汎濫)함이 매우 심하니, 금지하지 않을 수가 없다. 비록 그러하지만 관리에게 절에 가서 절의 중을 추국(推鞫)하도록 허가한다면, 폐단은 다시 전일과 같을 것이다. 그 중에 명백히 부녀가 절에 올라간 사람을 들은 것이 있으면 계문(啓聞)하여 추핵(推覈)하도록 하라. 이 외의 당연히 행할 사의(事宜)는 조목별(條目別)로 아래에 열거(列擧)하였으니, 그대들 예조(禮曹)에서는 중외(中外)에 효유(曉諭)하라.

1. 부녀(婦女)가 절에 올라가는 것을 금지한다.

1. 비구니(比丘尼)는 절에 올라가는 것을 허가한다.

---

7 죽은 사람의 冥福을 빌기 위하여 佛寺를 짓거나 佛經을 베껴 쓰는 등의 좋은 일을 행하는 것.

1. 관차(官差)[8] 및 유생(儒生)은 절에 올라가지 못하게 하되, 만약 죄를 범한 승인(僧人)을 추문(推問)할 일이 있으면 반드시 계문(啓聞)한 후에 관차가 절에 올라간다.
1. 이미 선사(禪師)·대선사(大禪師)의 관교(官敎;辭令)를 받았으면 마땅히 다시 도첩(度牒)의 있고 없는 것은 묻지 않아야 한다.
1. 죄를 범한 승인(僧人)이 있으면 그제야 도첩(度牒)을 조사하고 계문(啓聞)하여 추고(推考)하도록 허가한다.
1. 정전(丁錢)을 들이고 도첩(度牒)을 받기를 자원(自願)하는 사람은 유사(有司)는 지체(遲滯)하지 말도록 하라.
1. 사사(寺社)는 공부(貢賦) 이외의 잡역(雜役)은 일체 면제한다.
1. 정축(丁丑)년 10월 1일 이후에 중이 된 사람이 3개월이 찼는데도 도첩(度牒)이 나오지 않는다면, 당자(當者)의 족친(族親)이든지 절린(切隣) 중에서 그 도첩이 나오지 않는 연유(緣由)를 관청에 고(告)하되, 고하지 않은 사람은 족친·절린을 논죄(論罪)한다. 매양 3개월이 차면 반드시 관청에 고하는데 1년이 찼는데도 아직 도첩이 나오지 않은 사람은 환속(還俗)한다」[9]

6월 21일에는 판돈녕부사(判敦寧府事) 송현수(宋玹壽) 등이 반역(反逆)을 꾀하였으므로 상왕(上王;魯山君)을 강봉(降封)하여 영월(寧越)에 거주케 하였다. 백성(百姓) 김정수(金正水)가 전 예문 제학(藝文 提學) 윤사윤(尹士昀)에게 말하기를, "판돈녕부사 송현수와 행 돈녕부 판관 권완(權完)이 반역(反逆)을 도모합니다" 하니, 윤사윤이 임금께 아뢰었다. 임금이 사정전(思政殿)에 나아가서 영의정 정인지(鄭麟趾)·우의정 정창손(鄭昌孫)·우찬성 신숙주(申叔舟)·병조판서 홍달손(洪達孫)·예조판서 홍윤성(洪允成)·영중추원사 윤사로(尹師路)·공조판서 양정(楊汀)·이조판서 권람(權擥)·병조참판 구치관(具致寬)·도승지 한명회(韓明澮)·좌승지 조석문(曺錫文)·우부승지 권지(權摯)·동부승지 김질(金質)을

8 官衙에서 파견하는 衙前.

9 『세조실록』 권7, 세조 3년 3월 丙戌(23일).

불러 보고, 송현수(宋玹壽)와 권완(權完)을 의금부(義禁府)에 하옥(下獄)시켰다. 이어서 교지(敎旨)를 내리기를,

"전날 성삼문(成三問) 등이 말하기를, '상왕(上王)도 그 모의(謀議)에 참여하였다' 하였으므로, 종친(宗親)과 백관들이 합사(合辭)하여 말하기를, '상왕도 종사(宗社)에 죄를 지었으니 편안히 서울에 거주(居住)하는 것은 마땅하지 않습니다' 하고, 여러 달 동안 청하여 마지않았으나 내가 진실로 윤허(允許)하지 아니하고 처음에 먹은 마음을 지키려고 하였다. 지금에 이르기까지 인심(人心)이 안정되지 아니하고 계속 잇달아 난(亂)을 선동하는 무리가 그치지 않으니 내 어찌 사사로운 은의(恩誼)로써 나라의 큰 법을 굽혀 하늘의 명(命)과 종사(宗社)의 중(重)함을 돌아보지 않을 수 있겠는가? 이에 특별히 여러 사람의 의논을 따라 상왕(上王)을 노산군(魯山君)으로 강봉(降封)하고 궁(宮)에서 내보내 영월(寧越)에 거주시키니 의식(衣食)을 후(厚)하게 봉공(奉供)하여 종시(終始) 목숨을 보존하여서 나라의 민심을 안정시키도록 하라. 오로지 너희 의정부에서 중외(中外)에 효유(曉諭)하라"

하고, 첨지중추원사(僉知中樞院事) 이득해(李得海)에게 명하여 군사 50명을 거느리고 호송(護送)하게 하였다. 군자감정(軍資監正) 김자행(金自行)·판내시부사(判內侍府事) 홍득경(洪得敬)이 따라갔다.[10]

이튿날 6월 22일, 몇일전까지만 해도 금상(今上)으로서 임금 지위에 있던 단종(端宗)이 노산군(魯山君)으로 강봉(降封)되어 영월(寧越)로 떠나 가니, (임금이)환관(宦官) 안로(安璐)에게 명하여 동교(東郊)의 화양정(華陽亭)[11]에서 전송하게 하였다. 노산군이 안로에게 이르기를, "성삼문(成三問)의 역모(逆謀)를 나도 알고 있었으나 아뢰지 못하였다. 이것이 나의 죄(罪)이다" 하였다. 그리고 이 날, 승정원(承政院)에서 교지(敎旨)를 받들어 경차관(敬差官) 조계팽(趙季砰)에게 치서(馳書)하기를,

---

10 『세조실록』 권8, 세조 3년 6월 癸丑(21일).

11 현 서울 廣津區 華陽洞 110번지에 그 터가 남아 있다. 앞 1권(9장) 268쪽의 주47)을 참조.

"지금 노산군(魯山君)에게 유롱(油籠) 1, 사의(簑衣) 1, 전삼(氈衫) 2과 시비(侍婢)에게 유롱 10벌을 보내니 일일이 전(傳)하여 주는 것이 좋겠고, 또 여러 고을로 하여금 잇달아 계속하여 얼음을 바치도록 하라"

하였다. 그리고 다시 이튿날에는 강원도 관찰사 김광수(金光晬)에게 유시(諭示)하기를,

"노산군(魯山君)이 있는 곳에 사철 과실(果實)을 따는 대로 잇달아 바치고, 원포(園圃)를 마련하여 수박[西瓜]이나 참외[甛瓜]와 채소(菜蔬) 같은 따위에 이르기까지 많이 준비하여 지공(支供;음식을 이바지함)하고, 또 매월 수령(守令)을 보내어 그 기거(起居)를 문안하게 하며, 그 지공하는 물자의 수와 기거 절차를 월말에 기록하여 아뢰어라"

하였다. 6월 26일에는 의정부에서 아뢰기를,

"문종비(文宗妃)인 현덕왕후(顯德王后) 권씨(權氏)의 어머니 아지(阿只;端宗의 外祖母)와 그 동생 권자신(權自愼)이 모반(謀反)하다가 주살(誅殺)을 당하였는데, 그 아비 권전(權專)은 이미 추후하여 폐(廢)하여서 서인(庶人)으로 만들었으며, 또 노산군(魯山君)이 종사(宗社)에 죄를 지어 이미 군(君)으로 강봉(降封)하였으나 그 어미[顯德王后 權氏]는 아직도 명위(名位)를 보존하고 있으므로 마땅하지 않으니, 청컨대 추후하여 폐(廢)하여서 서인(庶人)으로 만들어 개장(改葬)하소서"

하니, 그대로 따랐다.[12]

7월 5일에는 강원도 관찰사에게 유시(諭示)하여,

"노산군(魯山君)의 일상 용도에 쓰는 비용은 그의 하고자 하는대로 따라서 곡진(曲盡)하게

12 『세조실록』 권8, 세조 3년 6월 戊午(26일).

지급(支給)하고 만약 아뢰고자 하는 일이 있거든 본 고을에 고(告)하도록 허락하여 막아서 지체시키지 말도록 하라. 또 듣건대 거주하는 곳에 우물이 없다고 하니 급히 우물을 파도록 하라"

하였다.

7월 15일에는 사간원(司諫院)에서 아뢰기를,

"종부 소윤(宗簿 少尹) 이문형(李文炯)이 지금 4자급(資級)을 초자(超資)하였는데, 하나는 원종공신(原從功臣)이었고, 하나는 동생 이계반(李繼潘)의 직(職)을 대신 받은 것이며, 나머지 둘은 누이의 남편인 서원군(瑞原君) 이친(李寀)의 직을 대신 받은 것입니다. 그가 모람(冒濫)한 짓이 심하니, 청컨대 고쳐서 바로 잡으소서"

하니, 전지(傳旨)하기를, "너희들의 말이 마땅하다" 하였다.[13] 효령대군(孝寧大君)의 둘째 아들 서원군(瑞原君) 이친(李寀)의 처남(妻男)인 이문형(李文炯)이 대가법(代加法)[14]에 의해 자급(資級)을 받은 것이 규정을 어겼다는 지적이다.

8월 16일에는 명(命)하여 단종(端宗)의 장인(丈人) 송현수(宋玹壽)에게 장(杖) 1백 대를 때려 먼 지방의 관노(官奴)로 영속(永屬)시키고 그 가산(家産)을 적몰(籍沒)하게 하였다. 그리고 그 처(妻)와 자녀(子女)들은 송현수가 영속된 곳의 관노비(官奴婢)로 붙여서 완취(完聚;가족들이 한 곳에 모여 사는 것)하게 하였다. 그러나 그 나머지 연좌(緣坐)에 해당하는 자들은 좌죄(坐罪)하지 말게 하였다.[15]

8월 27일에는 임금이 양녕대군(讓寧大君)·효령대군(孝寧大君)을 모신 가운데, 사정전(思政殿)에 나아가서 좌익공신(佐翼功臣) 좌의정 정창손(鄭昌孫) 등에게 녹권(錄卷)을

---

13 『세조실록』 권8, 세조 3년 7월 丙子(15일).

14 조선시대 文武 현직 관원이 '資窮' 이상이 되면, 자신에 別加된 散階를 아들 사위 아우 조카 등 친족 중 한 사람에게 대신 가해 주던 制度. (崔承熙, 「朝鮮時代 兩班의 代加制」 『震檀學報』 60, 1985).

15 『세조실록』 권8, 세조 3년 8월 丁未(16일).

내려 주고, 이어서 잔치를 베풀었다. 이 자리에는 양녕대군(讓寧大君)·효령대군(孝寧大君)과 영응대군(永膺大君)·경녕군(敬寧君)·함녕군(諴寧君)·익녕군(益寧君)·계양군(桂陽君)·의창군(義昌君)·밀성군(密城君)·익현군(翼峴君)·영해군(寧海君)과, 운성부원군(雲城府院君) 박종우(朴從愚)·영천부원군(鈴川府院君) 윤사로(尹師路)·고령군(高靈君) 신숙주(申叔舟)·남원군(南原君) 황수신(黃守身)·길창군(吉昌君) 권람(權擥)·상당군(上黨君) 한명회(韓明澮)와 여러 공신(功臣)과 승지(承旨) 등이 시연(侍宴)하였다.[16]

9월 2일에는 세자(世子) 도원군(桃源君) 이숭(李崇)이 본궁 정실(正室)에서 타계하니, 수(壽) 20세(歲, 1438~1457), 초휘가 숭(崇)이고, 휘(諱)는 장(暲), 자(字)는 원명(原明)이다. 세조(世祖)의 적장자(嫡長子)로 정희왕후(貞熹王后) 소생이며, 시호(諡號)는 의경(懿敬), 덕종(德宗)으로 추존(追尊)되었다.[17] 세종 27년(1445) 도원군(桃源君)에 책봉되었다.

9월 24일은 금상(今上)의 탄일(誕日)이나 하례(賀禮)를 정지하였다. 9월 2일 세자가 서거(逝去)하고 조묘도감(造墓都監)을 설치한 후, 대신들이 여러 곳을 다니며 묘(墓) 자리를 찾았는데, 10월 13일에는 밤 3고(鼓)에 강맹경(姜孟卿) 등이 돌아와 아뢰기를, "이제 고양(高陽) 고을의 동쪽에 있는 도총제(都摠制) 정역(鄭易)의 분묘(墳墓)를 보니, 그 산(山)이 쓸만하였습니다" 하였는 바, 바로 효령대군(孝寧大君)의 장인(丈人)이 안장되어 있는 산이었다. 이에 이튿날에는 임금이 고양현(高陽縣) 봉현(蜂峴)에 거둥하여 정역(鄭易)의 분묘(墳墓)를 관람하고, 임원준(任元濬;任士洪의 父)·안효례(安孝禮)·노목(魯穆)·방문중(房文仲) 등으로 하여금 향배(向背)를 점쳐서 정(定)하게 하였다.[18]

10월 18일에는 임금이 사정전(思政殿)에 나아가서 상참(常參)을 받고 정사를 보았는데, 양녕대군(讓寧大君) 이제(李禔)·효령대군(孝寧大君) 이보(李補)가 자리를 피해서 다시 노산군(魯山君) 및 금성대군(錦城大君) 이유(李瑜) 등에게 죄주기를 청하니 임금이 이르기를, "오늘은 단지 술이나 드십시오. 그 일은 여기서 논할 바가 아닙니다" 하였다.[19]

---

16 『세조실록』 권8, 세조 3년 8월 戊午(27일).

17 성종 2년 1월 24일에 溫文懿敬王으로 追尊됨, 뒤 3권(25장) 117쪽의 주24)를 아울러 참조.

18 『세조실록』 권9, 세조 3년 10월 甲辰(14일).

19 『세조실록』 권9, 세조 3년 10월 辛亥(21일).

10월 21일, 이 날 아침에 양녕대군(讓寧大君) 이제(李禔) 등이 상소(上疏)하기를,

"신 등이 듣건대, 유예부단(猶豫不斷)하면 반드시 후환(後患)이 있고, 사은(私恩)으로 대의(大義)를 멸절(滅絶)하면 대계(大計)를 해친다고 합니다. 전일에 간흉(姦兇)의 변란에는 노산군(魯山君)이 참여하여 종사(宗社)에 죄를 지었고, 이유(李瑜)는 그를 성원(聲援)하는 일당과 교결(交結)하고 불궤(不軌)할 것을 도모하여 신민이 함께 분노(憤怒)하는데, 전하께서 오히려 사사로운 은혜를 돌아보시고 차마 법에 두지 못하시어 외방으로 옮겨 놓으시고 곡진히 성명(性命)을 보전케 하셨는데도 오히려 그 재조(再造)의 덕(德)을 알지 못하고 군사를 일으켜 반역을 꾀하여 장차 노산군을 끼고 종사를 위태롭게 하려고 하였으니, 죄악이 이르지 않는 곳이 없어서 천지가 용납하지 않는데, 어찌 다시 용서하여 국법을 문란케 하겠습니까? 신 등이 누차 법을 바루시기를 청하였으나, 윤허를 얻지 못하여 분울(憤鬱)함을 이기지 못하겠습니다. 이영(李瓔)·이어(李瑈)·이전(李瑔)·정종(鄭悰)·송현수(宋玹壽) 등의 흉악한 모역죄는 왕법(王法)에 반드시 주살(誅殺)하여 용서하지 못할 자입니다. 엎드려 바라건대, 대의로써 결단하시어 전형(典刑)을 바르게 밝히어서 화근(禍根)을 끊고 인심을 정하게 하소서"

하고, 이어서 영의정 정인지(鄭麟趾) 등이 또 상소하기를,

"그윽이 생각하건대, 은혜는 가볍고 의리는 무거운 것이어서 대의가 있는 곳에는 친속(親屬)도 주멸(誅滅)하는 법입니다. 노산군의 전일의 변(變)은 그 죄가 종사에 관계되어 입으로 말할 수 없으며, 이유(李瑜)는 화심(禍心)을 품고 불궤(不軌)를 꾀하였으니 죽어도 남는 죄가 있는데, 전하께서 차마 하지 못하는 마음으로 외방에 안치(安置)해 두었습니다. 은사(恩賜)가 많이 무거웠는데도 오히려 성은(聖恩)을 생각하지 못하고, 군사를 일으켜서 반란을 시도하며 노산군을 끼려고 도모하였으니 그 죄는 천지 사이에 용납되지 않는 것인데, 전하께서 사사로운 은혜로써 뜻을 굽혀 그 죽음을 용서하시려고 하여 신 등이 여러 날 정청(庭請)을 계속하였으나 유윤(兪允)을 입지 못하여 대소 신료가 분통함과 억울함을 펴지 못하고 있습니다. 또 이영(李瓔)·이어(李瑈)·이전(李瑔)·정종(鄭悰)·송현수(宋玹壽) 등의 일

당이 반역한 죄도 용서할 수 없습니다. 엎드려 바라건대, 전하께서 대의로써 결단하시어 전형(典刑)을 바르게 밝히시어 신민(臣民)의 여망(輿望)에 부응(副應)하게 하소서"

하니, 임금이 비로소 명(命)하여 금성대군(錦城大君) 이유(李瑜)는 사사(賜死)하고, 이영(李瓔) · 이어(李於) · 이전(李瑔) · 정종(鄭悰)) · 송현수(宋玹壽)는 논하지 말도록 하였다. 그러나 정인지 등이 다시 아뢰기를,

"이영(李瓔)·이어(李於)·이전(李瑔)·정종(鄭悰)·송현수(宋玹壽)도 죄(罪)가 같으니, 또한 법(法)대로 처치하는 것이 마땅합니다"

하니, 임금이 이르기를,

"불가하다. 옛 사람의 말에, '저들 괴수들은 섬멸할 것이로되 협박에 못이겨 따른 자는 다스리지 않는다' 하였고, 또 성인(聖人)은 너무 심한 것은 하지 않았으니 이제 만약 아울러서 법대로 처치한다면 이는 너무 심하다"

하고, 명하여 송현수는 교형(絞刑)에 처하고, 나머지는 아울러 논하지 말도록 하였다. 이에 다시 이영(李瓔) 등의 금방(禁防)을 청하니, 이를 윤허하였다. 이 때 노산군(魯山君)이 이를 전해 듣고 또한 스스로 목매어서 졸(卒)하니, 예(禮)로써 장사지내게 되었다.[20]

10월 30일에는 양녕대군(讓寧大君)과 효령대군(孝寧大君)이 종친(宗親)들을 거느리고 와서 다시 아뢰기를, "이유(李瑜)는 이미 법대로 저죄(抵罪)하였지만, 이영(李瓔) · 이어(李於) · 이전(李瑔) · 정종(鄭悰) 등은 홀로 수령(首領)을 보전하고 있으니 신 등은 불가하게 생각합니다" 하니, 임금이 전교(傳敎)하기를, "내가 마땅히 이를 생각하겠다. 다시 말하지 말라" 하였다.

---

20 『세조실록』 권9, 세조 3년 10월 辛亥(21일).

12월 15일, 이 날은 세자(世子)를 새로 책봉(冊封)하는 날이었다. 세조(世祖) 1년 7월에 왕세자로 책봉되었던 도원군(桃源君) 이장(李暲, 初名 李崇 1438~1457, 追尊 德宗)이 나이 20세(세조 3년 9월 2일)에 갑자기 사거(死去)하였으므로, 둘째 아들 이황(李晄)을 다시 세자로 책봉하게 된 것이다. 이황은 세종(世宗) 32(庚午, 1450)년 1월 1일 출생이니 형 이장보다는 열 두 살 아래인 나이 8세로서, 자(字)는 평보(平甫)이며, 형이 왕세자에 책봉되던 세조 1년 8월에 해양대군(海陽大君)에 봉해진 바 있고, 지난 달 7일에는 관례(冠禮)를 행하였는데, 이제 세자로 책봉되었으니, 뒷날의 예종(睿宗) 임금이다.

무인(戊寅, 1458)년 새해가 밝았다. 세조(世祖) 즉위 4년째에, 효령대군(孝寧大君)께서는 보령(寶齡) 63세(歲)가 되셨다. 신년(新年) 원단(元旦)에 임금이 사정전(思政殿)에 나아가 잔치를 베푸니, 종친(宗親)과 육조(六曹) 참의(參議) 이상과 대사헌 김세민(金世敏), 승지(承旨) 등이 입시(入侍)하였다. 이 자리에서 일본(日本)의 관령사자(管領使者) 증령(曾齡)과 호군(護軍) 정대랑(井大郎)·등구랑(藤九郎) 등 13인을 인견하고, 채화석(彩花席)·녹비(鹿皮)·호피(虎皮) 등의 물건을 차등 있게 내려 주었다. 이튿날은 임금이 후원에 나아가 활쏘는 것을 구경하였는데 명하여 내종친(內宗親)[21]과 영의정 정인지(鄭麟趾)·좌찬성 신숙주(申叔舟)·운성부원군(雲城府院君) 박종우(朴從愚)·영천부원군(鈴川府院君) 윤사로(尹師路)·병조판서 홍달손(洪達孫)·지중추원사 양정(楊汀)·홍윤성(洪允成)과 승지(承旨) 등에게 시사(侍射)하게 하였다.[22]

2월 10일에도 임금이 후원에 나가 활쏘는 것을 구경하니 양녕대군(讓寧大君)·효령대군(孝寧大君)과 임영대군(臨瀛大君)·영응대군(永膺大君)·경녕군(敬寧君)·함녕군(諴寧君)·계양군(桂陽君)·익현군(翼峴君)·영해군(寧海君)·의창군(義昌君)·밀성군(密城君), 그리고 영천부원군(鈴川府院君) 윤사로(尹師路)·연창위(延昌尉) 안맹담(安孟聃)·하성위(河城尉) 정현조(鄭顯祖), 영의정 정인지(鄭麟趾)·양산군(梁山君) 이징석(李澄石)·병조판서 홍달손(洪達孫)·우참찬 성봉조(成奉祖)·지중추원사 양정(楊汀)·도승지 조석문(曺錫文)·

21 임금의 親族을 말함.

22 『세조실록』 권11, 세조 4년 1월 辛酉(2일).

우승지 한계미(韓繼美)·우부승지 권지(權摯)·행상호군 봉석주(奉石柱)·어득해(魚得海)·이비(李埤) 등이 시사(侍射)하였다. 이긴 자에게는 유안롱(油鞍籠)을 내려 주었다.[23]

이튿날은 새로 주조(鑄造)한 대종(大鐘)이 완성되어 종루(鐘樓) 아래에 달았다. 그리고 22일에는 종부시 제조(宗簿寺 提調)의 일을 보고 있는 임영대군(臨瀛大君) 이구(李璆)와 판중추원사 이인손(李仁孫)을 선원전(璿源殿)에 보내어 선왕(先王)·선후(先后)의 영정(影幀)을 받들고 대내(大內)에 들이게 하였다.

한편, 4월 3일에는 효령대군(孝寧大君)께서 강원도 회양(淮陽)의 금강산(金剛山)에를 가시게 된 바, 임금이 옷 가지와 우비(雨備)·궁시(弓矢) 등을 내어 드리게 하고, 별도로 경기(京畿)와 강원도(江原道) 관찰사(觀察使)에게 유시(諭示)하기를 "관대(館待;잠자리)를 잘 해드리도록 하라"고 특별히 당부하였다.[24] 그런데 효령대군의 이번 금강산 순방(巡訪)의 최종 목적지는 함흥(咸興)이었다. 한양을 출발하기 전에 이미 세조 임금으로부터 함흥에 가서, 태조(太祖) 고황제께서 60년 전(태조 7, 戊寅, 1398)에 쓰신 「선향헌목」(璿鄕憲目)에 대한 '서문'(序文)을, 60년째 되는 같은 4월 8일 날자에 맞춰서 쓰고 오라는 당부를 받으셨기 때문이다.[25] 그리하여 금강산을 경유, **4월 8일에 함흥(咸興)에 당도하여 「선향헌목」의 '서문'(序文)을 쓰셨으니 서문의 내용은 다음과 같다.**

「무릇, 사람들이 취락(聚落)을 이룬 것을 향(鄕)이라 하는데, 향의 종지(宗旨)는 무엇인가? 바로 기강(紀綱)이다. 그래서 개국(開國) 종실(宗室)의 나 불초(不肖) 신(臣)은 왕명(王命)을 받고부터 밤낮으로 걱정하다가 오직 홀로 글을 지으매, '풍패읍향록안'(豐沛邑鄕錄案)이라 이름 붙였다. 여기서 '안'(案)의 의미는 조정(朝廷)에서 말하는 '사록안'(士錄案)과 거의 같다. 이 안(案)에서 먼저 할 일인즉, 청(淸)이냐 탁(濁)이냐를 근본으로 하는 것이다. 그런데

---

23 『세조실록』 권11, 세조 4년 2월 己亥(10일).

24 『세조시록』 권12, 세조 4년 4월 庚申(3일), '大君往淮陽金剛山, 賜衣雨具弓矢, 諭京畿江原道觀察使館待優厚'

25 『세조실록』 권12, 세조 4년 4월 庚申(3일). 『청권집유』(續2) '璿鄕憲目序'에는 효령대군이 세조 4년 4월 8일 咸興에 가서 敎書를 받들어 '憲目'에 대한 序文을 썼다고 하였음. 2권(16장)의 152쪽의 주30)과 3권(25장) 107쪽의 주6)과 동 (27장)의 163쪽의 주16)을 아울러 참조.

'사록안'(士錄案)은 현명한 신료가 회조청명(會朝淸明)의 네 글자를 표준으로 삼아 일이 있을 때마다 이를 활용하는데 전혀 탁(濁)하지 않고 맑기만[淸]해서 덕화(德化)가 나라에 미치니, 오래도록 태평(太平)하는도다. 본 향록안(鄕錄案)에는 부로(父老)도 공자(公子)도 있어 '강의(剛毅)하고 정직(正直)하다'라는 네 글자를 행실로 삼아서 향(鄕)에 있어 일마다 활용하는데, 청(淸)만이 있고 탁하지가 않으니 화기(和氣)가 온 고을에 뻗혀서 길이 준행(遵行)한다 해도 일 없을 것이다. 이러므로 조정과 선향의 안(案)은 두 가지인 듯하나 실은 한 가지이다. 그러니 대체로 종지(宗旨)로 삼는 바는 이치와 형세가 그러한 것이다. 왜냐하면 중용(中庸)이나 대학(大學)에서 말하는 향당(鄕黨)의 수신제가(修身齊家)하는 규칙이란 정직하고 중화(中和)한 도리가 서로 어울리는 것이니 치국(治國)하고 가정을 꾸려나가는 도리도 다 여기에서 진력하여야 할 것이다. 이제 생각건대 기강(紀綱)이란 정직(正直)을 공의(公義)로 한 다음이라야 고을의 기강이 제대로 서서 오래도록 안정될 것이요, 법(法)의 뜻도 모르고 탁(濁)을 위주로 하여 방자함과 간악함을 베푼다고 하면 향촌(鄕村)의 의리(義理)는 저절로 없어져 혼탁하게 될 것이다. 이와 같이 한 다음에 나라에서 금지하는 형벌과 하늘의 도리에 떳떳함이 상응(相應)하여 피할 수 없게 되는데, 이것이 겁나고 또 두려운 것이다. 어찌 신중하지 않을 것인가? 글의 뜻이 이와 같으므로 일월(日月)처럼 명백하게 분별되는도다. 아아! 고려 공민왕(恭愍王)이 후사(後嗣)도 없이 승하하여 현실(玄室)에 들어간 후 가짜 임금 신우(辛禑;禑王)가 임금 자리에 올라 나라를 어지럽히고 폭거를 마음대로 자행한 데다 연이은 흉년을 만나 백성들이 편치를 못하였기 때문에, 천운(天運)이 돌고돌아 태조(太祖)에게 내려지니, '우영지변'(禹永之變)(?)을 평정하고 오랑캐의 난리를 여러번 정벌하여 인심(人心)도 순응해서 천명(天命)을 받으신 것이다. 태조께서 등극(登極)하신 해[歲]에 한 줄기 이삭[一莖之穗]이 바로 후한(後漢) 광무제(光武帝) 때의 아홉 이삭[九穗]이 달렸었던 그 상서로움과 같더니, 온 나라가 여러 해를 풍년이 들었다. 주상(主上) 전하의 한 없는 경사가 넓고도 아름다워라. 이 어찌 이렇듯 속(速)한가? 이 어찌 이다지도 빠른지고? 태조께서 경영하신지 삼년이 못되어서 화가위국(化家爲國)하였더니 본래의 향읍(鄕邑)은 고쳐서 '영흥·풍패'(永興豊沛)의 고장이라 하였으니, 주(周)나라의 빈태(豳邰)이고, 한(漢)나라의 풍패지향(豊沛之鄕)이렷다. 그러므로 홍무(洪武) 31(태조 7, 1398)년 여름 4월 8일에 (태조 고황제께서 만드신 '선향헌목'(璿鄕憲目)에)(원문에 빠졌다고 생각되는 부분), 신(臣) 우로(愚老)가 지성으로 성지(聖旨)를 받들어 헌목(憲目;鄕約 細目)의 서문(序文)을 짓고 '풍패읍향록안'(豊沛邑鄕錄案)이라 하니, 실로 이 고을의 중요한 그릇이니 기강에 먼저 힘쓸 것이다. 누가 공경하지 않을 것이며, 누가 중히 여기지 않겠는가. 그리고 누군들 시행치 않음이 있겠는가. 이 향안(鄕案)의 뜻을 법으로 바꾼 다음, 전지(傳旨)로서 패읍(沛邑) 고을의 재자(才子)들인 사지(士池)·사선(士善)들을 불렀더니 공자(孔子)의 후예(後裔)들이었다. 봄 정월(正月)에 세 사람에게 녹안(錄案)을 주어 임금을 뵙게한 후 재촉해서 고향에 돌아가게 하였다. 한결같이 향안(鄕案)을 어김없이 규식(規式) 바르게 하는 법(法)으로써 다음에 적었다. 그리고 이 뜻을 여러 고을에 반포(頒布)함으로써 영구히 준행(遵行)하게 한다면 매우매우 다행이겠다.」

성상(聖上;世祖) 4년(戊寅, 1458) 여름 4월 8일에

臣 孝寧大君 補는 敎旨를 받들어 삼가 기록함[26]

여름 7월 18일에는 임금이 승정원(承政院)에 하교(下敎)해서 충청도 관찰사(觀察使) 황효원(黃孝源)에게 치서(馳書)하기를, "지금 정순공주(貞順公主)가 온양 온정(溫井)에 목욕을 하러 가니, 공주에게 감영(監營)의 쌀 10석과 황두(黃豆) 5석을 지급하고 아울러 음식물도 주어라" 하였다. 공주는 태종(太宗)대왕의 맏딸로서 청평군(淸平君) 이백강(李伯剛)에게 시집 갔으니 임금에게는 고모(姑母)요, 효령대군(孝寧大君)에게는 맏누님으로 대군 보다 11세 연상(年上)이니 그 때 73세이셨다. 그럼에도 8월 5일에는 의금부(義禁府)에 전지하기를, "일찍이 온양군사(溫陽郡事) 조매(趙枚)에게 유시(諭示)하여 정순공주(貞順公主)에게 넉넉하고 후(厚)하게 대접하라고 하였음에도, 지금 듣건대 가볍고 소홀히 하고 박대(薄待)하였다니 그를 추국(推鞫)하여서 아뢰어라" 하였다.

한편, 7월 19일에는 임금이 경회루(慶會樓) 아래에 나아가서 활 쏘는 것을 구경하였는데, 양녕대군(讓寧大君) 이제(李禔)·효령대군(孝寧大君) 이보(李補)와 임영대군(臨瀛大君)·함녕군(諴寧君)·익녕군(益寧君), 그리고 연창위(延昌尉) 안맹담(安孟聃)·운성부원군

26 위의 原文 중에 빠진 것이라 생각되는 부분('태조 고황제께서 만드신 '璿鄕憲目'에')에 대해, 『청권집유』 續2를 편집한 光儀公은, 효령대군이 '洪武 31년'에 서문을 쓴 것처럼 된 것에 대해 약간의 오해가 있었던 듯하다.

(雲城府院君) 박종우(朴從愚)·영천부원군(鈴川府院君) 윤사로(尹師路), 하동부원군(河東府院君) 정인지(鄭麟趾)·좌찬성 신숙주(申叔舟)·우찬성 황수신(黃守身)·판중추원사 이인손(李仁孫)·좌참찬 박중손(朴仲孫)·우참찬 성봉조(成奉祖)·이조판서 한명회(韓明澮)·병조판서 홍달손(洪達孫)·도절제사 양정(楊汀)과 승지(承旨) 등이 모시었는데, 혹은 투호(投壺)하기도 하고 혹은 과녁을 쏘기도 하였다.[27]

그리고 8월 3일에는 임금이 사정전(思政殿)에 나아가서 음복연(飮福宴)을 베푸니, 양녕대군(讓寧大君) 이제(李禔)·효령대군(孝寧大君) 이보(李補)와 임영대군(臨瀛大君)·계양군(桂陽君)·밀성군(密城君)·의창군(義昌君)·영해군(寧海君), 그리고 운성부원군(雲城府院君) 박종우(朴從愚)·하동부원군(河東府院君) 정인지(鄭麟趾)·우의정 강맹경(姜孟卿)·좌찬성 신숙주(申叔舟)·우찬성 황수신(黃守身)·판중추원사 이인손(李仁孫)·이조판서 한명회(韓明澮)·예조판서 이승손(李承孫)·좌참찬 박중손(朴仲孫)·호조판서 권준(權蹲)·형조판서 박원형(朴元亨)과 승지(承旨) 등이 입시(入侍)하였다.[28]

8월 8일에는 승정원(承政院)에 전지하여 황해도(黃海道) 관찰사(觀察使)에게 치서(馳書)하기를, "정의공주(貞懿公主)가 배천(白川) 온정(溫井)에 목욕하러 갔으니 경(卿)이 거기에 친히 가서 잔치를 베풀어 위로 하라" 하였다. 공주(公主)는 세종(世宗)의 적출(摘出) 둘째 딸이니 임금과는 남매간(男妹間)으로 연창위(延昌尉) 안맹담(安孟聃)에게 하가(下嫁)하였다.

9월 9일, 경녕군(敬寧君) 이비(李裶)가 타계하니, 태종(太宗)의 후궁 효빈 김씨(孝嬪 金氏) 소생으로 제군(諸君) 왕자 중에 첫 번째이다. 조회(朝會)와 저자를 3일 동안 정지하고, 부의(賻儀)로 쌀·콩 아울러 1백 석과 종이 2백 권, 정포(正布) 40필, 백저포 3필을 하사하였다. 시호(諡號)를 '제간'(齊簡)이라 하였으니, 집심(執心)하여 씩씩함을 자제하는 것을 '제'(齊), 공경(恭敬)하여 선(善)을 행하는 것을 '간'(簡)이라 한다. 12일에는 임금이 문신(文臣)에게 명하여 『동국통감』(東國通鑑)을 편찬하게 하였다. 그리고 13일에는 임금이 왕

27 『세조실록』 권13, 세조 4년 7월 甲辰(19일).

28 『세조실록』 권13, 세조 4년 8월 戊午(3일).

세자(王世子)와 더불어 효령대군(孝寧大君)의 별서(別墅)인 희우정(喜雨亭)에 거둥하여 전함(戰艦) 놀이를 구경하였다.

9월 24일은 세조(世祖) 임금의 탄일(誕日), 아침에 하례(賀禮)를 행한 후 경회루(慶會樓) 아래에 나아가 장차 장수(將帥)로 삼을 자 13인을 불러 진설(陳設)을 강(講)하고 인하여 활쏘기를 구경하였는데, 양녕대군(讓寧大君)·효령대군(孝寧大君)과 임영대군(臨瀛大君)·영응대군(永膺大君)·익녕군(益寧君) 이치(李袳)·계양군(桂陽君) 이증(李璔)·의창군(義昌君) 이강(李玒)·밀성군(密城君) 이침(李琛)·익현군(翼峴君) 이연(李璉)·영해군(寧海君) 이당(李瑭)·오산군(烏山君) 이주(李澍)·영순군(永順君) 이부(李溥)·영천부원군(鈴川府院君) 윤사로 (尹師路)·연창위(延昌尉) 안맹담(安孟聃)·신종령(新宗令) 이효백(李孝伯)·화천군(花川君) 권공(權恭)·지중추원사 홍윤성(洪允成)·병조판서 홍달손(洪達孫)·병조참판 김순(金淳)·인순부윤(仁順府尹) 곽연성(郭連城)과 승지(承旨)들이 행 상호군 정종(鄭種)·김유선(金有銑)·민발(閔發)과 새로 뽑은 위장(衛將)·부장(部將)·선전관(宣傳官) 등과 더불어 입시(入侍)하였다.[29]

10월 10일에는 임금이 동향대제(冬享大祭)를 거행하고 경회루(慶會樓) 아래에 나아가 음복연(飮福宴)을 베풀었는데, 헌관(獻官) 옥산군(玉山君) 이제(李躋)[30]와 반수(班首) 하동부원군 정인지(鄭麟趾)가 술잔을 올리고, 왕세자(王世子)도 술잔을 올렸다. 양녕대군(讓寧大君)·효령대군(孝寧大君)과 임영대군(臨瀛大君)·함녕군(諴寧君)·익녕군(益寧君)·계양군(桂陽君)·의창군(義昌君)·밀성군(密城君)·익현군(翼峴君)·영해군(寧海君)·순성군(順城君)·보성군(寶城君), 그리고 운성부원군 박종우(朴從愚)·연창위 안맹담(安孟聃)·영천부원군 윤사로(尹師路)·우의정 강맹경(姜孟卿)·영중추원사 이계전(李季甸)·판중추원사 이인손(李仁孫)·권람(權擥), 우찬성 황수신(黃守身)·좌참찬 박중손(朴仲孫)·예조판서 이승손(李承孫)·우참찬 성봉조(成奉祖)·호조판서 권준(權蹲)·병조판서 홍달손(洪達孫)·지중추원사 박강(朴薑)·홍윤성(洪允成), 대사헌 민건(閔騫)과 승지(承旨) 등이 입시

29 『세조실록』 권14, 세조 4년 9월 戊申(24일).

30 太宗의 後宮 信嬪 辛氏 소생의 셋째 왕자 謹寧君 李襛의 장남.

(入侍)한 가운데, 정대업지무(定大業之舞)[31]를 추었다.[32]

한편, 11월 5일에는 운성부원군(雲城府院君) 박종우(朴從愚)가 그 집에서 공신연(功臣宴)을 베푸니 주악(奏樂)을 내려 주었는데, 이로부터 공신(功臣)들이 돌려가며 잔치를 베풀었다. 박종우는 태종(太宗)의 후궁 의빈 권씨(懿嬪 權氏) 소생인 정혜옹주(貞惠翁主)에게 장가간 부마(駙馬)이다. 11월 28일에는 예조(禮曹)에 명하여 처녀(處女)의 나이 14세 이하의 혼가(婚嫁)를 금하게 하였으니, 장차 왕세자빈(王世子嬪)을 간택(揀擇)하려 함이었다.

---

31 呈才에는 女樂, 祭享에는 男樂을 쓰던 춤의 한 가지. 鄕樂과 唐樂을 섞음. 각 五色旗와 소라·북을 든 外舞 35명과 劍·槍·弓矢를 든 內舞 36명 도합 71명의 女妓가 오색 단갑(五色 緞甲)과 푸른 비단 冑로 치장하여 曲陣·直陣·銳陣·圓陣·方陣으로 진형을 바꾸어가며 추는 춤.

32 『세조실록』 권14, 세조 4년 10월 甲子(10일).

[illegible]

跡젹이 名명言언 [illegible]긔 옴ᄉᆞ시니

覺路ᄂᆞᆫ 則解脫이 返流ㅣ라 位當遠涉이시며 因이

窮ᄒᆞ야 趣果ㅣ라 義說證發이시니라 跡晦ᄂᆞᆫ 則聖行이

已立ᄒᆞ샤 不籍名言이시니 止觀애 云ᄒᆞ샤ᄃᆡ 自證

은 不可說이라ᄒᆞ시니라 跡은 行이오 晦ᄂᆞᆫ 泯也ㅣ라 然이니

然四句ᄂᆞᆫ 說有多途ᄒᆞ니 學者ㅣ 審而詳之이니

각路롱ᄂᆞᆫ 解갱脫퇋[illegible] 이흘후메 두르[illegible]ᄒᆞ샨 位윙ㅣ 머리 건너매 當당ᄒᆞ시며 因힌ᄒᆞ이다

20

大君, 王世子의 婚禮를 主宰하다

효령대군 64세, 1월 ~ 66세, 12월

기묘(己卯, 1459)년 새해가 밝으니, 세조(世祖) 즉위 5년째에 효령대군(孝寧大君)은 춘추(春秋) 64세가 되셨다. 백관(百官)들이 망궐례(望闕禮)를 행하니 임금은 근정전(勤政殿)에 나아가서 하례(賀禮)를 받고 이어서 월대(月臺) 위에 나아가 회례연(會禮宴)[1]을 베풀었다. 중국인[唐人]·왜인(倭人)·야인(野人) 등도 또한 입시(入侍)하였는데, 세 번 잔[爵]을 돌린 뒤에 파(罷)하였다. 시위(侍衛)하는 군사들에게도 술을 내려 주었다.[2]

2월 1일부터는 태종(太宗) 때에 처음으로 실시, 한동안 시행하다가 중간에 폐지했던 호패법(號牌法)을 다시 시행하게 되었다. 세조의 즉위 이후 반란·역모(逆謀) 사건 등이 자주 발생하매, 정치적 기강 확립과 통제 단속이 필요했던 것이다. 그리고 이 날, 경기관찰사에게 유시(諭示)하기를, "양녕대군(讓寧大君)이 지금 이천(利川)으로 행차(行次)하니 경(卿)이 그를 잔치하여 위로하라"고 하였다.

2월 9일에는 이의(李宜)를 원천 윤(原川 尹)으로, 김수온(金守溫)을 동지중추원사(同

---

1 설날 또는 동지날에 문무백관이 모여서 임금에게 拜禮한 후 베푸는 宴會.

2 『세조실록』 권15, 세조 5년 1월 甲申(1일).

知中樞院事)로 삼으니 이의(李宜)는 효령대군(孝寧大君)의 여섯째 아들이고, 김수온은 일찍이 행직(行職)[3] 으로서 우선당(友善堂)에 출근하여 『월인석보』(月印釋譜)를 선사(繕寫;부족한 점을 보충하여 淨書함)하였는데, 이 때에 이르러 그 공(功)으로 관직을 받은 것이다.[4]

3월 1일에는 이틀 전에 동교(東郊)에 거둥했던 어가(御駕)가 돌아오다가 소계천(所界川)가에 머무니, 도성에 남아 있던 의정부와 육조의 관원들이 나와 풍정(豊呈)[5]을 바치고 음악을 연주하였다. 왕세자가 술을 올리고, 다음에 효령대군(孝寧大君)·좌의정 강맹경(姜孟卿)·하동부원군 정인지(鄭麟趾)·양산군(梁山君) 이징석(李澄石)·공조판서 이변(李邊) 등이 술을 올리니, 어가(御駕)를 수종하던 종친(宗親)·재추(宰樞)와 도성에 머물렀던 종친·재추에게도 잔치를 내려 주었다. 백관들은 동소문(東小門) 밖까지 나와 어가를 맞이하여 해질 무렵에 환궁(還宮)하였다.[6]

4월 3일에는 관직을 제수(除授)하는데 이친(李寀)을 서원 윤(瑞原 尹)으로, 이갑(李Z)을 보성 윤(寶城 尹)으로, 이영(李寗)을 낙안 윤(樂安 尹)으로, 이정(李定)을 영천 윤(永川 尹)으로, 이의(李宜)를 원천 윤(原川 尹)으로, 그리고 이준(李浚)을 귀성 윤(龜城 尹)으로 삼았는데, 이친·이갑·이영·이정·이의는 효령대군(孝寧大君)의 둘째부터 여섯째까지의 아들들이고, 이준은 세종의 4남 임영대군(臨瀛大君)의 아들이었다. 그리고 김하(金河)·권반(權攀)은 행첨지중추원사(行僉知中樞院事)로 삼았다.[7] 4월 8일에는 대궐안에 있는 내불당(內佛堂)에서 간경회(看經會)[8]를 베풀었으니 석가모니(釋迦牟尼)의 탄생을 기념해서이었다.

5월 2일에는 임금이 모화관(慕華館)에 거둥하니, 종친(宗親)과 재추(宰樞) 및 왜인

---

3 品階는 높으나 任職이 낮은 벼슬아치의 일컬음.

4 『세조실록』 권15, 세조 5년 2월 壬戌(9일).

5 『세종실록』 권1에, '國俗에 임금에게 음식을 차려 바치는 것을 豊呈이라 한다' 하였음.

6 『세조실록』 권15, 세조 5년 3월 癸未(1일).

7 『세조실록』 권16, 세조 5년 4월 甲寅(3일).

8 佛經을 소리내지 않고 속으로 暗誦하던 讀經의 모임.

(倭人)·야인(野人) 등이 수가(隨駕)하였다. 순성군(順城君) 이개(李誯)·보성군(寶城君) 이갑(李𠷍)·판중추원사 홍달손(洪達孫)·예조판서 홍윤성(洪允成)·한성부윤 곽연성(郭連城)·행상호군 유하(柳河)·구문신(具文信) 등을 불러서 사후(射侯)하도록 하고, 홍달손에게는 내구마(內廐馬) 1필을 내려 주었다.[9]

5월 10일에는 세조 임금이 승정원에 전지하여 제가(諸家)의 법첩(法帖)을 모화(摹畫)할 글씨 잘 쓰는 문신(文臣)을 뽑으라고 명하는 자리에서, 자기 자랑을 하다가 임금의 백부(伯父)인 양녕대군(讓寧大君)으로부터 겸손치 못하다는 말을 들은 바, 임금이 승정원에 전지(傳旨)하기를,

> "글씨를 쓰는 것은 비록 말예(末藝)라고 하지만 또한 유자(儒者)의 폐하지 못할 바이다. 내가 제가(諸家)의 법첩(法帖)을 모화(摹畫)하여 인쇄(印刷)하려고 하니, 문신(文臣) 중에 글씨를 잘 쓰고 잘 베끼는 사람을 골라서 아뢰어라"

하고는, 고금인(古今人)의 서법(書法)을 논하면서 말하기를, "나도 마음만 먹는다면 또한 글씨를 잘 쓸 수 있다" 하니, 양녕대군(讓寧大君) 이제(李禔)가 아뢰기를, "군주(君主)는 비록 능히 몇 사람을 당해 낼 만한 재주가 있다고 하더라도 스스로 잘 한다고 이르는 것은 불가(不可)합니다" 하니, 임금이 관대(寬大)하게 받아 들인 것이다.[10]

6월 1일에는 임금이 서교(西郊)에 거둥하여 벼농사의 작황(作況)을 둘러본 후, 이내 마포(麻浦)에 있는 양녕대군(讓寧大君)의 새로 지은 정자(亭子)에 나아가 어서(御書)로써 그 정자의 이름을 '영복정'(榮福亭)이라고 지으니 '한 평생을 영화롭게 살며 한 평생 복(福)을 누리라'는 뜻이었다. 이어서 좌의정 강맹경(姜孟卿)으로 하여금 서문(序文)을 짓게 하고, 병조참판 김순(金淳)·도승지 윤자운(尹子雲)·좌승지 김질(金礩)·우부승지 이교연(李皎然) 등에게 명하여 시(詩)를 짓도록 하였다. 그리고 양녕대군에게 쌀 50석을 내려주

---

9 『세조실록』 권16, 세조 5년 5월 癸未(2일).

10 『세조실록』 권16, 세조 5년 5월 辛卯(10일).

고, 또 호위(扈衛)하는 군사들에게는 술과 고기를 내려 주었다.[11] 8일에는 비가 너무 많이 내리므로 명산대천에 기청제(祈晴祭)를 지내게 하였다.

6월 15일에는 임금이 경회루(慶會樓) 아래에 나아가 연회(宴會)를 베풀고 관사(觀射)[12]를 하였는데, 양녕대군(讓寧大君) 이제(李禔)·효령대군(孝寧大君) 이보(李補)와, 임영대군(臨瀛大君)·함녕군(諴寧君)·익녕군(益寧君)·계양군(桂陽君)·의창군(義昌君)·밀성군(密城君)·익현군(翼峴君)·영해군(寧海君), 그리고 운성부원군 박종우(朴從愚)·연창위 안맹담(安孟聃)·영천부원군 윤사로(尹師路)·좌의정 강맹경(姜孟卿)·우의정 신숙주(申叔舟)·판중추원사 이인손(李仁孫)·양산군 이징석(李澄石)·행첨지중추원사 조혜(趙惠)·좌찬성 황수신(黃守身)·우찬성 권람(權擥)·병조판서 한명회(韓明澮)·판중추원사 홍달손(洪達孫)·좌참찬 박중손(朴仲孫)·이조판서 성봉조(成奉祖)·호조판서 이승손(李承孫)·형조판서 박원형(朴元亨)·공조판서 이변(李邊)·대사헌 조효문(曹孝文)·호조참판 안숭효(安崇孝)·예조참판 윤사윤(尹士昀)·병조참판 김순(金淳)·형조참판 정식(鄭軾)·공조참판 윤사분(尹士昐), 겸성균사성 김구(金鉤)·김말(金末)과 승지(承旨) 등이 입시(入侍)하였다. 이 자리에서 왜국(倭國)의 사자(使者) 중[僧] 수미(秀彌) 등 25인과, 올적합(兀狄哈)의 야당기(也堂其) 등 야인(野人) 3인도 인견(引見)하고 시연(侍宴)하도록 하며, 연탁(宴卓)을 성균관(成均館)에 내려 주었다. 또 유생(儒生)들에게 주육(酒肉)과 아울러 남악(男樂)을 내려 주었다.[13]

7월 22일에도 임금이 경회루(慶會樓) 아래에 나아가 활쏘는 것을 구경하였는데, 이 자리에는 양녕대군(讓寧大君)·효령대군(孝寧大君)과 계양군(桂陽君)·영해군(寧海君), 그리고 영천부원군 윤사로(尹師路)·하동부원군 정인지(鄭麟趾)·좌의정 강맹경(姜孟卿)·우의정 신숙주(申叔舟)·좌찬성 황수신(黃守身)·우찬성 권람(權擥)·좌참찬 박중손(朴仲孫)·우참찬 성봉조(成奉祖)·양산군 이징석(李澄石)·영중추원사 이계전(李季甸)·판중추

---

11 『세조실록』 권16, 세조 5년 6월 辛亥(1일).

12 임금이 활쏘는 것을 직접 구경하고 격려하던 일. 武藝 권장의 목적이 있었음.

13 『세조실록』 권16, 세조 5년 6월 乙丑(15일).

원사 홍달손(洪達孫)·예조판서 홍윤성(洪允成)·형조판서 박원형(朴元亨)·이조참판 조석문(曺錫文)·호조참판 권지(權摯)·병조참판 이극배(李克培)·호조참의 이승소(李承召)·예조참의 서거정(徐居正)과 승지(承旨) 등이 입시(入侍)하였다. 이번에도 임금이 일본국(日本國) 사자 수미(秀彌) 등을 인견하고 불경(佛經)을 내려 주었다. 그리고 문신 정효상(鄭孝常) 등 8인을 불러서 친히 『중용』(中庸)을 강(講)하고 혹은 묻기도 하였다. 또 갑사(甲士) 27인을 뽑아서 사후(射侯)하게 하고 인하여 술과 고기를 내려 주었다.[14]

8월 2일에도 임금이 경회루(慶會樓) 아래에 나아가 활쏘는 것을 구경하였는데, 이 자리에는 양녕대군(讓寧大君)·효령대군(孝寧大君)과 영응대군(永膺大君)·계양군(桂陽君)·의창군(義昌君)·순성군(順城君) 이개(李證)·보성군(寶城君) 이갑(李㕄)·신종정(新宗正) 이효백(李孝伯)과, 강맹경(姜孟卿)·황수신(黃守身)·권람(權擥)·박중손(朴仲孫)·성봉조(成奉祖)·홍윤성(洪允成)·윤사윤(尹士昀)과 승지(承旨) 등이 입시(入侍)하였다.[15] 한편, 같은 날 임금이 예조(禮曹)에 전지(傳旨)하기를, "종친(宗親)이 경서(經書)를 통달하여 종학(宗學)에 나가는 것을 면한 사람은 월강(月講)을 없애게 하라" 하였다. 경회루 아래에서의 활쏘기는 8월 10일에도 계속되었는데, 이 때에도 순성군(順城君)과 보성군(寶城君) 이갑(李㕄) 등이 입시하였다. 8월 22일에는 임금이 경기(京畿)·충청(忠淸)·경상(慶尙)·전라도(全羅道)의 관찰사(觀察使)에게 유시(諭示)하기를, "양녕대군(讓寧大君) 이제(李禔)가 동래(東萊) 온정(溫井)에 가서 목욕을 하니, 후하게 접대하고 한 차례 사연(賜宴)을 베풀도록 하라" 하였다.

그리고 9월 10일에는 이영(李寗)·이정(李定)·이의(李宜) 등에게 관직(官職)을 제수(除授)하니, 이영은 낙안 윤(樂安 尹)으로, 이정은 영천 윤(永川 尹)으로, 이의는 원천 윤(原川 尹)으로 삼았는데, 모두 효령대군(孝寧大君)의 넷째와 다섯째, 여섯째 아들들이다. 김수온(金守溫)은 이 날, 상주 목사(尙州 牧使)에 제수되었다.[16] 10월 10일에는 임금이 중

---

14 『세조실록』 권17, 세조 5년 7월 辛丑(22일).

15 『세조실록』 권17, 세조 5년 8월 辛亥(2일).

16 『세조실록』 권17, 세조 5년 9월 己丑(10일).

궁(中宮)과 세자와 더불어 동교(東郊)의 화양정(華陽亭)에 거둥하여 대열(大閱)하고, 저녁에는 중랑포(中浪浦)에 머물렀다. 그리고 이튿날은 풍양(豊壤)에서 사냥하는 것을 구경하고 저녁 때에는 이궁(離宮)에 머물렀다.[17]

10월 23일에는 근정전(勤政殿)에 나아가서 연회를 베푸니, 효령대군(孝寧大君) 이보(李補)와 임영대군(臨瀛大君)·익녕군(益寧君)·계양군(桂陽君)·의창군(義昌君)·밀성군(密城君)·익현군(翼峴君)·영해군(寧海君)과 의성군(誼城君) 이채(李寀)·순성군(順城君) 이개(李譴), 운성부원군 박종우(朴從愚)·화천군 권공(權恭)·오산군 이주(李澍)·함양경(咸陽卿) 이포(李誧)·보성윤(寶城尹) 이갑(李㕢)·낙안윤(樂安尹) 이영(李寍)·영천윤(永川尹) 이정(李定)·원천윤(原川尹) 이의(李宜), 그리고 진남군 이종생(李終生)·선성군 이무생(李茂生)·옥산군 이제(李躋)·청성위(靑城尉) 심안의(沈安義), 좌의정 강맹경(姜孟卿)·호조판서 이인손(李仁孫)·좌찬성 황수신(黃守身)·우찬성 권람(權擥)·병조판서 한명회(韓明澮)·판중추원사 홍달손(洪達孫)·심회(沈澮)·중추원사 이변(李邊)·박강(朴薑)·판한성부사 이승손(李承孫)·우참찬 성봉조(成奉祖)·인수부윤 심결(沈決)·예조판서 홍윤성(洪允成)·이조판서 구치관(具致寬)·중추원부사 윤사분(尹士昐)·공조판서 윤사윤(尹士昀)·한성부윤 이윤손(李允孫)·호조참판 조석문(曺錫文)·행상호군 김개(金漑)·강순(康純), 대사헌 김광수(金光晬)·형조참판 원효연(元孝然)·예조참판 황효원(黃孝源)·행상호군 유하(柳河)·병조참판 김질(金礩)·공조참판 권지(權摯)·이조참판 윤사흔(尹士昕)·행대호군 이사평(李士平)·첨지중추원사 한종손(韓終孫)·허형손(許亨孫)과 승지(承旨) 등이 입시(入侍)하였다. 왕세자가 술을 올리고, 강맹경(姜孟卿)이 다음에 술을 올렸다. 야인(野人)의 도만호(都萬戶) 이사토(李舍土)·원호시내(元好時乃)와 왜인(倭人)의 호군(護軍) 평무속(平茂續) 등도 또한 입시(入侍)하였다.[18]

경진(庚辰, 1460)년 새해가 밝았다. 세조(世祖) 즉위 후 6년째가 되는 해에, 효령대군(孝寧大君)께서는 보령(寶齡) 65세(歲)가 되셨다. 임금이 근정전(勤政殿)에 나아가 조하(朝

---

17 『세조실록』 권17, 세조 5년 10월 己未(11일). 앞 1권(9장) 268쪽의 주47)을 참조.

18 『세조실록』 권18, 세조 5년 10월 辛未(23일).

賀)를 받고 이어서 연회(宴會)를 베풀었는데, 종친(宗親)과 재추(宰樞)와 승지(承旨) 등이 입시(入侍)하였다. 왜인(倭人) 영쇄모(迎灑毛)와 야인(野人) 아라합(阿羅哈) 등 31인도 또한 입시하니, 임금이 아라합을 불러서 낭복아한(浪卜兒罕)을 주살(誅殺)한 사유(事由)에 대해 타이르고 이어서 아라합과 영쇄모 등에게 명하여 술을 올리고 일어나 춤을 추게 하였다. 다시 영의정 강맹경(姜孟卿) 등에게 이르기를, "오늘은 세자(世子)의 생신(生辰)이니 세자의 사부(師傅)와 더불어 같이 즐기겠다" 하고, 드디어 강맹경과 좌의정 신숙주(申叔舟)·우의정 권람(權擥)·병조판서 한명회(韓明澮)와 입번(入番)한 제장(諸將) 들을 이끌고 강녕전(康寧殿)으로 들어가 다시 술자리를 베풀었다.[19]

1월 28일에는 이영(李瑩)을 낙안경(樂安卿)으로 삼고, 이정(李定)은 영천경(永川卿)으로, 이의(李宜)는 원천경(原川卿)으로, 김하(金河)를 판중추원사로, 홍윤성(洪允成)은 예조판서로, 심결(沈決)을 인순부윤(仁順府尹)으로, 김담(金淡)은 경주부윤(慶州府尹)으로 삼았다.[20] 그리고 2월 25일에는 임금이 경회루(慶會樓) 아래에 나아가 음복연(飮福宴)을 베푸니, 양녕대군(讓寧大君)·임영대군·영응대군·익녕군·순성군(順城君)과 보성경(寶城卿) 이갑(李石+甲)·원천경(原川卿) 이의(李宜)·운성부원군 박종우(朴從愚)·화천군 권공(權恭)·청성위(靑城尉) 심안의(沈安義)·영의정 강맹경(姜孟卿)·우의정 권람(權擥)·이조판서 구치관(具致寬)·판한성부사 이순지(李純之)·호조판서 조석문(曹錫文)·행대호군 양성지(梁誠之)와 6승지(六承旨) 등이 입시(入侍)하였는데, 이 자리에서 야인(野人) 니마거올적합(尼麿車兀狄哈)·비사(非舍) 등 5인을 인견하고 낭발아한(浪孛兒罕)의 죄를 유시(諭示)하기도 하였다.

3월 20일에는 임금이 중궁과 더불어 장의사(壯義寺)에 거둥하여 불당(佛堂)에 나아가서 승도(僧徒)들로 하여금 법회(法會)를 베풀게 하였다. 한참 있다가 냇가로 이동하고 부근에 사는 백성들에게도 술을 내려 주었다. 그리고 환궁하여서는 충순당(忠順堂)에

---

19 『세조실록』 권19, 세조 6년 1월 己卯(1일).

20 『세조실록』 권19, 세조 6년 1월 丙午(28일).

나아가서 공신(功臣)을 모아 활쏘는 것을 구경하고는 이어서 공신의 중삭연(仲朔宴)[21]을 베풀었다. 여기에는 왜인(倭人)과 야인(野人)들도 입시(入侍)하였다.

이튿날은 종부시(宗簿寺)에서 아뢰기를,

"성녕대군(誠寧大君)에 입후(立後)한 원천경(原川卿) 이의(李宜)와, 온녕군(溫寧君)에 입후한 귀성군(龜城君) 이준(李浚)과 담양군(潭陽君)에 입후한 강양정(江陽正) 이융(李瀜)을, 청컨대 이조(吏曹)로 하여금 적장자(嫡長子)의 예(例)에 의하여 시행하게 하소서"

하니, 그대로 따랐다.[22]

3월 28일에는 마침내 병조판서 한명회(韓明澮)의 딸(3女, 16세)을 왕세자빈(王世子嬪)으로 정(定)하였다. 이 날, 형조(刑曹)에 교지(敎旨)를 내리기를, "국가의 큰 경사(慶事)에 관대한 은전(恩典)을 펴는 것이 마땅하다. 이 날 새벽녘 이전으로부터 간사한 도적 외에 유형(流刑) 이하의 죄는 모두 용서하여 면죄(免罪)하라" 하였다.[23] 4월 1일에는 세자빈씨의 집에 물건을 하사하니, 면포(綿布) 5백필, 쌀 2백석, 황두(黃豆) 1백석을 빈씨(嬪氏)에 내려 주었다.

4월 6일에는 정식으로 빈씨 집에 정혼(定婚)하는 의식(儀式)을 행하니, 우선 예물(禮物)은 각색 단자(段子) 4필(疋), 이초(裏綃) 4필, 면연지(綿臙脂) 50편(片), 연분(鉛粉) 10냥(兩)이었는데, 그 의식은 이러하였다.

"기일 전 1일에 중매인(仲媒人)의 막차(幕次)를 문 밖에 남향(南向)하여 설치하고, 예물안(禮物案)을 정당(正堂) 가운데에 설치한다. 그 날 중매인이 예물을 가지고 빈씨 집에 이르면 주인(主人)이 문(門)에 나와 국궁(鞠躬)한다. 집사자(執事者) (嬪氏 집의 族親 2인이다)가 예

---

21 음력 2월·5월·8월·12월에 功臣이 임금에게 바치던 잔치.

22 『세조실록』 권19, 세조 6년 3월 戊戌(21일).

23 『세조실록』 권19, 세조 6년 3월 乙巳(28일).

물을 받들고 정당에 들어가 안(案)에 둔다. 주인이 배위(拜位)에 나아가서 사배례(四拜禮)를 행하고 당(堂) 위에 올라가서 꿇어 앉는다. 중매인이 예물을 받들어 주인에게 주면 주인이 받아서 집사에게 주고, 부복(俯伏)하였다가 고두(叩頭)하고 배위로 돌아와서 사배례를 행한다. 중매인이 막차로 나가면 주인이 주찬례(酒饌禮)를 행하는데, 주모(主母)는 명부(命婦)와 더불어 주찬례를 안에서 행한다. 중매인이 대궐에 나아가서 복명(復命)하고, 명부는 중궁(中宮)에 나아가서 복명한다.【여기서 중매인(仲媒人)은 효령대군(孝寧大君) 이보(李補)이고, 명부(命婦)는 효령대군의 부인(夫人) 예성부부인(蘂城府夫人) 정씨(鄭氏)이다. 명부는 기일 전 1일에 입궐(入闕)한다】"[24]

위에서도 본 바와 같이, **이번 왕세자(王世子)의 혼례(婚禮)는 처녀 간택(揀擇)에서부터 중매(仲媒)에 이르기까지 효령대군(孝寧大君)께서 주관하시 고, 특히 납징(納徵) 때에는 대군께서 정사(正使)를 맡는 등, 이후 모든 의식을 총 지휘하신 행사였으며**, 한편 당대 왕세자의 혼례 의식(婚禮 儀式)의 전 과정을 이해하는 것 또한 중요하므로, 다소 장황하기는 하나 의식(儀式) 장면(場面)에 대한 기록을 모두 옮겨보기로 한다.

4월 9일에는 세자 빈씨(世子 嬪氏), 곧 한명회(韓明澮)의 집에 납징(納徵)[25] 하는 날이었다. 이 날 아침에 임금이 사정전(思政殿)에 나아가서 명하여 효령대군(孝寧大君) 이보(李補)를 정사(正使)로 삼고, 우의정으로 잉령치사(仍令致仕)[26] 한 이인손(李仁孫)을 부사(副使)로 삼아 빈씨(嬪氏) 집에 납징하게 하였는데, 우선 그 예물(禮物;禮緞)은,

「현(玄;鴉靑段子) 3필(疋), 훈(纁;大紅段子) 2필, 각색 나(羅)·백릉(白綾)·자주(紫紬)·초록주(草綠紬)·압두록주(鴨頭綠紬)·유청주(柳靑紬) 각 4필, 이홍주(裏紅紬) 16필, 백면자(白綿子) 10근, 화은(花銀) 50냥이고, 명복(命服)은 대홍단자노의(大紅段子露衣) 1벌, 아청단자대의

24 『세조실록』 권20, 세조 6년 4월 壬子(6일).

25 혼인 때 신랑 집에서 신부 집으로 푸른 비단과 붉은 비단을 보냄, 納幣라고도 함.

26 벼슬길에서 물러났으나, 그 관직을 그대로 띠고 있는 것. 元老大臣을 우대하여 祿俸을 주던 제도.

(鴉靑段子大衣) 1벌, 금배견화대홍단자장삼(金背肩花大紅段子長衫) 1벌, 대홍금선단자대(大紅金線段子帶) 1개, 갓[笠] 1개, 영자개두전후면사구협리(纓子蓋頭前後面紗具頰裏) 1벌, 오지(五指) 1개, 수도마(手都麿) 1개이고, 수식(首飾)은 독대요수사지(禿帶腰首紗只) 1개, 수파(首帕)·체장잠(髢長箴)·원잠(圓箴)이고, 또 홍금선소오자(紅金線小襖子)·남금선소오자(藍錦線少懊子)·자단소오자(紫段小襖子)·초록단소오자(草綠段小襖子)·초록주소오자(草綠紬小襖子)·압두록주소오자(鴨頭綠紬小懊子) 각각 1개, 자주소오자(紫紬小懊子) 2개, 대홍단호수소오자(大紅段好袖小懊子)·황단호수소오자(黃段好袖小懊子)·대홍주호수소오자(大紅紬好袖小懊子)·황주호수소오자(黃紬好袖小懊子) 각 1개, 남릉협소오자(藍綾頰小懊子)·자단유군(紫段襦裙)·초록단유군(草綠段襦裙)·자주유군(紫紬襦裙)·초록주유군(草綠紬襦裙)·남초유군(藍綃襦裙) 각 1벌, 남간색수유군(藍間色袖襦裙) 3벌, 초록단겹군(草綠段裌裙) 1벌, 남단겹군(藍段裌裙) 2벌, 자수겹군(紫袖裌裙) 1벌, 백초삼(白綃衫)·백주삼(白紬衫)·초광한삼(綃廣汗衫) 각 3벌, 백단겹말군(白段裌襪裙)·생초단말군(生綃單襪裙)·백주겹고(白紬裌袴) 각 2벌, 백주단고(白紬單袴) 4벌, 남주금(藍紬衾)·자주금(紫紬衾) 각 1벌, 단금구홍면포욕(單衾具紅綿布褥) 1벌, 무문침석(無紋寢席) 1개, 자주단복(紫紬單袱) 2개, 온혜(溫鞋) 3개, 침(枕) 1개, 말[馬] 4필이었다」

그리고, 그 의식(儀式)의 진행 절차는 이러하였다.

「기일 전 1일에 액정서(掖庭署)에서 어좌(御座)를 근정전(勤政殿)의 북벽(北壁)에 남향하여 설치하고, 보안(寶案)을 어좌 앞에 동쪽 가까이 설치하고, 향안(香案) 2개를 근정전 밖의 좌우에 설치하고, 속백안(束帛案)을 보안의 남쪽에 설치한다. 아악서(雅樂署)의 전악(典樂)이 헌현(軒縣;틀에 걸어놓은 樂器)을 진열(陳列)하고, 거휘위(擧麾位)와 전악위(典樂位)를 설치한다. 그 날에 판사복(判司僕)이 여(輿)·연(輦)과 말[馬]을 진열하고, 전의(典儀)가 종친(宗親)·문무백관(文武百官)과 내외(內外) 관원의 자리와 집사관(執事官)의 자리를 설치하고, 사자(使者)의 명령을 받는 자리를 전정(殿庭)의 길 동쪽에 설치하되, 겹줄로 북향하게 한다. 거안자(擧案者)의 자리를 사자의 뒤에 설치하되 동쪽을 위로 하고, 또 사자 이하의 관원의 자리를 근정문(勤政門) 밖의 길 동쪽에 설치하되 겹줄로 서향(西向)하게 하며, 북쪽을 위로 한다. 고(鼓)가 초엄(初嚴)을 알리면 병조(兵曹)에서 여러 위(衛)의 군사를 거느리고 노부 반장(鹵簿 半仗)을 진설(陳設)하고 군사들을 진열한다. 전악(典樂)이 고취(鼓吹)를 진열하고, 병조에서 세장(細仗)[27]을 진설하며, 예조정랑(禮曹正郎)이 채여(彩輿)[28]를 근정문 밖에 진설한다. 종친(宗親)·문무백관(文武百官)과 사자(使者) 이하의 관원이 모두 조당(朝堂)에 모여 각각 조복(朝服)을 갖추어 입는다. 고(鼓)가 2엄(二嚴)을 알리면, 종친(宗親)·백관(百官)과 사자 이하의 관원이 모두 문외위(門外位)에 나아간다. 예조정랑이 속백함(束帛函)을 안(案)에 두고, 사복(司僕)이 타는 말을 전정(殿庭)의 길 동쪽 헌현(軒懸)의 북쪽에 진설하되 북쪽으로 머리를 두고 동쪽을 위로 한다. 여러 호위(護衛)하는 관원과 사금(司禁)이 각각 무기와 제복을 갖추고, 상서관(尙瑞官)이 어보(御寶)를 받들고 모두 사정전(思政殿)의 합문(閤門) 밖에 나아가서 사후(伺候)한다. 판통례(判通禮)가 합문 밖에 이르러 부복(俯伏)하고 꿇어앉아 중엄(中嚴)을 계청(啓請)하면, 전하(殿下)가 원유관(遠遊冠)과 강사포(絳紗袍)를 갖추고 어좌(御座)에 앉는데 산(繖)과 선(扇)으로 시위하기를 평상시의 의식과 같이 한다. 전악(典樂)이 공인(工人)을 거느리고 들어와 자리로 나아가고, 협률랑(協律郎)은 들어와서 거휘위(擧麾位)에 나아간다. 고(鼓)가 3엄(三嚴)을 알리면 집사관(執事官)이 먼저 자리에 나아가고, 봉례랑(奉禮郎)이 종친(宗親)과 백관(百官)들을 나누어 인도하여 동편문(東偏門)과 서편문(西偏門)을 지나 들어와서 시립위(侍立位)로 나아가 동·서에 서로 마주 향(向)한다. 종소리가 그치면 안팎의 문을 연다. 판통례(判通禮)가 부복(俯伏)하고 꿇어 앉아 외판(外辦)[29]을 아뢰면 전하(殿下)가 여(輿)를 타고 나오는데 산(繖)과 선(扇)으로 시위하기를 평상시의 의식과 같이 한다. 음악이 시작되면 전하가 어좌(御座)에 오르고 음악이 그치면 향로(香爐)의 연기가 피어 오른다. 상서관(尙瑞官)이 어보(御寶)를 받들어 안(案)에 두는데 산(繖)과 선(扇)으로 진열(陳列)하고 호위관(護衛官)과 근시(近侍)가 전내(殿內)에 들어오고, 사금(司禁)이 전계(殿階) 위·아래에 나누어 서되 모두 평상시의 의식과 같이 한다.

27 御駕의 앞뒤에 세우는 자질구레한 儀仗.

28 왕실의 의식 때에 귀중품을 옮겨 싣는데 사용하던 轎子처럼 생긴 기구.

29 바깥의 준비가 모두 끝났음을 말함.

봉례랑(奉禮郞)이 사자(使者) 이하의 관원을 인도하여 동편문(東偏門)을 지나 들어와서 자리에 나아가면 음악이 시작된다. 통찬(通贊)이 '국궁(鞠躬)·사배(四拜)·흥(興)·평신(平身)하라'고 창(唱)하면, 사자 이하의 사람이 국궁하여 네 번 절하고 일어나 몸을 바로 한다. 전교관(傳敎官)이 나아가 어좌 앞에 이르러 교지(敎旨)를 받들고 동문(東門)을 지나 나간다. 내직 별감(內職 別監)이 속백안(束帛案)을 마주 들고 이를 따른다. 전교관이 내려와 사자의 동북쪽으로 나아가서 서향(西向)하여 서고, 별감(別監)이 안(案)을 들고 전교관의 남쪽에 서되 조금 뒤로 물러나서 서향한다. 전교관이 '교지(敎旨)가 있습니다'고 말하면, 통찬이 '궤(跪)하라' 창하고, 사자 이하의 사람은 꿇어 앉는다. 전교관이 교지를 선포(宣布)하기를 '모관(某官) 아무개의 딸을 맞이하여 왕세자빈(王世子嬪)으로 삼으니 경(卿) 등에게 명하여 납징례(納徵禮)를 행하게 한다'고 한다. 선포하기를 마치면 통찬이 '부복(俯伏)·흥(興)·악작(樂作)·흥(興)·사배(四拜)·평신(平身)하라'고 창하여, 사자(使者) 이하의 관원이 부복(俯伏)하였다가 일어나 네 번 절하고 몸을 바로 한다. 다시 음악이 그치고 통찬(通贊)이 '궤(跪)하라'고 칭하면, 정사(正使)와 부사(副使)가 꿇어 앉는다. 통찬이 '진홀(搢笏)하라' 창하면 별감이 속백안(束帛案)을 전교관 앞에 바치고, 전교관이 속백함(束帛函)을 취하여 정사(正使)에게 주면 정사가 나아가서 북향(北向)하여 꿇어앉아 받아 부사(副使)에게 주고 부사는 다시 집사자(執事者)에게 주며 집사자는 받아서 안(案)에 놓는다. 통찬이 '출홀(出笏)·부복(俯伏)·흥(興)·평신(平身)하라'고 창(唱)한다. 전교관이 시위(侍位)에 돌아가고, 봉례랑이 사자를 인도하여 동문(東門)을 지나가는데 거안자(擧案者)가 앞에서 가고 승마(乘馬)를 이끄는 자가 이를 따른다. 사자가 속백을 채여(綵輿)에 두면 세장(細仗)과 고취(鼓吹)가 앞에서 인도한다. 다음에 속백여(束帛輿)가 가고, 그 다음에 승마(乘馬)가 가고 다음으로 사자 이하의 관원이 따라간다. 판통례가 서편계(西偏階)로부터 올라가 나아가서 어좌(御座) 앞에 이르러 부복(俯伏)하고 꿇어앉아 예(禮)를 마쳤음을 아뢰고는 부복하였다가 일어나 내려와서 자리에 돌아간다. 다시 음악이 시작되면 전하(殿下)가 어좌에서 내려와 여(輿)를 타고 내전(內殿)으로 돌아가는데 산(繖)과 선(扇)으로 시위하기를 올 때의 의식과 같이 한다. 음악이 그치면 봉례랑이 종친(宗親)과 문무백관(文武百官)들을 나누어 인도하여 나가고 해엄(解嚴)[30]하고 의장(儀仗)을 해산시키기를 평상시와 같이 한다. 사자(使者) 이하의 관원이 광화문(光化門)에 나가서 공복(公服)으로 갈아 입고 말을 타고 고취(鼓吹)하면서 간다」[31]

한편, 여기에서 이어지는 빈씨(嬪氏) 집에서의 납징(納徵)을 받는 의식(儀式)은 이러하였다.

「기일 전 1일에 빈씨(嬪氏) 집에서는 정사(正使;곧 孝寧大君이다)와 부사(副使)의 막차(幕次)를 대문(大門) 밖의 길 왼쪽에 남향(南向)하여 설치하고, 향안(香案)을 정당(正堂)의 가운데 설치하며, 현훈속백안(玄纁束帛案)을 향안의 남쪽에 설치한다. 그 날에 속백(束帛)과 승마(乘馬)가 빈씨(嬪氏)의 대문(大門) 밖에 이르면 주인(主人)이 나와서 맞이하여 몸을 굽힌다. 집사자(執事者)가 속백을 받들어 정당(正堂)에 들어가고, 정사(正使)가 그를 따라서 안(案)의 왼쪽에 서고 부사(副使)는 안의 오른쪽에 선다. 부사는 동남향(東南向)이 된다. 집사자가 속백을 부사(副使)에게 주고 부사는 정사(正使)에게 주면, 정사가 안(案)에 놓아두고 함께 물러나서 자리로 돌아간다. 승마(乘馬)가 뜰 가운데 나누어 서는데, 남쪽에 있으면서 북쪽으로 머리를 두고 서쪽을 위로 한다. 빈자(儐者)가 주인을 인도하여 배위(拜位)로 나아가서, '국궁(鞠躬)·사배(四拜)·흥(興)·평신(平身)하라'고 창(唱)하면, 주인이 안(案) 앞에 나아가서 꿇어 앉는다. 정사(正使)가 속백(束帛)을 받들어 주인(主人)에게 주면 주인은 꿇어앉아 받아서 집사자(執事者)에게 준다. 집사자가 안(案)에 도로 두면 주인은 부복(俯伏)하였다가 일어나 내려가서 자리로 돌아간다. '국궁(鞠躬)·사배(四拜)·흥(興)·평신(平身)하라'고 창하고, 예(禮)가 끝나면 정사·부사가 막차(幕次)를 나오고 주인이 주찬례(酒饌禮)를 행한다. 정사(正使)와 부사(副使)가 나가면 주인(主人)이 지송(祗送)하여 문밖에까지 이른다.

---

30 儀式을 거행하고 난 뒤에, 여러 관원으로 하여금 경계심을 풀어주게 하는 것.

31 『세조실록』 권20, 세조 6년 4월 乙卯(9일).

정사·부사는 근정전(勤政殿)에 이르러 복명(復命)한다」[32]

왕세자 혼례의 사전(事前) 행사가 끝나고, 4월 11일에는 한씨(韓氏)를 왕세자빈(王世子嬪;뒷날 章順王后로 추존)으로 책봉(冊封)하였다. 아침에 임금이 근정전(勤政殿)에 나아가서 효령대군(孝寧大君) 이보(李補)를 정사(正使)로 삼고, 우의정으로 잉령치사(仍令致仕)한 이인손(李仁孫)을 부사(副使)로 삼아 한씨를 왕세자빈으로 책봉하니, 그 책문(冊文)은 이러하였다.

「내가 큰 왕업(王業)을 이어 받아 지키니 그 황위(皇位)를 차서(次序)에게 잇게 하려고 생각하여 밤낮으로 잊지 못하였다. 이미 저이(儲貳;世子)를 세워서 종묘(宗廟)의 제사를 계승케 하였으니 마땅히 어진 배필(配匹)을 얻어서 내조(內助)에 이바지하게 해야 하겠다. 아! 그대 한씨(韓氏)는 훌륭한 집안에서 태어나 온유(溫柔)하고 아름다우며 정숙(貞淑)하여 종묘의 제사를 도울 만하므로, 이제 효령대군(孝寧大君) 이보(李補)와 우의정으로 잉령치사(仍令致仕)한 이인손(李仁孫) 등을 보내어 그대에게 책보(冊寶)[33]를 주어서 왕세자빈(王世子嬪)으로 삼는다. 그대는 지아비를 경계(警戒)하고 서로 도와서 궁중(宮中)의 법도(法道)를 어기지 말고 더욱 우리의 큰 왕업을 융성하게 하라. 아아! 만가지 교화(敎化)의 시작과 만가지 복(福)의 근원이 그대 한 몸에 매였으니 공경하지 아니할 수가 있겠느냐?」

그리고 책봉(冊封)의 의식(儀式)은 이러하였다.

「기일 전 1일에 액정서(掖庭署)에서 어좌(御座)와 보안(寶案)·향안(香案)을 의식과 같이 설치하고, 책안(冊案)·인안(引案) 각각 1개를 보안(寶案)의 남쪽에 설치하고, 명복안(命服案)을 전정(殿庭)의 길 동쪽에 북쪽 가까이 설치한다. 빈(嬪)의 의장(儀仗)·교자(轎子)·채여(綵

32 『세조실록』 권20, 세조 6년 4월 乙卯(9일), 두 번째 기사.

33 玉冊과 金寶.

輿)는 근정문(勤政門) 밖에 진열하고, 전악(典樂)이 헌현(軒縣)을 벌려 놓고, 거휘위(擧麾位)·전악위(典樂位)를 설치한다. 판사복(判司僕)이 여(輿)·연(輦)과 말을 진열하고, 전의(典儀)가 종친(宗親)·문무백관(文武百官)과 사자(使者) 이하 내외(內外) 관원의 자리를 설치한다. 고(鼓)가 초엄(初嚴)을 알리면 병조(兵曹)에서 여러 위(衛)의 군사를 거느리고 노부반장(鹵簿半仗)을 진열하고 군사들을 벌려 세운다. 종친·문무백관과 사자 이하의 관원이 모두 조당(朝堂)에 집합하여 각각 조복(朝服)을 갖추어 입는다. 고(鼓)가 이엄(二嚴)을 알리면 종친(宗親)·백관(百官)과 사자 이하의 관원이 모두 문외위(門外位)에 나아간다. 예조정랑(禮曹正郞)이 책함(冊函)과 인수(引綬) 및 명복함(命服函)을 받들어 각각 안(案)에 두고, 여러 호위하는 관원과 사금(司禁)이 각각 무기와 제복(制服)을 갖추어 입고 상서사(尙瑞司)에서 책보(冊寶)를 받들어 모두 사정전(思政殿)의 합문(閤門) 밖에 이르러 사후(伺候)한다. 판통례(判通禮)가 합문 밖에 나아가서 부복(俯伏)하고 꿇어앉아 중엄(中嚴)을 계청하면 전하(殿下)가 원유관(遠遊冠)과 강사포(絳紗袍)를 갖추어 입고 어좌(御座)에 오르는데 산(繖)과 선(扇)으로 시위하기를 평상시의 의식(儀式)과 같이 한다. 전악(典樂)이 공인(工人)을 거느리고 들어와 자리에 나아가고, 협률랑(協律郞)이 들어와 거휘위(擧麾位)에 나아간다. 고(鼓)가 3엄(三嚴)을 알리면 집사관(執事官)이 먼저 자리에 나아가고, 봉례랑(奉禮郞)이 종친(宗親)과 백관(百官)들을 나누어 인도하여 동편문(東偏門)과 서편문(西偏門)을 지나 들어와 시립위(侍立位)로 나아가서 동서에서 마주 보고 선다. 종소리가 그치면 안팎의 문(門)을 연다. 판통례가 부복(俯伏)하고 꿇어앉아 외판(外辦)을 아뢰면 전하가 여(輿)를 타고 나가는데 산(繖)과 선(扇)으로 시위하기를 평상시와 같이 한다. 음악이 연주(演奏)되면 전하(殿下)가 어좌(御座)에 오르고, 음악이 그치면 향로(香爐)에서 연기가 피어 오른다. 상서관(尙瑞官)이 어보(御寶)를 받들어 안(案)에 둔다. 산과 선을 진열하고, 호위관(護衛官)과 근시(近侍)가 전내(殿內)에 들어오며, 사금(司禁)이 전(殿)의 위·아래에 나누어 서되 모두 평상시와 같이 한다. 봉례랑이 사자(使者) 이하의 관원을 인도하여 동편문(東偏門)을 지나 들어와 자리에 나아간다. 음악이 연주되고 통찬(通贊)이 '국궁(鞠躬)·사배(四拜)·흥(興)·평신(平身)하라'고 창하면 사자(使者) 이하의 관원이 국궁하여 네 번 절하고 일어나 몸을 바로 한다. 음악이 그치면 전교관(傳敎官)이 전하(殿下)의 어좌 앞에 나아와서 교지(敎旨)를 받들고 동문(東門)을 지나 나온다. 내직(內職) 별감(別監)이 책안(冊案)과 인안(引案)을 들고 이를 따른다. 전교관이 내려와 사자의 동북쪽에 나아가 서향(西向)하여 서고, 별감(別監)이 안(案)을 들고 전교관의 남쪽 조금 뒤에 물러나서 서되 모두 서향한다. 전교관이 '교지(教指)가 있습니다'고 말하고, 통찬(通贊)이 '궤(跪)하라'고 창(唱)하면 사자 이하의 관원이 꿇어 앉는다. 전교관이 교지(教旨)를 선포하기를, '모관(某官) 아무개의 딸을 책봉(冊封)하여 왕세자빈(王世子嬪)으로 삼으니, 경(卿) 등에게 명하여 예(禮)를 행하게 한다'고 한다. 선포하기를 마치면 통찬이 '부복(俯伏)·흥(興)·악작(樂作)·사배(四拜)·흥(興)·평신(平身)하라'고 창하여 사자(使者) 이하의 관원이 부복(俯伏)하였다가 일어나 네 번 절하고 다시 일어나 몸을 바로 한다. 음악이 그치고 통찬이 '궤(跪)하라'고 창하면, 정사(正使)와 부사(副使)가 꿇어 앉는다. 통찬이 '진홀(搢笏)하라'고 창한다. 별감(別監)이 먼저 책안(冊案)을 바치고 다음에 인안(引案)을 바친다. 다음에 전교관이 나아가 사자에게 주면, 사자는 받아서 부사(副使)에게 주고, 부사는 받아서 책안과 인안을 든 자에게 준다. 통찬이 '출홀(出笏)·부복(俯伏)·흥(興)·평신(平身)하라'고 창한다. 전교관이 시립(侍立)하는 자리로 돌아간다. 봉례랑(奉禮郎)이 사자를 인도하여 나가는데, 책안과 인안을 든 자가 앞에서 가고, 명복(命服)을 든 자가 따른다. 근정문(勤政門)의 동편문(東偏門)을 지나 나가면 사자가 뒤따라 간다. 종친(宗親)과 문무백관(文武百官)들이 반열(班列)로 돌아온다. 통찬이 '국궁(鞠躬)·사배(四拜)·흥(興)·평신(平身)하라'고 창한다. 치사관(致詞官)이 전하(殿下)의 어좌(御座) 앞에 나아가서 아뢰기를, '모관(某官) 신(臣) 아무개 등은 원량(元良;왕세자)의 배필(配匹)을 세워 종손(宗孫)과 지손(支孫)이 번영하는 경사(慶事)와 대례(大禮)가 이미 이루어지니, 기쁜 마음을 이길 수가 없습니다' 하고, 부복(俯伏)하였다가 일어나 자리로 돌아간다. 통찬이 '부복(俯伏)·흥(興)·사배(四拜)하라'고 창하고, 판통례(判通禮)가 예(禮)를 마쳤음을 아뢴다. 음악이 시작되면 전하가 평상시의 의식과 같이 내전(內殿)으로 돌아간다. 이윽고 음악이 그치면 봉례랑(奉禮郎)이 종친(宗親)과 문무백관(文武百官)들을 나누어 인도하여 차례로 나간다. 사자(使者)가 근정문 밖에 이르러 책함(冊函)과 인수(印綬) 및 명복함(命服函)을 각각 채여(綵輿)에 둔다. 빈(嬪)의 의장(儀仗)과 교자(轎子)가 앞에서 가고, 책(冊)·인(印)·명복(命服)·채여(綵輿)가 차례대로 진열하여 광화문(光化門)을 나간다. 사자(使者)가 말을 타고 의장(儀仗)

을 갖추어 고취(鼓吹)하면서 가고, 종자(從者)들이 말을 타고 따라간다」[34]

왕세자빈으로 책봉(冊封)된 뒤에 빈씨(嬪氏) 집에서 책문(冊文)을 받는 의식(儀式)은 아래와 같았다.

「이 날 빈씨(嬪氏) 집에서 막차(幕次)를 대문(大門)의 밖에 남향하여 설치하고, 향안(香案)을 정청(正廳)에 설치하며, 주인(主人)의 배위(拜位)를 정청 뜰에 북향하여 설치하고, 동지내시부사(同知內侍府事)의 자리와 집사 내관(執事 內官)의 자리를 중당(中堂)의 바깥에 설치한다. 향안은 중당에 설치하며 책안(冊案)·인안(印案)·명복안(命服案)을 향안의 남쪽에 설치하고, 빈씨(嬪氏)의 배위(拜位)를 뜰에 설치하며, 찬례여관(贊禮女官)의 두 자리를 빈씨의 배위 동서쪽에 서로 마주보게 설치하고, 선책여관(宣冊女官)[35]과 전책여관(奠冊女官)의 자리는 동쪽에 설치한다. 인례여관(引禮女官)[36] 2인이 좌우로 나누어 먼저 중당(中堂)에 들어오면 사(使) 이하의 관원에서 주인(主人)에 이르기까지 나와서 맞이하여 몸을 굽힌다. 찬인(贊引)이 사(使) 이하의 관원을 인도하여 정청(正廳)에 들어가서 향안의 동쪽에 남향하여 선다. 책안(冊案)·인안(印案)·명복안(命服案)을 든 자가 따라 들어가 이를 부사(副使)에게 주면 다시 정사(正使)에게 주어서 안(案) 위에 놓아둔다. 빈자(儐子)가 주인을 인도하여 들어와 배위(拜位)에 나아가면, '국궁(鞠躬)·사배(四拜)·흥(興)·평신(平身)하라'고 찬(贊)한다. 책·인(冊·印)·명복(命服)을 든 내관(內官)이 받들어 바치면 동지내시부사가 중당에 벌려 놓기를 정청과 같이 하고 빈복(嬪服)과 예복(禮服)을 펼쳐 놓는다. 여관(女官) 2인이 좌우로 나누어 빈씨를 인도하여 방(房)을 나와서 책안(冊案) 앞의 배위(拜位)에 이르면, 찬례여관(贊禮女官)이 '사배(四拜)·흥(興)·평신(平身)하라'고 찬한다. 선책여관(宣冊女官)이 '교지(敎旨)가 있습니다'말하고, 찬례여관이 '궤(跪)하라'고 찬(贊)하면, 빈씨가 꿇어앉는다. 다

34 『세조실록』 권20, 세조 6년 4월 丁巳(11일).

35 왕세자빈을 冊封할 때에 竹冊을 읽는 女官.

36 의식 때 王妃나 妃嬪에게 禮를 인도하는 宮女.

시 '선책(宣冊)하라'고 찬하면, 여관이 책안(冊案) 앞에 나아가서 책문(冊文)을 받들어 취하여 향안(香案)의 동쪽에 서서 선포한다. 선포하기를 마치면, 책문(冊文)을 받들어 빈씨에게 준다. 빈씨가 꿇어앉아 책문을 받아서 이를 전책여사(奠冊女使)에게 주면, 여사(女使)가 무릎을 꿇고 받아 다시 안(案) 위에 놓는다. 찬례여관이 '부복(俯伏)·흥(興)·사배(四拜)하라'고 찬한다. 빈씨가 국궁(鞠躬)하여 네 번 절하면, 찬례여관이 '예(禮)가 끝났다'고 찬한다. 여관(女官)이 빈씨에게 자리에 오르기를 청하고, 여러 명부(命婦)와 응당 하례(賀禮)해야 할 자들이 차례로 뜰에 북향하여 서면, '재배(再拜)하라'고 찬한다. 예가 끝나면 빈씨는 안으로 들어가고, 내관(內官)이 나와서 정사(正使;효령대군)·부사(副使)에게 예를 마쳤음을 고(告)한다. 정사(正使)·부사(副使)가 막차(幕次)를 나오면 주인(主人)이 주찬례(酒饌禮)를 행한다. 정사와 부사가 나가면 주인이 지송(祗送)하여 문밖에까지 이른다. 정사와 부사는 근정전(勤政殿)에 나아가서 복명(復命)한다」[37]

4월 18일에는 왕세자가 빈씨를 그 집에서 친영(親迎)하였다. 임금이 중궁(中宮)과 더불어 광화문(光化門)까지 전송하고, 이어서 누각(樓閣) 위에 나아가서 세자(世子)가 돌아오기를 기다렸다. 그런데 친영례(親迎禮)에 앞서 왕세자가 혼례(婚禮)를 치루기 전에 왕비(王妃)로부터 경계의 말[戒詞]을 듣던 의식, 곧 초계의(醮戒儀)가 있으니 18일에 행한 초계의는 이러하였다.

「친영(親迎)하는 날 내시부(內侍府)에서 전하(殿下)와 중궁(中宮)의 어좌(御座)를 궁중(宮中)에 설치하고, 의장(儀仗)을 전정(殿庭)의 동서에 설치한 후 사옹방(司饔房)에서 찬탁(饌卓)을 준비한다. 전하는 원유관(遠遊冠)과 강사포(絳紗袍)를, 중궁은 예복(禮服)을 입고 나가면 음악이 연주되고, 어좌에 오르면 음악이 그친다. 왕세자(王世子)가 면복(冕服)을 입고 찬례(贊禮)가 왕세자를 인도하여 전(殿)의 동문(東門)을 지나 들어가 전정(殿庭)의 배위(拜位)에 나아가고, 찬자(贊者)가 '국궁(鞠躬)하라'고 찬(贊)하면, 음악이 연주되어 네 번 절하

37 『세조실록』 권20, 세조 6년 4월 丁巳(11일).

고 일어나 몸을 바로 하면 음악이 그친다. 집사자(執事者)가 잔(盞)으로 술을 딸아서 전하(殿下)의 어좌(御座) 동쪽에 드린다. 찬례가 왕세자를 인도하여 어좌 앞에 나아가서 꿇어앉게 하면, '진규(搢圭;笏(홀)을 꽂음)하라'고 찬(贊)하고, 또 '잔(盞)을 받으라'고 찬한다. 집사가 잔을 왕세자에게 서서 주면 왕세자가 잔을 받아 마시고, 마시기를 마치면 다시 잔을 집사자에게 주고, 집사자가 꿇어앉아 이를 받아서 물러난다. '출규(出圭)하여 계명(戒命)을 공손히 들으라'고 찬하면, 왕세자가 계사(戒詞)를 듣는다. 이를 마치면 '부복(俯伏)·흥(興)·평신(平身)하라'고 찬하고, 또 '자리로 돌아가라'고 찬한다. '국궁(鞠躬)하라'고 찬하면 음악이 연주되고, '사배(四拜)·흥(興)·평신(平身)하라'고 찬하면 음악이 그친다. 또 왕세자를 인도하여 중궁(中宮)이 어좌(御座) 앞에 나아간다. '예(禮)가 끝났다'고 찬하면, 왕세자를 인도하여 나가고 곤면(袞冕)을 거두고, 원유관(遠遊冠)과 강사포(絳紗袍)를 갖추어 입고 비로소 친영례(親迎禮)를 행한다」[38]

다음, 친영의(親迎儀)[39]는 이러하였다.

「기일 전 1일에 충호위(忠扈衛)에서 왕세자의 막차(幕次)를 빈씨(嬪氏)의 대문(大門) 밖 길에 동남향으로 설치하고, 향안(香案)과 백안(帛案)[40]을 정당(正堂)의 가운데 설치한다. 그날 포시(晡時;申時 즉 오후 3~5시)전 3각(刻)에 사복 소윤(司僕 少尹)이 연(輦)을 광화문(光化門) 밖의 동쪽 가까이에 설치하고, 익위사(翊衛司)에서 소속 군사를 거느리고 장위(仗衛)를 진열하기를 평상시와 같이 한다. 전악(典樂)이 전부 고취(前部 鼓吹)를 설치한다. 빈씨의 부모(父母)가 정당(正堂)에 자리하면 여집사(女執事)가 빈씨를 인도하여 부모 앞에 나아가서 각각 네 번 절하게 한다. 부모가 뜻에 따라 계사(戒詞)를 하면 빈씨가 듣는다. 이를 마치면 차례로 여러 존장(尊長)들에게 하직한다. 예(禮)가 끝나면 명복(命服)으로 바꾸어 입고

---

38 『세조실록』 권20, 세조 6년 4월 甲子(18일).

39 신랑이 신부 집에 가서 신부를 맞이하던 의식, 여기서는 왕세자가 嬪을 맞이하는 의식임.

40 禮物로 주는 비단을 놓아 두던 책상.

서 기다린다. 왕세자(王世子)가 명(命)을 받고, 이를 마치면 좌중호(左中護)가 왕세자를 인도하여 근정문(勤政門)의 동편문(東偏門)을 지나 나가서 홍례문(弘禮門) 밖에 이른다. 부지통례(副知通禮)가 연(輦)에 오르기를 청하면, 연이 움직인다. 촛불을 잡은 자가 앞에서 가는데, 시위(侍衛)하기를 의식과 같이 한다. 시종관(侍從官)과 궁관(宮官)·종친(宗親)·문무백관(文武百官)들이 공복(公服) 차림으로 광화문(光化門)을 나가서 말을 타고 따라간다. 빈씨 집 문밖에 이르면 부지통례가 연에서 내리기를 청하고, 중호(中護)가 인도하여 막차(幕次)에 들어간다. 빈자(儐者)가 공복(公服)을 입고 주인을 인도하여 왕세자를 막차 밖에서 맞이한다. 내관(內官)이 시복(時服) 차림으로 왕세자를 인도하여 막차를 나가고, 주인이 왕세자를 청하여 중당(中堂)에 들어간다. 예물(禮物)을 받들고 들어와 중당에 이르면 주인이 나아가서 중당의 왼쪽에 서고, 빈모(嬪母)가 중당의 오른쪽에 선다. 왕세자가 중당에 이르면 여집사 2인이 빈씨를 인도하여 방(房)에서 나와 빈모의 아래에 세운다. 내관이 왕세자를 인도하여 안(案) 앞에 이르고 내관이 폐백(幣帛)을 받들어서 바치면 왕세자가 받아서 안에 놓는다. 내관이 왕세자를 인도하여 조금 물러나 동쪽 가까이 서향(西向)하여 서게 한다. 빈자가 주인을 인도하여 백안 앞에 나아가서 팔배례(八拜禮)[41]를 행하고 물러나서 자리에 돌아가게 한다. 집사자가 안(案)을 거두고 내관이 왕세자를 인도하여 먼저 나간다. 교부(轎夫)가 교자(轎子)를 메고 중문 안에 이르고 내관이 빈씨의 의장(儀仗)을 중문(中門) 밖에 갖추면 여집사(女執事)가 빈씨를 인도하여 나간다. 내관(內官)이 꿇어 앉아 왕세자에게 교자(轎子)가 있는 곳에 나아가기를 청하고, 발[簾]을 거두기를 청하면 빈씨가 교자(轎子)에 오른다. 내관(內官)이 왕세자에게 연(輦)에 올라가 앞서 가기를 청한다. 빈씨가 의장을 갖추고 뒤를 따라서 간다. 왕세자가 홍례문(弘禮門) 밖에 이르러 연에서 내리고 빈씨의 교자가 사정전(思政殿) 문 밖에 이른다. 내관이 꿇어앉아 왕세자에게 발[簾]을 거두기를 청하고, 빈씨가 교자에서 내린다. 왕세자가 앞서서 간다」[42]

---

41 여덟 번 절을 하는 禮. 異姓간에 結緣할 때 행하던 禮임.

42 『세조실록』 권20, 세조 6년 4월 甲子(18일).

다음에는 혼례식를 마친 후 첫 날 밤[初夜]의 의식인 동뢰연(同牢宴)[43]을 행하였는데, 그 의식은 이러하였다.

「그 날 내관(內官)이 먼저 대궐 안에 왕세자의 좌석(座席)을 동쪽에 서향하여 설치하고, 빈씨(嬪氏)의 좌석을 서쪽에 동향(東向)하여 설치한다. 각각 좌석의 남쪽에 배위(拜位)를 설치하고, 술 상[酒案]을 한 가운데에 조금 남쪽으로 설치하고, 잔(盞) 두 개와 근(巹)[44] 두 개를 상[案]위에 놓는다. 왕세자가 들어와 궁문 밖에 이르면 궁관(宮官) 이하 장위(仗衛)는 모두 물러난다. 빈씨가 사정전(思政殿) 문밖에 이르러 교자(轎子)에서 내린다. 장위는 문밖에 머물고 궁인이 앞뒤에서 촛불[火燭]을 잡는데 평상시와 같이 한다. 찬인(贊引) 1인이 왕세자를 인도하여 앞서 오르고, 1인은 빈씨를 인도하여 뒤따라 오른다. 배위(拜位)에 나아가기를 찬청(贊請)하고. '재배(再拜)하라'고 찬하면 왕세자와 빈씨가 두 번 절한다. 이를 마치면 좌석에 오르기를 찬청한다. 집사자(執事者)가 주안상(酒案床)을 들어 왕세자와 빈씨 앞에 드리고, 여관(女官)이 금잔(金盞)에 술을 따라 드리고, 다음에 찬(饌)을 올린다. 재차 금잔으로 술을 올리고 또 찬을 드리며, 재차 근잔(巹盞)으로 술을 따르고 합(合)하여 타서 바치면 왕세자와 빈씨가 모두 마신다. 이를 마치면 또 찬(饌)을 드리는데, 모두 세 차례 술과 잔(盞)들기를 끝마친다. 집사가 찬안(饌案)을 거두고, 왕세자와 빈씨가 배위에 나아가서 두 번 절한다. 예(禮)를 모두 끝마치면 왕세자의 종자(從子)가 빈씨(嬪氏)의 찬(饌)에 남은 것을 싸고, 빈씨의 종자는 왕세자의 찬안에 남은 것을 싼다」[45]

다음은 시집 온 새 신부(新婦)가 신방(新房)을 치른 다음, 그 이튿날 아침 일찍 일어나 시부모를 뵙는 의식. 곧 조현례(朝見禮)를 행하는데 그 의식은 이러하였다.

---

43 신랑 신부가 첫 날 밤에 서로 마주하여 술과 饌을 나누고 再拜한 뒤에 新房에 들던 의식.

44 표주박으로 만든 술잔. 작은 표주박 한 개를 둘로 짜갠 것.

45 『세조실록』 권20, 세조 6년 4월 甲子(18일).

「둘째 날에 궁인(宮人)이 어좌(御座)와 중궁좌(中宮座)를 내전(內殿)의 북벽(北壁)에 설치한다. 왕세자가 면복(冕服)을 입고, 빈씨(嬪氏)는 예복(禮服)을 입는다. 찬인(贊引)이 각각 출궁(出宮)하기를 계청(啓請)하고 궁내 문 밖에 이르러 기다린다. 전하(殿下)가 원유관(遠遊冠)과 강사포(絳紗袍)를 갖추고 중궁(中宮)은 예복을 입고 자리에 오르면 찬인이 왕세자와 빈씨를 인도하여 동문(東門)에서 들어오는데, 왕세자가 먼저 들어오고 빈씨가 이를 따른다. 찬인이 '전하(殿下)의 앞으로 나아가라'고 찬한다. 왕세자는 동쪽에 있고 빈씨는 서쪽에 있으며, 궁인이 대추·밤[棗栗]을 담은 쟁반을 가지고 빈씨의 오른쪽에 서면, '왕세자와 빈씨는 모두 사배(四拜)하라'고 찬한다. 집사자 2인이 상[案]을 들고 전하의 앞에 이르고 궁인(宮人)이 조율을 담은 쟁반을 가지고 빈씨에게 주면, 빈씨는 그 쟁반을 받들어 다시 상위에 놓는다. 집사자가 상을 들고 빈씨는 뒤따라 받들어 나아가되 전하(殿下) 앞에서 정지하고 빈씨는 자리로 돌아간다. 찬례(贊禮)가 '왕세자와 빈씨는 모두 사배(四拜)하라'고 찬한다. 찬인이 이번에는 왕세자와 빈씨를 인도하여 중궁 앞에 나아간다. 궁인이 단수(腶脩)[46]를 담은 쟁반을 가지고 빈씨의 왼쪽에 서면, 왕세자와 빈씨는 모두 네 번 절하고 일어선다. 집사자(執事者) 2인이 상[案]을 들고 중궁(中宮) 앞에 이르러 단수(腶脩)를 담은 쟁반을 빈씨에게 주면 빈씨는 단수를 담은 쟁반을 받들어 상위에 놓는다. 집사자가 상을 받들고 빈씨는 뒤따라 받들어 나아가되 중궁 앞에 이르러 빈씨는 자리로 돌아간다. '사배(四拜)하라' 찬하면, 왕세자와 빈씨 모두 네 번 절한다. 집사자가 전하의 앞에 대추·밤[棗·栗]을 담은 쟁반을 상의 동쪽에 거두고 중궁 앞의 단수를 담은 쟁반은 서쪽에 거둔다. 이윽고 '예(禮)가 끝났다'고 찬하면, 찬인이 왕세자와 빈씨를 인도하여 나간다」[47]

조현례(朝見禮)까지 끝나면, 이 날 왕세자와 빈씨에게 잔치를 내려 주었다. 임금이 근정전(勤政殿)에 나아가서 백관(百官)들의 하례(賀禮)를 받고 중궁(中宮)은 강녕전(康寧殿)에서 명부(命婦)와 백관들의 하례를 의식과 같이 받는다. 물론 백관들의 하례, 중궁에 대

---

46 生薑이나 桂皮 따위를 섞어 만든 포(脯).

47 『세조실록』 권20, 세조 6년 4월 乙丑(19일). 1번째 기사.

한 명부들의 하례 모두 의식과 같이 행해지며, 특히 백관들의 중궁에 대한 하례(賀禮)는 정월·동지(冬至)에 행하는 하례 의식과 같은데, 다만 치사(致詞)에 이르기를,

> "왕세자의 아름다운 혼례(婚禮)를 치루어 경사(慶事)가 본손(本孫)과 지손(支孫)에 미치니, 공경히 생각하건대 왕비 전하(王妃 殿下)에게 경복(景福)이 끝이 없을 것입니다"

하면, 답사(答詞)에 이르기를, "혼례(婚禮)가 이루어진 경사(慶事)를 경(卿)들과 함께 하겠다"고 한다.

전하와 중궁이 왕세자와 빈씨에게 내리는 잔치를 마친 다음 날에는 임금이 중궁과 강녕전(康寧殿)에 나아가서 회례연(會禮宴)을 행하였다. 여기에는 내종친(內宗親)이 시연(侍宴)하였는데, 외종친(外宗親)과 재추(宰樞)에게는 잔치를 사정전(思政殿)의 월낭(月廊)에서 내려 주었다. 그 의식과 진설(陳設) 및 행례 절차는 모두 정월(正月)과 동지(冬至)에 회례하는 의식과 같았다. 다만 치사(致詞)에 이르기를,

> "왕세자(王世子)의 아름다운 혼례(婚禮)를 이루어 진실로 경복(景福)을 높이니, 경사스럽고 기쁜 마음을 이길 수가 없어서 삼가 천천세(千千歲)를 상수(上壽)합니다"

한다.[48] 그리고 이튿날에는 빈씨(嬪氏)가 처음 왕궁으로 시집을 와서 임금이나 왕비에게 어선(御膳)을 드리는 예식(禮式), 곧 관궤례(盥饋禮)를 행하기도 하였다. 그리고 또한 이어서 왕세자와 빈씨가 빈씨 집, 그러니까 빈씨(嬪氏)의 친정(親庭)에 이르러 회문례(回門禮)를 의식과 같이 행하기도 하였는데, 이번에는 가례색(嘉禮色) 당상 낭청(堂上 郎廳)과 도승지 윤자운(尹子雲)·좌승지 이극감(李克堪) 등이 수행하였다. 부모님 앞에 드리는 예물(禮物)은 아청단자원령(鴉靑段子圓領)·도홍단자탑호(桃紅段子塔胡)·초록단자철릭(草綠段子帖裏)각 1필, 초록단자소오자(草綠段子小襖子)·아청단자군(鴉靑段子裙)·아청단자할의

48 『세조실록』 권20, 세조 6년 4월 乙丑(19일). 5번째 기사.

(鴉靑段子割衣) 각각 1벌, 잡색저사(雜色紵絲) 5필, 채초(綵綃) 5필이었다.[49]

한편, 빈씨(嬪氏)의 친정 집에서 회문례(回門禮)가 있던 이 날, 임금은 화위당(華韡堂)에 나아가서 활 쏘는 것을 구경하였는데, 여기에는 양녕대군(讓寧大君)·임영대군(臨瀛大君)·영응대군(永膺大君)·계양군(桂陽君)·밀성군(密城君)·익현군(翼峴君)·영해군(寧海君)·귀성군(龜城君)과 운성부원군 박종우(朴從愚)·화천군 권공(權恭), 영의정 강맹경(姜孟卿)·지중추원사 박강(朴薑), 그리고 순성군(順城君) 이개(李譪)·보성경(寶城卿) 이갑(李侤)·이조참판 곽연성(郭連城)·의주목사(義州牧使) 설정신(薛丁新), 경기관찰사 황효원(黃孝源)·개성부유수 권지(權摯)와 승지(承旨) 등이 입시(入侍)하였다.[50]

4월 24일에는 모화관(慕華館)에 거둥하여 활 쏘는 것을 구경했는데, 양녕대군(讓寧大君) 이제(李禔)·효령대군(孝寧大君) 이보(李補)와 임영대군(臨瀛大君)·영응대군(永膺大君)·익녕군(益寧君)·계양군(桂陽君)·밀성군(密城君)·익현군(翼峴君)·영해군(寧海君)·의성군(誼城君) 이채(李寀;孝寧大君 長男)·순성군(順城君) 이개(李譪;讓寧大君 長男)·오산군(烏山君) 이주(李澍)·영순군(永順君) 이부(李溥)·원천경(原川卿) 이의(李宜;효령대군의 제6남)·의평군 이원생(李元生)·귀성군(龜城君) 이준(李浚)·은산부령(銀山副令) 이철(李徹;寶城君 侤의 제5남)·운성부원군 박종우(朴從愚)·화천군 권공(權恭)·하성위(河城尉) 정현조(鄭顯祖)·봉원부원군(蓬原府院君) 정창손(鄭昌孫)·영의정 강맹경(姜孟卿)·우의정 권람(權擥)·병조판서 한명회(韓明澮)·형조판서 박원형(朴元亨)·이조판서 구치관(具致寬)·행대호군 김유선(金有銑)과 승지(承旨) 등이 호종(扈從)하였다.

이틀 후인 26일에도 임금이 경회루(慶會樓)에 나아가 활 쏘는 것을 구경하였다. 양녕대군(讓寧大君)·효령대군(孝寧大君)·임영대군(臨瀛大君)·영응대군(永膺大君), 그리고 익녕군(益寧君)·계양군(桂陽君)·밀성군(密城君)·익현군(翼峴君)·영해군(寧海君)과 보성경(寶城卿) 이갑(李侤)·운성부원군 박종우(朴從愚)·병조판서 한명회(韓明澮)·이조판서 구치관(具致寬)·화천군 권공(權恭), 그리고 승지(承旨)와 내금위(內禁衛)·겸사복(兼司僕) 등

49 『세조실록』 권20, 세조 6년 4월 丙寅(20일). 1번째 기사.

50 『세조실록』 권20, 세조 6년 4월 丙寅(20일). 2번째 기사.

이 입시(入侍)하였다. 이 자리에서 임금이 이미 취하자 양녕대군(讓寧大君)과 더불어 시사(時事)를 많이 논의하였는데, 양녕대군의 말이 휼간(譎諫;둘러 말하여 諫함)함이 많았다. 임금이 "나는 불교(佛敎)를 좋아하는 임금입니다" 하니, 양녕대군이 대답하기를, "인주(人主)가 불교를 좋아하여 재물을 손상하고 백성들을 해(害)치지 않은 자가 드물었는데, 역력(歷歷)한 고금(古今)의 성패(成敗)를 모두 성감(聖鑑)으로 환하게 알고 계신 바이나, 나는 그 가당(可當)한 것을 아직 보지 못하였습니다." 하니, 임금이 그냥 웃었다.[51]

5월 5일에는 임금이 중궁(中宮)과 더불어 강녕전(康寧殿)에 나아가니, 왕세자가 풍정(豊呈)을 바치었다. 내종친(內宗親;임금의 親族)은 시연(侍宴)하고, 외종친(外宗親)과 재추에게는 사정전(思政殿) 월랑(月廊)에서 잔치를 내려 주었다. 그리고 이튿날은 왕세자빈(王世子嬪)이 그 부모의 집에 가서 헌수(獻壽)하였다.

5월 10일에는 이내(李徠)를 창선대부(彰善大夫;宗親 정3품 堂下官) 춘양부령(春陽副令)으로 삼았는데, 이는 그가 경서(經書)를 강(講)하여 대의(大義)를 통달하였기 때문에 특별히 창선대부를 더한 것이었다. 어서(御書)로 이르기를, "종친(宗親) 가운데 잘하는 자는 상(賞)을 주어서 권려(勸勵)하는 방도를 다하나, 잘하지 못하는 자는 벌칙(罰則)이 없기 때문에 징계하여 다스릴 길이 없다. 금후로는 친히 강(講)할 때에 통(通)하지 못하는 자는 반드시 모름지기 자품(資品)을 강등시키고, 그 사실을 종부시(宗簿寺)로 하여금 알리게 하라" 하였다. 이래(李徠)는 효령대군(孝寧大君)의 손자(孫子)로서 보성경(寶城卿) 이갑(李衉)의 셋째 아들이다.

5월 28일에는 과거(科擧)시험에 『훈민정음』(訓民正音)과 『동국정운』(東國正韻)을 초장(初場)에서 강(講)할 것을 정한 바, 예조(禮曹)에서 아뢰기를 "『훈민정음』(訓民正音)은 선왕(先王)께서 손수 지으신 책이요, 『동국정운』(東國正韻)·『홍무정운』(洪武正韻)도 모두 선왕께서 찬정(撰定)하신 책이며, 이문(吏文)은 또한 사대(事大)에 절실히 필요한 것이니, 청컨대 지금부터 문과(文科) 초장(初場)에서 새 책을 강(講)하고 사서(四書)·오경(五經)의 예에 의하여 분수(分數)를 주며, 종장(終場)에서 아울러 이문(吏文)도 시험하고 대책(對

---

51 『세조실록』 권20, 세조 6년 4월 壬申(26일).

策)의 예(例)에 의하여 분수를 주소서" 하니, 그대로 따랐다.[52]

여름 7월 5일에는 임금이 희우정(喜雨亭)에 거둥하여 추향 대제(秋享 大祭)[53]의 음복연(飮福宴)[54]을 이곳에서 베푸니, 종친(宗親)과 재추(宰樞)·승지(承旨) 등이 시위(侍衛)하였다. 왜인(倭人) 화라온(火剌溫)·모다오가(毛多吾可) 등 4인과 야인(野人) 올적합(兀狄哈)·곤이(昆伊) 등 3인도 시위에 동참하였다. 한편, 이 자리에서 노사신(盧思愼)·황윤원(黃允元)·고태필(高台弼) 등을 불러서 김구(金鉤)·정수충(鄭守忠)으로 하여금 『맹자』(孟子)를 강(講)하게 하고, 이어서 효령대군(孝寧大君) 이보(李補)에게 쌀 50석을 내려주고, 김구에게는 쌀 20석을 내려 주었으니, 이는 정자(亭子)가 효령대군의 별서(別墅)이었기 때문이었다. 또한 시위하는 군사(軍士)들에게는 술을 내려 주고, 길 가[路邊]의 농민(農民)들에게도 먹을 것을 내려 주었다.[55]

7월 24일에는 임금이 서교(西郊)에 거둥하여 농사(農事)의 작황(作況)을 돌아보았는데, 종친(宗親)·재추(宰樞)·승지(承旨) 등이 어가(御駕)를 수종(隨從)하였다. 충순당(忠順堂)에 환어(還御)하여서는 술자리를 베풀고 활 쏘는 것을 구경하니, 호종(扈從)한 종친과 재추 등이 입시(入侍)하였다. 이 자리에서 익녕군(益寧君) 이치(李袳)에게 어린 말 1필을 내려 주었다.

8월 25일에는 정순공주(貞順公主)가 타계하였으니, 공주는 태종(太宗)의 맏딸로서 금상(今上)의 고모(姑母)이며, 대군(大君)에게는 9세 연상의 큰 누님이다. 향수(享壽) 76세(歲)를 누렸다. 정종 1년 15세 때에 청평위(淸平尉) 이백강(李伯剛)에게 하가(下嫁)하였었다. 조정(朝廷)에서 쌀·콩 아울러 70석과 포(布) 50필, 종이 1백 권을 부의(賻儀)하였다.[56] 9월 29일에는 정의공주(貞懿公主) 집에 쌀 1백 석(石)을 내려주고, 아들과 사위의 직질(職秩)을 더하게 해주었는데, 공주는 세종(世宗)의 적출(摘出) 둘째 딸로서 임금에게는

---

52 『세조실록』 권20, 세조 6년 5월 癸卯(28일).

53 초가을에 지내는 宗廟·社稷에 대한 큰 제사.

54 제사를 지내고 난 다음에 祭物을 祭官들에게 나눠주고 베풀던 잔치.

55 『세조실록』 권21, 세조 6년 7월 己卯(5일).

56 『세조실록』 권21, 세조 6년 8월 戊辰(25일).

누이이며, 연창위(延昌尉) 안맹담(安孟聃)에게 하가하였었다.

10월 4일에는 임금이 중궁(中宮)과 더불어 황해도(黃海道)와 평안도(平安道)를 순행(巡幸)하니, 조선 건국 이후 먼 지방에의 국왕 순행으로는 처음 단행된 큰 행사였다. 11월 4일까지 한 달여에 걸쳐 왕세자가 수행(隨行)하였고, 임영대군(臨瀛大君) 이구(李璆)·영응대군(永膺大君) 이염(李琰)·계양군(桂陽君) 이증(李璔)·익현군(翼峴君) 이연(李璉)·순성군(順城君) 이개(李誯;讓寧大君의 장남)·보성경(寶城卿) 이갑(李㝓;孝寧大君 제3남)·영순군(永順君) 이부(李溥)·귀성군(龜城君) 이준(李浚)·신종윤(新宗尹) 이효백(李孝佰)[57]·도평정(桃平正) 이말생(李末生)·무림정(茂林正) 이선생(李善生)·율원령(栗元令) 이종(李徖;寶城君의 次男)·제천령(堤川令) 이온(李䋎;瑞原君의 제3남)·부윤령(富潤令) 이효숙(李孝叔)·계천령(溪川令) 이계(李誡)·은산부령(銀山副令) 이철(李徹;寶城君의 제5남)·고정감(古丁監) 이겸(李謙;讓寧大君의 제4남)과, 운성부원군 박종우(朴從愚)·좌찬성 황수신(黃守身)·화천군 권공(權恭)·형조판서 박원형(朴元亨)·이조판서 구치관(具致寬)·중추원사 박강(朴薑)·청성위(靑城尉) 심안의(沈安義)·동지중추원사 이윤손(李允孫)·병조참판 김질(金礩)·이조참판 이극감(李克堪), 행상호군 김처의(金處義)·김한(金瀚)·한종손(韓終孫)·민발(閔發)·이비(李埤)·이징규(李澄珪)·이거을가개(李巨乙加介), 인순부윤(仁順府尹) 윤사흔(尹士昕), 상호군 정종(鄭種)·이사평(李士平)·봉석주(奉石柱)·유사(柳泗), 병조참의 구신충(具信忠) 등이 호종(扈從)하였다.

이 행차(行次)에는 내금위(內禁衛) 2백으로 사자위(獅子衛)를 삼고, 별시위(別侍衛) 갑사(甲士) 2백을 뽑아 사대(射隊)와 장용대(壯勇隊)를 삼아 여기에 파적위(破敵衛) 1백을 병합하여 시위(侍衛)하게 하였다. 그리고 이 기간 동안 도성(都城)에는 권람(權擥)·윤사로(尹師路)·윤사윤(尹士昀)·최항(崔恒) 등을 수상(守相)으로 삼아 서무(庶務)를 총괄하여 다스리게 하고, 성봉조(成奉祖)·심회(沈澮)·조석문(曹錫文)·이극배(李克培) 등을 수장(守將)으로 삼아 군무(軍務)를 총괄하여 다스리게 하였다.[58]

---

57 德川君 李厚生의 아들.

58 『세조실록』 권22, 세조 6년 10월 丙午(4일).

도성을 떠난지 3일째 되는 7일에는 개경(開京) 부근에 있는 제릉(齊陵)[59]에 들려 임금이 친히 제사하고 근처 연경사(衍慶寺)에 거둥하여 중들에게 쌀·콩 아울러 1백 석을 내려 주고, 이어서 후릉(厚陵;定宗의 陵)의 남산에서 사냥하였다.[60] 그런데 마침 이 날은 사은사(謝恩使)로 명나라에 갔던 김수(金脩)와 부사(副使) 서거정(徐居正) 일행이 돌아오는 길에 현지에서 만나매, 임금은 비가 오는 중에도 말을 멈추고 종친(宗親)·재추(宰樞)들과 사신 일행에게 술을 내려 주었다.

10월 17일에는 임금이 친히 영숭전(永崇殿)에 제사하고, 마침내 단군(檀君)·고구려 시조와 기자전(箕子殿)에도 나아가 제사를 행하였다. 승지(承旨) 홍응(洪應)에게 묻기를, "고구려 시조(始祖)가 누구인가?" 하니, 홍응이 대답하기를 "고주몽(高朱蒙)입니다" 하였다. 임금이 말하기를 "삼국(三國) 중에서 고구려가 막강(莫强)하였다" 하였다.[61] 이번의 서북(西北) 지방 행차가 당초에는 순행(巡幸)을 영변(寧邊)에 이르러 그치기로 하였었는데, 20일에 임금이 말하기를 "멀리 종묘(宗廟)와 사직(社稷)을 떠난 지가 열흘이 넘었고, 그간 여러 곳을 두루 순행하여 큰 일을 이미 이루었으니 내일은 평양(平壤)으로 향해 돌아가겠다" 하였다.

이번의 순행(巡幸)은 출발한지 한 달 만인 11월 4일(丙子) 신시(申時)에 환궁(還宮)함으로써 막을 내렸다. 대가(大駕)가 남대문(南大門)에 이르니 기로(耆老)들과 성균 진사 최윤제(崔允濟)·여기(女妓) 세유지(細柳枝) 등이 가요(歌謠)를 올렸다. 양전(兩殿)이 사정전(思政殿)에 나아가니 정부(政府)·육조(六曹)·충훈부(忠勳府)에서 풍정(豊呈)을 올렸다. 대가를 호종(扈從)했던 사람들과 도성에 남아 있던 종친(宗親)·재추(宰樞)·승지(承旨) 등이 모두 입시(入侍)하여 극진히 즐기다가 밤중이 되어서야 파하였다.[62]

11월 12일에는 임금이 충순당(忠順堂)에 나아가서 활 쏘는 것을 구경하니, 내종친(內宗親) 및 보성군(寶城君) 이갑(李合;孝寧大君 3남)·순성군(順城君) 이개(李譿)·좌의정 신

---

59 太祖의 妃 神懿王后 韓氏의 陵.

60 『세조실록』 권22, 세조 6년 10월 己酉(7일).

61 『세조실록』 권22, 세조 6년 10월 己未(17일).

62 『세조실록』 권22, 세조 6년 11월 丙子(4일).

숙주(申叔舟)·우의정 권람(權擥)·판중추원사 심회(沈澮)·중추원사 심결(沈決)과 입직(入直)한 도진무(都鎭撫)·위장(衛將)·사복(司僕), 그리고 정벌(征伐)에 나아가 공을 세운 장수(將帥)와 군졸(軍卒), 승지(承旨) 등이 입시(入侍)하였다. 조금 뒤에는 후원(後苑)에 나아가서 신숙주 등을 불러 술자리를 베풀고 사후(射侯)하였는데, 임금이 북정(北征)한 군사들에게 이르기를 "경(卿) 등이 나를 위하여 죽음을 무릅쓰고 종군(從軍)하였으니, 내가 심히 아름답게 여긴다. 모두들 술 마시고 사양하지 말라" 하였다.[63]

신사(辛巳)년 새해가 밝았다. 서기 1461년, 세조(世祖) 즉위 7년째이니, 효령대군(孝寧大君)의 춘추(春秋) 66세(歲)가 되셨다. 초하룻날 임금이 근정전(勤政殿)에 나아가 군신(群臣)들로부터 조하(朝賀)를 받고, 사정전(思政殿)에 나아가서는 시위한 제장(諸將)과 승지(承旨) 등을 불러 술자리를 베풀었다.[64]

1월 27일에는 소규모의 관직(官職) 이동이 있었는데, 이승소(李承召)를 예문관 제학(提學) 겸 성균관 사성(司成)에, 이서(李墅)를 공조 참의(參議)에 각각 제수(除授)하니,[65] 이승소는 예성부부인(蘂城府夫人)의 친정(親庭) 동생 정충석(鄭忠碩)의 사위로서, 본인에 대하여 효령대군(孝寧大君)은 처고모부(妻姑母夫)이고, 이서(李墅)는 효령대군(孝寧大君)의 사위이다.

2월 4일에는 임금이 광화문(光化門)에 나아가 종각(鐘閣) 세울 터를 살펴보고, 6일에는 이조(吏曹)에 전지(傳旨)하기를, "회맹 공신(會盟 功臣) 및 적장자(嫡長子)와 친자(親子) 등에게는 각기 한 자급(資級)을 더하고, 자궁(資窮)[66] 한 자는 아들·사위·아우·조카·손자 중에서 1인을 대가(代加)[67] 하게 하라" 하였다.[68]

---

63 『세조실록』 권22, 세조 6년 11월 甲申(12일).

64 『세조실록』 권23, 세조 7년 1월 壬寅(1일).

65 『세조실록』 권23, 세조 7년 1월 戊辰(27일).

66 堂下官 品階가 다시 더 올라갈 자리가 없게 됐다는 뜻, 堂下정3품이 됨을 이름. 階窮이라고도 함.

67 品階가 오를 사람이 경우에 따라 아들 사위, 또는 동생이나 조카들로 하여금 대신 그 품계를 받게 하는 것. (崔承熙, 「朝鮮時代 兩班의 代加制」 『震檀學報』60, 1985).

68 『세조실록』 권23, 세조 7년 2월 丁丑(6일).

3월 5일에는 임금이 강녕전(康寧殿)에 나아가니 의정부(議政府)와 육조(六曹)에서 강무(講武)를 마치고 환궁(還宮)하였다고 하여 풍정(豊呈)을 올렸는데, 왕세자가 술을 올리고 반수(班首) 영의정 강맹경(姜孟卿)도 또한 술을 올렸으며, 양녕대군(讓寧大君)·효령대군(孝寧大君)과 내종친(內宗親) 및 봉원부원군 정창손(鄭昌孫)·좌의정 신숙주(申叔舟)·우의정 권람(權擥)·운성부원군 박종우(朴從愚)·병조판서 한명회(韓明澮)·남양부원군(南陽府院君) 홍달손(洪達孫)·중추원사 심회(沈澮)·우참찬 성봉조(成奉祖)·중추원사 심결(沈決)·공조판서 윤사윤(尹士昀)·인순부윤(仁順府尹) 윤사흔(尹士昕) 등이 시연(侍宴)하고, 그 나머지 종친(宗親)과 재추(宰樞)에게는 사정전(思政殿) 월랑(月廊)에서 잔치를 내려 주었다. 한편, 이 자리에서 임금은 양녕대군(讓寧大君)과 효령대군(孝寧大君) 이보(李補)에게 각기 내구마(內廐馬)[69] 1필씩을 내려 드렸다.[70] 임금이 왕실 집안에서 제일 어른이신 백부(伯父)와 중부(仲父)께 특별히 드리는 선물이었다.

3월 16일에도 임금이 충순대(忠順臺)에 나아가 사후(射侯)하고 술자리를 베푸니, 효령대군(孝寧大君)과 내종친(內宗親) 및 하동부원군 정인지(鄭麟趾)·영의정 강맹경(姜孟卿)·예조판서 홍윤성(洪允成)·병조판서 한명회(韓明澮) 등이 입시(入侍)하였는데, 홍윤성에게 명하여 야인(野人) 낭장가로(浪將家老)와 왜인(倭人) 평무속(平茂續)과 더불어 사후(射侯)하게 하고, 평무속에게는 궁시(弓矢)를 내려 주었다.[71]

5월 13일(壬子)에는 효령대군(孝寧大君)이 충청도 천원(天原) 광덕사(廣德寺)에 머물고 계셨는데, 석가여래(釋迦如來)의 사리(舍利)가 분신(分身)하는 것을 목격하셨다. 상서로운 빛과 기운이 하늘에 퍼지면서 신비한 향기가 울컥 일어나며 산골짜기에 자욱히 퍼졌다. 대군께서 마침 절 경내에 계시다가 사리 25매(枚)를 거두어 세조(世祖) 임금에게 진상하니, 상감이 자성왕비(慈聖王妃)와 더불어 내전(內殿)에서 예(禮)하고 함원전(含元殿))에 봉안하였다. 14일에 또 분신하므로 대군께서 또 얻어 진상하시니 왕비가 내전에 예하

69 宮中의 內司僕寺 안에서 기르던 말.

70 『세조실록』 권23, 세조 7년 3월 丙午(5일).

71 『세조실록』 권23, 세조 7년 3월 丁巳(16일).

였다. 18일에도 또 분신하매 임금이 친히 부처의 공덕을 찬미하는 노래를 짓고 관현(管絃)에 올려 왕비와 함께 함원전에 공양하였다. 그 뒤에도 또 분신하니 전후에 얻은 분신사리가 전부 102과(顆)나 되고, 광덕사 설법회(說法會) 도중에 사람들이 받아간 것은 모두 얼마나 될지 모를 지경이다.[72] 그런데 이 절 광덕사에는 『은중경』(恩重經)을 사경(寫經)한 책이 있는데, 이는 세종 20년(戊午, 1438)에 효령대군(孝寧大君)께서 손수 써서 시주(施主)한 것이고, 그 외에 『화엄경』(華嚴經)과 『법화경』(法華經)을 함께 사경한 것을, 이것 역시 대군께서 시주(施主)한 것이라고 한다.[73]

5월 16일에는 임금이 여러 신하들을 거느리고 화위당(華韡堂)의 동림정(東林亭)에 나아가 효령대군(孝寧大君) 이보(李補)와 임영대군(臨瀛大君)·영응대군(永膺大君)·계양군(桂陽君)·익현군(翼峴君)·의성군(誼城君) 이채(李寀;孝寧大君의 長男)·오산군(烏山君) 이주(李澍;臨瀛大君 璆의 長男)·보성경(寶城卿) 이갑(李㝓;孝寧大君 3남)·원천경(原川卿) 이의(李宜;孝寧大君의 제6남)·귀성군(龜城君) 이준(李浚)·진남군(鎭南君)·옥산군(玉山君)·은천군(銀川君) 이찬(李穳;敬寧君 李裶의 아들), 그리고 율원부령(栗原副令) 이종(李悰;寶城君의 次男)·은산부령(銀山副令) 이철(李徹;寶城君의 제5남), 운성부원군 박종우(朴從愚)·하성위(河城尉) 정현조(鄭顯祖)·청성위(青城尉) 심안의(沈安義)·하동부원군 정인지(鄭麟趾)·영의정 정창손(鄭昌孫)·좌의정 신숙주(申叔舟)·우의정 권람(權擥)·좌찬성 황수신(黃守身)·영중추원사 심회(沈澮)·중추원부사 심결(沈決)·좌참찬 이승손(李承孫)·예조판서 홍윤성(洪允成)·형조판서 박원형(朴元亨)·지중추원사 최항(崔恒)·윤사분(尹士昐), 중추원부사 이순지(李純之)·공조판서 윤사윤(尹士昀)·호조판서 조석문(曺錫文)·행상호군 이윤손(李允孫)·판한성부사 김사우(金師禹)·행상호군 김개(金漑)·병조참판 김질(金礩)·공조참판 어효첨(魚孝瞻)·한성부윤 황효원(黃孝源)·호조참판 이극감(李克堪)·중추원부사 송처관(宋處寬)·형조참판 이석형(李石亨)·이조참판 성임(成任)·한성부윤 이연손(李延孫)·화산군(花山君) 권반(權攀)·서원군(西原君) 한계미(韓繼美)·대사헌 이교연(李皎

---

72 『청권집유』 '華山 廣德寺 舍利閣 記銘' (世祖 9년에 王命을 받고 韓繼禧가 기록한 것)

73 敦榮公이 광덕사의 住持 致珍스님에게 직접 듣고 하는 증언(『청권집유』(原篇 12항) 「화산광덕사사리각기명」 끝부분). 앞 2권(12장) 58쪽의 주2)를 아울러 참조.

然)·행상호군 양성지(梁誠之)·행대호군 정종(鄭種)·중추원부사 김계손(金繼孫) 및 승지(承旨) 등을 불러서 술자리를 베풀었는데, 갑자기 비가 내려서 임금이 신하들를 거느리고 화위당으로 나아가 술자리를 다시 베풀었다.[74]

6월 9일에는 임금이 경회루(慶會樓) 아래에 나아가 강원도·함경도 도체찰사로 떠나는 한명회(韓明澮)를 전송하기 위해 잔치를 베푸니, 양녕대군(讓寧大君)·효령대군(孝寧大君)과 임영대군(臨瀛大君)·영응대군(永膺大君)·계양군(桂陽君)·운성부원군 박종우(朴從愚)·영의정 정창손(鄭昌孫)·좌의정 신숙주(申叔舟)·우의정 권람(權擥)·좌찬성 황수신(黃守身)·양산군 양정(楊汀)·예조판서 홍윤성(洪允成)·형조판서 박원형(朴元亨)·이조판서 최항(崔恒)·판중추원사 안지(安止)·호조판서 조석문(曺錫文)과 승지(承旨) 등이 입시(入侍)하였다.

6월 16일에는 처음으로 간경도감(刊經都監)을 설치하니, 불경(佛經)의 번역 및 간행(刊行) 사업을 위해 궁중(宮中)에 설치한 것이었는데, 직임(職任)으로는 도제조(都提調)·제조(提調)·사(使)·부사(副使)와 판관(判官)을 두었다.[75]

7월 26일에는 왕세자(王世子)에게 명하여 희우정(喜雨亭)에 가서 관가(觀稼), 즉 농작물의 작황(作況)에 대해 돌아보게 하고, 종친(宗親)들과 좌의정 신숙주(申叔舟)·우의정 권람(權擥)·영중추원사 홍달손(洪達孫)·우찬성 구치관(具致寬)·이조판서 최항(崔恒)·호조참판 이극감(李克堪)·도승지 김종순(金從舜)·첨지중추원사 임원준(任元濬)과 서연(書筵)·익위사(翊衛司)·사복(司僕) 등으로 하여금 호종(扈從)하게 하였는데, 희우정(喜雨亭)은 효령대군(孝寧大君)의 별서(別墅)이다. 또 명하여 좌찬성 황수신(黃守身)을 선위사(宣慰使)로 삼고, 형조참판 한계미(韓繼美)를 부사(副使)로 삼아 선온(宣醞)을 갖고 가서 내려주게 하였다.[76]

12월 12일에는 새벽에 임금이 경복궁(景福宮)에 거둥하여 대가 의장(大駕 儀仗)을 갖

74 『세조실록』 권24, 세조 7년 5월 乙卯(16일).

75 『세조실록』 권24, 세조 7년 6월 乙酉(16일).

76 『세조실록』 권24, 세조 7년 7월 甲子(26일).

추어 근정전(勤政殿)에 나아가서 음복연(飮福宴)을 베풀고 유구국(琉球國)의 사신을 인견하였는데, 이 자리에 양녕대군(讓寧大君)·효령대군(孝寧大君)과 하동부원군 정인지(鄭麟趾)·영의정 정창손(鄭昌孫)·좌의정 신숙주(申叔舟)·우의정 권람(權擥) 등은 전각의 동쪽 기둥의 안쪽에 앉았고, 운성부원군 박종우(朴從愚)·좌찬성 황수신(黃守身)·좌참찬 이승손(李承孫)·형조판서 박원형·이조판서 최항(崔恒)·호조판서 조석문(曺錫文) 등은 전각의 서쪽 기둥 안쪽에 앉았다. 연회가 끝난 후 임금이 사정전(思政殿)에 입어(入御)하여 종친(宗親)과 재추(宰樞)를 불러 다시 작은 술자리를 베풀고, 조금 있다가 어가(御駕)로 거둥하여 영응대군 이염(李琰)의 사제에 들어가 종친들을 불러 또 술을 돌리게 하고는 한참 있다가 환궁하였다. 저간(這間)에 임금의 심경을 잘 보여주는 행사 과정이었다.[77]

이 해에 『능엄경 언해본』(楞嚴經諺解本)(보물 760호)이 을해자(乙亥字)로 인출(印出)되었는데, 효령대군(孝寧大君)의 요청으로 당대의 고승(高僧)·거유(巨儒)들이 동원되어 이룩된 것이었다.

---

77 『세조실록』 권26, 세조 7년 12월 戊寅(12일).

[illegible]

[illegible]젹이 名명言언 [illegible]ᄭᅴ 업스시니

覺路ᄂᆞᆫ 則解脫이 返流ㅣ라 位當遠涉ᄒᆞ며 因이

窮ᄒᆞ야 趣果ㅣ라 義說遣發이니라시 跡晦ᄂᆞᆫ 則事行이

已立ᄒᆞ샤 不藉名言이니 시 止觀애 云ᄒᆞ샤ᄃᆡ 自證

은 不可說이니라ᄒᆞᆫ 跡은 行이오 晦ᄂᆞᆫ 泯也ㅣ라 然

故 四句ᄂᆞᆫ 說有多途ᄒᆞ니 學者ㅣ 審而詳之 ○ [illegible]

각路ᄅᆞᆯ ᄂᆞᆫ 解ᄒᆡᆼ脫ᄐᆞᆯ이 흘르메 두르혀 [illegible] 位윙ㅣ 마ᄎᆞᆫ 當당ᄒᆞᆫ 시며 因ᅙᅵᆫ이 다 [illegible]

21

讓寧 兄님의 別世와 '兒宗'

효령대군 67세, 1월 ~ 69세, 7월

묵은 해의 왕실(王室) 분위기가 참담한 가운데 다시 임오(壬午, 1462)년 새해가 밝으니, 세조(世祖) 즉위 8년째에 효령대군(孝寧大君)께서는 춘추 67세(歲)가 되셨다. 새해 아침에 임금이 인정전(仁政殿)에 나아가 조하(朝賀)를 받으니 왕세자가 백관들을 거느리고 중궁(中宮)에게 하례(賀禮)하였다. 1월 17일에는 곡연(曲宴;작은 宴會)을 양의전(兩儀殿)에서 베푸니 왕세자(王世子)와 내종친(內宗親), 양녕대군(讓寧大君)·효령대군(孝寧大君)·임영대군(臨瀛大君)·영응대군(永膺大君)과 영의정 정창손(鄭昌孫)·좌의정 신숙주(申叔舟)·우찬성 구치관(具致寬), 육조 참판(參判) 이상과 승지(承旨) 등이 입시(入侍)하였다.[1]

새 봄 3월에는 효령대군(孝寧大君)께서 영응대군(永膺大君) 이염(李琰), 순성군(順城君) 이개(李諧), 혜인김씨(惠人金氏) 등과 함께 전라도 능가산(楞迦山) 실상사(實相寺)[2]에 가서 '능가산 실상사 당주 삼존불상[3] 조성 권선문'(楞迦山 實相寺 堂主三尊佛像造成勸善

---

1 『세조실록』 권27, 세조 8년 1월 壬子(17일).

2 현 全北 扶安郡 邊山面 中溪里 사자동 實相寺 터.

3 毘盧遮那佛·藥師如來佛·無量壽佛을 말함.

文)을 채택하였다.[4]

한편, 새해로 바뀌면서 불교(佛敎)계에는 변화가 생기면서 이에 대한 정책도 변경되었다. 즉 도첩제(度牒制)의 폐단에 따라 부역승(赴役僧)들에 대하여 도첩(度牒) 대신 상직(賞職)을 주도록 한 바, 4월 4일에는 예조에서 아뢰기를,

> "전부터 있었던 도승(度僧;官에서 度牒을 받은 승려)의 수는 지금 상고할 수 없으나, 무인(戊寅, 1458, 세조 4)년 8월부터 금강산 유점사(楡岾寺) 등 여러 곳의 부역 승인(赴役 僧人)으로 이미 도첩(度牒)[5]을 받은 자 4만3천8백94명이고, 받지 않은 자는 2천7백4명으로 합계 4만6천5백98명인데, 의묘(懿墓)와 간경도감(刊經都監)에 역사(役事)하여 도첩을 받은 자는 정수(定數)가 없고 회암사(檜巖寺)를 중수(重修)하는데 공사를 마칠 것을 기약하고 이미 도첩을 받은 자는 1만5천2백74명, 받지 않은 자는 1천8백6명이니 합하면 1만7천80명입니다. 그러나 일을 마칠 기약도 없는데 무식(無識)한 무리들이 앞을 다투어 서로 머리를 깎으므로 그 폐단이 적지 않으니, 여러 곳의 부역승(赴役僧)은, 청컨대 이제부터는 도첩을 주지 말고 원에 따라 상직(賞職)을 주게 하소서"

하니, 그대로 따랐다.[6]

4월 26일에는 임금이 사정전(思政殿)에 나아가 술자리를 베풀고 야인(野人) 광시대(光時大) 등 5인을 인견하였는데, 효령대군(孝寧大君) 이보(李補)와 익현군(翼峴君) 이연(李璉)·영순군(永順君) 이부(李溥)·하성위(河城尉) 정현조(鄭顯祖)·상당부원군(上黨府院君) 한명회(韓明澮)·우참찬 성봉조(成奉祖)·병조판서 윤자운(尹子雲)·참판 김국광(金國光)·중추원부사 한계미(韓繼美)와 제장(諸將)·승지(承旨) 등이 입시(入侍)하였다.[7]

---

4 『청권집유』 續5輯, '楞迦山 實相寺 堂主三尊佛像 造成 勸善文'

5 나라에서 승려에게 발급하던 신분증명서, 抑佛정책에서 나온 것으로 양반은 베 1백필, 평민은 1백 50필, 천민은 2백필을 받고 발급하였음.

6 『세조실록』 권28, 세조 8년 4월 己巳(4일).

7 『세조실록』 권28, 세조 8년 4월 辛卯(26일).

5월 15일에는 임금이 사정전에 나아가니, 양녕대군(讓寧大君)·효령대군(孝寧大君)과 임영대군(臨瀛大君) 이구(李璆), 그리고 좌의정 신숙주(申叔舟)·우의정 권람(權擥)·우찬성 구치관(具致寬)·밀산군(密山君) 박중손(朴仲孫)·호조판서 조석문(曺錫文)·병조판서 윤자운(尹子雲)과 승지(承旨) 등이 입시(入侍)하였다. 명하여 성균 생원(成均 生員) 손비장(孫比長) 등 5인을 불러서 신숙주로 하여금 전교(傳敎)하기를, "너희들은 학궁(學宮)에 있으면서 비록 경서(經書)를 읽었다고 하나 조정(朝廷)의 예제(禮制)를 알지 못하면 드디어 쓸모 없는 선비가 될 것이다. 이제 너희들을 부른 것은 한갓 경서를 강(講)하려는 것 만이 아니고 조정의 의식도 익히게 하려고 함이다" 하고, 이어서 술자리를 베풀었다.[8]

5월 25일에는 임금이 경회루(慶會樓) 아래에 나아가 술자리를 베푸니, 내종친(內宗親;임금의 親族)과 양녕대군(讓寧大君)·효령대군(孝寧大君), 그리고 영의정 신숙주(申叔舟)·우의정 한명회(韓明澮)·운성부원군 박종우(朴從愚)·우찬성 구치관(具致寬)·영중추원사 심회(沈澮)·공조판서 심결(沈決)·중추원사 윤사분(尹士昐)·광성군(廣城君) 이극감(李克堪)과 입직(入直)한 제장(諸將) 및 병조 당상(兵曹 堂上)·승지(承旨) 등이 입시하였다. 이내 명하여 전날에 간선(揀選)한 문신(文臣) 이파(李坡)·김수녕(金壽寧)·이맹현(李孟賢)·최경지(崔敬止)·박시형(朴始亨)·김종직(金宗直)·유문통(柳文通) 등을 불러서 『중용』(中庸)을 강(講)하게 하고, 또 야인(野人) 유상동개(柳尙同介) 등 5인을 인견하였다.[9]

그리고 이튿날은 임금이 경회루 아래 수각(水閣)에 나아가 술자리를 베푸니, 양녕대군(讓寧大君)·효령대군(孝寧大君)과 내종친, 그리고 영의정 신숙주(申叔舟)·우찬성 구치관(具致寬)·예조판서 홍윤성(洪允成)·병조참판 김국광(金國光)과 승지(承旨) 등이 입시하였다. 이내 명하여 어제 진강(進講)한 문신 김수녕·이맹현·최경지·박시형·김종직·유문통 등을 불러서 『서경』(書經)을 강하게 하고, 다시 명하여 각각 1자급(資級)을 더하게 하였다. 그리고 어찰(御札)로서 출제(出題)하여 김수녕 등으로 하여금 제술(製述)하게 하였는데, 이르기를, "수령(守令)의 체임(遞任) 기간을 3년과 6년으로 하면 이해(利害)가 어

8 『세조실록』 권28, 세조 8년 5월 己酉(15일).

9 『세조실록』 권28, 세조 8년 5월 己未(25일).

떠하며, 또 읍(邑)마다 모두 좌이관(佐貳官)을 두면 어떻겠으며, 군사의 수는 어떻게 해야 많아지며, 말과 소는 어떻게 하여야 번식하겠는가?" 하였다.[10]

7월 11일에는 임금이 사정전(思政殿)에 나아가 술자리를 베푸니, 효령대군(孝寧大君)과 영응대군(永膺大君)·계양군(桂陽君)·익현군(翼峴君), 그리고 영천부원군 윤사로(尹師路)·우찬성 구치관(具致寬)·양산군(楊山君) 양정(楊汀)·형조판서 박원형(朴元亨)·중추원사 윤사흔(尹士昕)·중추원부사 한계희(韓繼禧)·병조참판 김국광(金國光)과 승지(承旨) 등이 입시하였다. 그런데 이 앞서 함길도관찰사 강효문(康孝文)이 치계(馳啓)하기를, "청컨대 연변(沿邊)의 제읍(諸邑)의 사사(寺社)를 파하고 중[僧人]을 반이(搬移)하소서" 하였으므로, 이에 이르러 임금이 도승지 홍응(洪應)과 더불어 그 일을 의논하니, 때마침 양정이 술을 올렸으므로 또한 이 의논에 참여하였는데, 양정(楊汀)의 언행(言行)으로 자못 실대(失對)하였다. 종친(宗親)·재추(宰樞)가 진언하기를 "양정의 말은 반드시 그 정유(情由)가 있을 것이니, 청컨대 국문(鞫問)하게 하소서" 하였으나, 윤허하지 아니하였다.[11]

9월 2일에는 양녕대군(讓寧大君)의 맏아들 순성군(順城君) 이개(李豈)가 타계(他界)하였다. 2일간 조회(朝會)를 정지하였는데, 시호(謚號)를 '희안'(僖安)이라 하니, 소심(小心)하고 외기(畏忌)한 것을 '희'(僖), 관유(寬裕)하고 평화로운 것을 '안'(安)이라 한다.

장남 이개(李豈)가 기세(棄世)한지 닷새 만인 9월 7일, 이번에는 양녕대군(讓寧大君) 이제(李禔)가 별세(別世)하였다. 실록(實錄)에 기록된 '양녕대군 이제(李禔)의 졸기(卒記)'를 그대로 옮겨본다.

"제(禔)는 태종(太宗)의 맏아들로서 영락(永樂) 2년 갑신(甲申, 태종 4)년에 세자(世子)에 봉해졌고, 무자(戊子, 태종 8)년에 명(明)나라에 다녀왔는데, 무술(戊戌, 태종 18)년에 죄(罪)로 인하여 양녕대군(讓寧大君)으로 강봉(降封)되었다. 그래서 이천(利川)에 나가서 살았는데, 세종(世宗) 18년 병진(丙辰)년에 과천(果川)에 양이(量移)되었고, 정사(丁巳, 세종 19)년에 서

10 『세조실록』 권28, 세조 8년 5월 庚申(26일).

11 『세조실록』 권28, 세조 8년 7월 甲辰(11일).

울 집으로 다시 돌아왔는데, 이에 이르러 병으로 졸(卒)하니 나이가 69세(歲)이다. 부음(訃音)을 듣고 3일 동안 철조(輟朝)하였다. 성품(性稟)이 어리석고 곧으며, 살림을 다스리지 아니하고 활쏘기와 사냥으로 오락을 삼았다. 세종이 우애가 지극한데다 제(禔)도 또한 다른 마음을 가지지 아니하여 능히 처음부터 끝까지 보전(保全)함을 얻었다. 광산군(光山君) 김한로(金漢老)의 딸에게 장가들어서 3남 4녀를 낳았는데, 아들은 이개(李豈)·이포(李誧)·이혜(李譓)이고, 측실(側室)에서 이순(李諄)·이심(李諶) 등 6남 10녀를 두었다. 추증하여 시호(諡號)를 '강정'(剛靖)이라 하였으니, 굳세고 과감(果敢)한 것을 '강'(剛), 너그럽고 즐거워하여 제 명(命)대로 편안히 살다 죽은 것을 '정'(靖)이라 한다"[12]

10월 10일에는 호패(號牌)제도를 고쳐서 한성부(漢城府)·도회소(都會所)에서 첩(牒)을 발급하여 피역자와 모인자를 막게 하였는 바, 어찰(御札)을 승정원에 내려 이르기를,

"호패(號牌)는 그 체제를 고쳐서 계미(癸未, 세조 9)년 12월 그믐날을 한(限)하여 경중(京中)은 한성부(漢城府)에서, 외방(外方)은 도회소(都會所)에서 대군(大君) 이하의 노비(奴婢)는 반드시 천적(賤籍)에 준하여 첩(牒)을 주고, 양인(良人)·천인(賤人)의 호적에 붙이지 못하게 하며, 또 증거될 만한 문적(文籍)이 없는 자는 모두 공천(公賤)에 붙인다. 양인으로 기한에 미치지 못하는 자는 제서유위율(制書有違律)로써 논하고, 천인으로 기한에 미치지 못하는 자도 또한 공천(公賤)에 붙여서 피역자(避役者)와 모인자(冒認者)를 막게 하라"[13]

한 것이다.

10월 26일에는 경기 개성부(開城府)와 충청도(忠淸道)에서 징병(徵兵)한 군사로 동교(東郊)의 살곶이벌[箭串坪]에서 강무(講武)하였는데, 기병(騎兵)과 보병(步兵)이 모두 1만 4천 3백 61명이나 되었다. 전체를 3상(廂)으로 나누고, 상은 각각 3위(衛)로, 위는 각각

---

12 『세조실록』 권29, 세조 8년 9월 戊戌(7일).

13 『세조실록』 권29, 세조 8년 10월 辛未(10일).

5부(部)로, 부는 각각 4통(統)으로 나누었다. 구치관(具致寬)을 지응사(支應使)로, 병조 정랑 이서장(李恕長)을 종사관(從事官)으로, 행 상호군 김개(金漑)를 좌상대장(左廂大將)으로, 지중추원사 김처의(金處義)를 우상대장(右廂大將)으로, 행 상호군 권언(權恮)을 중상대장(中廂大將)으로, 거평군(居平君) 이복(李復)·진례정(進禮正) 이형(李衡)·금산정(金山正) 이연(李衍)·춘양령(春陽令) 이래(李徠;寶城君의 제3남)·행 대호군 김한(金瀚)·행 호군 박거겸(朴居謙)·행 첨지중추원사 민발(閔發)·행 호군 설효조(薛孝祖)·행 상호군 권경(權擎) 등을 각각 위장(衛將)으로, 율원령(栗元令) 이종(李倧)[14]을 사자위장(獅子衛將)으로, 강성군(江城君) 봉석주(奉石柱)를 사대장(射隊將)으로, 행 호군 홍익성(洪益誠)을 만강대장(彎强隊將)으로, 행 호군 이맹손(李孟孫)을 파적위장(破敵衛將)으로, 인수부윤(仁壽府尹) 이서(李墅;孝寧大君의 사위)를 겸사복장(兼司僕將)으로 삼았다. 김개와 김처의가 군사를 거느리고 먼저 중랑포(中浪浦)에 진(陣)을 쳤다. 유도장상(留都將相)은 모두 전일에 강무할 때의 장상(將相)을 그대로 한 것이다.[15]

10월 29일에는 이번의 강무(講武) 행사 중에 어가(御駕)가 양평(楊平) 용문산(龍門山) 근처 미지산(彌智山) 아래에 있는 효령대군(孝寧大君) 이보(李補)의 농장(農莊)에 이르러 부근 상원사(上院寺)에 거둥하였는데, 이보(李補)와 도진무(都鎭撫) 등이 어가를 수행하였다. 밤에는 농장으로 돌아와서 머물렀다. 그런데 이 날, 환관 송중(宋重)이 임금의 연(輦)에 미쳐 나아가지 못하였으므로, 의금부에 명하여 매를 치고 고신(告身)을 거두게 하였다. 11월 1일에는 임금이 용문사(龍門寺)에 거둥하였다가 저녁 때에는 발산(鉢山)에 머물렀다.

11월 5일 아침에는 임금과 효령대군(孝寧大君) 등 일행이 상원사(上院寺)에 거둥하였는데, 이 때 관음보살(觀音菩薩)이 현상(現相)하는 신기한 일이 일어났다. 이에 백관들이 전(箋)을 올려 진하(陳賀)하고, 교서(敎書)를 내려 모반(謀叛)·대역(大逆)·모반(謀反)과 자손이 조부모와 부모를 모살(謀殺)하거나 구매(毆罵)한 것, 처첩(妻妾)이 남편을 모살한

---

14 효령대군의 손자로서, 셋째 寶城君의 둘째 아들, 李徠의 兄.

15 『세조실록』 권29, 세조 8년 10월 丁亥(26일).

것, 노비(奴婢)가 주인을 모살한 것, 고의로 사람을 모살한 것, 다만 군령(軍令)과 강도(强盜)를 범한 외에는 죄를 모두 사면하도록 하였다.[16]

계미(癸未, 1463)년 새해가 밝았다. 세조 즉위 9년째에, 효령대군은 보령(寶齡) 68세(歲)가 되셨다. 정월 초하룻날, 임금은 백관(百官)이 정조(正朝)를 하례(賀禮)하니, 교태전(交泰殿)에 나아가 잔치를 베풀었다. 2월 24일에는 인사(人事) 행정이 있어, 효령대군(孝寧大君)의 사위 이서(李墅)는 한성부 윤(漢城府 尹)으로 전보(轉補)되었다.

6월 22일에는 보성경(寶城卿) 이갑(李岔)을 도진무(都鎭撫)로 삼으니,[17] 효령대군(孝寧大君)의 셋째 아들로 세조(世祖) 임금과는 사촌(四寸)간이다. 7월 2일에는 임금이 장의사(壯義寺)에 거둥하였는데, 이 때에 사리 분신(舍利 分身)을 하니,[18] 거가(車駕)를 따르는 백관(百官)이 전(箋)을 올려 하례하였다. 이 날, 사리 분신하는 순간에는 오색(五色) 구름이 나타났다.[19] 이튿날에도 백관들이 전(箋)을 올려 경사스러운 구름[慶雲]을 하례하니, 교지(敎旨)를 내려 강도(强盜)·절도(竊盜) 이외의 죄(罪)는 사면하게 하였다. 7월 6일에는 관직(官職) 제수(除授)가 있어, 효령대군(孝寧大君)의 사위 이서(李墅)를 인수부 윤(仁壽府尹)으로, 김수온(金守溫)은 중추원 부사(副使)로, 서거정(徐居正)은 사헌부(司憲府) 대사헌(大司憲)으로 각각 삼았다.

윤7월 9일에는 장의동(壯義洞) 신정(新亭)에서 구치관(具致寬)·홍윤성(洪允成) 등에게 군사를 좌우로 나누어 모의 전투놀이를 하였는데, 왕세자와 영순군(永順君) 이부(李溥)·귀성군(龜城君) 이준(李浚)·보성경(寶城卿) 이갑(李岔)·거평정(居平正) 이복(李復)·진례정(進禮正) 이형(李衡)·은산부정(銀山副正) 이철(李徹)[20]과 영의정 신숙주(申叔舟)·우의정 한명회(韓明澮)·우찬성 구치관(具致寬)·인산군 홍윤성(洪允成)·병조판서 윤자운(尹子雲)·참판 김국광(金國光)·참의 박중선(朴仲善)과 승지(承旨) 등이 어가(御駕)를 수종

16 『세조실록』 권29, 세조 8년 11월 乙未(5일). 『청권집유』 續5輯, '彌智山上院寺 觀音現相記'(崔恒 撰) 참조.

17 『세조실록』 권30, 세조 9년 6월 庚辰(22일).

18 부처의 舍利가 衆生을 구제하기 위하여 곳곳에 나타나는 것을 말함.

19 『세조실록』 권30, 세조 9년 7월 己丑(2일).

20 孝寧大君의 손자, 寶城卿의 제5남.

하였다.[21]

윤7월 21일에는 임금이 근정전(勤政殿)에 나아가니, 일본국 사신 준초(俊超)·범고(梵高)와 경극 무위(京極 武衛) 원교직(源敎直)의 사자(使者)가 모두 뜰에 들어와 사배례(四拜禮)를 마치매, 불경(佛經)·법첩(法帖)·채석(彩席)·의복(衣服) 등을 하사하였다. 왕세자가 효령대군(孝寧大君)·임영대군(臨瀛大君)·영응대군(永膺大君)과 봉원부원군 정창손(鄭昌孫)·영의정 신숙주(申叔舟)·우의정 한명회(韓明澮) 등과 더불어 전(殿) 안에 들어와서 동쪽에 앉고, 운성부원군 박종우(朴從愚)·우찬성 구치관(具致寬)·판중추원사 심회(沈澮)·우참찬 성봉조(成奉祖)·인산군(仁山君) 홍윤성(洪允成)·예조판서 박원형(朴元亨)·이조판서 어효첨(魚孝瞻)·병조판서 윤자운(尹子雲)·형조판서 김질(金礩)·병조판서 김국광(金國光) 등은 전(殿) 안에 들어와서 서쪽에 앉았다.

8월 1일에는 효령대군(孝寧大君)의 손자(孫子)로서, 보성경(寶城卿) 이갑(李告)의 셋째 아들인 춘양부정(春陽副正) 이래(李徠)가 군사의 정련(精鍊)에 관하여 상서(上書)하였는데, 그 내용이 매우 구체적이고 치밀한 전문가 수준의 견해이므로, 다소 장황하기는 하지만 전문(全文)을 옮겨본다. 행 춘양부정(行 春陽副正) 이래(李徠)가 상서하기를,

"신이 삼가 진법(陣法)을 읽어 보건대, 대장(大將)으로부터 오장(伍長)에 이르기까지 모두 기(旗)와 휘(麾)가 있는데, 기(旗)라는 것은 위의 명령에 응하는 것이요, 휘(麾)는 아래에 명령을 내리는 것이므로, 그 모양과 제도가 각각 다른데다가 또 각각 그 위(衛)의 빛깔에 따라서 이를 구별하니, 비록 백만의 군사라도 앉아서 좌우 진퇴(左右 進退)를 명령할 수 있습니다. 만약 형명(形名)[22]이 바르지 못하면 사졸(士卒)이 따라가지 못할 것인데, 어찌 능히 일일이 그 사이에 명령을 내릴 수 있겠습니까. 신(臣)이 연전(年前) 임오(壬午;세조 8년)년 가을·겨울철에 강무(講武)하고 진(陣)을 점열(點閱)할 때 여러 번 위장(衛將)으로 임명되어서 항오(行伍)에 참여할 수가 있었는데, 가만히 5위(五衛)의 형명(形名)을 보건대, 제조(製造)한 지

21 『세조실록』 권31, 세조 9년 윤7월 丙寅(9일).

22 옛날 군사가 훈련할 때에 旗와 북[鼓]을 쳐서 여러 가지 군대의 행동을 지시하던 신호법.

가 이미 오래되어 점차 낡아빠져서 손괴(損壞)되어 5색(五色)이 분명하지 못하고, 그 체제(體制)도 실지로 바뀌어져서 흑색(黑色)인 것이 혹은 변(變)하여 청색(靑色)이 되고, 황색(黃色)인 것이 혹은 변하여 백색(白色)이 되고, 뾰족한 것은 둥글게 되고 모진 것은 구부러지고, 위장(衛將)의 기(旗)는 마땅히 부장(部將)의 깃발보다 커야 하는데도 도리어 작고, 통장(統將)의 깃발은 마땅히 부장의 깃발보다는 작아야 하는 데도 도리어 크고, 금(金)은 구멍이 뚫리고, 고(鼓)는 부수어져서 소리가 나지 않게 되는 등 이와같은 유(類)는 낱낱이 열거하기가 어렵습니다. 따라서 국가에서 형명을 중하게 여기는 뜻에 어긋나는 것 같으니, 이것이 어찌 작은 일이겠습니까. 신의 어리석은 생각으로는 중외(中外)의 형명을 일체로 모두 새로 만들어서 모양과 빛깔을 바로잡게 하되, 만약 또 파괴(破壞)되면 따라서 즉시 고치고 보수(補修)하게 하는 것으로써 항식(恒式)을 삼게 하소서. 또 행행(行幸)하시어 진(陣)을 점열(點閱)할 때에 군사들이 시기에 임하여 창졸간에 그 위(衛)와 부(部)의 빛깔을 구분하지 아니하고 형명을 받으며, 군기감(軍器監)에서도 또한 검찰하지 아니하고 혼잡되게 내주기 때문에, 사졸(士卒)들이 진(陣)에 임(臨)하여 소속된 곳을 알지 못하여 전도(顚倒)하고 착란(錯亂)하는 자가 많습니다. 신은 군기감에서 상시로 이를 분류(分類)하여 따로 간수하였다가 시기가 되거든 관리(官吏)와 부장(部將)이 반드시 친히 서로 주고 받게 하여 혼란을 일으키지 말게 하되, 만약 혹시라도 잘못하는 자가 있으면 그 날 위장(衛將)이 검거(檢擧)하고 차례로 전(轉)하여 보고하여서 계문(啓聞)한 다음에 벌(罰)을 주기를 원합니다. 신(臣)이 또 행군(行軍)하는 절차를 보건대, 마땅히 행군해야 하는데 정지하고, 혹은 마땅히 정지해야 하는데 행군하며, 어떤 때는 모이기도 하고 어떤 때는 끊어지기도 하여 해산하여 흩어지는 데 통솔하는 자가 없으니, 이는 다름이 아니라 형명이 바르지 못함으로 말미암아 장수(將帥)의 명령이 엄숙하지 못하기 때문이 아닌가 생각합니다. 기(旗)와 휘(麾)의 빛깔이 밝지 못하면 장수된 자가 비록 기(旗)를 세워서 지휘(指揮)하더라도 사졸은 누구에게 명령하는 것인지 알지 못할 것이며, 금(金)과 고(鼓)[23]가 소리가 나지 않으면 장수된 자가 비록 금

23 군사들에게 동작을 알리는 소리의 하나. 金은 쇠로 만들어 쇠소리를 내고, 鼓[북]은 작은 북으로 시작의 신호를 알렸음. 『세종실록』제12권, "북을 치면 곧 전진하고 징[鉦]을 울리면 곧 정지한다"고 하였음.

(金)과 고(鼓)를 친다 하더라도 사졸이 어찌 그것을 알고서 행군하라 명령한다고 행군하고, 정지하라 명령한다고 정지하겠습니까. 이 때문에 장수된 자가 능히 형명으로써 명령하지 못하는 경우가 많으니, 반드시 전령 표신(傳令 標信)으로써 명령하자면 왕래(往來)하는데 또는 늦어지지 않겠습니까. 신이 삼가 진법(陣法)을 살펴보건대, 이르기를 '명령을 내리고자 할 때에는 먼저 대각(大角)을 불어서 이를 경계(警戒)한다' 하였고, 또 이르기를 '대각(大角)으로 재촉하는 것은 행군(行軍)하고 정지(停止)할 때에 사용한다' 하였으며, 또 이르기를 '고(鼓)는 행군에 쓰고, 행군할 때에는 고(鼓)를 쓰되, 빠르게 자주 이를 치는 것은 전쟁할 때에 통용(通用)하는 것이다' 하였고, 또 이르기를 '금(金)은 정지에 쓰되, 드물게 이를 치는 것은 전쟁할 때에 통용(通用)하는 것이다' 하였으니, 이러한 호령(號令)은 군사의 진퇴(進退)하는 상법(常法)입니다. 그러나 지금은 행군(行軍)할 때에 여러 장수들이 기(旗)와 휘(麾)를 쓰고 각(角)을 불어서 명령하지 않기 때문에, 사졸(士卒)들이 몽연(懜然)해서 그 명령을 알지 못하며, 소(簫)를 불거나 고(鼓)를 치지 않기 때문에 사졸들이 망연(茫然)하게 그 행동할 바를 알지 못합니다. 신의 어리석은 생각으로서는 한결같이 진법에 의하여 행군(行軍)하되, 잠사(潛師;敵이 모르게 몰래 움직이는 군사)와 복병(伏兵)이 아닐 때에는 반드시 소(簫)를 불고 고(鼓)를 치며, 행군하라고 명령할 때에는 후미(後尾)에서 선두(先頭)에 이르기까지 차례로 행군하는 고(鼓)를 치되, 고를 쳐도 오히려 행군하지 않을 때에는 빠르게 고를 치고 대각(大角)으로써 이를 재촉하게 하며, 정지하라고 명령할 때에는 후미에서 선두에 이르기까지 금(金)을 울려서 정지시키되, 그래도 오히려 정지하지 않을 때에는 느리게 금(金)을 울리고 대각(大角)으로써 이를 재촉하게 하며, 명령을 따르지 않는 자는 이 때에 벌(罰)을 주어서, 이와 같이 한다면 거의 군용(軍容)이 정연(整然)해지고 엄숙(嚴肅)하여질 것이며, 행군하고 정지하는 데에 질서가 있을 것입니다. 신이 또 보건대, 궐내(闕內)에 입직(入直)하는 군사들이 차고 다니는 궁시(弓矢)가 모양은 있으나 내용이 없는 경우가 반이 넘는데, 하물며 외방(外方)의 잡종(雜種) 군사들이야 말해 무엇하겠습니까. 신은 중외(中外)의 군사들이 다만 그 숫자를 채워서 점고(點考)할 때에 당하더라도 오히려 다행이 아닐까 생각합니다. 일찍이 주의를 기울이지 않았기 때문에 비록 완급(緩急)한 일이 있다 하더라도 장차 어찌 이를 쓰겠습니까. 신은 다시 조장(條章)을 세워서 경중(京中)에서는 병조(兵曹)에서, 외방(外方)에서는 위차관(委差官;朝廷에서 全權을 맡겨 파견하는 임시 官員)이 궁시(弓

矢)를 크게 점열(點閱)하여서 상벌(賞罰)에 빙고(憑考)하게 하기를 원합니다. 이와 같이 한다면 비록 하루 아침에 갑자기 변(變)할 수가 없다고 하더라도 군사가 점차 정련(精鍊)한 데로 나아가게 될 것입니다."

하였다.[24]

8월 3일에는 임금이 서교(西郊)에 거둥하여 사냥하는 것을 구경하였다. 청성위(靑城尉) 심안의(沈安義)와 형조판서 김질(金礩)을 각각 좌상대장(左廂大將)과 우상대장(右廂大將)으로 삼고, 행첨지중추원사 민발(閔發)은 사자위장(獅子衛將)으로 삼고, 구문로(具文老)는 사대장(射隊將), 은천군(銀川君) 이찬(李穳:敬寧君 李裶의 아들)은 잡류장(雜類將), 율원부정(栗元副正) 이종(李倧:寶城君 李㝯의 次男)은 공현위장(控弦衛將), 평성정(枰城正) 이위(李偉:寶城君의 4남)는 만강대장(彎强隊將)으로, 내금위(內禁衛) 소기동(蘇起東)은 파적위장(破敵衛將), 은산부정(銀山副正) 이철(李徹:寶城君의 제5남)은 장용대장(壯勇隊將)으로 삼아, 먼저 백관들로 하여금 융복(戎服) 차림으로 모화관(慕華館)에서 명령을 기다리게 하였다. 연희궁(衍喜宮) 앞에 이르러 어가(御駕)를 머무르니 음악을 연주하고 술을 올리었다. 좌상(左廂)·우상(右廂)으로 하여금 합하여 몰이하게 하니, 군사들이 화곡(禾穀)을 짓밟아 상하는 것이 많으매, 주서(注書)를 시켜 가서 화곡을 짓밟은 다소(多少)를 알아보게 하고서 그 값을 징수하여 주게 하였다. 어가를 돌이켜 모화관에 이르자 명하여 습진(習陣)하게 하였는데, 진무(鎭撫) 장효량(張孝良)이 진(陣)을 지키는데, 남문(南門)에서 잘못 명령하여 군사들이 나누어 흩어지니, 명하여 장효량에게 장(杖)을 때렸다.[25]

8월 28일에는 임금이 사정전에 나아가 상참(常參)을 받고 정사(政事)를 보았는데, 영응대군(永膺大君)·영순군(永順君) 이부(李溥)·귀성군(龜城君) 이준(李浚)·은산부정(銀山副正) 이철(李徹)·하성위 정현조(鄭顯祖)·우찬성 구치관(具致寬)과 승지(承旨)·선전관(宣傳官) 등이 입시하였다. 병서(兵書)의 주해(註解)를 논하고 이어서 구치관과 도승지 노사

---

24 『세조실록』 권31, 세조 9년 8월 丁亥(1일).

25 『세조실록』 권31, 세조 9년 8월 己丑(3일).

신(盧思愼)에게 명하여 술을 올리게 하였다. 임금이 노사신으로 하여금 어탑(御榻)에 오르게 하고, 또 이부·이준·정현조·이철(이상 4인을 '兒宗'이라 불렀음)을 불러서 앞으로 나오게 하여 그 현부(賢否)를 논한 다음에 구치관에게 이르기를,

"부(溥)는 천성(天性)이 질박(質朴)하고 정직(正直)하니 일을 맡길 만하지만, 그러나 지완(遲緩)하는 폐단을 면하지 못한다. 정현조는 성질이 본래 정직하고 왕명(王命)을 전하기를 잘하지만, 그러나 간혹 혼매(昏昧)한 곳이 있다. 이철(李徹)은 심기(心氣)가 열리고 명랑하지만, 그러나 본질(本質)이 후(厚)하지 못하여 항상 너무 빨리하는 폐단이 있다. 이준(李浚)은 심지(心志)가 명철(明徹)하고 본성(本性)이 영오(穎悟)하고 또 여력(膂力)이 있어서 재주가 세 사람보다 낫지만, 그러나 학술(學術)이 없으니 이게 한(恨)이 된다. 그렇지만 이 네 사람은 내가 매우 사랑하여 좌우(左右)에서 떠나지 못하게 하는데, 애써 수고시키고 종사(從事)하게 하는 까닭은 그 지나치거나 미치지 못하는 것을 바로잡아서 그 중정(中正)한 데 맞게 하고 싶은 것이다"[26]

하니, 구치관이 아뢰기를 "진실로 성상(聖上)의 말씀과 같습니다. 네 사람은 성상의 은혜를 매우 후하게 받고, 애써 수고하는 것도 다른 사람의 갑절입니다" 하였다. 한참 있다가 강녕전(康寧殿)에 들어가서 구치관·노사신·이부·이준·이철·정현조를 불러서 술자리를 다시 베풀었다.[27]

8월 30일에는 임금이 사정전(思政殿)에 나아가 상참을 받고 정사를 보았는데, 이 자리에 임영대군(臨瀛大君)·영응대군(永膺大君)·원천경(原川卿) 이의(李宜)·영순군 이부(李溥)·귀성군(龜城君) 이준(李浚)·은산부정(銀山副正) 이철(李徹)과 하성위 정현조(鄭顯祖)·영천부원군 윤사로(尹師老), 영의정 신숙주(申叔舟)·길창부원군(吉昌府院君) 권람(權擥)·우의정 구치관(具致寬)·좌참찬 성봉조(成奉祖)·우참찬 최항(崔恒)·판한성부사 이

26 본 2권(21장) 뒤 284쪽의 주49)와, 동 291쪽의 주71)을 아울러 참조.

27 『세조실록』 권31, 세조 9년 8월 甲寅(28일).

석형(李石亨)·중추원사 어효첨(魚孝瞻)·이조판서 김담(金淡)·호조판서 조석문(曺錫文)·병조판서 윤자운(尹子雲)과 승지(承旨) 등이 입시(入侍)하였다.[28]

9월 2일에는 간경도감(刊經都監)에서 새로 간행한 『묘법연화경』(妙法蓮華經)을 임금에게 바쳤다.[29] 또한 5일에는 불상(佛像) 4구(軀)를 장의사(壯義寺)에 안치(安置)하였는데, 이보다 앞서 내수소(內需所)에서 불상 4구를 만들어 함원전(含元殿)에서 점안(點眼)한 바가 있었다.

9월 5일에는 임금이 서현정(序賢亭)에 나아가 소형명(小形名)을 써서 습진(習陣)하니, 왕세자와 임영대군·영응대군·영순군 이부(李溥)·귀성군 이준(李浚)·은산부정(銀山副正) 이철(李徹)·하성위 정현조(鄭顯祖)·우참찬 최항(崔恒)·동지중추원사 양성지(梁誠之)·행 상호군 송처관(宋處寬)·이파(李坡)와 입직(入直)한 여러 장수, 승지(承旨) 등이 입시하였다. 재차 명하여 이준과 이부를 장수(將帥)로 삼아 좌상(左廂)·우상(右廂)으로 나누어 습진(習陣)하게 하였는데, 이는 지난 8월 1일에 보성경(寶城卿) 이갑(李峇)의 아들 춘양부정(春陽副正) 이래(李徠)가 상서(上書)한 내용을 바탕으로 실시한 것이었다. 소형명(小形名) 습진(習陣)은 이후 9월 9일과 12일, 17일에도 실시하였고, 20일에는 기병(騎兵)에게 소형명을 써서 습진하게 하기도 하였으며, 25일에는 임금이 서현정에 나아가 입직한 기사(騎士)들로 하여금 소형명을 써서 습진하게 하니, 진종(陣宗)·사종(射宗) 등이 입시하였다.

9월 8일에는 임금이 사정전(思政殿)에 나아가 양로연(養老宴)을 베푸니, 왕세자와 효령대군(孝寧大君)·임영대군(臨瀛大君)·영응대군(永膺大君)·영순군(永順君) 이부(李溥)·귀성군(龜城君) 이준(李浚)·은산부정(銀山副正) 이철(李徹)·하성위 정현조(鄭顯祖)·청성위 심안의(沈安義)·하동부원군 정인지(鄭麟趾)·영의정 신숙주(申叔舟)·우의정 구치관(具致寬)·좌찬성 황수신(黃守身)·예조판서 박원형(朴元亨)·우참찬 최항(崔恒)·호조판서 조석문(曺錫文)·이조판서 김담(金淡)·병조판서 윤자운(尹子雲)·판한성(判漢城) 이석형

---

28 『세조실록』 권31, 세조 9년 8월 丙辰(30일).

29 『세조실록』 권31, 세조 9년 9월 戊午(2일).

(李石亨)·공조판서 김수온(金守溫)·행상호군 송처관(宋處寬)·공조참판 성임(成任)·이조참판 홍응(洪應)·대사헌 서거정(徐居正)·호조참판 임원준(任元濬)과 입직(入直)한 여러 장수, 승지(承旨)와 노인 당상(老人 堂上)·전판중추원사 안지(安止) 등이 입시하였다. 서인(庶人)인 여러 노인들은 동쪽과 서쪽 뜰에 나누어 줄지어 섰다. 기녀(妓女)와 악공(樂工)이 음악을 연주하니, 태조대왕(太祖大王)의 시(詩) 한 수(首)를 여러 재추(宰樞)에게 보였는데, 그 시에 이르기를,

"손을 이끌어 등(藤)을 더위잡고 푸른 봉우리에 오르니,	引手攀藤上碧峯
하나의 암자(庵子)가 높이 두우(斗牛) 가운데 걸렸네.	一庵高掛斗牛中
만약 장차 보이는 안계(眼界)로써 우리의 땅으로 삼는다면	若將眼界爲吾土
초(楚)나라 월(越)나라 강남(江南)인들 어찌 수용치 못하리오"	楚越江南豈不容

하였다.

그 이튿날은 임금이 서현정(序賢亭)에 나아가니, 효령대군(孝寧大君)·영응대군·영순군·은산부정(銀山副正) 이철(李徹)·하성위 정현조(鄭顯祖)·운성부원군 박종우(朴從愚)·하동부원군 정인지(鄭麟趾)·영의정 신숙주(申叔舟)·우의정 구치관(具致寬)·좌찬성 황수신(黃守身)·좌참찬 성봉조(成奉祖)·우참찬 최항(崔恒)·이조판서 김담(金淡)·호조판서 조석문(曺錫文)·예조판서 박원형(朴元亨)·병조판서 윤자운(尹子雲)·형조판서 김질(金礩)·공조판서 김수온(金守溫)과 입직(入直)한 여러 장수와 승지(承旨) 등이 입시하였다. 술자리를 베푼 후, 청성위 심안의(沈安義)와 영가군(永嘉君) 권경(權擎)을, 좌상(左廂)과 우상(右廂)으로 나누어 소형명(小形名)을 써서 습진(習陣)하였다. 또 판한성(判漢城) 이석형(李石亨)과 대사헌 서거정(徐居正)·공조판서 성임(成任)·중추원부사 강희안(姜希顔)·예문제학 이승소(李承召)·동지중추원사 양성지(梁誠之)·이조참판 홍응(洪應)·행상호군 송처관(宋處寬)·김처례(金處禮)이파(李坡), 호조참판 임원준(任元濬)·형조참의 이예(芮)·첨지중추원사 최사로(崔士老)와 문신(文臣)들도 불러서 또한 입시(入侍)하게 하고,

명하여 태조대왕(太祖大王)의 시(詩)에 화답하게 하였다.[30] 그리고 다시 이튿날 10일에는 임금이 화위당(華韡堂)에 나아가서 도승지 노사신(盧思愼)을 불러서 전지(傳旨)하기를, "어제 태조(太祖)의 시(詩)와 화답(和答)한 시를 최항(崔恒)으로 하여금 서문(序文)을 짓게 하여 간행하는데, 이름을 『성제시』(聖製詩)라고 하라" 하였다.

9월 19일에는 임금이 서현정에 나아가 활 쏘는 것을 구경하였는데, 그동안 군령(軍令)이 해이(解弛)해진 것을 책망하고, 장중순(張仲淳)·성중성(成重性)·유안례(劉安禮) 등을 벌하였다. 이 자리에는 어제 어가(御駕)를 수종(隨從)한 재추(宰樞) 등과 효령대군(孝寧大君) 이보(李補)와 임영대군·영응대군·영순군·귀성군·은산부정·하성위, 그리고 영의정 신숙주(申叔舟)·우의정 구치관(具致寬)·좌찬성 황수신(黃守身)·인산군 홍윤성(洪允成)·청성위 심안의(沈安義)·청평군 곽연성(郭連城)·형조판서 김질(金礩)·이조판서 김담(金淡)·문성군(文城君) 유수(柳洙)·강성군 봉석주(奉石柱)·이조참판 홍응(洪應)·병조참판 김국광(金國光)·중추원부사 한계희(韓繼禧)·도승지 노사신(盧思愼)과 입직(入直)한 여러 장수(將帥) 등이 입시(入侍)하였다.[31]

9월 24일에는 양전(兩殿)이 강녕전(康寧殿)에 나아가서 술자리를 베푸니, 왕세자가 표리(表裏)를 바치고 이어서 술을 올렸다. 효령대군(孝寧大君) 이보(李補)와 임영대군(臨瀛大君)·영응대군(永膺大君)·영순군(永順君)·하성위 정현조(鄭顯祖)·판중추원사 윤사분(尹士昐)·중추원사 윤사흔(尹士昕)·서원군(西原君) 한계미(韓繼美)·중추원부사 한계희(韓繼禧)·도승지 노사신(盧思愼) 등이 입시(入侍)하였고, 기로(耆老)·재추(宰樞) 등도 또한 와서 하례(賀禮)하였다. 나중에는 안지(安止)·김신민(金新民)도 불러서 잔치에 참여하게 하였다.[32]

9월 27일에는 임금이 효령대군(孝寧大君) 등과 장의사(壯義寺)에 거둥하였다가 환궁하여 신하들로부터 풍정(豊呈)을 받은 자리에서 대화한 내용이다. 먼저 임금이 길창부원

---

30 『세조실록』 권31, 세조 9년 9월 乙丑(9일).

31 『세조실록』 권31, 세조 9년 9월 乙亥(19일).

32 『세조실록』 권31, 세조 9년 9월 庚辰(24일).

군 권람(權擥)을 불러서 말하기를,

"중궁(中宮)이 나의 탄일(誕日)에 이미 잔치를 베풀고자 하였으나, 마침 이승손이 죽어 실행하지 못하였다. 그래서 금일에 베푸는 것을 내가 정지시키고자 하였으나, 진실로 지극한 정성에서 우러난 것이므로 거절할 수 없었고, 오늘은 장의사에 왕래하느라고 몸도 몹시 피로하지만, 그런데도 이 잔치를 받는 것은 내가 중궁을 중하게 여기기 때문이다"

하면서, 옆 자리의 효령대군(孝寧大君)에게 이르기를,

"내가 어렸을 때에는 방장(方壯)한 혈기(血氣)로써 병을 잘 이겼는데, 여러 해 전부터 질병이 끊이지를 않으니, 그래서 일찍이 온천(溫泉)을 자주 찾으려 하였습니다. 그러나 내가 평생에 뜻을 두는 것은 나의 한 몸을 위해서 백성들을 수고시키려고 하지 않았기 때문에 끝내 이런 행차는 하지 않고자 하였습니다. 말로는 기필(期必)할 수 없지만 만약 또 심해지면 어떨는지 알 수가 없으나, 그러나 나의 뜻은 이와 같습니다"

하였다. 그리고 우승지 이파(李坡)와 하성위(河城尉) 정현조(鄭顯祖) 등을 불러 『동국통감』(東國通鑑) 편찬에 관해 말하다가,

"양성지(梁誠之)가 여러 유생(儒生)들을 거느리고 편찬을 하고, 신숙주(申叔舟)와 권람(權擥)이 이를 감수(監修)하는 것이 어떨까"

하고, 이 때 이파가 왕명(王命)의 출납(出納)을 맡아 보매, 효령대군(孝寧大君) 이보(李補)를 향하여 말하기를,

"내가 이파(李坡)를 아들처럼 대접하고 내 소생(所生)과 다름이 없이 합니다"

하고, 또 이파에게 이르기를,

"나는 너의 아비와 심상(尋常)한 사이에 비할 수가 없다. 매양 너를 볼 적마다 늘 생각한다"

하였다.[33] 이파(李坡)는 목은(牧隱) 이색(李穡)의 증손으로서 사육신(死六臣)의 한 사람인 이개(李塏)의 아우이다.

그리고 이 날, 효령대군(孝寧大君)의 원찰(願刹)인 상원사(上院寺)의 중[僧]이 불상(佛像)을 안치(安置)하게 해줄 것을 상언(上言)하였는 바, "소승(小僧)이 관음보살(觀音菩薩)이 현신(現身)하신 곳에 나아가서 이미 불전(佛殿)은 지었습니다만, 아직 주된 불상(佛像)이 없으니, 원컨대 경상도의 공물(貢物)을 대납(代納)하여 불상을 만들어 안치하게 하소서" 하니, 예조에서 이르기를, "불전은 있는데 불상이 없을 수가 없으니, 청컨대 호조(戶曹)로 하여금 대납하는 일을 마련하게 하소서" 하였다. 이 때에 이르러 임금이 권람(權擥)에게 이르기를,

"내가 삼계(三界)를 훤히 내다보고 마땅히 무량공덕(無量功德)을 이루려 하는데, 어찌 즐겨 절을 짓고 불상을 만들어 작은 일을 자질구레하게 하겠는가. 또 상원사는 국가에서 창건한 바가 아니고, 효령대군(孝寧大君)의 원찰(願刹)[34]이니, 예조에서 아뢰는 것은 매우 잘못이다. 내가 박원형(朴元亨)을 벌(罰)주려고 하는데 어떠하겠는가?"

하니, 신숙주·권람·구치관 등이 "진실로 마땅합니다" 하므로, 즉시 박원형에게 명하여 벌주(罰酒)를 마시게 하였다.[35] 당시 유신(儒臣)들이 불교(佛敎)를 철저히 반대하는 분위기 속에서, 한편 상원사(上院寺)는 금상(今上)이 존경하고 따르는 큰아버지 효령대군(孝寧大君)의 원찰(願刹)이매, 교묘히 유신들의 반대를 비껴가면서 상원사의 불사(佛事)를 성사시킴으로써 효령대군의 바램을 해결해드리는 임금의 지혜로운 처리가 돋보이는 장면

33 『세조실록』 권31, 세조 9년 9월 癸未(27일).

34 죽은 사람의 畵像이나 位牌를 모셔놓고 그 願主의 冥福을 빌던 법당. 願堂. 궁중 것은 內願堂이라 불렀음.

35 『세조실록』 권31, 세조 9년 9월 癸未(27일).

이라 하겠다.

10월 4일에는 어가(御駕)가 위동(葦洞)에 거둥하여 사냥하는 것을 구경하였는데, 환궁하여서는 도성(都城)에 머물고 있던 효령대군(孝寧大君)·함녕군(諴寧君)·익녕군(益寧君)·밀성군(密城君)·계양군(桂陽君)과 하동부원군 정인지(鄭麟趾)·봉원부원군 정창손(鄭昌孫)·길창부원군 권람(權擥)·남양부원군 홍달손(洪達孫) 등에게 각각 사슴 한 마리씩을 내려 주고, 어가를 수종(隨從)한 장사(壯士)들에게도 차등 있게 내려 주었다.[36]

10월 18일에는 임금이 중궁과 사정전(思政殿)에 나아가니, 의정부와 육조(六曹)에서 풍정(豐呈)을 바쳤는데, 이 자리에는 왕세자(王世子)와 효령대군(孝寧大君) 이보(李補)가 임영대군(臨瀛大君)·영응대군(永膺大君)과 보성경(寶城卿) 이갑(李𠢀)·귀성군 이준(李浚), 사종(射宗)·진종(陣宗), 하동부원군 정인지(鄭麟趾)·봉원부원군 정창손(鄭昌孫)·운성부원군 박종우(朴從愚)·영천부원군 윤사로(尹師路)·하성위 정현조(鄭顯祖)·청성위 심안의(沈安義)·영의정 신숙주(申叔舟)·우의정 구치관(具致寬)·우참찬 최항(崔恒)·인산군 홍윤성(洪允成)·형조판서 김질(金礩)·예조판서 박원형(朴元亨)·중추원사 윤사흔(尹士昕)·어효첨(魚孝瞻)·호조판서 조석문(曺錫文)·청평군 곽연성(郭連城)·서원군 한계희(韓繼禧)·문성군(文城君) 유수(柳洙)·이조판서 김담(金淡)·병조판서 윤자운(尹子雲)·이조참판 홍응(洪應)·대사헌 서거정(徐居正)·병조참판 김국광(金國光) 등과 함께 시연(侍宴)하였다. 왕세자가 술을 올리고, 종친(宗親)과 재추(宰樞)가 차례로 술을 올렸다.[37]

10월 26일에는 효령대군(孝寧大君)의 손자 이종(李倧;寶城君 李𠢀의 次男)을 율원정(栗元正)에 제수(除授)하고, 송익손(宋益孫)은 나주목사(羅州 牧使)를 삼았는데, 본래는 송익손을 다른 직에 임명하였으나, 그 어미의 병 때문에 사직하니 어버이 근처의 수령(守令)으로 제수하기 위해 나주목사로 제수한 것이었다.[38] 11월 4일에는 임금이 귀성군(龜城君) 이준(李浚)·은산부정(銀山副正) 이철(李徹;寶城君 李𠢀의 제5남)·하성위(河城尉) 정

---

36 『세조실록』 권31, 세조 9년 10월 己丑(4일).

37 『세조실록』 권31, 세조 9년 10월 癸卯(18일).

38 『세조실록』 권31, 세조 9년 10월 辛亥(26일).

현조(鄭顯祖;鄭麟趾 아들)·청성위(青城尉) 심안의(沈安義)·병조참판 김국광(金國光)과 승지(承旨) 등을 불러서 주연(酒宴)을 베풀었다. 또 입직(入直)한 내금위(內禁衛)·선전관(宣傳官)·겸사복(兼司僕) 등을 불러서 진법(陣法)을 강(講)하게 하고, 또 호랑이를 쏘아서 잡는 궁술(弓術)을 논하게 하니, 내금위의 권이(權耳)가 이에 능하였으므로, 명하여 겸사복에 임명하였다.[39]

11월 7일에는 인순부 판관(仁順府 判官)으로 있는 홍긍(洪矜)이 의금부(義禁府)에 갇히는 일이 벌어졌는데, 이보다 앞서 홍긍이, 효령대군(孝寧大君)의 사저(私邸)에서 불교경전(經典)을 읽는 승도(僧徒)들에게 공양(供養)하는 일을 권하였으므로, 형조(刑曹)에 내려서 그 사유를 핵문(劾問)토록 하였었는데, 홍긍이 대답하기를 "내가 이미 사실대로 대답하였으니, 마땅히 사실대로 물어야 한다" 하면서 그 말이 자못 불손하였으므로 형조판서 김질(金礩)이 피혐(避嫌)하기를 청하였기 때문에 그를 가두게 된 것이었다.[40] 이로 보면, 당대에 효령대군의 사저에는 승도(僧徒)들의 출입(出入)이 많았던 것 같다.

그 이튿날은 임금이 비현합(丕顯閤)[41]에 나아가니, 영순군(永順君) 이부(李溥)·귀성군(龜城君) 이준(李浚), 그리고 효령대군의 손자이며 보성경(寶城卿) 이갑(李峇)의 제5남 은산부정(銀山副正) 이철(李徹)·하성위(河城尉) 정현조(鄭顯祖)·진남군 이종생(李終生)·은천군(銀川君) 이찬(李穳)·덕성군 이민(李敏), 또한 효령대군의 제5남 영천경(永川卿) 이정(李定)과 제4남 낙안경(樂安卿) 이영(李寗), 우참찬 최항(崔恒)·행상호군 송처관(宋處寬)·이조참판 홍응(洪應)·병조참판 김국광(金國光) 등이 입시(入侍)하였는데, 술자리를 베풀고 『병서』(兵書)의 찬주(纂註)와 『의서유취』(醫書類聚) 등에 대하여 의논하였다.[42]

11월 10일에도 임금이 사정전(思政殿)에 나아가서, 영순군·귀성군과 보성경(寶城卿)의 다섯째 은산부정(銀山副正) 이철(李徹), 하성위 정현조(鄭顯祖)와 영의정 신숙주(申叔舟)·우의정 구치관(具致寬)·예조판서 박원형(朴元亨)·호조판서 조석문(曺錫文)·중추원

39 『세조실록』 권31, 세조 9년 11월 戊午(4일).

40 『세조실록』 권31, 세조 9년 11월 辛酉(7일).

41 思政殿의 동쪽 모퉁이의 內廂庫 2간을 '丕顯閤'이라 했는데, 『서경』(書經)의 '昧爽丕顯'에서 따온 말이다.

42 『세조실록』 권31, 세조 9년 11월 壬戌(8일).

부사 한계희(韓繼禧)와 입직(入直)한 여러 장수(將帥)·승지(承旨) 등을 불러서 술자리를 베풀었는데, 큰 북을 여러 번 쳐서 입직한 군사들을 사정전 문밖 동서의 뜰에 모으고, 도진무(都鎭撫) 윤사로(尹士路)·김질(金礩) 등으로 하여금 술을 먹이게 하였다.[43]

이 무렵, 전(前) 판한성부사(判漢城府事) 정척(鄭陟)과 동지중추원사 양성지(梁誠之) 등이 『동국지도』(東國地圖)를 지어 바쳤는데, 이 보다 앞서 정척과 양성지 등에게 명하여 의정부(議政府)에 모여서 동국지도를 상고하여 확정하게 하였었는데, 이 때에 이르러 완성되었던 것이다.[44]

12월 4일에는 임금이 비현합(丕顯閤)에 나아가, 임영대군(臨瀛大君)과 영순군(永順君)·귀성군(龜城君), 그리고 효령대군(孝寧大君)의 손자(孫子)들인 춘양부정(春陽副正) 이래(李徠)·은산부정(銀山副正) 이철(李徹) 형제(兄弟), 하성위 정현조(鄭顯祖)·우의정 구치관(具致寬)과 입직한 여러 장수(將帥)·승지(承旨) 등이 입시한 가운데 주연(酒宴)을 베풀고, 선전관(宣傳官)·진무(鎭撫)·부장(部將) 등에게 『28변도』(變圖)를 강(講)하게 하였다. 또 『어제무경서』(御製武經序)를 이래(李徠)에게 설명하게 하였는데, 이래가 명료하게 강(講)을 매우 잘하자, 임금이 "춘양부정(春陽副正)은 참 쓸만한 사람이다"라고 하였다.[45]

한편, '인왕산(仁王山)에서 내려온 호랑이 이야기'는 바로 이 무렵의 실화(實話), 12월 9일에는 경복궁내 취로정(翠露亭) 연못 가에 호랑이 발자국이 났으므로, 임금이 밤에 입직(入直)한 여러 장수를 불러서 말하기를, "좌상(左廂)·우상(右廂)은 백악산(白岳山)과 인왕산(仁王山) 등지를 몰이하여, 만약 살펴서 호랑이가 있는 곳을 알게 되면 내가 마땅히 친히 가겠다" 하였다. 이튿날은 마침내 인왕산 호랑이 잡기에 나섰으나 실패하였다. 이날 아침 일찍, 거평정(居平正) 이복(李復)·진례정(進禮正) 이형(李衡)·금산정(金山正) 이연(李衍)과 의영고 직장(義盈庫 直長) 김치리(金致利) 등에게 명하여 각각 보졸(步卒) 2백명을 거느리고 미명(未明)에 도성(都城) 밑에 줄지어 지키게 하고, 청성위 심안의(沈安義)를

43 『세조실록』 권31, 세조 9년 11월 甲子(10일).

44 『세조실록』 권31, 세조 9년 11월 丙寅(12일).

45 『세조실록』 권31, 세조 9년 12월 戊子(4일).

좌상(左廂)대장으로, 형조판서 김질(金礩)을 우상(右廂)대장으로 삼아, 좌상은 사직동(社稷洞)에서부터, 우상은 동소문(東小門)에서부터 백악(白岳)으로 합하여 몰이하게 하였으나 끝내 호랑이를 잡지는 못하였다.[46] 12월 18일에는 아차산(峨嵯山)에서 망올리(亡兀里; 지금의 忘憂里) 고개에 거둥하여 사냥하는 것을 구경하였고, 24일에는 겸사복(兼司僕) 한봉운(韓奉運) 등을 보내어 광주(廣州)의 남양(南陽) 등지에서 호랑이를 잡게 하였다.

12월 11일에는 임금이 사정전에 나아가서 납향제(臘享祭)의 음복연(飮福宴)을 베풀었다. 헌관(獻官) 홍윤성(洪允成)·이변(李邊)과 효령대군(孝寧大君)·임영대군(臨瀛大君)·영응대군(永膺大君)·봉원부원군 정창손(鄭昌孫)·영의정 신숙주(申叔舟)·우의정 구치관(具致寬)·우참찬 최항(崔恒)·중추원사 어효첨(魚孝瞻)·공조판서 김수온(金守溫)·동지중추원사 양성지(梁誠之)·이조참판 홍응(洪應)·인순부윤 한계희(韓繼禧)와 승지(承旨) 등이 입시하였는데, 이 자리에서 야인(野人) 장기대(將其大)·군유(軍有)·옥시(玉時) 등 3인을 인견하고 술을 바치도록 하였다.[47]

갑신(甲申, 1464)년 새해가 되었다. 세조 즉위 10년째에, 효령대군(孝寧大君)께서는 보령(寶齡) 69세가 되셨다. 초하룻날 임금이 근정전(勤政殿)에 나아가 조하(朝賀)를 받고 신년 회례연(會禮宴)을 베푸니, 왕세자가 술을 올리고, 효령대군(孝寧大君)과 임영대군·영응대군·영순군·귀성군 이준(李浚)·은산부정(銀山副正) 이철(李徹)·하성위 정현조(鄭顯祖)·영의정 신숙주(申叔舟)·우의정 구치관(具致寬)·하동부원군 정인지(鄭麟趾) 등 문무백관과 왜인(倭人)·야인(野人)들이 모두 반열(班列)에 나아갔다.

효령대군(孝寧大君)·신숙주 등이 차례로 술잔을 올려서 술이 일곱 순배를 돌자 시위(侍衛) 군사들에게도 술을 하사하고, 기녀(妓女)와 공인(工人)에게 명하여 전(殿)에 올라와서 음악을 연주하게 하고, 또 왜인과 야인으로 하여금 모두 다 전(殿)에 올라와서 가무(歌舞)를 하게 하였다. 그 다음 사정전에 나아가서 나례(儺禮)[48]를 구경하고, 세자는 세

---

46 『세조실록』 권31, 세조 9년 12월 甲午(10일).

47 『세조실록』 권31, 세조 9년 12월 乙未(11일).

48 음력 섣달 그믐날 밤에 대궐 안이나 民家에서 마귀와 雜神을 쫓아 낸다는 뜻으로 베풀던 儀式.

대군(大君)과 '아종'(兒宗)[49]과 신숙주·구치관, 그리고 입직한 여러 장수(將帥)·승지(承旨) 등과 더불어 입시하여 술자리를 베풀었다.[50]

이튿날 아침에도 임금이 사정전(思政殿)에 나아가 나례(儺禮)를 구경하니, 왕세자가 효령대군(孝寧大君)·임영대군·영응대군과 입직(入直)한 여러 장수(將帥)·승지(承旨) 등과 더불어 입시하여 음악을 연주하게 하고 술자리를 베풀었는데, 판중추원사 조혜(趙惠)가 별세하였다는 말을 듣고는 이를 파하였다.

초사흗날에는 임금이 강녕전(康寧殿)에 나아가 왕세자의 생신연(生辰宴)을 받았다.[51] 효령대군(孝寧大君)과 임영대군·영응대군·귀성군·영순군, 그리고 효령대군의 제2남 서원경(瑞原卿) 이친(李寀), 제3남 보성경(寶城卿) 이갑(李㝓), 제5남 영천군(永川君) 이정(李定)과 은천군 이찬(李穳), 영의정 신숙주(申叔舟)·우의정 구치관(具致寬)·영중추원사 심회(沈澮), 판중추원사 심결(沈決)·윤사분(尹士昐), 지중추원사 윤사흔(尹士昕) 등이 입시(入侍)한 가운데, 왕세자(王世子)가 술잔을 올리었다.[52]

이튿날에는 임금이 사정전에 나아가 봉희(棒戱)[53]를 구경하였는데, 효령대군(孝寧大君)의 장남 의성군(誼城君) 이채(李寀)와 제3남 보성경(寶城卿) 이갑(李㝓)·제5남 영천경(永川卿) 이정(李定)·보성경의 제5남 은산부정(銀山副正) 이철(李徹)과 은천군(銀川君) 이찬(李穳)·하성위 정현조(鄭顯祖)·청성위 심안의(沈安義), 지중추원사 윤사흔(尹士昕;貞熹王后의 동생)·도승지 노사신(盧思愼) 등이 입시하였다. 또 충순당(忠順堂)에 나아가 화포(火砲) 쏘는 것을 구경하였는데, 먼저 화산붕(火山棚)을 후원에 설치하고, 또 백악(白岳)의 봉두(峰頭)에는 직상화(直上火)를 설치하여 이날 저녁 일시(一時)에 함께 쏘니, 화염

---

49 永順君 李溥(廣平大君 아들)·龜城君 李浚(臨瀛大君 次男)·銀山副正 李徹(孝寧大君 孫子, 寶城君 제5남)·河城尉 鄭顯祖(世祖 駙馬;懿淑公主, 鄭麟趾 아들) 등 4인 매일 2인씩 교대, 入直하였는데, 世祖가 이들을 '兒宗'이라 일컬었다. 앞 274쪽의 주26)과 뒤 291쪽 주71)을 아울러 참조.

50 『세조실록』 권32, 세조 10년 1월 甲寅(1일).

51 본래는 元日이 곧 생신일이었는데, 회례연이 있었으므로 이 때에 이르러 잔치를 베풀었다.

52 『세조실록』 권32, 세조 10년 1월 丙辰(3일).

53 옛날 궁중에서 공[毬]를 쳐서 구멍에 넣던 놀이의 하나. 擊毬와 다른 점은 말을 타지 않고 그냥 평지에서 공을 치는 것이었음.

(火焰)이 하늘에 닿았으며, 또 후원에서 계속 화전(火箭)을 쏘니 모양이 마치 유성(流星)과 같고 소리는 천둥하고 벼락치는 것과 같았다.[54]

1월 8일에는 나라에 혼인(婚姻)을 금(禁)하여 간택(揀擇)에 대비하게 한 바, 지난날 왕실(王室)의 제일 어르신으로 효령대군(孝寧大君)이 중심이 되어 간택에서부터 가례(嘉禮)에 이르기까지 그토록 신중하고 엄정하게 가려서 정한 왕세자빈(王世子嬪)이건만, 불행히도 산후(産後)의 조리(調理) 잘못으로 출산(出産) 후 불과 몇일 만에 사거하였으므로 다시 세자빈을 간택해야 했기 때문이었다. 전지(傳旨)하여 이르기를, "지금부터 처녀(處女)의 성(姓)이 이씨(李氏)로서 종실(宗室)의 성이 아닌 자는 모두 혼인을 금하고 간택에 대비하게 하라." 하고, 환관(宦官) 이존(李存)을 경상도에, 신운(申雲)은 전라도에 보내어 처녀를 간택하도록 하였는데, 장차 동궁(東宮)에 들이기 위함이었다.[55]

1월 16일에는 임금이 근정전(勤政殿)에 나아가 음복연(飮福宴)을 베풀었다. 왕세자가 효령대군(孝寧大君)과 영응대군 이염(李琰)·영의정 신숙주(申叔舟), 그리고 여러 집사(執事) 및 왜인(倭人)·야인(野人) 등과 더불어 반열(班列)에 나아가 절하고 꿇어 앉았다. 임금이 자리에서 내려와 음복주(飮福酒)를 마시고 되돌아가 자리에 오르니, 세자(世子)와 영응대군(永膺大君)·신숙주 이하 모두 차례로 술잔을 올렸다. 왜인과 야인에게도 명하여 층계로 올라와 가무(歌舞)를 하게 하니, 날이 저물어서야 파(罷)하였다.[56]

18일에도 비현합에 나아가 길창부원군(吉昌府院君) 권람(權擥)·우의정 구치관(具致寬)·운성부원군 박종우(朴從愚)·예조판서 박원형(朴元亨)·화산군(花山君) 권반(權攀)·한성부윤(漢城府尹) 김종순(金從舜) 등을 불러서 술자리를 베풀었는데, 효령대군(孝寧大君)의 장남 의성군(誼城君) 이채(李寀)와 3남 보성경(寶城卿) 이갑(李衉), 그리고 은천군 이찬(李穳)·진남군 이종생(李終生) 등이 격봉(擊棒;擊毬)하여 승부(勝負)를 가렸는데, 각각에게 말 안장을 하사하였다.[57]

---

54 『세조실록』 권32, 세조 10년 1월 丁巳(4일).

55 『세조실록』 권32, 세조 10년 1월 辛酉(8일).

56 『세조실록』 권32, 세조 10년 1월 己巳(16일).

57 『세조실록』 권32, 세조 10년 1월 辛未(18일).

2월 3일에는 호조(戶曹)에서 황해·강원·평안도의 진황지(陳荒地)를 대군(大君)·종친·당상관 등에게 개간(開墾)케 할 것을 청한 데 대하여 윤허(允許)한 바, 호조(戶曹)에서 아뢰기를,

> "청컨대 황해도·강원도·평안도에서 경작(耕作)할 만한 진황지(陳荒地)를 가리어 대군(大君)에게는 40결(結), 제군(諸君)과 종친(宗親)·부마(駙馬)·재추(宰樞)·정1품에게는 30결, 종1품에게는 25결, 정2품에게는 20결, 종2품에게는 15결, 3품 당상관(堂上官)에게는 10결씩을 임의로 절급(折給)하여서 개간(開墾)하게 하소서"

하니, 그대로 따랐다.[58]

27일에는 거가(車駕)가 충청도 보은현(報恩縣)의 동평(東平)을 지나 저녁 때에는 병풍송(屛風松)에 머물렀는데, 복천암의 중[僧] 신미(信眉)가 이곳으로 찾아와서 볍고 떡 1백50동이를 바치니, 호종(扈從)하는 군사들에게 나누어 주었다. 이튿날에는 속리산(俗離山)에 행행(行幸)하고 또 복천사(福泉寺)에도 들려 쌀 3백 석(石)과 노비(奴婢) 30구(口), 그리고 전지(田地) 2백 결(結)을, 속리사(俗離寺)에는 쌀·콩 아울러 30석을 하사하고, 신시(申時)에 행궁(行宮)으로 돌아왔는데,[59] 『청권집유』(淸權輯遺)의 「세조대왕복천사어제」(世祖大王 福泉寺 御製)가 작성된 것이 바로 이 날 2월 28일이며, 또한 임금이 혜각존자(慧覺尊者)와 신미선덕(信眉禪德)·사지대선사(斯智大禪師)·학열(學悅)·학조(學祖) 등 대사들을 만나고 하는 일에 안내역을 맡았던 것은 물론 효령대군(孝寧大君)이었다. 이 행사에는 예성부부인(蘂城府夫人)께서도 참가하셨다.[60]

특히 이번의 행사는 세조(世祖) 임금이 직접 참가하기도 했지만, 자성왕비(慈聖王妃;

---

58 『세조실록』 권32, 세조 10년 2월 丙戌(3일).

59 『세조실록』 권32, 세조 10년 2월 辛亥(28일).

60 天順(明 英宗(重祚) 8년;甲申, 세조 10, 1464) 2월 28일. 世祖 御命으로 쓴 金守溫의 '福泉寺 御製 後記' 참조. 본 2권(15장) 123쪽의 주4)를 아울러 참조.

貞熹王后)를 비롯하여 정빈 한씨(貞嬪 韓氏;仁粹大妃)[61] 와 세자(世子;睿宗 晄)·예성부부인·정의공주(貞懿公主;世宗의 次女, 延昌尉 安孟聃에 下嫁)·임영대군·영응대군·영의정 신숙주(申叔舟)·공조판서 김수온(金守溫)·병조판서 윤자운(尹子雲)·도승지 노사신(盧思愼) 등 56인이나 참가하여, 당시의 왕실(王室)과 정부를 그대로 옮겨 놓은 듯한 대규모의 행사이었다. 이 복천사에서 3일 동안의 법회(法會)를 마친 후, 3월 1일 저녁 때에는 거가가 온양(溫陽)의 행궁에 이르렀다.

4월 3일에는 효령대군(孝寧大君) 이보(李補)의 요청으로, '승인(僧人)에 대한 처벌'에 관해 어찰(御札)을 내리게 되었는데,

> 「이보다 앞서 승인(僧人;중)이 비록 큰 죄를 짓더라도 다만 붙잡았다가 보수(保授;保證을 받고 석방하는 것)하였을 뿐이요 수금(囚禁)할 수가 없었다. 이 때문에 승인이 비록 큰 죄를 짓고도 거의 대개가 도망하여 죄를 면하고 주(州)·현(縣)에서는 구속(拘束)할 수가 없었으므로, 평민(平民)들이 그들을 호랑이처럼 무서워하였다. 심지어 간활(姦猾)한 무리들이 불법(不法)한 짓을 하고자 하여 모두 머리를 깎고 나쁜 짓을 거리낌 없이 자행(恣行)하였었다. 그 때 평안도(平安道)의 승인이 무리를 지어 소란을 피우고 관(官)의 무기(武器)를 빼앗는 지경에 이르렀으므로, 이에 효령대군(孝寧大君) 이보(李補)가 이를 엄벌하여 중지시키도록 임금께 요청하였다. 임금이 어찰(御札)을 의정부(議政府)에 내리기를 "승인으로서 사람이나 우마(牛馬)를 살해한 증거가 나타난 자, 장물(贓物)의 증거가 드러난 자, 처자(妻子)를 거느린 증거가 나타난 자, 간통(奸通)하는 현장에서 체포된 자는 먼저 가두고 계문(啓聞)한 다음에 죄를 주라"고 하였다. 이 명령이 내려지자, 사람들이 모두 통쾌하게 여겼다.」[62]

그로부터 열흘 후에는 임금이 전라도 관찰사 성임(成任)에게 어서(御書)로 유시(諭示)하여 전 선종판사(禪宗判事) 수미(守眉)의 시주를 도와줄 것을 명한 바,

---

61 德宗 妃, 韓確의 딸 仁粹大妃, 元敬王后가 世子嬪일 때 貞嬪이었기 때문에, 이후 粹嬪으로 고침(『세조실록』 권36, 세조 11년 7월 壬申(27일)).

62 『세조실록』 권33, 세조 10년 4월 乙酉(3일).

"전(前) 선종판사(禪宗判事) 수미(守眉)는 나의 잠저(潛邸) 때부터 구면(舊面)으로 알고 지내는 사이다. 그런 그가 화려한 것을 싫어하고 조용한 곳을 찾아서 떠난 뒤로 음신(音信)이 서로 끊겼다. 그런데 지금 들으니, 도갑사(道岬寺)를 중건(重建)한다고 하는데, 지금 여름철 안거(安居)와 경찬(慶讚)에 자기 스스로 비록 말하지 않는다 하더라도 어찌 부족한 바가 없을까 생각한다. 나의 옛날 아는 사람인 것을 생각하면 더욱 개탄(慨嘆)이 앞선다. 감사(監司)가 나의 뜻을 몸받아 수시로 마땅히 연화(緣化;시주받는 일)를 도와주라"

하였는데,[63] 수미(守眉)는 효령대군(孝寧大君)과도 교분(交分)이 많은 승려였으므로 이에 인용하는 것이다.

5월 2일에는 임금이 영순군(永順君) 이부(李溥;廣平大君 璵의 아들)에 명하여 승정원(承政院)에 전지해서 '다시 흥복사(興福寺)를 세워서 원각사(圓覺寺)로 삼을 것' 등을 명한 바,

"근일에 효령대군(孝寧大君)이 회암사(檜巖寺)에서 원각 법회(圓覺 法會)를 베푸니, 여래(如來)가 현상(現相)하고 감로(甘露)가 내렸다고 한다. 황가사(黃袈裟)의 중[僧] 3인이 탑(塔)을 둘러싸고 정근(精勤)하는데 그 빛이 번개와 같고, 또 빛이 대낮과 같이 환하였으며 채색(彩色) 안개가 공중에 가득 찼다고 한다. 분신 사리(分身 舍利)가 수백 개였는데, 곧 그 사리를 함원전(含元殿)에 공양(供養)하였고, 또 분신(分身)이 수십 매(枚)였다. 이와 같이 기이(奇異)한 상서(祥瑞)는 실로 만나기가 어려운 일이므로, 다시 흥복사(興福寺)를 세워서 원각사(圓覺寺)로 삼고자 한다"

하고, 이어서 하교(下敎)하여 강도(强盜) 이외의 죄(罪)를 용서하여 주고, 이어서 승정원에 명하여 각 도(道)의 관찰사(觀察使)에게 치서(馳書)하기를,

---

63 『세조실록』 권33, 세조 10년 4월 乙未(13일).

"죄명(罪名)이 비록 유사(宥赦) 조건 안에 든다고 하더라도 그 사건의 정상이 중대한 자와, 죄명이 비록 절도(竊盜)라고 하더라도 드러난 흔적이 강도와 같은 자와, 끝내 비록 사유를 받을지라도 핵실(覈實)하여 물적 증거가 있는 자는 방면(放免)하지 말라. 효령대군(孝寧大君) 이보(李補)는 부처를 만드는데 매우 독실(篤實)하여 어릴 때부터 늙기에 이르도록 더욱 열심인데, 회암사(檜巖寺)를 원찰(願刹)로 삼고 항상 왕래하면서 재(齋)를 베풀더니, 이 때에 이르러 여래(如來)가 현상(現相)하였고, 신승(神僧)아 탑(塔)을 둘러 쌌었다. 다른 사람은 모두 보지 못하였으나, 오로지 효령대군만이 이를 보았다고 스스로 말하였다"

고 하였다.[64]

이에 그 이튿날에는 임금이 흥복사(興福寺)에 거둥하여 원각사(圓覺寺)의 창건에 대해 의논하였는 바, 왕세자(王世子)와 효령대군(孝寧大君) 이보(李補)·임영대군(臨瀛大君)·영응대군(永膺大君)·영순군(永順君)과 영의정 신숙주(申叔舟)·좌의정 구치관(具致寬)·운성부원군 박종우(朴從愚)·남양부원군 홍달손(洪達孫)·영중추부사 심회(沈澮)·병조판서 윤자운(尹子雲)·호조판서 김국광(金國光)·중추원부사 김개(金漑)와 더불어 원각사 창건(創建)의 일을 의논하고, 이 가운데 이보(李補)·이구(李璆)·이염(李琰)·이부(李溥)·신숙주·구치관·박종우와 하성위 정현조(鄭顯祖) 등을 조성도감(造成都監) 도제조(都提調)로 삼고, 예조판서 원효연(元孝然)과 윤자운 등은 제조(提調)로 삼았다.[65]

6월 5일에는 왕명을 듣지 않은 내의원 송첨(宋瞻)의 고신(告身)을 거두고 사헌부의 청지기[廳直] 종으로 충당하는 벌을 내린 일이 있었는데, 이유는 그 때 은산부정(銀山副正) 이철(李徹)이 병(病)을 앓아 집으로 돌아갔는데, 임금이 송첨에게 명하여 가서 보게 하였으나 송첨이 왕명(王命)을 받들고 가지 않았기 때문이었다.[66] 은산부정 이철은 바로 효령대군(孝寧大君)의 손자(孫子)로서, 셋째 보성경(寶城卿) 이갑(李𥈭)의 제5남이었다.

---

64 『세조실록』 권33, 세조 10년 5월 甲寅(2일).

65 『세조실록』 권33, 세조 10년 5월 乙卯(3일).

66 『세조실록』 권33, 세조 10년 6월 丁亥(5일).

한편 이 날, 임금이 원각사(圓覺寺)에 거둥하여 청성위(靑城尉) 심안의(沈安義)와 이조판서 한계미(韓繼美)를 좌상(左廂)과 우상(右廂)의 대장(大將)으로 삼고, 안요경(安堯卿) 등 13인을 부장(部將)으로 삼아 군사들을 검찰(檢察)하여 역사(役事)를 감독하게 하였는데, 그 때 군사(軍士)로서 역사에 나온 자가 2천1백여 인이었고, 무릇 근방의 인가(人家) 2백여 채를 모두 철거하였다.[67]

그리고 이튿날은 원각사 조성제조(造成提調)가 자원하여 부역하는 군사와 성중관(成衆官)에게 상(賞)을 줄 것을 청한 바,

> "군사(軍士)·성중관(成衆官) 중에 대신하여 부역(赴役)할 것을 자원하는 자에게는 매1일에 별사(別仕)[68] 3일을 주고, 성중관은 사만(仕滿)에 따라 거관(去官)하며, 군인 가운데 재주를 이룰 만한 자가 있으면 매 1일에 별사 3일을 주고, 공사천구(公私賤口) 가운데 재주를 이룰 만한 자가 있으면 모두 부역하게 하며, 일이 끝난 다음에는 그 공로(功勞)에 따라서 혹은 관직(官職)으로 상(賞)을 주기도 하고, 혹은 포목(布木)으로 상을 주는 것이 어떠하겠습니까"

하니, 임금이 그대로 따랐다.[69] 12일에는 와요 제조(瓦窯 提調) 인산군(仁山君) 홍윤성(洪允成)을 불러 원각사(圓覺寺) 법당(法堂)에 덮을 청기와[靑瓦]를 의논하니, 모두 8만 장이라 구워서 만드는 데 들어가는 경비가 매우 컸었다. 한편 이 날, 은천군(銀川君) 이찬(李穳)과 옥산군(玉山君) 이제(李躋)를 원각사의 감역(監役) 독찰관(督察官)으로 삼으니 그 의물(儀物)이 대헌(臺憲)과 같았고, 각각 지인(知印) 1인, 나장(螺匠) 2인, 영사(令史) 1인, 소유(所由) 2인을 거느리게 되었다.[70]

이튿날은 임금이 아직 편찮으므로 화위당(華韡堂)에 나아가니 아종(兒宗)과 조득

---

67 『세조실록』 권33, 세조 10년 6월 丁亥(5일).

68 나라에서 공로가 있는 하급 관료나 군인들에게 주던 2일 이상의 仕到(근무일수), 이들은 근무 일수가 차면 去官하였음.

69 『세조실록』 권33, 세조 10년 6월 戊子(6일).

70 『세조실록』 권33, 세조 10년 6월 甲午(12일).

림(趙得琳)·한억(韓嶷)이 숙위(宿衛)하였는데, 여기서 '아종'(兒宗)이란 세조(世祖) 10년(1464)에 임금이 영순군(永順君) 이부(李溥;廣平大君의 아들)·귀성군(龜城君) 이준(李浚;臨瀛大君의 아들)·은산부정(銀山副正) 이철(李徹;寶城君의 제5남)·하성위(河城尉) 정현조(鄭顯祖;鄭麟趾의 아들) 등에게 매일 2인씩 서로 바꿔가며 일직(日直)하도록 한 것을 이름인데,[71] 이철(李徹)은 바로 효령대군(孝寧大君)의 손자(孫子)이었다.

이 시절(時節)에도 나라에서 벌이는 역사(役事) 때문에 개인이 피해를 당할 경우, 보상(報償)해주는 것이 관례였었다. 6월 15일에는 임금이 승정원의 주서(注書) 유순(柳洵)을 영의정 신숙주(申叔舟) 집에 보내어 의논하기를,

> "지금 원각사(圓覺寺)를 창건(創建)하느라 인가(人家)의 기지(基地)를 철거(撤去)하는데, 1속(束)의 값을 처음에는 정포(正布) 1필(疋)에 준하고, 재목(材木) 10간(間)은 전수(轉輸)하는 값을 쌀 2석(石)과 보리 1석에 준하고자 하였으나, 집터가 곧 시전(市廛)의 아주 요지(要地)이니, 내가 갑절로 3필이나 주려고 하는데 어떠한가"

하니, 신숙주가 의논하기를

> "재목을 전수(轉輸)하는 값은 비록 주지 않아도 좋으나, 집터 같으면 곧 저자 사람들이 아침 저녁으로 이권(利權)을 노리는 땅이니, 세 갑절로 하여 주는 것이 편하겠습니다. 그런데 만약 좌우 도랑가에 사는 사람들에게 그 체석(砌石)을 철거하기를 허락한다면 혹시 무너질 우려가 있을까 염려되니, 신의 생각으로는 철거하지 않도록 하여 수재(水災)를 막도록 하기를 청합니다"

하니 임금이 그대로 따랐는데, 이번 원각사를 짓는데 수용(收用)되는 기지(基址)의 값을 총계(總計)하니, 정포가 4천 필이고, 재목을 나르는 값은 쌀이 수백 석에, 보리가 1백 석이

---

71 『세조실록』 권33, 세조 10년 6월 乙未(13일). 2권 앞 274쪽 주26)·동 284쪽 주49)를 아울러 참조.

나 되었다.[72]

이번의 원각사(圓覺寺) 창건에는 대종(大鐘)도 아울러 주조(鑄造)할 계획이었다. 이에 6월 16일에는 호조(戶曹)에서 원각사 대종의 주조를 위한 동(銅)을 마련하는 일에 대해 아뢰었는 바,

"원각사의 대종(大鐘)을 주조(鑄造)하기 위해서는 동(銅)이 5만 근(斤) 정도라야 가능한데, 서울과 외방(外方)에 현재 있는 동 2만4천1백64근(斤)8양(兩)3전(錢)을 제(除)하고, 그 나머지 부족한 부분은, 청컨대 개성부(開城府)에서 1만4천7백14근5냥8전을, 경기에서 1천2백10냥5전을, 충청도에서 1천5백91근6냥1전을, 경상도에서 6천6백54근15냥9전을, 전라도에서 1천6백72근1냥4전을 시가(時價)에 따라 무역(貿易)해서 올려 보내게 하소서"

하니, 임금이 그대로 따랐다.[73]

그리고 사흘 후 19일에는 효령대군(孝寧大君) 이보(李補)가 아뢰기를,

"이 달 13일에 원각사(圓覺寺) 공중 위를 황운(黃雲)이 둘라쌌고, 천우(天雨)가 사방에서 꽃피어 이상한 향기가 공중에 가득 찼습니다. 또 서기(瑞氣)가 회암사(檜巖寺)로부터 경도사(京都寺)까지 잇달아 뻗쳤는데, 절에서 역사(役事)하던 사람들과 도성(都城) 사람들, 그리고 사녀(士女)들까지 이 광경을 보지 않은 자가 없었습니다."

하였다.[74] 6월 25일에는 소규모의 인사(人事) 이동이 있었는데, 효령대군(孝寧大君)의 사위 이서(李墅)가 중추원 부사(副使)로, 보성군(寶城君)의 사돈 임원준(任元濬;任士洪의 父)은 형조참판이 되었다.[75]

---

72 『세조실록』 권33, 세조 10년 6월 丁酉(15일).

73 『세조실록』 권33, 세조 10년 6월 戊戌(16일).

74 『세조시록』 권33, 세조 10년 6월 辛丑(19일).

75 『세조실록』 권33, 세조 10년 6월 丁未(25일).

6월 26일에는 임금이 근정전(勤政殿)에 나아가 잔치를 베풀었는데, 왕세자(王世子)와 효령대군(孝寧大君) 이보(李補), 그리고 내종친(內宗親;임금의 親族)·영의정 신숙주(申叔舟)·좌의정 구치관(具致寬)·인산군 홍윤성(洪允成)·병조판서 윤자운(尹子雲)·호조판서 김국광(金國光)·이조판서 한계미(韓繼美)·승지(承旨) 등이 입시(入侍)하였다. 진성행(秦盛幸) 등 6인이 이에 참여하여, 왕세자가 술을 올리고 진성행이 그 다음에 술을 올리니, 진성행에게 호피(虎皮) 등을 내려주었다.[76]

7월 2일에는 임금이 화위당(華韡堂)에 나아가 효령대군(孝寧大君)과 임영대군(臨瀛大君)·영응대군(永膺大君)과 영의정 신숙주(申叔舟)·인산군 홍윤성(洪允成)·병조판서 윤자운(尹子雲) 등이 입시(入侍)한 가운데, 청평군(淸平君) 곽연성(郭連城)·연산군(延山君) 김처의(金處義)를 각각 좌상(左廂)과 우상(右廂)의 대장(大將)으로 삼아 입직(入直)한 군사들을 모아 후원(後苑)까지 순환하면서 출입(出入)시키고 금고(金鼓)로써 지휘하여 그 진퇴하는 것을 구경하였다.[77]

7월 12일에는 공역(工役) 중인 원각사(圓覺寺)의 인력을 50인으로 줄여 궤향(饋餉)하고 성공을 책임지우게 하였는 바, 처음에는 원각사에 장인(匠人) 90인을 궤향하였는데, 승정원에 전지하기를,

"인력(人力)이 많으니 일이 태만하여 그 폐단됨이 매우 심하다. 그러니 40인을 도태해서 다만 50인만을 궤향하고 그들에게 성공(成功)을 책임지우는 것이 옳을 것이다. 만약 이루지 못하면 마땅히 중죄(重罪)를 가하라. 이러한 뜻을 원각사 제조(提調)에게도 알리는 것이 좋을 것이다. 그리고 태창(太倉;廣興倉의 별칭)의 설치에 여러 고을로 하여금 스스로 재목(材木)을 수송하게 한다면 각각 다투어 먼저 하려고 힘써서 소요(騷擾)가 막심할 것이니, 공가(公家)에서 스스로 준비하도록 하여 백성들에게 해가 미치지 않게 하도록 하고자 하는데, 경들은 어떻게 생각하는가. 또 선공(繕工) 제조에게도 물어보라"

---

76 『세조실록』 권33, 세조 10년 6월 戊申(26일).

77 『세조실록』 권33, 세조 10년 7월 癸丑(2일).

하였다.[78]

16일에는 원각사의 주종소(鑄鐘所)가 동철(銅鐵)을 거두는 일에 대한 편부(便否)를 호조에 묻게 한 바, 승정원에 전지하기를

"원각사에서 종(鐘)을 주조(鑄造)하는 데 필요한 동철(銅鐵)은 호조(戶曹)에서 외공(外貢)을 받아 출납(出納)을 전장(專掌)하는 것이 옳다. 지금 원각사 제조가 아뢰기를 '낭관(郎官) 조준(趙峻)이 여러 고을의 동철을 받아서 거두었는데, 지금 거두다가 체포당하여 다른 대신 할만한 사람이 없으니, 청컨대 조준을 석방하소서'라고 하였다. 이는 반드시 주종소에서 직접 여러 고을의 동철을 거둔다는 것인데, 이와 같이 되면 동철의 외공은 온전히 주종소에 속하게 되고, 그 나머지는 국용(國用)에 돌아가지 않을 것이니, 이것이 옳겠는가? 속히 호조에 물어서 아뢰어라"

하였다.[79]

7월 22일에는 임금이 중궁과 더불어 경회루(慶會樓) 아래에 나아가 수렴(垂簾)한 가운데, 종친(宗親)과 제장(諸將)·내금위(內禁衛)·장용대(壯勇隊)의 용력(勇力)이 있는 자를 불러 모아 삼갑전(三甲戰)을 만들어 3대(隊)로 나누고, 귀성군(龜城君) 이준(李浚)·영순군(永順君) 이부(李溥)·은산령(銀山令) 이철(李徹)로 하여금 이를 거느리니 1대(隊)가 각각 9인인데, 북소리를 듣고 나아가서 서로 주창(朱槍)으로 밀게하여, 이긴 자에게는 사도(仕到)를 주는 것이었다. 이 중의 은산령 이철은 바로 효령대군(孝寧大君)의 손자(孫子)로, 셋째 보성경(寶城卿) 이갑(李佮)의 제5남이었다.[80]

---

78 『세조실록』 권33, 세조 10년 7월 癸亥(12일).

79 『세조실록』 권33, 세조 10년 7월 丁卯(16일).

80 『세조실록』 권33, 세조 10년 7월 癸酉(22일).

[illegible] 名명言언 [illegible]

[illegible] 이 名명言언 [illegible] 시니

覺路ᄂᆞᆫ 則解脫이 返流ㅣ라 位當逆涉이며 시 因이 [illegible]

窮ᄒᆞ야 趣果ㅣ라 義說證登이니라 ᄒᆞ시니 跡轉ᄂᆞᆫ 則聖行이 [illegible]

已立ᄒᆞ샤 不籍名言이시니 止觀애 云ᄒᆞ샤ᄃᆡ 自證 [illegible]

은 不可說이시니라 ᄒᆞ라 跡轉은 行이오 解ᄂᆞᆫ 淺也ㅣ라 然 [illegible]

敎四句ᄂᆞᆫ 說有多途ᄒᆞ니 學者ㅣ 審而詳之 [illegible]

[illegible]

「효령대군의 字와 諱 '補'자에 대하여」

1

한국인이면 누구나 '성'(姓) 다음에 붙여 부르는 개인의 호칭이 있으니 곧 '이름'(名)이다. 대개 성과 이름(곧 '姓名')을 함께 부르지만 성은 부계혈통(父系血統)을 의미하는 것이고, 개인에 대한 고유명칭은 오직 '명'(名)이며, 성 앞에 그 성의 출자처(出自處)를 나타내는 '본관'(本貫)을 붙여 부르기도 한다. 돌아가신 선조 어른의 이름을 높여서 '휘'(諱)라고 한다.

그리고 '항렬'(行列)이란 혈족(血族)의 방계(傍系)에 대한 댓수(代數)관계를 표시하는 말인데, '돌림'이라고도 말하며, 항렬을 나타내기 위해 '이름자' 속에 넣어서 쓰는 글자를 말할 때 '항렬자'(行列字), 또는 '돌림자'라고 한다. 그러니까 개인에 대한 고유명칭인 '이름' 또는 '휘'(諱)는 한 글자로 만들어졌건, 두 글자 혹은 세 글자로 구성되었건 그 속에 항렬자를 갖추어 씌어지는 것이 원칙이고, 두 글자 이상일 경우는 어느 한 글자가 항렬자이지만, 외글자 이름일 경우에는 대개 그 한 글자의 '변'(邊, 또는 '部首')으로써 항렬자를 표시한다.

그런데 '항렬자'라고 반드시 '이름자' 속의 다른 한 글자를 통해서만 나타내는 것은 아니다. 대군호(大君號)나 군호(君號)를 형성하는 글자를 통해서 나타내기도 하여, 예를 들면 목조(穆祖)대왕 아들 형제들의 이름은, 각각 어선(於仙)·진(珍)·정(精)·행리(行里)·매불(梅拂)·구수(球壽)로서 항렬자가 없이 제각각 다르지만, 안천대군(安川大君)·안원(安原)대군·안풍(安豊)대군·안창(安昌)대군·안흥(安興)대군 등에서처럼 대군 호칭 중에 '안'(安)자를 넣어 항렬자를 나타내고 있다. 익조(翼祖)대왕의 아들 형제들 역시 이름자(安·長·松·椿(善來)·源·古泰·腆·應巨)가 아닌 대군호(함녕대군咸寧大君·함창咸昌·함원咸原·함천咸川·함릉咸陵·함양咸陽·함성咸城)의 '함'(咸)자로써 항렬자를 삼았다. 그리고 도조(度祖)대왕의 제자(諸子)는 '완'(完)자로서 항렬자를 삼아, 이름은 각각 자흥(子興)·자춘(子春)·자선(子宣)·평(平)·종(宗)으로서 항렬자가 따로 없지만, 완창대군(完昌大君)·완원(完原)·완천(完川)·완성(完城)대군이라 한 바와 같다.

그런가 하면, 대군호와 이름자 양쪽 모두에 항렬자를 넣어 나타내는 경우도 있어, 태종(太宗)대왕의 형제들은 진안대군(鎭安大君) 방우(芳雨)·영안대군(永安大君, 곧 定宗) 방과(芳果)·익안대군(益安大君) 방의(芳毅)·회안대군(懷安大君) 방간(芳幹)·정안대군(靖安大君, 곧 太宗) 방원(芳遠)·덕안대군(德安大君) 방연(芳衍)·무안대군(撫安大君) 방번(芳蕃)·의안대군(宜安大君) 방석(芳碩)에서 알 수 있는 것처럼, 대군호 중에 '안'(安)자와 이름자 중에 '방'(芳)자를 넣어 중복적으로 항렬자를 나타내고 있다.

정종(定宗)대왕의 자제들인 경우는 군호에는 항렬자를 나타냄이 없이 이름자에서만 끝에 '생'(生)자를 넣어 각각 원생(元生)·군생(群生)·의생(義生)·무생(茂生)·귀생(貴生)·종생(終生)·덕생(德生)·녹생(祿生)·복생(福生)·후생(厚生)·호생(好生)·말생(末生)·선생(善生)과 같이 항렬자를 나타내고 있으며, 세종(世宗)대왕의 아들 형제인 경우는 대군호·군호에서는 구별없이 이름자에만 '임금 왕'(王)변으로 항렬자를 삼았고(珦·瑈·瑢·璆·璵·瑜·琳·琰·瓔·玹 등), 이하 세조(世祖)대왕의 제자(諸子)는 '날 일'(日) 변(暲·晄 등), 한편, 양녕대군의 제자(諸子)는 순성군(順城君) 개(豈皀)를 비롯하여 포(誧)·혜(譓)·겸(謙)·흔(訢)·성(誠)·순(諄)·심(諶) 등 '말씀 언'(言)변으로 항렬자를 나타내고 있음을 볼 수 있다.

그러면 효령대군 형제분들의 항렬자는 어떠한가. 효령대군 형제분들의 경우 '명'(名) 또는 '휘'(諱)가 한 글자로 되어 있어, 양녕대군(讓寧大君) 제(禔)·효령대군(孝寧大君) 보

(補)·충녕대군(忠寧大君) 도(祹)·성령대군(誠寧大君) 종(褈)·경녕군(敬寧君) 비(裶)·함녕군(諴寧君) 인(祵)·온녕군(溫寧君) 정(裎)·근녕군(謹寧君) 농(襛)·혜령군(惠寧君) 지(祉)·희령군(熙寧君) 타(祂)·후령군(厚寧君) 우(衧)·익녕군(益寧君) 치(袳)와 같으며, 그러니까 대군 형제분들의 경우는 "보일 시"(示 또는 礻)변이 항렬 글자가 되는 것이다(뒤의 圖版 자료 참조).

요컨대 효령대군의 형제분들의 경우 단지 외글자 이름에 '변'(邊)이나 '부수'(部首)로써 항렬자를 삼았으므로 대군의 휘(諱)자에 있어서 그 '변'은 매우 중요하다고 하겠으며, 따라서 대군의 '휘'자를 쓸 때에는 당연히 '補', 또는 '補'라고 써야 옳다고 생각되는데, 현재까지는 대개 '도울 보'(補)자로서 쓰여지고 있는 실정이다.

2.

그러면 그동안 어떤 이유로 대군의 휘(諱)자가 '도울 보'(補)자로 씌어져 오게 되었을까? 그 이유는, 첫째 활자(活字)에 '補'자는 그 글자 수가 매우 흔한데 비해 '補'자나 '補'는 거의 없거나 소위 벽자(僻字)이므로 편의한대로 '補'자를 사용한 때문 아닌가 생각되고,[1] 두 번째는 시각(視覺)적인 면에서, '補'자는 '補'자로서 착각할 수도 있기 때문에 잘못 '補'자로 쓰게 된 경우가 또한 상당하리라 생각되는 것이다. 특히 왕조실록(王朝實錄)의 경우, '示'변보다는 '礻'변으로 '補'자를 주로 썼기 때문에 인쇄가 흐리거나 자세히 들여다보지 않으면 십상 '補'자로 착각하기 쉬운 것이 '補'자이다. 실례로서 양녕대군의 휘자인 '제'(禔)자나 세종대왕[충녕대군]의 휘자인 '도'(祹)자는 흔히 찾을 수 있는 활자이므로 어디에도 '褆'나 '裪'가 아닌 '禔' '祹'자로만 올바르게 쓰여진 반면, 성녕대군의 휘자[褈]와 효령대군의 휘자, 그리고 양녕과 충녕을 제외한 모든 왕자군(王子君) 형제들의 휘

---

1 '補'로 잘못 쓰여진 경우는 대개 木版本이나 活字本에서 그렇고, 親筆이나 筆寫本은 모두 '補'자 또는 '補'자로 옳게 쓰여져 있다는 사실이 이를 뒷받침하고 있다.

※ 효령대군의 '諱'자에 쓰인 '보일 시'(示 또는 礻)변과 '옷 의'(衤)변의 用例 資料 일람

번호	근거 자료	시기	비고	示/礻	衤
1	獻陵神道碑(拓本)	世宗 4(1422, 壬寅)	卞季良 撰	○	
2	誼城君墓表(陰記)	成宗 24(1493) 이후	'宗班行蹟'	○	
3	梅月堂에게 보낸 簡札	世祖 14(1468, 戊子)	親筆	○	
4	父母恩重長壽胎骨經	世宗 20(1438, 戊午)	親筆	○	
5	福泉寺 御製後記	世祖 10(1464, 甲申)	金守溫 撰	○	
6	禪宗永嘉集 大君跋文	世祖 10(1464, 甲申)	木活字	○	
7	金剛般若波羅密経	世祖 10(1464, 甲申)		○	
8	宗班行蹟 大君遺事	英祖 5(1729, 己酉)	木版本	○	
9	乙酉式年 璿源加現錄	英祖 41(1765, 乙酉)		○	
10	安東權氏族譜(成化譜)	成宗 7(1476, 丙申)	木版本	○	
11	氏族源流(全州李氏)	仁祖朝 趙從耘	筆寫本	○	
12	璿源錄(15, 太宗宗親錄)	肅宗 7(1681 辛酉)		○	
13	太宗大王宗親錄(筆寫)	未詳	筆寫本	○	
14	春亭集(卞季良文集)	世宗 4(1422, 壬寅)	獻陵神道碑文	○	
15	春亭集	世宗 初(1420년경)	'字說'	○	
16	世宗實錄(권9)	世宗 2(1420, 庚子)	卞季良撰 '獻陵誌文'	○	
17	甲子譜	高宗 1(1864, 甲子)	木活字	○	
18	淸權輯遺	憲宗 10(1844, 甲辰)	墓誌 行狀	○	
19	庚子譜(舊)	正祖 4(1780, 庚子)	木活字	○	
20	庚子譜(新)	光武 4(1900, 庚子)	木活字		●
21	讓寧大君派譜	戊午譜(1978 戊午)	銅活字		●
22	明宗實錄(권23)	明宗 12(1557 丁巳)	實錄字	○	
		世子[宣祖]의 諱자 落點시			
		御諱자와의 比較			

자는 대개 '옷 의'(衤)변 글자로 쓰여졌다는 것에서 그렇게 짐작되는 것이다.

한편, 혹시 대군 형제들의 항렬자가 '보일 시'(示 또는礻)변이 아니라 '옷 의'(衤)변이기 때문에 그와 같은 오류가 나타나게 된 것이 아닐까 생각해 볼 수는 있다. 그러나 대군 형제의 항렬자는 분명 '보일 시'(示 또는礻)변이고, 옷의(衤)변이 아님은 여러 근거자료로서 확실하니, 무엇보다 13년10개월 간이나 세자위(世子位)에 있었던 양녕대군(讓寧大君)이나, 국왕 재위 31년 간이나 되는 세종(世宗)의 휘자에 대해서 살펴보면 어디에도 모두 '示'변으로만 쓰여져 있다는 것에서 분명하다.

다른 한편 대군의 초휘(初諱)가 '호'(祜)자이었던 것도 '示'변이 곧 항렬자였기 때문이라 생각되며, 뿐 아니라 효령대군 자신의 휘자도 아래의 신빙할만한 자료에서는 거의 모두 '示' 또는 '礻'변으로 쓰여졌다는 것으로 증명될 수가 있는 바, 대군 형제들의 항렬자는 분명 '示'변임이 틀림없다고 생각된다. 이제 아래에 열거한 자료를 통하여 효령대군의 휘자에 쓰인 용례(用例)에 대해 구체적으로 살펴보기로 하자.

3.

[자료1]은 변계량(卞季良)이 찬(撰)한 「헌릉신도비명」(獻陵神道碑銘)으로, 태종대왕이 세종 4년 음5월 10일에 훙(薨)하고 9월 6일 헌능에 합폄(合窆)된 후, 그 해 10월초에 세운 신도비(神道碑)[2]의 탁본(拓本)이고, [자료14]는 변계량의 문집(文集)인 『춘정집』(春亭集)에 수록되어 있는 동 「신도비문」(神道碑文)의 내용이다. 두 자료 모두 대군의 휘자가 '礻'변으로 되어 있다. 그리고 [자료2]는 대군의 장남(長男)인 의성군(誼城君) 이채(李寀)의 묘표(墓表) '음기'(陰記)로서,[3] 같은 내용이 『종반행적』(宗班行蹟;肅宗 7년 編纂, 英祖연간 增補)[4]

2 『세종실록』 권18, 세종 4년 10월 丙戌(2일).

3 墓앞에 세워져 있는 墓表의 陰記와 『宗班行蹟』의 수록 내용과 대조한 결과 꼭 같음.

4 조선시대 忠孝·節義와 文章·經學으로 이름 있던 王子나 王孫의 行蹟을 모은 책. 5권4책의 筆寫本. 1681년(肅宗 7)에 편찬된 바 있으나, 그 뒤 宗簿寺의 주청에 따라 누락되었거나 미진한 부분을 追錄, 英祖 연간에 다시

에도 수록되어 있는데, 분명하게 '示'변의 '補'자로 쓰여져 있다. [자료3]은 대군께서 매월당(梅月堂) 김시습(金時習)에게 보낸 간찰(簡札)인 바, 여기의 '補'자는 대군이 직접 쓴 말하자면 친필(親筆) '사인'이다. [자료4] 또한 대군의 친필(親筆) 사인이며, [자료]5 「복천사어제후기」(福泉寺御製後記)는 세조 10년(1464)에 공조판서 김수온(金守溫)이 찬한 필사본(筆寫本)이지만 분명하게 '補'자로 쓰여져 있다. [자료6]은 같은 해에 간경도감(刊經都監)에서 간행된 『선종영가집』[5](禪宗永嘉集)(諺解本)인데, 여기에 대군께서 쓴 '발문'(跋文)이 있고 '補'자로 적혀 있다. 역시 같은 해에 간행된 [자료7]의 『반야심경』(般若心經) '언해본' (諺解本)에도 선명하게 '補'로 찍혀져 있다.

[자료8]은 영조(英祖) 5년에 증보(增補) 간행된 『종반행적』(宗班行蹟)으로, 여기에 수록되어 있는 「효령대군유사」(孝寧大君遺事)[6]에도 '補'자로 되어 있는데, 특히 함께 실려 있는 성녕대군(誠寧大君) 신도비명에 '褈'으로 쓰여져 있는 것을 통하여, 대군 형제의 항렬자가 '옷의'(衤)변이 아님을 확실하게 해주고 있다. [자료9]는 영조 41년 식년시(式年試)에 작성된 『선원가현록』(璿源加現錄) 중의 「태종대왕 종친록」(宗親錄)인데, 양녕대군의 휘자가 보일시(礻)변의 '禔'임을 다시 한번 확인해주고 있거니와, 효령대군의 휘자도 같은 '보일시'(礻)변의 '補'자임을 보여준다. 성종(成宗) 초에 만들어진 안동권씨의 『성화보』(成化譜)[7] [자료10]에도 '礻'변으로 되어 있음을 확인할 수 있고, 인조(仁祖) 연간에 정리된 조종운(趙從耘)의 필사본 『씨족원류』(氏族源流) [자료11]에도 틀림없이 '礻'변으로 되어 있다.

增補하였다. 本集과 附錄으로 이뤄져 있는데, 본집에는 太祖로부터 肅宗朝에 이르는 기간 65인의 행적이 실려 있고, 부록은 公主·翁主 및 妃·嬪에 대한 행적으로 상·하 2편으로 이뤄져 있다. 편찬자의 주관적인 기술이나 평가가 거의 나타나 있지 않고, 墓誌銘·墓碣銘·墓表·神道碑銘 등 주로 墓道文으로 이뤄져 있으며, 간혹 諡狀·行狀·敎書와 文集 등에서 채록하여 보충한 '遺事' 또는 '傳'으로 이뤄져 있다. 따라서 宗室 및 宗班에 대한 개인의 연구 및 행적이나 家系에 대한 史料로서 이용가치가 높다. 奎章閣 및 藏書閣도서로 소장.

5 唐나라 永嘉玄覺이 撰述한 『禪宗永嘉集』을 諺解[國譯]한 책. 상·하 2권. 世祖가 친히 原文에 한글로 토를 달고, 信眉와 孝寧大君이 번역하여 1464년(세조 10) 刊經都監에서 간행하였는데, 끝에 효령대군의 '跋文'이 있어 刊行 經緯가 분명하다.

6 주3)의 내용을 참조.

7 1476년(成宗 7)에 간행된 安東權氏의 族譜. 3책의 木版本. 당시는 明의 年號를 사용하였으므로 '成化'年間(1465~1487)에 만들어진 것이라 하여 『成化譜』라고 부르는 것이다. 우리나라 現傳 族譜 중 제일 먼저 만들어진 것이다. 규장각 소장.

[자료12]의 『선원록』(璿源錄)은 숙종(肅宗) 7년에 편찬된 또 다른 「태종대왕 종친록」인데, 글자의 크기는 작지만 분명 '衤'변의 '補'자이다. [자료14·15]는 같은 『춘정집』에 실려 있는 「신도비문」과 「자설」(字說)로서 자료의 객관성도 지니고 있지만, 글자나 문맥에 소홀함이 없이 한자 한자가 완벽하다는 느낌을 주고 있다. 『춘정집』에 비해 자료의 성격은 다르지만, [자료16]은 『세종실록』(世宗實錄, 권9)에 실려 있는 변계량이 찬한 「헌릉지문」(獻陵誌文)[8] 이다. 실록(實錄)에 실려 있는 '補'자 중 선명치 못하거나 '補'로 잘못되어 있는 경우가 더러 있는데, 여기에는 분명하게 '補'자로 쓰여 있고, 또한 이를 국역 간행한 『세종장헌대왕실록』[9] 에서는 대군 형제의 휘자의 부수(部首)가 '보일시'(示)변임을 철저히 고증하여, 본 책 전편에 나오는 형제분들의 모든 휘자를 '示'변으로 써넣고 있다. 한편, 오늘에 이르기까지 전주이씨 족보 편찬에 표본(標本)처럼 인식되고 있는 것이 『선원속보』(璿源續譜;甲子譜, 1864년)로서 [자료17]인데, 역시 분명하게 '補'자로 되어 있다.

한편, 『명종실록』(明宗實錄)중의 다음과 같은 기사는 혼동하기 쉬운 휘자에 대해서 언급하고 있는 데, 시사되는 바 크다고 하겠다.

"예조가 아뢰기를, 「세자의 명명(命名)을 이미 지자(祓)에 낙점하시었읍니다. 지금 와서 다시 상고해보니, 「운회」(韻會)에 평성(平聲)의 지(支)자 운(韻)에 제(禔)가 있는데 이는 곧 양녕대군(讓寧大君)의 이름인 제 자(禔字)이고 주(註)에 혹 지(祓)로도 된다 했습니다. 이미 혹 된다 했으니 제자와 지자가 큰 구별이 없는 것입니다. 양녕대군의 이름을 비록 조종(祖宗)의 어휘(御諱)와 비교할 것은 아니나 동궁을 명명함은 미안한 마음이 있는 듯합니다. 『용감수감』(龍龕手鑑)에 의(衣)자 변의 지(衼)자는 뜻을 호의(胡衣)·이의(尼衣)로 풀이하고 시자(示字) 변의 지(祓)자는 복(福)으로 풀이했습니다. 그러므로 신등이 당초 시자 변의 지자로써 의망(擬望)한 것이 명명하는 데에 합당했습니다. 다만 논의하는 자가 '자변(字邊)을 심각하게 분변하지 않는 자가 경솔하게 범연히 본다면 지(祓)자를 지(衼)자로 그릇 쓰는 일

8 『세종실록』 권9, 세종 2년 8월 庚申(24일).

9 세종대왕기념사업회 발행, 1969.

이 없지 않을 것이다' 하는데, 이 말도 사리에 근사합니다. 사람들이 모두 고쳐 낙점하도록 계청하는 것이 마땅하다고 하므로 감히 여쭙니다. 전일 내리신 전교(傳敎)에, 일(日)자변은 조종(祖宗)의 어휘(御諱)가 있었으므로 낙점하지 않았다고 하셨읍니다만, 이는 그렇지 않은 점이 있습니다. 중국 조정에서는 목(木)자변·화(火)자변·금(金)자변 등의 글자로 번갈아서 어휘로 하며 자변이 같음은 서로 피하지 않는데 이것이 하나의 증거입니다」하니, 전교하기를, 「천천히 살펴서 결정하겠다」고 하였다."(禮曹啓曰, 「世子命名, 旣於 禔字落點, 今更考之, 則「韻會」平聲支字, 有禔字, 此卽讓寧大君之名禔字, 註曰或作衹, 旣云或作, 則禔衹兩字, 無大分別, 讓寧之名, 雖非祖宗御諱之比, 命名東宮, 似有未安之心, 「龍龕手鑑」衣字邊 衼字, 則釋其義曰, 胡衣也, 尼衣也, 示字邊衹字, 則釋曰福也, 臣等初以示邊之衹字擬望者, 合於命名也, 但議之者云, 不深辨字邊者, 率爾泛觀, 則不無以衹字, 作衼誤見之理, 此言亦近理, 人皆以爲啓請改落點爲當, 故敢稟, 前日傳敎曰, 日字邊祖宗御諱, 曾有之, 故不落點, 此則有不然者, 中朝御諱, 以木字邊火字邊金字邊等字, 替爲御諱, 字邊之同, 不復相避者, 此其一驗」傳曰, 「徐當察而發落」[10]

즉, 여기서도 양녕대군(讓寧大君)의 휘(諱)자가 '示'변의 '禔'자임을 다시 한번 확인해 주고 있거니와, 이름 자에는 역시 '衤'변(胡衣 또는 尼衣의 의미)보다는 '복'(福)의 의미로 풀이되는 '示'변이 더 많이 쓰여진다는 점, 그리고 '자변(字邊)을 심각하게 분변하지 않는 자가 경솔하게 범연히 볼 경우(이름 자를) 그릇 쓸 수도 있다'고 암시하고 있는 것이다. 이렇게 볼 때 현재 논난이 되고 있는 대군의 휘자 혼동문제도 위와 같은 사례에 해당되지 않을까 생각되며, 요컨대 위의 실례처럼 '자변을 심각하게 분변하지 않고 경솔히 다룬 데서 그릇 쓰여지게 된 것' 아닌가 생각된다. 그 대표적인 예(例)로서 『讓寧大君派譜』[11]를 보면 대군의 여러 형제의 휘자에서 오직 양녕대군 한 사람의 휘자만 '示'변의 '禔'자로 올바르게 쓰여져 있고, 효령대군의 '補'자를 비롯하여 모든 형제들의 휘자는 '衤'변으로서 쓰여 있는데, 이는 활자(活字)에 '禔'자만 있고 그 밖의 글자는 활자에 없는 벽자이기 때

---

10 『명종실록』 권23, 명종 12년 6월 丙戌(5일). 민족문화추진회, 1986.

11 1978년 간행본. 곧 『戊午譜』.

문이라 생각되며, 특히 후대로 내려오면서 더욱 '補'자로 잘못 쓰게된 가장 큰 이유는, 효령대군의 휘자를 다룬 자료 중 어느 것보다 비중이 크다고 말할 수 있는 『淸權輯遺』[12] 와 新·舊 『庚子譜』[13] 에 '補'자나 '補'자가 아닌 '補'로서 잘못 쓰여져 있기 때문에 그 영향이 크게 미친 것 아닌가 생각해본다. 주지하는 바와 같이, 『청권집유』(原篇)가 처음 편간(編刊)된 것은 대군이 서거(逝去)하고 358년이 경과한 1844년(憲宗 10, 甲辰)이고,[14] 1909년에 다시 합편(合編)으로 간행되었지만,[15] 교정(校正)과 감인(監印) 과정에서 모두 휘를 '補'자로 바로잡지 못한 듯 하며, 그러나 「大君墓誌」(64쪽)와 「大君行狀」(96쪽) 모두 초휘(初諱)만은 '祜'자로 제대로 쓰여져 있어 대군 형제의 항렬자가 '示'변이었음을 확인해 주고는 있다.

4.

한편 본 이름(本名) 외에 부르는 개인에 대한 호칭(呼稱)으로서 또한 '자'(字)가 있는데, 흔히 장가든 뒤에 새로 지어부르는 또 하나의 이름이라 하겠다. 우리의 조상들은 자신의 이름을 매우 중요시하고 소중하게 여겼으며, 이름이란 '더럽히지 않고 자랑스럽게 보존해야 하는 것'으로 되어 있었다. 명예(名譽)란 바로 '이름을 자랑할 수 있게 한다'는

---

12 孝寧大君의 行蹟을 集成하고 그 德行을 讚美한 列聖朝 御製의 敎書·賜牌文·致祭文과 朝野 名賢들의 詩文·銘頌·狀誌·碑文과 그 밖에 啓辭·筵說·配享儀 등 문헌을 모아 편집한 책. 原篇(上)과 續篇(下)으로 되어 있는데, 原篇은 大君 逝去 358년 후인 1844년(憲宗 10, 甲辰)에 대군의 15대손 奉朝賀 敦宇(初名 敦榮)公이, 肅宗 年間에 甁窩 李衡祥이 대군의 遺事를 여러 文獻에서 뽑아 모은 것을 母胎로, 여기에 새로 蒐集한 資料를 추가 編輯 出刊한 것이고, 續篇(下)은 提學 勝宇公이 상권에서 누락된 새로운 자료를 수집하여 1909년(純宗 3, 己酉)에 편집 간행한 것이다. 1971년에 淸權祠에서 발간한 原文 『淸權輯遺』는 위의 두 편을 합쳐 單卷으로 발간한 것인데, 1980년 國譯版이 처음 나왔고, 1991년에 다시 原篇부터 續三까지의 原典을 토대로 하여 國譯 『淸權輯遺』로 增補 刊行되었다.

13 『舊庚子譜』(正祖 4년, 1780), 『新庚子譜』(光武 4년, 1900).

14 原篇 刊行時에는 李容純(대군15대손)이 校正하고, 李相璡(14대손)이 監印하였다.

15 己酉 刊本은 李起鐿(博士, 17대손)·李起元(直閣, 17대손) 校正, 李萬儀(幼學, 16대손) 監印으로 간행되었다.

뜻으로서, 우리 민족처럼 명예를 소중히 여긴 민족도 드물 것이다. 그래서 사람들은 훌륭한 뜻이 담긴 글자로 이름을 짓고, '고명사의'(顧名思義)라 하여 항상 자신의 이름이 함유하고 있는 뜻을 돌이켜보며, 그 의미를 생각하고 그에 합당한 행동을 함으로써 명성(名聲)을 높이려고 노력하였다. 그리고 이것은 곧 수신(修身)의 한 방법이었으므로 이름을 소중히 여기고 이름을 높이고자 하는 관념이 널리 퍼지게 되었다. 또한 인간 개개인을 상징적으로 대신 나타내는 것이 각자의 이름이므로 개인의 인격을 존중하는 사상으로 이어져 타인의 '이름'은 함부로 부를 수 없는 것으로 되어 갔다.

말하자면, 『예기』(禮記)에 "관례(冠禮)를 행하고 자(字)를 짓는 것은 그 이름을 공경해서이다"(冠而字之, 敬其名也)라고 한 것처럼, 이름을 소중히 여기는 관념 때문에 성인(成人)이 된 사람의 이름을 함부로 부를 수가 없어서, 출생(出生)한 후부터 갖게 된 명(名) 이외에 누구나 널리 부를 수 있는 별도의 칭호가 필요하게 되어 '자'(字)가 있게 되었다는 것이다. 그런데 이러한 경명사상(敬名思想)은 자기가 자신의 이름을 부르는 경우에도 그대로 적용되어, 스스로 자신의 이름을 부르는 것은 특별히 자기를 낮추는 겸손의 표시로 보기도 하였으나, 그렇다고 아무 경우에나 함부로 자신의 이름을 부르지는 않았다.

따라서 자(字)를 지을 때에는 일반적으로 이미 지어진 '이름', 곧 명(名)과 연관시켜 지었고, 명과 무관하게 자를 짓는 경우는 드물었다. 『연감류함』(淵鑑類函)(권262)에 "字依乎名, 名字之本也, 字名之末也"라 하여, "자(字)는 명(名)에 의거해 짓는 것이니, 명은 자의 본(本)이고, 자는 명의 말(末)이다"라고 한 바와 같다.

아는 바와 같이 효령대군의 '자'(字)는 '선숙'(善叔)이다. 역시 대군의 휘(諱)인 '補'자에 연관하여 지어진 것인 바, 대군께서 변계량(卞季良)에게 "이름에는 반드시 자가 있게 마련이니, 이는 옛부터 그러했다. 내 이름이 '補'이니 그대가 나의 자를 짓고, 또 '자설'(字說)을 지어주면 고맙겠다. 내 이를 보고 스스로 경계코저 한다"고 말씀한 데서 알 수가 있다. 대군에게 자를 지어준 변계량(卞季良)의 '말'(『涛權輯遺』「字說」(卞季良 撰)의 내용을 참고)을 더 들어보자.

"(대군께서 자를 지으라고 말씀하시매)나는 감히 사양하지 못하였다. (내가)일찍이 『주역』(周易)의 「계사」(繫辭)를 보니, '선(善)으로써 허물을 바로 잡는다'(善補過)는 말이 있고, 또 『시경』(詩經) 「大雅·蒸民」에 '임금에게 잘못이 있으면 중산보(仲山甫)[16]가 이를 바로 잡았다'(袞職有闕 維仲山甫補之)라고 한 것이 있었다. 자기의 허물을 바로잡은 다음에야 능히 임금의 잘못을 바로잡을 수가 있는 것이니, 그 순서는 뒤집을 수가 없다. 그래서 '선숙'(善叔)으로서 자를 삼기를 청하였다. 대개 '선'(善)이란 하늘이 내려준 본연 그대로의 것으로서 사람에게 본디부터 있는 것이고, 밖에서 들어와 나를 아름답게 하는 것이 아니다. 이 점은 요순(堯舜) 임금이나 또는 길을 걸어가는 보통 사람이나 다를 것이 없다. 그러나 비록 그렇기는 해도 타고난 기질이 앞에서 얽어매고, 사물에 대한 욕심은 뒤에서 가리우는데, 그 때문에 그 행하는 바에 간혹 허물이나 잘못이 없을 수는 없다. 이는 또 보통 사람들이 면치 못하는 바이다. 공자(孔子)께서도 대개 이를 상심하사, 정성을 쏟아 『주역』에다 이를 나타내셨으니, 뒷사람을 위하는 심려가 지극하다 하겠다."

"내가 생각건대 대군은 온아(溫雅)하고 문명(文明)한 자질로 효제충신(孝悌忠信)의 행실을 돈독히 하시어 높은 지위에 있으면서도 배우기를 좋아하고 게을리 하지 않으며, 스스로를 낮춤으로서 그 덕을 길러 털끝만큼도 교만하여 뽐내는 빛이 없었다. 아아! 어질도다. 그런데도 오히려 스스로 만족치 않으시고 나에게 말을 구하여 스스로 경계를 삼고자 하시니, 옛 사람이 이른바 '높은 이가 겸손하니 더욱 빛이 난다'거나, '아랫사람에게 묻기를 부끄러워하지 않는다'고 말한 것이 바로 대군을 두고 한 말인가 한다. 대군이 나이가 아직 서른이 못되셨는데도 그 학문과 덕성의 아름다움이 이와 같으니 훗날의 성취할 바를 어찌 헤아릴 수 있지 않겠는가? 이는 태상전하(太上殿下;太宗)의 자애하심과 주상전하(主上殿下;世宗)의 우애에도 합당한 것이어서 종실에 모범이 되고, 임금의 덕을 보양(輔養)하여 길이 부귀를 지켜 나라와 더불어 끝없이 기뻐할 것이 분명하니, 어찌 아름답다 하지 않으리오. 내가 성인(聖人)께서 기리신 『주역』에 비록 일찍부터 마음을 쏟았으나 아직까지 그 깊은 뜻은 헤아리지 못하였다. 어찌 감히 한 마디 말로 그 뜻을 부연함이 있겠는가? 다만 남과 더불어 '선'(善)을 행하려는 마음만큼은 떳떳한 하늘의 도리에 바탕한 것인 까닭에, 대군의 물음

---

16 약 2,700년 전 周나라 宣王 때의 卿士인데, 선왕을 도와 나라의 中興을 이룩하였다.

에 감격함을 이기지 못하여 삼가 '자'(字)와 그 '해설'(解說)을 바치고, 시(詩)를 지어 이 뜻을 잇는다. 시에 말한다."

사람이 진실로 허물이 있으면, 선(善)으로서 이를 바로잡고	人苟有過善以補之
허물이 고쳐지고 나면, 임금의 잘못도 바로잡는다.	過之旣補格君之非
체용(體用)은 한 근원이지만, 선후 있음이 마땅하리니	體用一源先後則宜
공덕을 훌륭하게 이룩한다면, 성현과 같은 결과로 돌아가리라	勳業之盛聖賢同歸
하늘에서 복록이 아래로 내려오고, 와서 좋게 되리니	自天福祿來下來爲
어질도다 대군이시여, 선으로 스승 삼으시었네	賢哉大君維善是師
오직 충(忠)과 효(孝)로써, 언제나 마음에 두시니	維忠維孝念玆在玆
학문의 부지런함으로, 날마다 애쓰시도다	學問之勤惟日孜孜
마음으로 사랑함은, 본디 성품에서 나온 바라지만	心乎愛矣出於秉彝
그 사랑 기릴데 없어, 다만 시로써 펼쳐 보았네	愛莫助之祇以矢詩

이상 변계량의 「자설」(字說)을 통해서도 알 수 있는 바와 같이, 효령대군의 자(字) '선숙'(善叔)은 역시 대군의 휘(諱)자에 맞춰 지어진 것이었다.

5.

이상과 같이 효령대군의 '휘'(諱)자와 관련하여 항렬(行列)자의 여러 용례(用例)에 대해 참고하고, 대군의 휘자가 쓰인 제반 자료에 대해서도 종합적으로 수집 검토하는 한편, 대군의 '자'(字)와 연관지어서도 살펴본 바 결론적으로 대군의 휘자는 아무래도 '옷의'(衤)변의 '補'자가 아니라 '보일 시'(示또는礻)변의 '補' 또는 '補'자로 쓰는 것이 옳지 않을까 하는 것이 필자의 소견이다.

하지만, 대군관계의 문헌 중 그 어느 자료보다 비중이 크다고 할 수 있는 『淸權輯遺』(1844년 編刊)를 비롯하여 新·舊『庚子譜』와 특히 청권사내에 봉안되어 있는 위패(位牌),

그리고 대군신도비(大君神道碑, 1903년 건립) 등에 '옷 의'(衤)변의 '補'자로 쓰여 있는 것이 또한 엄연한 현실임을 감안할 때, 과연 어느 것이 옳고 그른가의 판단은 절대 서둘러 속단할 일이 아니려니와, 다만 앞으로 이에 대한 충분한 연구 검토를 위한 계기가 되었으면 하는 바램에서, 강호(江湖) 종현(宗賢) 여러분의 깊은 관심을 기대하면서 하나의 문제(問題) 제기(提起)의 형식으로 정리해 보는 것이다.

[illegible]

跡적이 名명言언

밧긔 업스시니

覺路ᄂᆞᆫ 則解脫이 返流라 位當遠涉ᄒᆞ며 以因이

窮ᄒᆞ야 趣果라 義說證登이니라시 跡賸ᄂᆞᆫ 則聖行이

已立ᄒᆞ샤 不藉名言이니시 止觀애 云ᄒᆞ디샤 自證

은 不可說이시니라ᄒᆞ 跡은 行이오 賸ᄂᆞᆫ 派也라 然

敎四句ᄂᆞᆫ 說有多途ᄒᆞ니 學者ㅣ 審而詳之ㅣ니

과 路ᄅᆞᆯ ᄂᆞᆫ 解脫ᄒᆞᆯ 이ᄒᆞ믈 두르 [illegible]

位위ㅣ며 [illegible] 當당ᄒᆞ시며 因 [illegible]

「太宗 소생 王子분들의 行列字와 孝寧大君의 '諱' 字」

禔 · 補 · 祹 · 褈
(讓寧) (孝寧) (忠寧) (誠寧)

裶 · 䄄 · 裎 · 襛 · 祉 · 袉 · 衦 · 袳
(敬寧) (諴寧) (溫寧) (謹寧) (惠寧) (熙寧) (厚寧) (益寧)

1. 항렬자(行列字)와 이름〔諱〕

유교적 조선왕조시대에 있어 '항렬'(行列)이란 혈족(血族)의 방계(傍系)에 대한 댓수(代數) 관계를 표시하는 말이다. 아울러 항렬을 나타내기 위해 '이름자' 속에 포함하여 쓰는 글자를 '항렬자'(行列字), 또는 '돌림자'라고 한다. 그러니까 개인에 대한 고유 명칭인 '이름' 또는 '휘'(諱)는 한 글자로 만들어졌건, 두 글자 혹은 세 글자로 구성되었건 그 속에 항렬자를 갖추어 씌어지는 것이 원칙이고, 두 글자 이상일 경우는 어느 한 글자가 항렬자이지만, 외 자(字) 이름일 경우에는 대개 그 한 글자의 '변'(邊, 또는 '部首')으로써 항렬을 표시한다. 그런데 '항렬자'는 꼭 '이름자' 속의 다른 한 글자를 통해서만 나타내는 것은 아니다. 왕자의 경우 대군호(大君號)나 군호(君號)를 이루는 글자를 통해 나타내기도 하여 예(例)하면,

목조(穆祖)대왕의 아들 형제 어선(於仙) · 진(珍) · 정(精) · 행리(行里) · 매불(梅拂) · 구수(球壽)들과 같이 이름 글자[名字]는 각각 다르지만, 안천(安川) · 안원(安原) · 안풍(安豊) · 익조대왕(翼祖大王) · 안창(安昌) · 안흥대군(安興大君)에서처럼, 호칭 중의 '안'(安)자로서 항렬자를 나타내었고, 익조(翼祖)대왕의 아들 형제들 역시 이름자(安 · 長 · 松 · 椿 · 源 · 古

泰·腆·應巨)가 아닌 대군호(咸寧·咸昌·咸原·咸川·咸陵·咸陽·咸城) 속의 '함'(咸)자로써 항렬자를 삼았다.

그런가하면, 태종(太宗)대왕 형제 분들은 대군호와 이름자 양쪽 모두에 항렬자를 넣어 진안대군 방우(鎭安大君 芳雨)·영안대군 방과(永安 芳果)·익안대군 방의(益安 芳毅)·회안대군 방간(懷安 芳幹)·정안대군 방원(靖安 芳遠)·덕안대군 방연(德安 芳衍)·무안대군 방번(撫安 芳蕃)·의안대군 방석(宜安 芳碩)에서 알 수 있는 것처럼, 대군호 중에 '안'(安)자와, 이름자 속에 '방'(芳) 자를 넣어 이중(二重)적으로 항렬자를 나타내고 있다.

이 같은 원칙에 따라 태종(太宗) 소생(所生)의 대군 왕자(大君 王子) 세 분, 곧 양녕대군(讓寧大君)의 제자(諸子)는 '말씀 언'[言]변(譩·諦·譓·謙·訢·誠·諄·諶)으로 항렬자를 삼았고, 둘째 효령대군(孝寧大君)의 아드님 7형제 분의 경우는 '갓머리'[宀]변의 한자(漢字)로서 이름을 지어(宷·寀·寄·寍·定·宜·寘) 각각 항렬자를 삼았으며, 세종(世宗)대왕의 왕자(王子)들은 '임금 왕'[王]변으로 항렬자를 삼아서(珦·瑈·瑢·璆·璵·瑜·琳·琰) 이름지었던 것이다.

2. 대군의 휘(諱)자가 올바르게 쓰인 자료들

그렇다면 효령대군(孝寧大君) 형제 분들의 항렬 자를 포함한 이름[諱] 자는 어떻게 지어졌을까? 이 글의 맨 위에 나열한 것처럼, 보일 시(示 또는 礻) 변을 항렬 글자로 삼아, 4대군(禔·補·祹·褈)과 8왕자(祥·祻·裎·襛·祉·祂·衦·袳)가 모두 보일 시(礻)를 변으로 하는 글자로서 이름을 지었다. 따라서 효령대군의 '휘'(諱)자를 쓸 때에는 반드시 보일 시(礻·示)변[1]의 '보(補)자'로 쓰는 것이 옳은 것인데[2], 효령대군 휘(諱)자가 보일 시(礻) 변의 '보(補)'자

---

1 '示/礻자 邊과 衣자 邊의 뜻' ; "'龍龕手鑑'에 衣자 변의 祓자는 그 뜻을 胡衣·尼衣로 풀이하고, 示자 변의 祓자는 福祉로 풀이했습니다"(『明宗實錄』 明宗 12년 6월 丙戌(5일))라고 한 것처럼, 衣변보다는 示변의 뜻이 더 좋으므로 대군 형제분의 항렬 자도 示변의 글자로 삼지 않았을까 생각된다.

2 태종 14년 1월에 '補' 자로 改名하기 전까지의 祜자도 보일 시(礻)변이었음.

로 지어졌음은 다음의 여러 중요 문헌 자료[礻자 변의 자로 쓰여진 자료]에서 확인 증명되는 바와 같다. 즉,

1. 太祖大王 誌文(태조대왕 지문, 權近 撰 「陽村集」과 李衡祥 「毓慶錄」所載)
2. 「春亭集」 '字說'(춘정집 '자설', 효령대군의 字를 짓고 해설까지 쓴 卞季良의 文集 권5)
3. 元敬王后 誌文(원경왕후 지문, 卞季良 撰, 필사본. 「毓慶錄」所載)
4. 獻陵 太宗神道碑(헌릉 태종신도비, 세종 4(1422, 壬寅)년, 卞季良 撰, 「春亭集」권12, 필사본)
5. 梅月堂 書札(매월당 서찰, 세조 14(1468, 戊子)년 5월, 大君이 金時習에게 보낸 書札, 手決 친필본)
6. 藥城府夫人 鄭氏 墓誌(예성부부인 정씨 묘지, 世祖代, 墓誌文, 필사본.「毓慶錄」所載)
7. 安東權氏 族譜(안동권씨 족보, 藥城府夫人 鄭氏 外家, '成化譜' 목판본, 成宗 7(1476, 丙申)년)
8. 獻陵 元敬王后 誌文(헌릉원경왕후지문, 세종 2(1420, 庚子)년 8월 24일, 卞季良 撰, 「世宗實錄」)
9. 「太宗實錄」(태종실록, 태종 14년 1월 13일(戊子), '大君 改名', 實錄 '鼎足山本' 마이크로필름)
10. 「成宗實錄」(성종실록, 성종 17년 5월 11일(乙卯). '孝寧大君 卒記', 實錄'鼎足山本' 마이크로필름 책102)
11. 「宗班行蹟」(종반행적, 숙종 7년(1681)初編, 영조 5년(1729, 己酉)增補. '孝寧大君遺事' 필사본. 규장각)
12. 「敦寧譜牒」(돈녕보첩, 숙종 13년(1687, 丁卯))
13. 「瓶窩集」(병와집, 李衡祥 文集(瓶窩全書) '孝寧大君 墓誌'·'源派記')
14. 「氏族源流」(씨족원류, 仁祖朝 趙從耘, 필사본)
15. 「璿源錄」(선원록, 숙종 7년(1681, 辛酉), '太宗 宗親錄')
16. 乙酉式年 璿源加現錄(을유식년 선원가현록, 英祖 41(1765, 乙酉)년)
17. 己卯式年 璿源加現錄(기묘식년 선원가현록, 1·2, 2-1300 己卯년;1699·1759·1819년)
18. 「淸權輯遺」(청권집유, 憲宗 10(1844, 甲辰)년, '世宗大王內外六寸契 御製序'·'請配淸聖廟疏'·'大君遺事'·'岐陽書院請額疏'·'福泉寺世祖大王御製'·'圓覺寺御製誡文'·'福泉寺御製後記'(金守溫記)·'大君 墓誌'·'大君 行狀' 등)
19. 「毓慶錄」(육경록, 李衡祥 文集, 필사본, '源派記')

20. 璿源續譜(甲子譜)(선원속보(갑자보), 고종 1(1864, 甲子)년, 목활자본, '孝寧大君 墓誌')

21. (寫經)'父母恩重經·長壽胎骨經'(사경'부모은중경·장수태골경', 세종 20(1438, 戊午)년, '大君 친필 사경', 天安 廣德寺 所藏)

22. 上院寺孝寧大君願刹 觀音現相記(상원사효령대군원찰 관음현상기, 天順 6(1462, 세조 8, 壬午)년 11月 戊子, '觀音現相記', 규장각도서)

23. 禪宗永嘉集 孝寧 跋文(선종영가집 대군 발문, 세조 10년(1464, 甲申), 刊經都監 諺解本, 규장각도서)

24. 金剛般若波羅密經 諺解本(금강반야바라밀경 언해본, 세조 10년(1464, 甲申), 규장각도서)

25. 興天寺大鐘 '鐘銘'(흥천사대종명, 세조 8(1462, 壬午) '監鑄 都提調 孝寧大君 臣 '補' 德壽宮 光明門, 탁본)

26. 太宗大王宗親錄(태종대왕종친록, 璿源加現錄 所載, 年代 未詳, 필사본, 장서각도서)

등의 자료들은 효령대군의 휘(諱)인 '補'자 한 글자나마 소중히 나타내기 위해서 만들어진 자료인 만큼 해당 문헌 자료에 한 두 번 밖에 등장하지 않지만, 절대 오식(誤植)이란 있을 수 없도록 최고의 정성으로 씌여진 자료들이며, 특히 5)의 '梅月堂 書札'이나, 21)'父母恩重經(寫經)'자료에서의 휘 글자는 효령대군 본인께서 손수 쓰신 서명(署名)과도 같은 글자이니 오자(誤字)가 될 수 없는 것이었다.

'태조대왕 지문'(誌文)에서 손자인 정효공의 이름 자가 틀릴 수가 없고, 효령대군의 '자설'(字說)까지 지은 변계량(卞季良)의 문집[春亭集]에서 대군의 이름 자가 잘못 씌어 질 리(理)가 없는 것이며, 부왕(父王)이신 '태종신도비문'과 모후(母后) '원경왕후지문'(誌文) 내용 중에 단 한번 나오는 아드님의 이름 자[名字]가 어떻게 잘못 씌어질 수 있겠는가? 대군에 앞서 서세(逝世)하신 '예성부(蘂城府)부인의 묘지'(墓誌)에서 어떻게 아직 생존해 계신 부군(夫君)의 이름 자가 잘못될 수가 있으며, '안동권씨 족보'(成化譜)에서 어쩌다가 딸의 사위 이름자를 잘못 쓸 수 있단 말인가? 모두 시(礻)자변의 '補'자로 옳게 제대로 쓰인 것이 틀림없다.

3. 옷 의(衤) 변으로 잘못 쓰여진 자료들

그러면 효령대군(孝寧大君) 이보(李補)의 휘(諱) 자가 오늘날 무슨 이유 때문에, 옷 의(衤) 자 변과 보일 시(示) 자변의 두 가지 주장으로서, 논란(論難)의 대상으로 된 것일까? 그것은 위에 예거(例擧)한 대다수의 옳게 쓰여진 자료 외에, 아래에 제시(提示)되는 의(衤) 자변으로 쓰여진 자료가 또한 존재하기 때문이다. 즉 아래의,

1. 「淸權輯遺」(청권집유, 憲宗 10(1844, 甲辰)년의 原版을 제외한 그 이후의 모든 影印本)
2. 新·舊 「庚子譜」(신구 경자보, ※族譜 중 특히 誤字·脫字 등 誤謬가 많음)
3. '太白山本' 朝鮮王朝實錄(태백산본 실록, ※全州史庫 原本인 '鼎足山史庫本'에 대해서 活字本임)
4. 淸權祠 祠堂奉安 '位牌'(神主)(청권사 위패, 壬辰倭亂(1592년) 이후 여러 곳 輾轉하는 중에 제작됨)
5. 孝寧大君 神道碑(효령대군 신도비, ※1903년과 그 이후, 대개 근래에 건립됨)

등의 자료들은 말하자면, 효령대군의 '휘(諱)' 자를 의(衤) 자변의 '補' 자로 잘못 쓴 자료들이라 하겠는데, 이들 자료 때문에 정효공의 휘 자를 의(衤) 자변의 '補' 자가 옳다고 하는 주장의 근거로 삼는 것이기도 하다.

따라서 시(示) 자변의 보(補) 자가 옳은가, 또는 의(衤) 자변의 보(補) 자가 옳은가 하는 시비(是非)의 문제는 요컨대, 아래에서 예시한 의(衤) 자변의 자료들(1~5)에서 쓰여진 '보(補)' 글자들이 무슨 경로로, 어떻게 해서 의(衤) 자변 글자로 잘못 써지게 되었는가? 하는 것으로 문제 제기될 수가 있으며, 하지만 이는 위의 자료들에 대한 비판(批判)·검토를 통하여, 용이하게 해명(解明)될 수도 있을 것이라 생각된다.

왜냐하면, 위의 자료 가운데, 1. 「청권집유」와 2. 「경자보」의 경우는 각각 그 앞선 시기의 「(甲辰版)淸權輯遺」·「甲子譜(1864)」가 올바르게 시(示) 자변의 '補' 자로 쓰여졌음을 확인할 수 있으므로, 단순 착오의 오식(誤植)으로 보면 될 것이고, 5.의 효령대군 '신도비'(神道碑) 또한 잘못 쓰인 「청권집유」와 「新庚子譜」를 참고해서 그대로 따랐을 것이니,

의(衤)자변으로 잘못 쓰여졌을 가능성이 충분하다고 말 할 수 있기 때문이다.

다른 한편, 3. 太白山史庫本 '實錄'과 4. 淸權祠 奉安 '位牌'에는 대군(大君)의 휘(諱)자가 의(衤)자 변으로 잘못 쓰여져 있으므로, 이는 효령대군의 휘 자를 의(衤) 자변의 '補' 자로서 잘못 인식하게 하는 데 크게 영향을 주었을 것으로 사료(思料)되는데, 하지만 3,4번의 자료 역시 간행(刊行)·제작(製作) 당시의 상황 실정(實情)에 대해 올바로 인식 이해한다면, 그 자체 잘못 쓰였을 가능성이 높다고 볼 수가 있고, 따라서 의(衤) 자변의 '補' 자로 잘못 쓰여질 수밖에 없었던 원인(原因)을 밝혀내고, 동시에 시(礻) 자변의 '補' 자가 옳다는 것을 증명해내면 될 것이라 생각되는 것이다.

4. 실록(實錄) '정족산본'(鼎足山本)과 '태백산본'(太白山本)

3),4)번 자료 중, 조선왕조실록(朝鮮王朝實錄)[3] 은 태종 13년 3월에 『태조실록』(太祖實錄) 15권이 처음 편찬되면서 그 기초가 마련되었다. 그 뒤 세종 8(1426)년에 『정종실록』을, 13(1431)년 3월에는 『태종실록(太宗實錄)』36권이 찬진(撰進)되면서 충주(忠州)에 사고(史庫)를 지어 보관하기 시작했는데, 1445년에 3부를 더 등사(謄寫)하고 이후 국왕 훙거(薨去) 때마다 실록(實錄)을 편찬, 그 때마다 네 벌[4部]을 만들어 임진왜란(壬辰倭亂) 전까지 태조(太祖)부터 『명종실록(明宗實錄)』까지 13대(代) 804권의 실록을 춘추관(春秋館)·충주(忠州)·전주(全州)·성주(星州)의 4사고(史庫)에 보관해 오던 중, 3곳은 임진왜란 당시에 병화(兵火)로 소실되고 전주사고(全州史庫)만 보존되었다. 이 후 전주 사고의 유일 원본(原本;筆寫本)은 해주→강화→묘향산으로 옮겨져 보관되다가 임진왜란이 끝난 뒤, 나라 재정은 궁핍하고 물자 마저 결핍함에도 실록(實錄)의 재출판 사업을 일으켜 1603년 7월부터 1606년 3월까지 2년 9개월 동안에 『태조실록』에서부터 『명종실록』까지

---

3 太祖로부터 哲宗에 이르기까지 25대 472년간의 歷史를 年月日 순서, 즉 編年體로 기록한 것으로 총 1,893권 888책. 國寶제151호 지정. 申奭鎬, 1960, 「朝鮮王朝實錄의 編纂과 保管」『史叢』; 『韓國史料解說集』 참조.

의 804권 전부를 다시 인쇄·출판하였다.

이 때 3부를 새로 인쇄하여 전주 원본과 재출판 당시의 교정본(校正本), 합하여 모두 5부의 실록이 갖춰지매, 춘추관(春秋館)에 1부(印本, 李适 亂때 燒失)를, 나머지 4부는 摩尼山(全州原本,[4] 筆寫本, 1678년 鼎足山→總督府→서울대)·太白山(印本, 총독부→서울대)·妙香山(印本, 1633년 茂州 赤裳山→藏書閣)·五臺山(校正本, 東京大, 관동대지진때 燒失) 사고(史庫)에 분산시켜 보관하여 온 것인데, 이 중에 새 활자본을 보관한 태백산사고본과 묘향산사고본(1633년 이후 赤裳山史庫)은 오식(誤植)이 많아 주의(注意)를 요(要)하는 것이었으니, 임진왜란 후 국가 재정이 궁핍하고 물자도 결핍한 속에 실록의 재출판 사업을 추진한 것 자체가 무리였지만, 그 같은 상황에서 만든 활자(活字)의 수도 부족하거니와[5] 인쇄(印刷)·출판(出版) 사업이 활발하던 시기와는 달리, 문선(文選)·식자(植字)·조판(組版) 등 활자 인쇄의 기술적 문제도 매우 열악(劣惡)하였으므로 오식이나 오자가 많았을 가능성은 매우 높았다고 보아야 할 것이었다.

실제로 효령대군(孝寧大君)의 휘(諱) 자와 관련해서도, 전주 원본[筆寫本]을 보관한 정족산사고본(鼎足山史庫本)에 비해, 새 활자본의 태백산사고본(太白山史庫本)과 묘향산[赤裳山]사고본의 경우 오류(誤謬)·오자(誤字)가 적잖이 발견되고 있는 바, 예를 들면 효령대군께서 초명(初名)을 호(祜)에서 보(補)로 개명(改名)했을 때[6]와 성종 17년 당시의 '卒記'[7] 부분은 두 군데 모두, 정족산본[筆寫 原本]은 보일 시(礻)자 변의 '補' 자로 옳게 쓰여진 반면, 태백산본[活字本]에는 옷 의(衤)자 변의 보(補)자로 잘못 쓰여져 있음이 확인되는 것과 같다.

---

4 인쇄본이 아닌 筆寫本, 따라서 '鼎足山本'에는 大君의 諱자가 礻자변의 '補' 자로 옳게 되어 있다.

5 礻자 변의 '補' 자와 같은 僻字는 活字를 만들지조차 않았을 가능성이 많음.

6 『태종실록』 권27, 태종 14년 1월 戊子(13일).

7 『성종실록』 권191, 성종 17년 5월 乙卯(11일).

5. 봉안 위패(位牌 ; 神主), 그 신뢰성의 문제

다음, "孝寧大君 靖孝公 補"의 8글자로 되어 있는 청권사봉안 '위패'(位牌)에 있어서도 제작(製作) 당시의 시대 상황이나 사손(嗣孫)에 의한 보관(保管) 및 이동(移動) 과정에 비춰 볼 때, 신뢰성에 문제점이 있을 소지(素地)가 충분하다고 생각된다. 그러면 '위패'(位牌)의 이동 경위에 대해 살펴보기로 하자. 숙종조(肅宗朝) 때 '대군(大君) 유사(遺事)'를 모아 정리한 것을 비롯하여 『육경록』(毓慶錄)(1709) · 「대군묘지」(大君墓誌)(1711) · 『효령대군파자손보』(子孫譜)(1717) 등 효령대군의 행적(行蹟)을 담은 자료와 대군 봉사(奉祀)에 대해 누구보다도 공적을 많이 남기신 병와공(甁窩公) 형상(衡祥)께서 "大君께서 逝世하신지 2백여년이 경과한 지금까지 墓誌조차 만들지 못했다"고 말씀한 바도 있지만, 효령대군(孝寧大君)의 '위패'(位牌)는 대군 서세(逝世) 후 1백여년 동안 8대 종손 응길(應吉)대까지 포천(抱川)에 모셔지다가, 9대 종손 성민(聖民) 때에 임진왜란(壬辰倭亂)을 피해 경북 예천군 감천면으로 옮겼고, 그 후 사손(嗣孫)이 예천(醴泉)을 비롯한 이웃 상주(尙州) · 함창(咸昌) · 문경(聞慶) 등지로 낙향(落鄕), 타향살이 중에 가묘(家廟)로 모셔 봉사(奉祀)했다고 전해진다.

그 후 1686~1688년간에 함창 공검면(恭儉面) 율곡리(栗谷里)에 대군 사당을 세워 위패(位牌)를 새로 모셨다고 하며, 그 뒤 병와공이 중심이 되어 1710년 10월, 다시 사당(祠堂)을 증축 낙성하고 위패를 새로 단장한 사당에 봉안하였는데 이 때부터 사액(賜額)으로 함창(咸昌) 사당이 '청권사'(淸權祠)로 불려지게 되었다고 전해온다. 그 후, 영조 13(1737)에 과천(果川) 묘하에 대군과 부인(夫人)을 모시는 청권사를 창건(創建)하고, 영조 19에는 공검면 오태(五台)사당의 위패를 과천 청권사에 이안(移安)하였다. 이 후 대군의 17대손 종택(鍾澤)의 가묘(家廟)에 모시고 있던 신주(神主)는, 그 뒤를 이어 18대 종손(宗孫)으로 계대(繼代)한 강준공(康準公;生父 起邦)이 고종 2(乙丑, 1865)년에 헌릉(獻陵) 참봉을 제수받아 문경 왕릉(旺陵) 마을로부터 한양의 남촌(南村) 종현(鐘峴)으로 신주(神主)를 옮겨왔고, 곧이어 개령(開寧) 현감으로 제수(除授)되자 종가(宗家)에 봉안 중이던 대군의 위패를 다시 부임 현지로 옮겨 봉안하고, 1875년에 또 평남 덕천군수(德川郡守)에 전임되면서는 덕천 임지(任地)로 옮겨갔다.

1882년에 강준(康準) 사손(嗣孫)이 퇴관(退官)하면서 신주(神主)도 다시 문경 왕릉 마을의 옛 종가(宗家) 가묘(家廟)에 복귀 이안(移安)케 되었는데, 고종 33(1896)년 2월에는 그곳 왕릉 마을 지역이 '을미 의병'(乙未義兵)의 전장(戰場)터로 화(化)하매 급히 중고성(中古城)으로 피난하였다. 1903년에 53세의 강준(康準) 사손(嗣孫)이 경남 고성(固城) 군수(郡守)에 부임하고, 다시 예안(禮安)군수로 옮겼다가 1908년 퇴관하는 과정에서, '대군 위패'는 다시 과천 청권사로 옮겨 봉안케 되었다고 하며, 그 후 1917(丁巳)년에 (※1915년 19대 嗣孫 貞宰(生父 康五)公이 後嗣없이 他界한데다 이듬해에는 과천지역의 暴雨로 祠堂이 큰 水害를 입었으므로) 연로(年老)한 강준(康準)공이 다시 생가가 있던 왕릉리(旺陵里)로 위패를 모셔가게 되었다고 하며, 1924년 왕릉리 인근 괴리(槐里)에 청권사를 세웠다. 1930년 4월, 결국 문경 왕릉리로 사당(祠堂)을 이건(移建)하였으나, 4년 후에는 대군의 사손(嗣孫)이 절손(絶孫)됨으로써 봉제사(奉祭祀)조차도 할 수 없게 되자, 1934(甲戌)년에 일가(一家)들이 많이 모여 사는 상주 오태리(五台里)로 사당을 옮겨짓고 상량(上樑)하였다가, 40년만인 1973년(癸丑) 3월, 그간 오태리 '청은재'(淸隱齋;大君 影堂)에 봉안해 오던 신주(神主)가 다시 방배동 사당(祠堂)에 옮겨지게 된 것이었다.

이와 같이 대군께서 서거하신 후 1백 여년간은 사당(祠堂)이 포천(抱川)에 모셔져 있었지만, 임진왜란 중에 예천(醴泉)·상주(尙州)로 옮겨지고부터는, 영조(英祖) 19년 이후만 보더라도 그 해에 오태 사당(五台 祠堂)의 신주(神主)를 과천 청권사(淸權祠)에 이안(移安)한 이래, 18대 종손 강준(康準)공이 관직을 따라 각지로 주거지(住居地)를 옮기게 되어, "개령(開寧)→덕천(德川)→문경왕릉(旺陵)→중고성(中古城)→고성(固城)→예안(禮安)→과천청권사(淸權祠)→1917년 다시 문경(聞慶)→1934년 절손(絶孫) 이후 상주(尙州) 오태리(五台里)에 사당 신축 후 이안(移安)→1973년 다시 방배동 청권사(淸權祠)"의 순서로 옮겨다녔는 바, 이처럼 여러 곳을 전전하는 동안 현실 사정에 따라 위패가 개서(改書)되었을 가능성이 전혀 없다고 할 수도 없거니와, 특히 1934년에 사손(嗣孫)이 절손(絶孫)됨으로 말미암아 봉제사(奉祭祀)조차 할 수 없게 되매, 일가(一家)들이 많이 모여 사는 상주 오태리(五台里)에 사당을 옮겨 짓고 위패(位牌)를 봉안(奉安)케 되었을 때, 사당을 새로 짓는 마당에 위패만 새로 개서(改書)하지 않고 분명히 문경(聞慶)의 구(舊) 위패를 옮겨 왔다고 확언할 수 있을까? 또한 새로 작성(作成)하는 과정에서 '의(衤)자 변 보

(補)'자로 잘못 쓸 수도 있지 않았을까? 하는 생각에서, 이 위패 역시 신뢰성에 문제가 있다는 데에 상도(想到)하게 되는 것이다.

6. 장남(長男) · 증손(曾孫) · 7대손(代孫)의 묘비(墓碑) 모두 礻자 변의 '補'

어쨌든 대군의 휘(諱)에 관련해서는 위패[神主]에 못지 않게, 대군의 휘 글자를 한자 한자 소중히 다뤄야 할 경우, 그것이 올바르게 시(礻)자 변으로 쓰여졌는 지를 확인하는 일 또한 매우 중요하다고 생각되는데, 아래의 자료들이 여기에 해당한다고 하겠다. 즉,

A. 誼城君 墓表(陰記) 의성군 묘표(음기), 成宗 代, 효령대군 장남 誼城君 墓表 중 대군의 諱자

B. 朱溪君 墓碣(陰記) 주계군 묘갈(음기), 대군 曾孫, 枰城君 偉 장남 李深源 墓碣 중 대군 諱 글자

C. 節度使 李瀷 墓碣銘[8] 절도사 이란 묘갈명, 대군의 7대손 李瀷의 墓碣 중 大君의 諱 글자

들의 자료들은 효령대군(孝寧大君)의 장남(長男) · 증손(曾孫)과 7대손(代孫)의 자손들로서, 그 묘갈(墓碣)에 단 한 번 쓰여지는 부(父) 또는 조(祖)의 휘(諱) 자가 결코 잘못 쓰여질 수가 없는 입장이고 위치인데, 모두 "당연히 시(礻)자 변의 '보(補)' 자로 올바르게 각자(刻字)된 것"으로 보아야 할 것 아닐까 하는 마음이다.(大君 逝去후 529년째의 해에 作成함)

※ 示·ネ자 邊과 衣·衤자 邊의 의미

"세자의 명명(命名)을 이미 지자(祬字)에 낙점하시었습니다. 지금 다시 상고해 보니, 「운회(韻會)」에 평성(平聲)의 지(支)자 운(韻)에 제(禔)자가 있는데 이는 곧 양녕대군(讓寧大君)의 이름인 禔자이고 주(註)에 혹 지(祬)로도 된다 했습니다. 이미 혹 된다 했으니 禔자와 祬자가 큰 구별이 없는 것입니다. 양녕대군의 이름을 비록 조종(祖宗)의 어휘(御諱)와 비교할 것

---

8 崔錫鼎文集, 『明谷集』 권24, 崔錫鼎 撰, 南九萬 書의 '節度使 李公墓碣銘'.

은 아니나 동궁을 명명함은 미안한 마음이 있는 듯합니다. 「용감수감(龍龕手鑑)」에 의(衣) 자 변의 지(衼) 자는 뜻을 호의(胡衣)·이의(尼衣)로 풀이하고, 시(示)자 변의 지(祾)자는 복(福)으로 풀이했습니다. 그러므로 신들이 당초 示자 변의 祾자로써 의망(擬望)한 것이 명명하는 데에 합당했습니다. 다만 논의하는 자가 '자변(字邊)을 심각하게 분변하지 않는 자가 경솔하게 범연히 본다면 지(祾)자를 지(衼)자로 그릇 쓰는 일이 없지 않을 것이다" 하는데, 이 말도 사리에 근사합니다.(『明宗實錄』 明宗 12년 6월 丙戌(5일)) **(셋째 권으로 이어짐)**

살아가면서 더러 孝寧大君의 일가 후손끼리 만나 얘기하다 보면, 은연 중 서로가 大君 子孫됨에 自矜心을 느끼게 되는데, 이는 일종 一家 意識의 발로라고도 하겠지만 무엇보다 효령대군 같은 위대한 분이 '나의 祖上'이라는 矜持心 때문이 아닐까 생각한다. 하지만 그럼에도 대군할아버지의 어떤 점이 훌륭하셨던가, 과연 어떠한 분이셨던가, 나아가 그 분께서 어떤 시대를 어떻게 살아가셨는가에 대해 막상 알고 싶어 찾아보려고 하지만, 이해에 도움될만한 자료, 말하자면 孝寧大君의 行蹟이나 思想에 대해 엿볼 수 있는 자료란 매우 稀少한 것이 오늘의 實情이다.

孝寧大君의 事跡이 실려 있는 '孝寧大君派 族譜'는 正祖 4년(庚子, 1780)에 編刊된 『靖孝公子孫譜』(世譜, 세칭 '舊庚子譜')가 그 嚆矢로서, 이는 肅宗 43년(丁酉, 1717)에 瓶窩公 李衡祥이 처음 편집한 '孝寧大君 子孫譜'(未刊)를 底本으로 編刊된 것이었다.

※『靖孝公子孫譜』(舊庚子譜 ; 正祖 4, 1780) 大君 事跡

先祖孝寧大君 補, 字 善叔, 初諱 祜, 小字 孝蓮. 太宗大王 第二男, 洪武二十九年 太祖五年 丙子 九月 日生, 歷事九朝, 成化二十二年 成宗十七年 丙午 五月 十一日 丁丑卒, 壽 九十一. 贈謚 '靖孝'公, '寬樂令終曰靖, 慈惠愛親曰孝', 墓在果川北 同積里 舊馬場洞 癸山, 有表石 床石 石人 長明燈.

配 藥城府夫人 海州 鄭氏, 洪武 甲戌 二月 庚申生, 丁亥冬 選配, 初封 淑懿翁主, 世宗朝 改封 三韓 國大夫人, 後又改封 藥城府夫人, 成化 庚寅 八月 二十五日卒, 壽 七十七, 初窆 楊州, 後移葬于大君墓左, 雙墳同坐, 父贈大匡輔國崇祿大夫 領議政府事 行崇政大夫 議政府左贊成 集賢殿大提學 貞度公 易, 墓在大君墓 數里許.

따라서 오늘에 이르기까지 나의 所出自를 알기 위한 族譜나 派譜는 시대에 따라 子孫錄만 덧붙여지면서 대형화되어갔을 뿐, 맨처음 만들어진 『靖孝公子孫譜』(舊庚子譜)의 大君 事跡 內容을 새 族譜 編纂 때마다 그대로 재수록하는 수준을 넘지 못하는 실정이었다. 그 뒤를 이어 編刊된 『璿源續譜』(세칭 '甲子譜', 1864)는 물론, 『新庚子譜』(1900년)와 『壬戌譜』(1922), 『丁酉譜』(1957), 『癸亥譜』(1983)에 이어 최근의 『己丑譜』(2009)까지 그 내용면에 있어 답습 수준을 넘지 못하고 있는 것이 이를 말해주고 있다.

한편 族譜나 派譜의 '事跡欄' 외에, 大君의 行蹟에 대해 전해주고 있는 대표적인 문헌자료가 『淸權輯遺』이다. 『청권집유』는 효령대군의 10대손(瑞原君-淸渠守憲-密山副守) 瓶窩公 衡祥이 숙종 22(1696)년에 일차적으로 모아 정리한 「孝寧大君 遺事」에 기초하여 숙종 37(1711)년 「大君 墓誌」를 작성할 때 더 보충하고, 憲宗 10(1844)년 대군의 15대손(瑞原君-高林君-長堤副正) 敦宇公(초명 敦榮)이 이에 더 보충해 編刊[原篇]한 책이다.

이 『청권집유』는 그 뒤 續1(勝宇公, 1909), 續2(光儀公, 1929), 續3(薰儀公, 1974), 續4(定宰公, 1991)에 이어 續5(秀澤 문화위원, 1996)까지 첨가되었지만, 내용은 주로 行狀 墓誌 祭祝文 致祭文 上樑文 通文 등 大君을 崇慕 奉行하는 일에 관계되는 문헌들일 뿐, 言行이나 行蹟 등 대군에 관한 직접적인 문헌 자료는 「大君 遺事」 항목에 담겨 있을 뿐이며, 그나마 『國朝寶鑑』(6건), 『朝野彙編』(2), 『秋江冷話』(1), 『讓寧遺事』(1), 『頤菴集』(1), 『晦齋集』(1), 『姓苑叢錄』(1), 『竹泉閑話』(1), 『明齋集』(1), 『藥泉集』(1), 『樗村集』(1), 『燃藜室記述別集』(1), 『萬德寺誌』(1)에서 한 두건 찾아 수록한 것 외에, 더러 대군의 遺事로서 전해오는 '遺聞' 몇 건을 敦榮公의 '謹按'으로 채록한 정도이다.

다른 한편, 「大君 遺事」에 인용된 實錄관계 기사는 原篇(2건), 續3(24건), 續5(15건)에서 모두 합하여 41건에 불과한데, 이를 왕조실록별로 분류하면, 『太宗實錄』(2건), 『世宗실록』(26건), 『端宗실록』(4건), 『世祖실록』(4건), 『成宗실록』(4건)으로서 그 분량에 있어 지극히 미약하다고 하겠다. 그렇다면 『청권집유』의 「대군 유사」 항목 중에 孝寧大君의 行蹟에 관한 기사 분량이 그토록 微微한 이유가 무엇일까. 그것은 한마디로 조선시대 내내 史官이외에는 國王조차도 "實錄 閱覽이 일체 不可하였기 때문"에 기인한다고 하겠으며, 이는 原篇(1844년)에 2건에 불과하던 것에 비해 1974년에 편간된 續3에는 24건이나 인용되고 있는 사실이 이를 단적으로 말해주고 있다. 말하자면 효령대군의 행적 관계 기사가 본래는 왕조실록에 많이 실려 있었으되, '閱覽 不可'로 말미암아 대군의 행적에 대하여 거의 알 수가 없었지만, 日帝시대 이후로 실록 열람이 가능하게 되면서부터 대군관계의 史實들이 세상에 그 모습을 드러내게 되었다는 것이다.

실제로 '實錄 열람'에 관한 다음의 逸話를 들어 보기로 하자.

세종 13년 3월 17일에 春秋館에서 『太宗實錄』(36권)을 편찬하여 임금께 올리고 3일 후, 임금이 실록을 열람하는 것에 대한 논의가 있었다. 父王인 太祖대왕을 도와 적극 조선왕조 開創 大事에 나섰을 뿐 아니라 초창기 왕권확립을 위해 守成에 진력하신 부친 太宗대왕의 업적에 대하여 史官들이 어떻게 평가하였는지, 아들인 世宗대왕으로서는 궁금치 않을 수가 없었다. 임금이 말하기를,

"前代의 제왕들은 先王의 實錄을 친히 보지 않은 자가 없는 것 같으나, 태종께서는 『태조실록』을 보지 않으시매, 이 때 河崙 등은 이를 보시는 것이 옳다고 말하고, 卞季良은 보시지 않는 것이 옳다고 말하여, 태종께서는 변계량의 논의를 따랐던 것인데, 이제 『태종실록』을 춘추관에서 이미 그 편찬을 마쳤으니, 내가 이를 한번 보려고 하는데 어떤가."

하니, 우의정 孟思誠·提學 尹淮·동지총제 申檣 등이 아뢰기를,

"이번에 편찬한 실록은 모두 嘉言과 善政만이 실려 있어 다시 고칠 것도 없으려니와 하물

며 전하께서 이를 고치시는 일이야 있겠습니까. (그러하오나)전하께서 만일 이를 보신다면 후세의 임금이 반드시 이를 본받아서 고칠 것이며, 史官도 또한 군왕이 볼 것을 의심하여 그 사실을 반드시 다 기록하지 않을 것이니 어찌 후세에 그 진실함을 전하겠습니까"

하매, 임금이 "그럴 것이다" 하였다(『세종실록』권51, 세종 13년 3월 甲申(20일)).

그러나 그 후 7년이 지난 때까지도 '태종실록'을 보고 싶은 욕망이 가시지 않던 중, 세종 20년 2월 말경 춘추관에 보관 중인 『太祖實錄』을 꺼내어 갈무리를 하게 되었는데(書冊 보관 방법 중 하나), 이 기회에 임금은 다시 『태종실록』이 보고 싶어 도승지 辛引孫에게 이르기를,

"옛날 우리 태종께서 『태조실록』을 보고자 하니, 卞季良이 이르기를, '『태조실록』은 編修하기를 매우 잘하여 사실을 모두 바르게 썼는데, 이제 전하께서 나아가 보신 뒤에 내려 주신다면, 후세 사람들은 모두 믿지 못할 史記라 하여 도리어 의심할 것입니다' 하므로, 태종께서 보시지 못하였다. 하지만 나는 '자손으로서 祖宗의 사업을 알지 못하면 장차 무엇으로 鑑戒할 것인가' 하고, 『태조실록』을 보고자하여 여러 신하에게 상의하였더니, 柳廷顯 등이 '조종이 정해 놓은 법에 의거하여 조종의 사업을 잘 繼述하는 것이 실상은 아름다운 뜻이 된다' 하므로, 이에 볼 수 있었는데, 지금 또 생각하니, 만약 당시 史記가 아니면 조종이 정한 법을 보는 데에 있어, 祖와 宗에 무슨 구별이 있겠는가. 이미 『태조실록』을 보았다. 『태종실록』도 또한 보는 것이 마땅하다고 여겨지니 여러 兼春秋에게 상의하라"

하였더니, 大臣 黃喜·申槪 등이 모두 말하기를,

"역대 임금으로서 비록 祖宗의 實錄을 본 사람이 있더라도 본받을 것은 아닌가 합니다. 唐 太宗이 史記를 보고자 하니, 褚遂良과 朱子奢 등이 '폐하께서 혼자서 본다면 일에 손실이 없지마는, 만약 사기를 보는 이 법이 자손에게 전해지게 되면, 후세에 그른 일을 옳게 꾸미고, 短點을 장점으로 斗護하여, 史官이 죽음을 면치 못하게 되면 여러 신하들은

임금의 뜻에 순응하여 제몸을 완전하게 하려 하지 않을 자가 없을 것이니, 천년 후에는 무엇을 믿겠습니까' 하였으니, 신 등의 논의는 바로 이 말과 같습니다. 이 두 신하는 모두 名臣이라고 이름난 사람들이니 그들의 말은 반드시 본 바가 있을 것이고, 또 우리 太宗의 일은 전하께서 친히 보신 바이니, 만약 태종의 일을 본으로 삼아 경계하고자 한다면, 역대 사기가 갖추어져 있는데 어찌하여 반드시 지금의 실록을 보아야 하겠습니까. 하물며 조종의 사기는 비록 當代는 아니나 編修한 신하는 지금도 모두 있는데, 만약 전하께서 실록을 보신다는 것을 들으면 마음이 반드시 편하지 못할 것이며, 신 등도 또한 타당하지 못하다고 여겨집니다"

하니, 임금이 마침내 보지 아니하였다(『세종실록』권80, 세종 20년 3월 丙戌(2일)).

하지만, 세종 임금의 '태종실록'에 대한 집념은 쉽게 사라지지 않아, 이틀 후 다시 春秋館에 명하여, "父王께서 전에 『태조실록』을 열람한 적이 있었는지 없었는지를 알아보도록 하라" 하였으나, '아무리 조사해 보아도 열람한 일이 없었다'고 보고되었다(『세종실록』권80, 세종 20년 3월 戊子(4일), "命春秋館, 考太宗開閱『太祖實錄』有無以啓, 考之, 無有是事).

그러면 이처럼 '實錄'을 史官 외에는 國王조차 볼 수 없었던 이유가 무엇이었을까. 그것은 실록이 지니고 있는 객관성과 진실성·극비성 때문에, 이를 열람 누설할 경우 筆禍사건, 즉 士禍가 일어날 우려 때문이었다. 따라서 史草와 實錄을 다루는 史官이라도 내용을 漏泄할 경우 重罪에 처하도록 되어 있었고, '戊午史(士)禍'(연산군4, 1498)는 그 원칙이 지켜지지 않아 일어난 대표적 士禍이었다.

國寶 제151호이며, 유네스코 세계기록유산(1997지정)이기도한 『朝鮮王朝實錄』(太祖~哲宗 25대 472년의 歷史를 年月日 순서, 즉 編年體로 기록한 총1,893권, 888책)은 태종 13년 3월 『태조실록』15권이 처음 편찬되면서 그 기초가 마련되었고, 그 뒤 세종 8년에 『定宗實錄』을, 13년 3월에 『태종실록』36권이 撰進되면서 春秋館(內史庫)과 忠州(外史庫)에 보관해 오다가 全州와 星州에 외사고(外史庫)를 증설, 이른바 '4史庫制'가 마련되었다. 이후 국왕 薨去 때마다 신왕 즉위초에 實錄廳을 설치하고 전왕대의 실록을 편찬하였는

데,『世宗實錄』때부터는 正草本 외에 活字로 3부를 더 인쇄, 간행하여 4史庫에 각 1부씩 보관해 오던 중, 3곳은 壬辰倭亂 당시 兵火로 소실되고 全州史庫만 보존되었다. 이 후 全州史庫의 유일 原本(筆寫本)은 海州→江華→妙香山으로 옮겨 보관되다가 임진란이 끝난 뒤,『明宗實錄』까지 804권 전부를 1603년 7월부터 시작하여 재인쇄·출판하였다.

이 때 3부를 새로 인쇄하여 全州 原本과 재출판 당시의 校正本, 합하여 모두 5부의 실록이 갖춰지매, 春秋館에 1부(印本, 李适 亂때 燒失)를, 나머지 4부는 摩尼山(全州原本, 筆寫本, 1678년 鼎足山→總督府→서울대)·太白山(印本, 총독부→서울대)·妙香山(印本, 1633년 茂州 赤裳山→藏書閣)·五臺山(校正本, 東京大;관동대지진때 燒失)史庫에 분산 보관하여 온 것인데, 이 중에 새 활자본인 태백산사고본과 묘향산사고본(1633년 이후 赤裳山史庫)은 誤植이 많아 注意를 要하는 것이었으니, 임진왜란 후 국가 재정이 궁핍하고 물자도 결핍한 속에 실록의 재출판 사업을 추진한 것 자체가 무리였지만, 그 같은 상황에서 만든 活字의 수도(衤자 변의 '補'자와 같은 僻字는 活字를 만들지조차 않았을 가능성이 많음) 부족하거니와 인쇄·출판 사업이 활발하던 시기와는 달리, 文選·植字·組版 등 활자 인쇄의 기술적 문제도 매우 劣惡하였으므로 誤植·誤字가 많았을 가능성은 매우 높았다고 보아야 할 것이었다.

실제로 孝寧大君의 諱 字와 관련해서도, 전주 원본[筆寫本]을 보관한 鼎足山史庫本에 비해, 새 활자본의 太白山史庫本과 묘향산[赤裳山]사고본의 경우 誤謬·誤字가 적잖이 발견되고 있는 바, 예를 들면 효령대군께서 初名을 祜에서 補로 改名했을 때(태종 14년 1월 戊子13일)와 성종 17년 당시의 '卒記'(성종 17년 5월 乙卯 11일) 부분은 두 군데 모두, 정족산본[筆寫 原本]은 보일 시(礻)자 변의 보(補)자로 옳게 쓰여졌으나, 태백산본[活字本]에는 옷의(衤)자 변의 보(補)자로 잘못 쓰여져 있음이 확인되는 것과 같다.

한편, 실록 편찬에 이용되는 자료는 정부 기관에서 보고한 문서 등을 연월일순으로 정리해서 평소 편책해둔 춘추관의『時政記』를 비롯하여『承政院日記』·『議政府謄錄』·朝報등이 참고로 추가되며, 특히 국왕 재위시 史官이 작성해둔 '史草'가 기본을 이룬다. 사관에는 專任사관·兼任사관이 있었는데, 흔히 사관이라고 하면 藝文館의 奉敎(2인,정7품)·待敎(2인,정8품)·檢閱(4인,정9품) 등 8인의 전임사관을 말한다. 그들은 매일 교대로 한 사람씩 承旨와 함께 국왕 곁에서 국정에 관한 모든 사항을 기록하고, 그 기록한 것을 사초라고 하는데, 史草란 '實錄 즉 史書를 편찬할 草稿'란 뜻이다. 겸임사관은 議政府·弘文館·司憲府·司諫院·六曹 등 정부 주요 기관의 관원으로, 실록 편찬을 주관하는 春秋館에는 전임직이 없으므로 여기에 파견된 修撰官 이하의 관원이며, 이들도 사초를 작성하였지만 사초는 전임사관의 것이 중심이 되었다.

따라서 왕조실록 편찬에 동원 이용되는 자료는, 그 분량에 있어 사초를 비롯하여 엄청나게 많은 것이었다. 또한 그 많은 자료들을 실록 편찬관인 實錄廳의 編修官·記注官·記事官이 取捨 選擇하고 편집 推敲하여 비로소 완성되는 것이 實錄이니만치, 최종적으로 왕조실록에 등재될 가능성은 그 확률에 있어 매우 至難한 일이었는데, 孝寧大君의 行蹟에 관계되는 記事로서 왕조실록에 등재된 것을 전부 檢索해 본 바, 대체로 642件에 달하는 분량이매, 이는『청권집유』(원편·속3·속5, 도합 41건)에서 찾아진 건수에 비하면 대단히 많은 분량이라고 하겠다.

이 같은 견지에서 **『실록 효령대군일대기』는 바로 이 642건의 史料에 근거하여 서술 편찬한 것이라 할 수 있겠는데, 효령대군께서 왕조실록(태조~성종)에 642건이나 되는 수많은 場面·事蹟이 收錄될 수 있었던 것은, 대체로 다음의 3가지 與件 때문에 가능하지 않았나 생각된다.**

첫째,『실록 효령대군일대기』에서, 효령대군의 생애 중 가장 특이한 점은 무엇보다도 短命하던 그 시대에 春秋 90여년을 長壽하셨다는 사실로서, 1세기에 가까운 생애동안 누구보다 오랜 역사적 체험을 겪으셨고, 긴 生涯 만큼이나 많은 행적을 남기실 수 있었다는 점이라 하겠다.

둘째, 건국 초창기에 王子 大君 신분의 지위로 生長하신데다 특히 寶齡 30을 지나면서부터는 王室의 제일 어른으로서 왕실의 儀禮적인 행사에서는 중요한 일마다 늘 중심에 계셔, 최종 결단은 항상 대군께서 하셨으며, 깊은 學問과 높은 德行으로서 특히 아우인 世宗과 조카 世祖로부터 극진한 최상의 대접을 받으신 여건 때문이 아닌가 생각된다.

셋째, 抑佛崇儒的 통치 이념에 입각한 王權 확립기에 儒學을 바탕으로 하되, 앞장서 佛敎를 옹호함으로써 儒·佛이 調和되는 사회를 적극 꾀하시어 학문적·문화적으로 괄목할 업적을 남길 수 있었던 또 다른 여건이라고 하겠다. 어려서부터 세종과 나란히 유학에 정진하여 金時習·卞季良·尹淮·金守溫 등 당대 名儒 文章들과 交遊하였는가 하면, 慶讚會·水陸齋·佛經 諺解사업 등을 통하여 불교의 심오한 경지까지 도달, 信眉대사·行乎큰스님 등 시대의 大德 高僧들과도 깊이 사귀셨으매, 왕조실록 자료에 광범하게 수록될 충분한 조건들을 두루 갖춘 분이셨다는 점이다.

'孝寧大君一代記'를 처음 構想하고 어느 정도의 자료 수집과정을 거쳐서 執筆을 시작한 것은 이미 20여 년 전, 대군 생애 중 30여 세까지의 자료를 정리하여 2003년에 일단 1권을 내어놓았는데, 그 당시는 대군께서 90여 세를 사셨으니까 전체 3권 정도로 끝낼 것으로 예상했었다. 하지만 그 뒤 著者 본인이 그만 胃癌 수술을 하고 抗癌치료를 받느라 後續을 중단할 수밖에 없었으나, 그 후 얼마 뒤 다행히 건강이 많이 회복된데다 敎授職을 停年한 덕분에 시간적 여유마저 충분케 되어, 원고를 다시 쓰기 시작해서 5년여에 걸쳐 마침내 집필을 끝낼 수 있었다. 그동안 宗賢 여러 분들의 끊임없는 激勵와 助言 덕분에 큰 일을 마칠 수 있었음에 진심으로 감사하며, 스스로 감개무량할 뿐이다.

역사상 어느 한 인물에 대한 思想이나 行績을 이해함에는 구체적인 1차 史料가 기본이 된다. 한편 조선왕조실록에 수록되어 있는 효령대군 관계의 문건 사료가 642건이라고 해도, 모두가 대군의 직접적인 言行이나 손수 글로 써서 남긴 구체적 文獻이 아닌 것 또한 사실이다. 하지만, 1세기에 가까운 大君의 生涯를 당대 歷史의 흐름 속에서 대군께서 主宰하신 行事, 그리고 함께 하셨던 수많은 역사적 事件들, 또한 대군께서 직간접으로 겪으셨을 事物 등등 그때그때 대군의 삶의 軌跡을 따라 전개된 그 시대의 정치사회적 과정에 대해 파악할 수만 있다면, '나무가지 하나하나의 개체보다 전체의 숲을 보는 眼目'을 통해서, 과연 어떠한 분이셨던가, 대군께서 어떤 시대를 어떻게 사셨던가의 전체적 윤곽에 대한 이해가 가능하지 않을까하는 생각에서 이 책을 기획하고 재구성하여 본 것이 이 '一代記'이다.

孝寧大君께서는 朝鮮 前期에 한 인간으로서 權勢와 榮華를 맘껏 누릴 수 있는 최상의 與件과 地位에서, 文武的 소양을 兼全하며 古稀를 넘기신 年歲까지도 전국의 寺刹

을 순회하실 만큼 長壽하셨다. 그리고 儒學의 學識을 바탕삼아 佛法의 심오한 哲理를 터득하며 儒·佛의 調和로운 理想鄕을 具顯하려 하시었다. 이 같은 大君의 生涯야말로 "길고, 높고도 깊었다"는 표현이 적절할 만큼 "多彩롭고도 深奧한 삶을 享有하신분"이라 하겠거니와, 이제 마침내 효령대군이 '어떠한 분이셨던가'에 대하여 짐작케 해 줄 만한 642건의 史料를 骨格삼아서 集成한 一代記마저 마련되었으니, 여기서 효령대군의 생애를 더욱 실감나게 밝혀 줄 수 있는 또 하나의 다른 방법 곧 映像작품이매, '실록 효령대군 일대기'라는 제목의 映畵脚本Scenario를 서둘러 쓰고 싶은 기분인데, 지나친 욕심은 아닐런지 모르겠다.

2017년 1월 8일

華陽亭 옛터의 書室에서 著者 삼가

| 참고 문헌 |

【1차 史料】

太祖實錄

健元陵神道碑(權近, 太宗9)

太祖大王誌文(權近)

'赤池遺墟碑'(正祖11)

文川朴氏族譜

北路陵殿志

龍飛御天歌

高麗史

高麗史節要

李穡文集

定宗實錄

太宗實錄

太宗太上王尊號玉冊(卞季良, 辛丑1421)

太宗神道碑文(卞季良, 戊戌)

獻陵神道碑(卞季良, 世宗4 壬寅)

元敬王后誌文(卞季良, 世宗初)

世宗實錄

春亭集(卞季良, 世宗4, 壬寅)

蘂城府夫人鄭氏墓誌(李承召, 世祖代)

誼城君墓表(陰記)

朱溪君墓碣(陰記)

父母恩重長壽胎骨經(世宗20, 戊午)

文宗實錄

端宗實錄

世祖實錄

睿宗實錄

成宗實錄

新增東國輿地勝覽

東文選

明宗實錄

國朝寶鑑

興天寺大鐘鐘銘(世祖8, 壬午)

金剛般若波羅密經(世祖10, 甲申)

禪宗永嘉集大君跋文(世祖10, 甲申)

福泉寺御製後記(金守溫, 世祖10, 甲申)

拭疣集(金守溫)

梅月堂에 보낸 簡札(世祖14, 戊子)

安東權氏族譜(成化譜, 成宗7)

海州鄭氏族譜

韓山李氏族譜

氏族源流(仁祖代, 趙從耘)

姓苑叢錄(任慶昌, 17세기 후반)

璿源錄(肅宗7, 辛酉)

靖孝公子孫譜(舊庚子譜, 正祖4, 1780)

淸權輯遺(李敦榮, 憲宗10, 甲辰)

璿源續譜(甲子譜, 高宗1)

瓶窩全書(李衡祥, 肅宗10)

毓慶錄(李衡祥, 肅宗35, 己丑)

源派記(李衡祥, 肅宗43, 丁酉)

讓寧大君派譜

庚子譜(新, 光武4)

己卯式年宗親加現錄(仁祖17, 己卯)

敦寧譜牒(孝宗10, 己亥)

敦寧譜牒(肅宗13, 丁卯)

己卯式年璿源加現錄(肅宗25, 己卯)

宗班行蹟(大君遺事, 英祖5, 己酉)

乙酉式年璿源加現錄(英祖41, 乙酉)

璿源寶鑑

璿源系譜記略(正祖 癸卯)

東閣雜記

五山說林

朝野記聞

朝野僉載

大東野乘

燃藜室記述

完山實錄

紀年兒覽

國朝文科榜目

【2차 資料(단행본·논문)】

李相佰, 1949, 李朝建國의 硏究, 乙酉文化社.

李相佰, 1962, 韓國史-近世前期篇-(震檀學會), 乙酉文化社.

金成俊, 1962, 太宗의 外戚 除去에 대하여, 歷史學報17/18.

韓沽劤, 1964, 世宗조에 있어서의 對佛敎施策, 진단학보25/26/27합집.

河炫綱, 1965, 李成桂, 韓國의 人間像2, 新丘文化社.

千惠鳳, 1972, 朝鮮太祖親筆賜給의 淑愼翁主家垈文書, 國學資料2.

金泰永, 1973, 조선초기 祀典의 성립에 대하여, 역사학보58.

韓沽劤, 1976, 朝鮮 初期 儒敎理念의 實踐과 信仰·宗敎, 韓國史論3, 서울대국사학과.

鄭杜熙, 1976, 朝鮮初期 地理誌의 編纂, 역사학보69/70.

문화재관리국, 文化遺蹟總攬, 1977.

崔炳云, 1978, 朝鮮 太宗朝의 奴婢辨整에 관하여, 全北史學2.

權相老, 1979, 韓國寺刹全書, 동국대 출판부.

崔承熙, 1987, 朝鮮 太祖의 王權과 政治 運營, 震檀學報 64.

李熙寬, 1988, 朝鮮初 太宗의 執權과 그 政權의 性格, 歷史學報120.

鄭杜熙, 1989, 朝鮮 初期 統治體制의 成立過程과 歷史的 機能(太宗), 韓國史硏究 67.

河炫綱, 1991, 太祖, 韓國民族文化大百科事典23, 韓國精神文化硏究院.

李範稷, 1991, 조선초기의 오례 운영, 한국중세예사상연구.

李榮薰, 1991, 太祖賜給芳雨土地文書考, 古文書硏究 1.

李逢春, 1991, 朝鮮初期 排佛史硏究, 동국대 박사학위논문.

元永煥, 1993, 水陸齋, 淸溪史學 10.

元永煥, 1993, 穆祖의 活動과 '紅犀帶'考, 江原史學9, 강원대 사학과.

이태진, 1994, 한양천도와 풍수설의 패퇴, 한국사시민강좌 14.

김기열, 1994, 朝鮮 太宗의 忠義精神 高揚, 김갑주화갑기념논총.

이상태, 1994, 조선초기 지리지편찬의 재검토, 김갑주화갑기념.

崔先惠, 1995, 朝鮮初期 太宗代 藝文館의 設置와 그 歷史的 意義, 震檀學報 80.

한충희, 1995, 조선 세조대의 宗親연구, 계명대 한국학논집22.

남미혜, 1995, 大院君집권기 宗親府진흥책의 성격, 동대사학 1.

淸權祠, 1996, 孝寧大君史蹟大觀(李秀澤 기획·편집).

鄭杜熙, 1996, 太宗과 黃喜, 길현익정년기념.

趙南旭, 1997, 朝鮮朝 太宗의 政治哲學硏究, 東洋學27.

조남욱·김용환, 1997, 朝鮮初期 王室의 儒·佛意識 硏究, 한국민족문화9, 부산대.

韓忠熙. 1998, 潛邸期의 太宗 硏究, 대구사학56.

韓忠熙, 1998, 조선 세조대의 內宗親에 대하여, 경북사학21.

이도학, 1998, 용비어천가의 세계, 문헌과 해석 3, 태학사.

신명호, 1998, 朝鮮前期 王室整備와 族譜編纂, 경기사학2.

안승준, 1998, 태조 이성계가 자식에게 남긴 분재기, 문헌과 해석2.

한형주, 1999, 朝鮮 太宗·世宗代 社稷制의 理解와 運營, 한국사학보6, 고려사학회.

한희숙, 1999, 朝鮮 太宗·世宗代 白丁의 生活相과 盜賊 活動, 한국사학보6, 고려사학회.

강제훈, 1999, 朝鮮 太宗·世宗代의 田稅의 賦課와 收取, 한국사학보6, 고려사학회.

成鳳鉉, 1999, 朝鮮 太宗代 奴婢決折策과 그 性格, 震檀學報88.

이정주, 1999, 朝鮮 太宗·世宗代의 抑佛政策과 寺院建立, 한국사학보6, 고려사학회.

지두환, 1999, 태조대왕과 친인척, 역사문화.

장지연, 2000, 麗末鮮初의 遷都논의에 대하여, 한국사론43, 서울대 국사학과.

한형주, 2000, 朝鮮初期 中祀 祭禮의 整備와 그 運營, 震檀學報89.

유주희, 2000, 朝鮮 太宗代 政治勢力 硏究, 중앙대 박사논문.

권복규, 2000, 조선전기의 疫病유행에 대하여, 한국사론 43, 서울대 국사학과.

劉承源, 2001, 朝鮮太宗代 前銜官의 軍役, 한국사연구.

崔先惠, 2001, 朝鮮 初期 太祖·太宗代 醮祭의 施行과 王權强化, 韓國思想史學.

金廷禧, 2002, 1465年作 觀經16觀變相圖와 조선초기 王室 佛事, 한국불교미술사학회.

심경호, 2003, 金時習評傳, 돌베개.

金廷禧, 2007, 孝寧大君과 朝鮮 初期 佛敎 美術;後援者를 통해본 조선초기 王室의 佛事. 韓國美術硏究所.

李秀吉, 2008, 甁窩 李衡祥의 삶과 학문, 세종출판사.

인용민, 2008, 孝寧大君 李補의 佛事에 대하여, 한국불교선리연구원.

인용민, 2008, 孝寧大君 李補의 佛事 活動과 그 意義, 한국불교선리연구원.

엄기표, 2012, 朝鮮 世祖代의 佛敎美術硏究, 仁荷大 韓國學硏究所.

李逢春, 2015, 조선시대 佛敎史硏究, 민족사.

李順任, 2015, 尙州五台里 사람들 이야기 -효령대군 후손의 집성촌-, 하나로애드컴.

주요 경력

한양대 인문대 사학과 및 대학원(석사) 졸업

문학박사(경희대학교)

총무처 사법시험출제위원

25회 1차사법시험위원

대법원고등고시출제위원

외 한국사 시험문제 다수 출제

경기도사편찬위원회 위원

경기도문화재위원

한국독립운동사 편찬위원

성남시사편찬위원회 위원

한양대 한국학연구소장

한국사상사학회부회장

교육부검인정국사교과서 검정위원장(2002년)

한양대 인문과학대학장

한양대 인문대 사학과교수(1968-2007)

專攻분야 ; 韓國近代史·思想史

주요 저서

韓國史(한양대출판원, 1981)

國難克服관계金石文資料調査 및 解題(문교부, 1982)

韓國文化史(尋雪堂, 1984)

金光洞世世錄(光山金氏忠定公派宗會, 1978)

始興金石總攬(始興郡, 1988)

初期開化思想研究(1989)

韓國史에 비춘 城南地域의 歷史(민족문화사, 1993)

경기도항일독립운동사(공저, 1995)

한국사16강(공저, 1996)

韓國近代 初期開化思想의 研究(한양대출판원, 1998)

朴珪壽研究(集文堂, 1999)

實錄 孝寧大君一代記 1(한양대출판원, 2003)

城南市 20·30·40 年史(공저, 2004)

『실록 효령대군일대기』(3책)

外 共著 다수

실록 효령대군일대기 [2]
: 정효공 이보의 생애와 행적

펴낸날 2020년 9월 30일 초판 1쇄

지은이 이완재 · **펴낸이** 김우승

펴낸곳 한양대학교출판부 · **출판등록** 제4-7호(1972.2.29)

주소 서울 성동구 왕십리로 222 · **전화** 02.2220.1432-4 · **팩스** 02.2220.1435

홈페이지 press.hanyang.ac.kr · **이메일** presshy@hanyang.ac.kr

본문디자인·편집 김민지 · **표지** 안광일 · **인쇄** 네오프린텍

값 32,000원

ISBN 978.89.7218.698.4 (93910)